第三辑

走進越文化

绍兴文理学院越文化研究院 编

浙江古籍出版社

编委会

序

为进一步加强合作交流，凝聚研究力量，以期取得更为丰硕的成果，共同推进越文化的传承和创新，越文化研究院于 2021 年 11 月 5 日举办了"2021 越地历史文化研究暨绍兴文理学院越文化研究院兼职研究员年会"。年会得到了兼职研究员们的积极响应，他们提供了精心撰写的参会论文。大部分兼职研究员参加了会议。这是自 2019 年 12 月兼职研究员队伍组建以来的第三次大会。会议主要就明清越地名人、浙东唐诗之路、绍兴历史文化价值当代化、越地非遗等话题展开了热烈而有益的研讨，取得了一系列成果。《走进越文化》第三辑就是这次年会成果的集中展示。

我们根据内容和主题，将这一辑文章大致分为三个板块：一为越中先贤，二为越中风物，三为越中精神。分类不一定恰当，只是表达一个大概的思路而已。

"越中先贤"涉及人物广泛，既有像贺知章、陆游、杨维桢、陈洪绶、陶濬宣、蔡元培、王金发一类名符其实的鉴湖越台名士，又有掩埋在历史尘埃之中鲜为人知的人物，如因创制绍兴黄酒——周清酒而荣获 1915 年在美国旧金山举行的"万国博览会"金牌的农学家周清；早期越剧男班的著名艺人张荣标；在抗日战争及解放战争时期，以牧师身份两次协助我党在上海设置地下秘密电台，守护"永不消逝的电波"的赵蔚卿；还有与我党早期杰出革命活动家俞秀松交往密切的骆致襄等。从地位和影响来说，他们很难说是"名士"，但他们确实以各自的方式为国家为社会作出了应有的贡献，堪称"贤者"。我们的兼职研究员得地理之便，充分发挥熟悉乡邦文献之优势，打捞出这些越中乡贤被尘封已久的往事，对于我们知人论世不无裨助。这也是我们将这个版块定名为"越中先贤"而不取"越中名士"的原因之一。

"越中风物"所涉不是自然风物,而是背后积淀有丰厚历史信息的人文风物。绍兴是第一批国家级历史文化名城,是一座没有围墙的博物馆。这里的一砖一瓦、一草一石,似乎都蕴涵着丰富的文化记忆。因此,绍兴值得研究的历史人文风物是很多的。这一版块的文章,有关于印山越国王陵遗址保护与开发的,有对历史意象"若耶山""若耶溪"考古寻踪的,有对江南人才名镇陶堰秋官里牌坊考古研究的,有关于六朝佛教文化名山东岇山、白居易《沃洲山禅院记》石刻文献考证的,有对浙东唐诗之路会稽和上虞的中转枢纽小江驿实地考察的,有对浙东唐诗之路核心区风景名胜背后所涉人文典故侃侃而谈的,不一而足。这充分说明了兼职研究员们在历史考古,特别是田野考古方面的不俗成绩。

"越中精神"涉及的是越地精神文化层面的东西。人无精神不立,国无精神不强。习近平总书记在浙江工作时,曾深刻总结绍兴历史文化的精髓是"胆剑精神",并阐述了其内涵,要求绍兴大力弘扬卧薪尝胆、奋发图强、敢作敢为、创新创业的"胆剑精神"。这一版块的文章有对"胆剑精神"与伟大建党精神契合度的探析,有对新时期"胆剑精神"内涵属性的考察,有对发挥以阳明心学为代表的优秀传统文化在基层社会治理中作用的可行性论证,有对"无绍不成衙"这一独特的政治和社会治理现象成因的揭示,也有对绍兴"三缸文化"背后鲜明的民族性、独特性、丰富性、延续性、地域性、辐射性与多元性的探究等,从多个侧面较好地论定了越中精神的独特性和重要性,对今后加强越中精神的认同无疑是有益的。

自 2019 年 12 月兼职研究员队伍组建以来,我们的事业取得了长足的进展,兼职研究员大会已举办三次,兼职研究员数量从最初的 56 名增加到 70 余名。《走进越文化》也出到了第三辑。目前,越文化研究院已初步形成了一支学科多元、层次分明、内外结合的兼职研究员队伍,为我校高质量发展提供更多的支持,为绍兴文化强市建设添砖加瓦。

是为序。

诸凤娟

2022 年 3 月 9 日

目　录

一、越中先贤

贺知章籍贯故里考

章利刚

贺知章(659—744),字维摩,后改字季真,是唐代著名诗人,也是"诗仙"李白的伯乐,具有很高的知名度。关于他的籍贯,有三种说法,一说为会稽郡永兴县(今杭州萧山),一说为山阴县(今属绍兴),另一种则根据贺知章号"四明狂客"而推测为四明。三种说法以永兴说流传最广,《旧唐书》最早记载贺知章为会稽永兴人,后世文献记载贺知章是永兴人皆源于此。贺知章的遗迹多见于山阴、会稽两县,贺知章本人的诗歌里写到的风景也都在绍兴鉴湖(镜湖)一带,而永兴县作为贺知章文献记载的籍贯地,在绍兴早期方志以及唐诗中却找不到任何与之有关的信息,让人不得不产生疑问。本文尝试从实际地理出发,结合文献记载,对贺知章的籍贯和故居做一番探讨,并以此求教于方家。

《旧唐书》卷一九九言贺知章为"会稽永兴人"的同时,也指出其乃"太子洗马德仁之族孙也"。关于贺德仁,同书卷一九八有云:"贺德仁,越州山阴(按,此时尚无会稽县)人……陈鄱阳王伯山为会稽太守,改其所居甘滂里为高阳里。"族孙本意为堂兄弟的孙子,则贺知章的祖父与贺德仁籍贯理应相同,亦为山阴。事实上,贺氏世居会稽山阴,传世的数种两晋时期贺氏纪年文字砖,皆出土于会稽山周边,而绍兴其他地方鲜有贺氏铭文墓砖发现,绍兴城南会稽山应是六朝贺氏墓葬区。

贺知章生于唐显庆四年(659),此时越州辖区无永兴县。根据《嘉泰会稽志》记载,隋开皇九年(589),灭陈,省并山阴、上虞、始宁、永兴四县置会稽县。直至唐仪凤二年(677),复置永兴县;垂拱二年(686),复置山阴

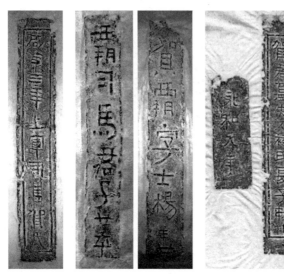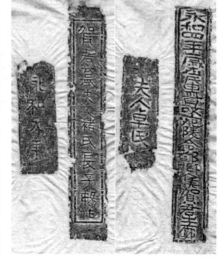

两晋贺氏纪年文字砖

县;贞元元年(785),复置上虞县;而始宁县之后就再也没有恢复。也就是说,从贺知章出生前70年,也即公元589年至677年,这88年间,在越州境内只有会稽县而无永兴县。所以,由于行政区划的变更,即使贺知章祖父由祖籍山阴迁居永兴,无论贺知章出生在山阴县,还是永兴县,哪怕是上虞县,他都只能是会稽县人。

《旧唐书》说贺知章是"会稽永兴人",在史料表述上是有问题的。原因在于贺知章出生时,只有会稽县,而无永兴县。天宝元年(742),越州复为会稽郡,而永兴县也更名为萧山县。倘若谓贺知章是"会稽永兴人",则他的籍贯首先不是以出生为标准,而是以死亡为标准。因为会稽郡显然是在他去世前两年才设立的,贺知章仅仅做了两年的会稽郡人。他也不能称"会稽永兴"人,正确的写法应该是"会稽萧山"人,而且还要满足一个条件,就是贺知章回到镜湖边的老家后,马上去办理户籍变更手续,由会稽县变更为萧山县。《新唐书·隐逸列传》似乎发现了这个漏洞,于是说贺知章是"越州永兴人"。这个定位则既不是以出生时,也不是以去世前为标准,而是以中间段(677—742)为依据,只有在这个期间,越州治下才有永兴县。那么事实究竟怎样?我们还是来听听贺知章自己是怎么说的:

回乡偶书（其一）

离别家乡岁月多，近来人事半消磨。

唯有门前镜湖水，春风不改旧时波。

回乡偶书（其二）

幼小离乡老大回，乡音难改面毛腮。

家童相见不相识，却问客从何处来。

"唯有门前镜湖水，春风不改旧时波。"这一句诗直白易懂，理解起来毫无争议。镜湖在哪里？在山阴、会稽两县境内，跟永兴八竿子打不着。山阴跟永兴隔着一条潮汐大江——浦阳江。镜湖水即使想流也流不到永兴境内。

如果贺知章自己说的还不够，那么我们再来看看地方志的说法，南宋《嘉泰会稽志》卷七载：

> 天长观，在（绍兴）府东南六里一百六十六步，隶会稽。唐天宝三载，秘书监贺知章辞官入道，舍宅置号千秋观。七载，改今额。初，开元十七年，从群臣请，以八月五日上降诞日为千秋节，观盖用节名。后改千秋节为天长地久节，观名从之。观尝有客道士，携草屦数十緉，坐观门，有过者，辄与之。已而，得屦者或有脚疾，或骭疡，着之皆顿愈，竞相传布，而道士已失所在。故至今俚俗谓天长为草鞋宫。

草鞋宫，考其方位在绍兴城南，离镜湖不远，与贺知章"唯有门前镜湖水，春风不改旧时波"，诗意正合。这里应是贺知章幼时旧宅。而《旧唐书》所谓"会稽永兴人"，在永兴找不到任何与贺知章有关的可信遗迹。

贺知章于天宝三载（744）春归故里，当年冬过世，死后葬于山阴县东南九里山上。九里因去县九里而得名，与会稽山南镇永兴公祠相近。《旧唐书》成书于后晋开运二年（945），已是贺知章过世后200年，出错在所难免。所谓"会稽永兴人"或来源于会稽县永兴里或永兴村，或与永兴公有关。《嘉泰会稽志》卷六载：

> 南镇庙在（会稽）县南一十三里。《周礼·职方》：扬州之镇山曰

会稽。隋开皇十四年,诏南镇会稽山就山立祠,取其□巫一人主洒扫,且命多莳松柏。天宝十载,封会稽山为永兴公,岁一祭,以南郊迎气日。

《旧唐书》关于贺知章"会稽永兴人"的记载已不是贺知章当时人的记载。那我们再来看看,贺知章当时人是怎么说的?

唐玄宗有《送贺秘监归会稽序(并诗)》云:"天宝三载,太子宾客贺知章鉴于止足,抗归老之疏,解组辞荣,志期入道。朕以其夙存微尚,年在迟暮,用修挂冠之事,俾遂赤松之游。正月五日,将归稽山,遂饯东路。"序中"将归稽山"即会稽山,在会稽县。又,卢象在《送贺秘监归会稽歌并序》中言:"于是表请辞官,乞以父子入道,俱还故乡,仍以山阴旧宅为观焉。"以上二《序》及相关和诗中只字未提永兴,只有会稽与山阴。杜甫年轻时,四年客居越中,虽然当时诗歌多已散佚,但其后在《遣兴》诗中写道:"贺公雅吴语……山阴一茅宇,江海日凄凉。"也点明贺知章故居在山阴。

关于贺知章故居,最常提及的是道士庄和千秋观。

道士庄是朝廷所赐镜湖剡川一曲所在。《嘉庆山阴县志》载:"道士庄在镜湖中,与三山连接,唐贺知章致仕归,自号黄冠道士,故名。"同书又引《防护录》云:"贺秘监祠,在城西十五里,十五都一图壶觞埭。"柯桥越国文化博物馆馆长周燕儿先生,曾于20世纪80年代初,在陆游三山故里实地调查,当地老人告诉他,陆家池附近原有贺家祠堂。这说明《防护录》所云不假。陆家池近行宫山。过去,笔者对于此山为何名为"行宫"不解,历史上绍兴并无行宫。据此可知,这里的"宫"不是皇帝行宫的宫,而是作为道教专用名词"宫观"的宫。这山得名与道士有关。

陆游诗中屡屡提到家在剡曲旁,如《新凉》诗云"家住山阴剡曲傍",《遣兴》诗云"家住城南剡曲傍",则贺知章剡川一曲当在陆游三山别业附近。陆游又有《思故山》诗云:

千金不须买画图,听我长歌歌镜湖。

湖山奇丽说不尽,且复为子陈吾庐。

柳姑庙前鱼作市,道士庄畔菱为租。

一弯画桥出林薄，两岸红蓼连菰蒲。

陂南陂北鸦阵黑，舍东舍西枫叶赤。

正当九月十月时，放翁艇子无时出。

船头一束书，船后一壶酒，

新钓紫鳜鱼，旋洗白莲藕。

从渠贵人食万钱，放翁痴腹常便便。

暮归稚子迎我笑，遥指一抹西村烟。

诗中直接点明家与柳姑庙、道士庄为邻。《嘉泰会稽志》载："柳姑庙在县西一十里，湖桑埭之东，前临镜湖，盖湖山胜绝处也。"则柳姑庙的地理位置正在三山附近，《嘉庆山阴县志》记载在贺秘监祠之东。陆游三山故里正好位于两者之间。齐己《寄镜湖方干处士》(一题《寄方干处士鉴湖旧居》)诗云："贺监旧山川，空来近百年。"镜湖(鉴湖)是唐代隐居热门之地，此诗中"贺监旧山川"不是泛指镜湖，应是特指贺知章的镜湖剡川一曲，则方干镜湖旧居与贺知章道士庄相近。方干岛即画桥西南首镜湖中龟山，山体今日尚存。多方印证，道士庄位于陆游三山故里稍西，行宫山附近。小地名曰剡川。明清诗人歌咏道士庄，皆指这里。

又，《万历绍兴府志》卷十有载：

贺监宅，在五云门外，一名道士庄。贺知章以秘书监请为道士，还乡里，诏许之，以宅为千秋观。后改天长观，宋郡守史浩建怀贺亭、鉴湖一曲亭。又于观前筑赐荣园，内有幽襟、逸兴、醒心、迎棹四亭。又筑长堤十里，夹道皆种垂杨、芙蓉。有桥曰春波桥，跨截湖面，春和秋爽，花光林影，左右映带，风景尤胜，真越中清绝处也。

其中所谓"道士庄"位于绍兴城东南镜湖边，即贺知章祖宅的别称，与《嘉泰会稽志》所言位于绍兴城西南镜湖边，陆游三山附近的道士庄方位正好相反，并非同一处建筑。而此处的宅第即舍作千秋观。历史上所谓舍宅为寺，实际上都是将祖屋变成家寺，也就是家庙，供奉祖宗，并非人们所理解的捐赠给寺庙。因此所谓舍宅为寺、为观是给先人舍的。自己不能活着的时候就给自己建庙，这有违传统礼教。至于观前所筑赐荣园乃是宋代史浩所建，相当于后世纪念贺知章的公园，并非贺知章生前自己的庄园。

或说贺知章剡川一曲在镜湖与剡溪交接处，这显然是望文生义，镜湖与剡溪相隔数十里，不存在交接处，交接处乃是曹娥江，而曹娥江是不能称之为剡溪的。剡川是小地名，属于镜湖，事实上在绍兴历史上镜湖边是有不少带川的地名的，笔者老家阮社就在镜湖边，过去就称之为阮川。绍兴地名带川是普遍现象，如六朝时有沈酿川，至晚清尚有亭川（今亭后）、梅川（今中梅）、阳川（今阳嘉龙）、张川（今张溇）、霞川、赭川（山阴塘下）、袁川（今袁川村）、樊川（今樊江）、杨川（位于东浦）等，这些地名偶尔可见于家谱、碑文中，今人多已不用，你去问当地人几乎无人知晓，并不奇怪。

又或有人认为贺知章自称"四明狂客"，乃四明人。且不说，"四明"一定就是四明山吗？即使"四明"指四明山，或为祖先隐居地作号也未尝不可，贺知章祖上最有名望的贺循就曾在余姚四明山置有别业。因此，以"四明"为号，好比贺知章的后人贺铸虽移籍他乡，但仍称"庆湖（贺氏在山阴最早的祖田）遗老"。况且，四明山有部分属上虞，而上虞当时亦属会稽县，则当时，四明山也属于贺知章家乡所在县内的名山，以此作号这是文人常有之事。总之，"四明狂客"难以成为籍贯四明的有力证明。

将贺知章与永兴、四明关联的文献，多出于唐以后。当然，之后的人纪念先人，留下文字遗迹，流传至今也是历史。但是绝不能不查源头，不重视史源，撇开唐宋史料，而仅用明清方志去论证唐代的地名，用引用书目的多少，用以多胜少的方法来做论证。事实上，一万个零也抵不上一个一。

新见陆游撰书《宋故罗公墓志》探疑

朱　刚

近期江西民间流出一石质墓志。墓志全文楷书。上端题"宋故罗公墓志",双钩阴刻,字体稍大;下起复题"宋故罗公墓志",正文总 15 行,满行 21 字,计 294 字。志石中上部有一横贯断纹,概出土时受损,不影响文字识读,故基本可辨。初见志文,令人眼前一亮的是该墓志的落款,署"侄婿山阴务观陆游撰并书"。

陆游(1125—1210),字务观,号放翁,越州山阴(今绍兴)人,尚书右丞陆佃之孙,南宋文学家、爱国诗人,有手定《剑南诗稿》85 卷,收诗 9000 余首,又有《渭南文集》50 卷、《老学庵笔记》10 卷及《南唐书》等。这篇《宋故罗公墓志》不载于陆氏文集,如若确为陆游所撰,当属佚文,陆游所书之笔迹亦是难得,显然具有重要的文物价值和史料价值,故有必要作一介绍,并探讨真伪。墓志全文断句于下:

公讳沔,字宣卿。曾祖讳襄;祖讳敏道;父讳偋。家世抚之崇仁。公生于宣和壬寅,卒于绍兴壬午,享年四十有一。既逾月,葬于长安乡荷莲塘别墅之侧。地势浅陋,其子晞旦不遑安。庆元乙卯八月庚申,徙祔于长安乡曹源之先茔。公为人轻财好义,嫁娶死丧,贫不能自办者,辄伙助之,虽甚费无吝色。岁时蜡社,每出力为众治集,以故人至今思慕之。比徙葬,乡人相率供其事,长少耋稚,翕然咸集,有不待督趣而至者,所以德公从可知。公先其父二十一年而卒,属纩之际,深以不获执三年之丧为恨,嘱付孤幼,语音琅然。其孝慈之念根于至性,虽死不能自忘也。娶陈氏。子男一人,即晞旦也。女一人,名师卢,适乡贡进士黄溥。孙三人:赟、寳、赓。曾孙一人,曾女孙三人，皆幼。其窆也，婿溥谨再拜，谌其岁月而刻诸石，以传不朽云。佺婿山阴务观陆游撰并书。

按志文记载，墓主罗沔，其曾祖罗襄、父罗侔，世居抚州崇仁（今江西崇仁县）。罗沔生于北宋宣和壬寅年（1122），卒于南宋绍兴壬午年（1162），享年41岁。初葬崇仁县长安乡荷莲塘侧，由于此处地势狭窄简陋，其子罗睎旦不安于心。南宋庆元乙卯年（1195）八月庚申，再将其父罗沔迁葬至长安乡曹源先祖茔地。罗沔在世时，扶贫济弱，祭祀助资，从不吝啬，德高望重，颇受乡人尊敬。罗沔先其父罗侔而卒，临终时，以不能尽孝道为遗恨，托付后代，孝心可鉴。罗沔除一子罗睎旦外，尚有一女名师卢，嫁给乡贡进士黄溥。按行文，庆元乙卯（1195）墓主罗沔迁葬时，概由女婿托请陆游撰书墓志文。此墓志有志而无铭，是称墓志。如陆游撰文属实，则此年陆游71岁，已赋闲在家领取祠禄。

《宋故罗公墓志》中提及的墓主罗沔家族虽人数不少，但由于罗氏宗谱资料缺佚，地志也无记载，故均不可考。鉴于墓志记载罗沔的女婿黄溥为乡贡进士，遂检阅《同治崇仁县志》，在卷七选举志中，发现确有黄溥之名，为淳熙十三年（1186）乡举，与墓志吻合。查《康熙抚州府志》卷四，崇仁县有长安乡，乡之二都有"荷莲桥"之名，与志文中"荷莲塘"是否同处不明，但此墓志出土于崇仁县旧之长安乡当无疑问。崇仁有罗氏聚居，南宋淳熙二年（1175）进士、兵部尚书罗点即此县人。从墓志文主体部分看，似乎并无疑点。那么墓志真伪就落实在最后一句"佺婿山阴务观陆游撰并书"。

首先，我们来考察下陆游与抚州崇仁的联系，来看看陆游有无认识罗氏族人或黄溥的可能。淳熙六年（1179）秋，55岁的陆游奉诏离建安任，途径武夷、建阳、玉山，待命衢州皇华馆。十一月十九日，得旨改朝请郎除提举江南西路常平茶盐公事。十二月，抵达抚州。《宋史》卷三九五云："后累迁江西常平提举。江西水灾，奏拨义仓赈灾，檄诸郡发粟以予民。召还，给事中赵汝愚驳之，遂与祠。"淳熙七年（1180），抚州灾情频仍，先是春旱，再是夏发大水，入秋天又大旱，陆游系念在心。有诗《雨夜》《仲夏小旱，方致祷，忽大雨连日，江水为涨，喜而有作》《冒雨登拟岘台观江涨》《大

宋故羅公墓誌

宋故羅墓誌、
公諱溤字宣卿曾祖諱襄祖諱敏道父諱偉家世撫之
崇仁公生於宣和壬寅卒於紹興壬午享年四十有一
阮踊月蕪子長安鄉荷遝塘別墅之側地勢淺陋其子
睎旦不遑安慶元乙卯八月庚申徙祔于長安鄉曹源
之先塋公為人輕財好義嫁娶死喪貿不能自辦者輒
攸助之雖甚賞無客歲時蜡社每出力為眾治集以
故人至今思慕之比徒鄉人相率供其事長少壹雜
翁然咸集有不待懇趨而至者所以德公送可知公先
其父二十一年而卒屬纊之際深以不獲三年之喪
為根嘱付孤切語音琅然其孝慈之念根於至性錐夗
不能自忘也娶陳氏子男一人即睎旦也女一人名師
盧適鄉貢進士黃涛孫三人贄寶賚曾孫一人曾女孫
三人皆幼廿定也壻涛謹再拜謹其歲月而刻諸石以
傳不朽玄氷婚山陰務觀陸游譔并書

宋故罗公墓志

雨逾旬,既止复作,江遂大涨》等均有纪实。面对严重灾情,陆游一面急奏朝廷,请求拨义仓粮赈灾,同时当机立断,开仓放粮,使得灾民免于饥饿之苦。他还亲上一线,带领吏卒撑小船,把粮食分送到被洪水困于山岗的灾民。随后,还到崇仁、丰城、高安三地视察抗灾情况。由于先发仓粮这一举措有"擅权"之嫌,有损朝廷权威,十一月,陆游被命诣行在所。行前,从宦游四方所得的百余个药方中,精选成《陆氏续集验方》刻印成书,留给江西人民。后自弋阳取道衢州、桐庐。途中为赵汝愚所劾,遂奉祠还里。可见,陆游曾在抚州任职一年左右,且到过崇仁县,《剑南诗稿》卷十二有《视陂至崇仁村落》诗为证,存在与罗氏家族、黄溥相识的可能性。

其次,从墓志书法风格上作一检视。陆氏手迹中现存镇江焦山题名石刻,亦系楷书。石刻位于焦山华严阁西崖壁上。陆游于隆兴二年(1164)十一月镇江通判任上,与诗人韩元吉等雪中同游焦山,观赏《瘗鹤铭》刻石时所作。翌年二月,由山僧刻于石,共74字。其文云:

> 陆务观、何德器、张玉仲、韩无咎,隆兴甲申闰月廿九日,踏雪观《瘗鹤铭》,置酒上方,烽火未息。望风樯战舰在烟霭间,慨然尽醉。薄晚,泛舟自甘露寺以归。明年二月壬午,圜禅师刻之石,务观书。

石上阴刻所存"陆务观""务观书""壬午"等字,罗公墓志也有出现,可作参照。焦山题名写于隆兴二年(1164),字体刚劲雄健,有颜体笔意,此时陆游年方40岁。而罗公墓志字体相对娟秀,若是陆游亲书,则已过古稀之年。二者从书写风格上看,也非完全一致,繁体"務""觀""德"等字经比对,笔划上也有细微差别。这或与作者书写年龄、习惯变化有一定关系。值得注意的是,罗公墓志所署"务观陆游",其字务观在前,名随于后,这样的次序似不合常规。因为陆游所书落款在名与字同列时,一般是陆游之名在前,务观之字在后,作"陆游务观书",比如《跋林和靖帖》署"嘉泰甲子岁十二月丁卯山阴陆游务观书"、《与杜思恭书》署"庆元丁巳正月二十四日,笠泽陆游务观书"。罗公墓志按字名顺序题写,或是个例。可作进一步探讨。

最后,关键的疑点在于落款前缀之"侄婿"二字,颇令人费解。侄婿,

陆游焦山题名拓片

一般指侄女的丈夫、兄弟的女婿。此外，还有表侄婿、从侄婿之谓。陆游自称侄婿，照此其妻方应与罗氏家族有所关联。

关于陆游之妻，宋周密《齐东野语》卷一载："陆务观初娶唐氏，闳之女也，于其母夫人为姑侄。伉俪相得，而弗获于其姑。既出，而未忍绝之，则为别馆，时时往焉。姑知而掩之，虽先知挈去，然事不得隐，竟绝之，亦人伦之变也。唐后改适同郡宗子士程。"谓陆游第一任妻子，系母舅唐闳之女。南宋记载此事诸书，如刘克庄《后村诗话》卷六、陈鹄《耆旧续闻》卷十等，虽未言陆游初娶者姓名，但大致结论就是，陆游母亲与陆游岳父唐闳是兄妹关系。考陆游诗文，并不曾有唐闳是其舅氏的说法。其《跋唐修撰手简》一文中，自言曾外大父为江陵唐介，即陆游母为唐介孙女。陆游《老学庵笔记》卷七："舅氏唐（居正）意，文学气节为一时师表。建炎初，避兵武当山中，痛殁。"参王珪《唐质肃公介墓志铭》，唐意乃唐介之孙，与山阴唐闳无涉。可见陆游与唐琬非表兄妹关系。

陆游与妻唐氏离婚后，奉母命续娶王氏。陆游《令人王氏圹记》云："呜呼！令人王氏之墓。中大夫山阴陆某妻蜀郡王氏，享年七十有一，封令人，以宋庆元元丁巳岁五月甲戌卒。七月己酉葬，祔君舅少傅、君姑鲁国夫人墓之南冈。有子子虞，乌程丞。子龙，武康尉。子悆、子坦、子布、子聿。孙元礼、元敏、元简、元用、元雅。曾孙阿喜，幼未名。"可知王氏为蜀郡人。据《山阴梅湖陆氏宗谱》卷一《放翁公纪略》记载,王氏为蜀郡晋安澧州刺史王䒷(字竭之)之女。

此外,陆游撰《山阴陆氏女女墓铭》言:"淳熙丙午秋七月,予来牧新定。八月丁酉,得一女,名闰娘,又更名定娘。予以其在诸儿中最稚,爱怜之,谓之女女而不名。姿状瑰异凝重,不妄啼笑,与常儿绝异。明年七月,生两齿矣。得疾,以八月丙子卒,蔵于城东北澄溪院。九月壬寅,即葬北冈上。其始卒也,予痛甚,洒泪棺衾间,曰'以是送吾女',闻者皆恸哭。女女所生母杨氏,蜀郡华阳人。"可知陆游与杨氏生有一女,小名定娘,因疾早夭。除墓铭所称杨氏为蜀郡华阳人外,其人资料极少。宋陈世崇《随隐漫录》卷五言:"陆放翁宿驿中,见题壁云:'玉阶蟋蟀闹清夜,金井梧桐辞故枝。一枕凄凉眠不得,呼灯起作感秋诗。'放翁询之,驿卒女也,遂纳为妾。方余半载,夫人逐之。妾赋《卜算子》云:'只知眉上愁,不识愁来路。窗外有芭蕉,阵阵黄昏雨。晓起理残妆,整顿教愁去。不合画春山,依旧留愁住。'"此记称陆游曾纳一妾。陈世崇(1245—1309),字伯仁,号随隐,宋抚州崇仁人。随父陈郁入宫禁,充东宫讲堂说书,兼两宫撰述,后任皇城司检法。为贾似道所忌,遂归。入元不仕。其出生于陆游死后35年,又在行在供职,《随隐漫录》当有所自。言陆游妾为驿卒之女,未见姓名。或即杨氏。实际上,古代妾的地位低下,不算家庭成员,与夫家并没有亲属称谓。

若陆游为罗沔侄婿,必与罗氏家族有所关联。前已说明,陆游妻为唐氏、王氏,显然妻之父系与罗氏无涉。而妻方其他旁系资料未有检获,是否与崇仁罗氏家族存在姻亲关系情况不详,留待查证。

综上陈述,笔者以为《宋故罗公墓志》从文物角度看,是有其价值的,主体内容基本属实。惟墓志落款"侄婿山阴务观陆游撰并书"存疑,是否伪托尚难定论。藉以此文抛砖引玉,俟博物者识之。

南宋名宦汪纲修"宋城"

屠剑虹

绍兴城市的发展有 3 个重要节点。一是春秋末期,范蠡建越国都城,确立了今绍兴的城址,绍兴古城历经 2500 多年城址未变,这在国内外的城市史中是不多见的;二是隋朝越国公杨素筑罗城,确立了绍兴古城的范围,至今绍兴古城 9.07 平方公里的范围与罗城的规模大致相同;三是南宋绍兴知府汪纲修古城,奠定了绍兴水城的基本格局,历史上称为汪纲修"宋城"。"宋城"的修建,对绍兴古城产生了深远的影响。至今在古城中基本保留了宋代沿袭下来的历史空间格局和整体风貌,许多古街、古巷、古桥、寺庙、园林等,都与宋朝有关,古城内宋韵流淌,特色鲜明。

从宋建炎四年(1130)四月始,越州曾一度成为南宋的临时首都,为时达一年零八个月之久。次年正月,宋高宗取"绍奕世之宏休,兴百年之丕绪"之意,改元绍兴,并且"仿唐幸梁州故事,升州为府,冠以纪元",是为绍兴地名之由来。绍兴元年(1131)十一月,南宋朝廷决定迁都临安,并于次年初始迁。南宋朝廷迁移后,绍兴依然作为陪都存在,此处既是王室的陵寝所在,又设有浙东安抚司、提点刑狱司、提举常平司等路级机构,城中还有天庆宫、报恩观、天长观等行宫和皇室祭祀点。绍兴六年(1136),朝廷宣布临安以外的全国大邑 40 处,山阴就名列前茅。南宋一代,除首都临安以外,绍兴与金陵齐名,为全国两大城市。值得指出的是,宋嘉定十四年(1221)至宝庆三年(1227),汪纲(字仲举,安徽黟县人)知绍兴所施行的一系列举措,在一定程度上确立了城市的基本格局。

一、科学规划，合理布局，完善城市功能

南宋偏安江南多时。在此期间，北方人口的大量南移，给江南带来了充足的劳动力、先进的技术和丰富的生产经验，推动了南方社会经济的发展。绍兴作为浙东中心城市，又是南宋的陪都，更有着特殊的地位。南宋嘉定年间，虽然宋金之间没有爆发大规模战争，但金人的威胁依然存在。随着绍兴政治、经济地位的崛起，绍兴知府汪纲以敏锐的眼光察觉到扩建府城、重修各城门及完善城市功能的重要性。为此，他从绍兴城市发展的长远考虑，制定了科学规划，大修城池，疏浚河道，修筑道路桥梁。其规模之大，范围之广，史无前例。

隋开皇中，越国公杨素将范蠡修筑的山阴大城（周四十里七十二步，不筑北面），加扩至周四十五里，高一丈七尺五寸，上广一丈五尺，下广二丈七尺，女墙七千六百五十，皆高五尺，名曰罗城。唐乾宁中，钱镠重修。北宋皇祐年间，绍兴知州王逵重修罗城且浚治池壕。嘉定十三年（1220），绍兴知府吴格又重修，后多摧圮。嘉定十六年（1223），汪纲乃按罗城重加缮治并修诸门，史称"宋城"，城周长二十四里，设城门九。"城之东，曰五云门，即古雷门，晋王献之所居，有五色祥云见，故取以名门；有水门曰都泗，旧都赐；东南，曰稽山门；水门曰东郭；西曰迎恩门，唐昭宗命钱镠讨董昌，镠以兵三万屯迎恩门，则迎恩门之名其来久矣；西南曰常喜门，又谓之偏门；南曰植利门；北曰三江门。"在修缮城墙并诸门的同时，"以至堰埭亦皆修筑"。汪纲在重修罗城的同时，对子城亦一并修之，对缺损破坏的谯楼及镇东军门、秦望门等建筑均作修缮装饰，遂为一郡壮观。城墙、城门和护城河的修建，既增强了城市的防御功能，又利于水上运输和排水抗洪作用的发挥。

南宋时，绍兴府城内已基本形成了完善的河网水系格局，城市的运输功能主要依赖水路。凡有河道的地方，所有的物资运输以及人员出行往来都靠船运。当时，府城的常住人口已超过10万，从人员出入及物资运输方便考虑，民居、商铺、酒楼甚至工场等建筑多依河或沿街而建。日积月累，河床的淤泥逐步抬高，船只经常搁浅，河埠亦岁久皆坏。汪纲遂重

砌了河塍,对城内的河道作了疏浚,使大小支流纵横交叉,皆可互通舟楫。河道的畅通,带来了水上交通的便利,府城内樯橹相接,船舶如梭,水上运输重现繁忙景象。

随着绍兴城市经济的发展和商贸业的兴盛,城市道路日显拥挤。府城内的道路已久不修治,且多为泥土路面,一遇下雨天,路上的泥淖几乎没膝,行人苦不堪言。泥泞的路面不仅影响路人通行,也有损城市市容,于是汪纲着手修建城内道路和城市对外主要通道,采用石块铺筑路面,"始于府桥至轩亭及南、北两市,由府前至镇夷军门,贤良坊至府桥,水澄坊至鲤鱼桥,沿河夹岸迤逦增筑,暨大小路、迎恩门外至虹桥、牵汇,坦夷如砥",使府城内的道路有了"天下绍兴路"的美誉。嘉定十七年(1224),汪纲又对城内向外的道路作了修建。斜桥坊路是府城通往台州、宁波等地的交通要道,每逢下雨天,路面泥泞难行,汪纲命伐石甃砌,使二州往来者甚便。

由于绍兴府内河道密布,众多的道路都依靠桥梁接续延伸,因此,绍兴桥梁的数量十分惊人。至宋嘉泰元年(1201),府城内见于记载的已有府桥、纺车桥、斜桥、五接桥、小江桥、落碧桥、八字桥、广宁桥、大庆桥等99座桥梁,无名小桥更是不计其数。在这些桥梁中,有很大一部分是南宋时建造的,而且有些桥梁的建造已达到了相当高的技术水平。如建于嘉泰元年之前,位于府城东南的八字桥系梁式石桥,筑于三河汇合处,又与三条道路相衔接。八字桥设计科学,布局合理,巧妙地解决了三街三河复杂的交通问题,堪称中国古代石桥的精品杰作。

由于年久失修,有的桥梁成了危桥,有的桥梁已经倒塌。汪纲遂对城内的桥梁作了加葺。如将摇摇欲坠的砖砌府桥,改建为石砌拱桥,桥面两侧石栏、柱头,雕饰精美。桥面加宽后,府桥一带翕然成市,遂为壮观。修缮府治前的莲华桥,随后依次修建了拜王桥、西双桥、水澄桥、大善桥、县桥、清道桥、鹅鸭桥、木瓜桥、章家桥、里木桥等,连同已圮毁的桥梁也一并重建了。

此后,绍兴城墙坚固,河渠畅通,堤岸坚实,桥梁一新,城市面貌大变,绍兴的水上航运也更为发达繁荣,通瓯达闽,浮鄞达吴。

二、开浚运河,修筑堤塘,改善城市水环境

汪纲上任伊始,就作出了一条重要决策,即开浚山阴萧山古运河。这条运河"自萧山县西兴六十里至钱清堰渡堰,迤逦至府城,凡一百五里"。运河西通钱塘,东达台明,诸如漕米、食盐和其他物质的运输及官商人的往来,都依赖这条水运要道。到南宋嘉定年间,古运河"自西兴至钱清一带为潮泥淤塞,深仅二三尺,舟楫往来不胜牵挽盘剥之劳"。运河沙涨,造成交通堵塞,往来不便。嘉定十四年(1221),汪纲上奏朝廷开浚运河,除本府自备工役钱米外,蒙朝廷支拨米 3000 石,度牒七道,计钱 5600 贯,添助支遣,通计 1.3 万贯,以疏通古运河。组织民工修建设施,以防淤泥再入。

运河开浚畅通后,舟楫无阻,人皆便之。极大地促进了水上航运的繁荣和发达,也由此带动了绍兴城市的经济发展及市场繁荣。

修筑海塘、增筑沙路,是汪纲上任后的又一利民之举。清风、安昌两乡,濒临大海,有塘岸以御风潮。嘉定六年(1213),因遭海浪怒潮侵袭,原本并不坚固的海塘终于溃决,决口达 5000 余丈,7 万余亩田地被淹没后盐渍化,2 万余户居民的房屋倒塌,约 10 万人流离失所,两乡仅 1 年的赋入损失即以万石计。嘉定十年(1217),知府赵彦炎奏请朝廷拨款,主持修筑了海塘,即山阴后海塘,共 6120 丈(折合 20.4 千米),堤塘有三分之一用石块砌筑而成,于次年夏天完工。海塘之坚固,维系着萧绍平原百姓的安危,是沿海地区的生命线、生存线,也是萧绍经济和社会发展的重要安全屏障。汪纲十分重视海塘的安全,上任后即下令对海塘时加巡视修护,加固千里海塘,确保百万生灵。同年,汪纲又增筑了位于府城之西门,距西兴逾百里的堤塘,时称新堤。该堤长年以来外为纤夫践踏,内为田家侵掘,废坏已久,堤塘成了泥涂。每逢初夏发大水时,河水满溢,从堤塘决口处淹没农田;当秋天骄阳仍如火烤之时,田水早已泄而不留。水灾干旱,严重影响了农作收成。嘉定十四年(1221),汪纲重筑堤塘,皆用石料砌筑而成,使行人走路无淤泥溅衣之苦,舟行有纤夫拉纤之便,田有畔,岸水有储积。同时在人烟稀少之地建立了施水坊,共 8 所,各 5 间,可供过往行

人休憩。又从长远考虑，为守坊者解决了生计问题。此举使百姓得以安居，水利设施有了改善，农作获得丰收，交通畅行便利，可谓利国利民，因而深得民心。

汪纲于嘉定十六年（1223）重新修砌了长约 400 余丈（折合 1.33 千米），位于会稽县东 70 余里千秋乡的菁江塘。该堤塘的修筑，解除了当地百姓遭受风潮袭击、水侵湖田之苦。次年，又筹资 3 千万，米千斛，桩条 5 万余，对西兴沙路作了修建，该沙路长 1140 丈（折合 3.8 千米）从沙上直抵江岸。修建后的沙路宽阔平坦，行人皆称便之。嘉定十七年（1224）三月，宁宗皇帝灵驾发引，即由此条沙路捧擎径达于河，再由水路抵达攒宫皇陵。

汪纲从开浚运河，修筑堤塘等水利建设着手，消除了旱涝之患，许多流离失所的百姓得以重返家园，安居乐业，大大促进了农副业发展。更重要的是，通过实施这项固本保民的措施，维护了社会稳定，增加了地方财政实力，同时也为城市的繁荣和发展奠定了坚实的经济基础。

三、修葺名胜，保护古迹，传承历史文脉

绍兴府治，背枕卧龙山。唐代时，州宅内亭台楼榭，胜迹非凡，犹如仙境。唐诗人元稹曾作《以州宅夸于乐天》之诗篇："州城迥绕拂云堆，镜水稽山满眼来。四面常时对屏障，一家终日在楼台。星河似向檐前落，鼓角惊从地底回。我是玉皇香案吏，谪居犹得住蓬莱。"唐时州宅之胜可想而知。乾宁二年（895），董昌在越州称帝，自封罗平国王，举起反旗，以州治厅堂作为宫殿。钱镠奉昭宗之命平董昌之乱后，厌恶董昌宫殿伪迹，将其毁后又重新建立。南宋高宗赵构于建炎初驻跸越州，以州治为行宫，将州治中之设厅改作明堂，行祭天祭祖大礼。宋高宗迁都临安后，行宫复作州治。至宋嘉定十五年（1222），州宅已破败不堪。汪纲"外自谯楼以至设厅，旁由廊庑、吏舍，内自寝堂、燕坐庖溷之所，悉治新之"。工程自嘉定十五年（1222）春开工，至次年冬落成，重修了多稼亭、观风堂、清旷轩、真武堂、贤牧堂、常衙厅、秦望阁、棣萼堂、清思堂、青隐轩、延桂阁、招山阁等建筑，同时又加建了多处建筑，从而成为卧龙山之胜景。如用唐代元稹"州

城迥绕拂云堆"和"四面常时对屏障"之诗句,分别创建了名为"拂云""四面屏障"等建筑;用宋代张伯玉"疏竹间花阴,了无尘土侵""燕寝长居紫府春"及"州宅近云根"之诗句,分别在清思堂之北和州宅后创建了名为"无尘""燕春""云根"等建筑,还创设了镇越堂、月台、云壑等建筑。此外,汪纲对府治官廨也作了修建,使这些建筑"稍称大府之体"。

由于南宋王朝偏安江南,北方大片领土陷入金人之手,爱国之士日夜思念收复失土。为激励人们继承和弘扬越王句践卧薪尝胆、发愤图强的精神,汪纲在近民亭遗址上建造了越王台。越王台高10丈,气象开豁,目及千里,为一郡登临之胜。在越王台左侧筑了三大亭,各篆字刻之。

望海亭是越城古景。该亭初为越国大夫范蠡所筑,名为飞翼楼。登楼眺望,可观察吴国入越动静。唐时在飞翼楼址上筑亭,因登亭可望后海,故称望海亭。北宋祥符中,高绅植五桂于亭之前,将望海亭易名为五桂亭。后亭废,桂树亦不存。嘉祐中,刁约增扩旧址后再建,复名望海亭。到南宋嘉定年间,亭已破败不堪。嘉定十五年(1222),汪纲又重修望海亭。

蓬莱阁在设厅后,卧龙之下,始建于五代十国时期,由吴越国王钱镠所建。其名源于唐代诗人元稹的诗作。蓬莱阁建成后,成了郡城中的标志性建筑,巍巍壮观,非同凡响。南宋状元王十朋所作《蓬莱阁赋》有云:"越中自古号嘉山水,而蓬莱阁实为之冠。"历代均十分重视对蓬莱阁的保护和维修。嘉定十五年(1222),蓬莱阁其坏尤甚,旧景不再,汪纲遂作了重修,使其重现风采。

清白堂在蓬莱阁之西,卧龙山之足。北宋康定元年(1040),范仲淹知越州,在府山西岩下获废井,泉甘色白,他爱泉之清白,遂将井旁的一座凉堂改名清白堂,以"清白"自励。到南宋嘉定年间,该堂不存已久矣。嘉定十五年(1222),汪纲命访其所,将其旧址上的都厅重加整葺,恢复范仲淹的"清白堂"旧匾。

西园,在卧龙山之西。吴越时,此处已为游观之地。随着钱氏王室举家北徙,此园遂废。北宋景祐三年(1036),蒋堂出知越州不久,即复其旧观。后园内亭宇多坏。嘉定十六年(1223),汪纲对园内景观作了增葺,又创"憩棠"一亭,颇为华丽。

除了对府山一带的景观进行改造外,汪纲还十分重视教育,绍兴历有重学传统,南宋时学风尤盛,"南渡以后,弦诵之声,比屋相闻"。嘉定十五年(1222),岁逢大比,汪纲整葺贡院,增屋 30 间,将贡院庭中之泥地全部改建成石砌之地,院前待试地亦填石。嘉定十六年(1223),汪纲在巡视学校后,认为建筑简陋破损,于是决定将其修缮并扩建。

小教场,宋时位于卧龙山上,是教阅、操练军兵以及日常习武的场地。汪纲在教场"院地前筑台门,缭以墙垣,中为堂,曰'威武',以为常教之所"。在小教场之侧设立了制造军械的都作院,建屋 20 余间。绍兴地处都城临安之侧,系通往海防据点明州(今宁波)之咽喉,故为内地之重镇。府城内除有厢军屯驻外,在水沟坊、卧龙山、秦望门、鲤鱼桥均有禁军驻守。嘉泰元年(1201),绍兴府城内驻有军兵近 7000 人,嘉定十六年(1223),府城中有军营 12 个。由于军舍不足且多已破损,军兵皆僦居于外,因而军纪极为涣散。汪纲针对绍兴驻军人员众多,但军舍不足的现状,对原有军舍作了修缮并又建屋 1 千余间,所有军兵均入营垒,使军纪有所好转。随着农业和手工业的发展,在府城内又增建了苗米仓、糯米仓、银器库、军资库、书籍库、轿库、炭库等数十处物资仓库以及酒楼、馆驿等建筑。北宋重视道教,绍兴一带信奉的是道教旧派正一教。但事佛之风亦颇盛。两宋时期,在前代所创佛寺庵舍的基础上,在府城和山会两县又新建了佛寺 42 处,庵舍 41 处。皇室对于宫观及佛寺庵舍的护持胜过前代。朝廷先后多次对宫观及佛寺敕赐匾额。南宋时,绍兴的一些著名佛寺与赵氏宗室的关系相当密切,如"光孝禅寺,专奉徽宗皇帝香火,实际成了赵氏宗室的家庙"。嘉定十五年(1222),汪纲大修宫观及寺庙,重修了天庆观、告成观、千秋鸿禧观、报恩光孝禅寺、本觉寺、城隍显宁庙等。有些宫观及寺院遂成了当地之胜景。如千秋鸿禧观,又名天长观,位于会稽县东南五里,系纪念贺知章而建。汪纲认为原有宫观偏小,因而对天长观的 60 余间房屋作了更新,又增建了真武殿、先贤列仙祠并贺秘监祠、爽气堂。在天长观之前筑了一园,取名"赐荣"。汪纲在园中之柱上题写了李白忆贺知章之诗:"敕赐鉴湖水,为君台沼荣。"园中筑了幽襟、逸兴、醒心、迎棹四亭。又筑长堤十里,夹道皆种垂杨、芙蓉。春波桥横跨湖面,犹如长虹卧波。此处春和秋丰,花木林影,左右映带,风景尤胜,成了越中的清绝之地。

四、扩大厢坊,完善建置,奠定城市基本格局

在唐代以前,"越城之中多古坊曲",居民的住宅区和商业区分设,坊内住有居民,坊之四周筑有围墙,坊内有一条或两条大路通往坊外,是坊的主干道,又有若干小路交叉,称为"曲"。作为商业区的"市"则设在坊的外边,在市中设"肆"。到唐代末期,随着城市发展和商业经济的活跃繁荣,这种传统的坊市制已有所改观,居民区的坊墙亦渐被拆毁。至北宋大中祥符时,绍兴府城内已有新的坊巷聚居制的记载,城内共设 32 坊。而"坊"的功能则从居民区演变为行政区划,其间包含一定的商业网点。从绍兴初年始,绍兴城市发展很快,到绍兴二十七年(1157),城内俨然一派繁华景象。南宋状元王十朋在出任越州签判时,从卧龙山顶俯瞰这座城市,写下了描述绍兴城市的美文佳句:"周览城闉,鳞鳞万户。龙吐戒珠,龟伏东武。三峰鼎峙,列障屏布,草木笼葱,烟霏雾吐。栋宇峥嵘,舟车傍午。壮百雉之巍垣,镇六州而开府。"到宋嘉定十七年(1224),经过 3 年多的合理规划和大规模的城市建设,府城内已形成了"一河一街""一河两街"和"有河无街"的水城格局,纵横交错的河道与街道,把府城分割成许多坊巷。于是汪纲把府城内的建置扩大到 5 厢 96 坊,"厢"就是由一定范围内的坊巷、街道、商店和市场所构成的。这个规模为大中祥符年代的 3 倍。其时,临安作为南宋都城,规模庞大,城内共设 9 厢 85 坊;明州城区分为 4 厢 54 坊;湖州城区分为 4 厢 55 坊;严州城区分 2 厢 19 坊。绍兴的城市规模和地位显然高出临安以外的其他各府。

厢坊制的建立,彻底打破了官民分居、坊市分离的格局,官府衙门、贵戚府第与一般市民住宅互相杂处,商业和其他经济活动散布于城市各处。

绍兴 5 厢 96 坊的具体设置是:会稽县界设第一、二厢,计 40 坊。山阴县界设第三、四、五厢,计 56 坊。

第一厢下分外竹园、里竹园、晋昌、元真、外钟离、里钟离、静林、甘露、

外梧柏、里梧柏、杏花、亲仁、目连、季童、义井、新路、小新、都亭、法济、孝义、礼烟 21 坊。

第二厢下分棚楼、花行、日池、月池、照水、小德政、宝幢、庆陵、石灰、朴木、乐义、永福、押队、诸善、上党、义井、祥符、詹状元、莫状元 19 坊。

第三厢下分西河、小驿、南市、富民、华岩、铁钉、蕙兰、德惠、大市门、治平、甲子、开元、南观仁、狮子、云西、菩堤、耀灵、植利、米家、柴场、京兆、天井、水沟、大新、河南、施水、船场、府桥、桐木、槿木、爱民 31 坊。

第四厢下分贤良、火珠、少微、板桥、北市、瓦市、双桥、水澄、新河、大路、石灰、锦鳞、武勋、书锦、迎恩、草貌、笔飞、斜桥、戒珠、王状元 20 坊。

第五厢下分教德、卧龙、车水、显应、秦望 5 坊。

值得一提的是,绍兴府城内各坊的名称,反映了绍兴的地域文化,有的取自桥名,有的取自宫观、寺院之名,有的取自市场之名,有的取自当地风俗礼仪,类型很多,不胜枚举。尤其是绍兴府聚居着许多官户,大多都是通过科举入仕为官的,他们在很多方面影响着所在的城市,若是得中状元,更成了当地的荣耀,有的坊巷即以此为名。宋淳熙二年(1175),郡人詹骙得中状元,其所居之地德政坊更名詹状元坊。此后 21 年,莫子纯又中魁,于是复立莫状元坊。之前,绍兴已有状元坊之名。王佐在高宗绍兴十三年(1143)中进士第一,其时,府城中首次将一坊取名状元坊。到嘉泰元年(1201)时,王状元坊已废,只有詹、莫二坊了。嘉定十七年(1224),知府汪纲在王状元坊旧址上重建,并恢复旧名。同时,在 96 坊之前新筑华表,重题坊名。

在这 5 厢 96 坊中,又设置了照水坊市、清道桥市、大云桥市、大云桥西市、龙兴寺前市、古废市、驿地市、江桥市 8 个集市,组成了城市内部的商业网。

结 语

《宋史》本传说汪纲"机神明锐,遇事立决。在越佩四印,文书山积,而能操约御详,治事不过二十刻,公庭如水,卑官下吏,一言中理,慨然从之"。汪纲担任绍兴知府长达 7 年,任期内勤勉工作,上得朝廷信任和赏识，下受同僚乃至一方百姓的拥戴。理宗"特界二秩，守户部侍郎，乃赐金带。卒后，追赠宣奉大夫"。越人闻汪纲卒讯，"有相率哭于寺观者"。

汪纲在嘉定年间对绍兴的大规模建设，其规划体现了前瞻性、科学性和合理性。他在保持城市原有风貌的基础上，充分考虑绍兴城市的长远发展，使城市功能得以完善，城内的厢坊建置、街衢布局、河道分布等基本定形，历元、明、清直至民国，都没有大的变化。他在建设中突出古城保护的理念，尤其是重点保护城市的水系和名胜古迹，修建公用设施，建设民生工程，传承和弘扬绍兴历史文化，可谓造福于民，泽被千秋。

宋绍兴知府赵令誏行略考

赵岳阳

赵令誏是赵宋能臣，两任福建提刑，两任绍兴知府，一为浙西提刑，一为尚书户部侍郎。赵令誏是赵宋宗室，两袭安定郡王，一知大宗正司，与新安郡王赵士术、安定郡王赵子涛、临安郡王赵师恪并为诸暨宋室四郡王。虽然《宋史》为他立传成为"二十四史中的绍兴人"，但仅300余字，于他68年的人生而言，实在太过简略。笔者作为赵令誏族裔，不揣鄙陋，将在诸暨《赵氏宗谱》中新发现的《赵令誏行状》与史籍、地志参互考订，敷衍成文，以期还本来面目于万一，并求教于方家。

赵令誏（1099—1166），字君序，宋太祖五世孙，元符二年（1099）生于东京汴京睦亲宅。父赵世膺，赠少师、昌国公，谥孝恪。母张氏，赠秦国夫人；生母谢氏，封太硕人。

赵令誏自幼好学，以父荫补右班殿直，转左班殿直。政和中，迁成忠郎。时宋徽宗倡

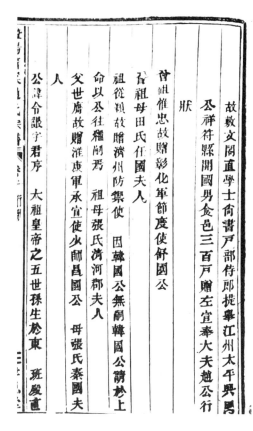

《赵令誏行状》（诸暨《赵氏宗谱》）

导以文治国,父昌国公赵世膺作为皇族尊长,深得徽宗礼遇。政和八年(1118),令誏年 20 岁,才华四溢,为文尚简严,犹长于诗,于《周易》更有名声,遂奉旨参加中书后省考试,换从事郎。宣和二年(1120),以太学内舍生年度考核及公试皆列优等,在化原堂释褐,赐袍笏,并赐"上舍出身",授宣教郎,出为濮州司录,转奉议郎。钦宗登基(1125),转朝奉郎。

高宗即位(1127),转朝散郎,不久转朝请郎,出任江西信州永丰县丞。时当宋室南渡,兵荒马乱,他人尚自顾不暇,而令誏镇定自若,捐资掩埋战死兵士竟达数千人。权知弋阳县,又调婺州通判,转左朝请大夫。绍兴元年(1131),令誏卸婺州之任,堂侄赵子嶙亦于前一年九月卸湖州知州之任,因赵子嶙妻舅王榕(宰相王安石侄孙、尚书左丞王安礼之孙)官诸暨知县,遭靖康之难,定居诸暨东隅之下洋,遂相约来迁诸暨。先是皇帝有旨:"宗室至无处居止,并许量口数多寡,指占空闲官屋及寺院居住。"南渡后,宋高宗又下旨:"凡寓居宗室,令州军勘验诣实……或无官舍,即从本州措置,权于寺宇作宫院居住。"于是,赵令誏与赵子嶙选择了诸暨城北智度寺(在今诸暨中学后山)作为宫院,汴京睦亲宅的宗室子弟如赵子涛、赵子灏、赵子瀹辈皆来投奔,这一年正式定居诸暨,当时赵令誏年 33 岁。后令誏又调信州通判,知建昌军,未赴任,改知吉州(俱属江西)。

绍兴十四年(1144),令誏任广东转运判官。任上按律治贪,革除旧弊,岭南百姓都很敬畏他,将他与前任判官赵不弃的公正、廉洁、去恶相提并论,云:"前赵后赵,澄清海峤。"绍兴十七年(1147)七月十二日,令誏调福建转运判官,任上捐资修建书院,廉洁一如在广东时,部属为之立碑,记其善政。

绍兴十八年(1148)十一月十七日,令誏任浙西提点刑狱司,驻苏州,至次年十一月因病请辞,诏主管台州崇道观。月俸比照外官,仅取十之二三而已,他还认为过于厚重,不领俸银达 14 个月之久。令誏回到诸暨养病,因先前选智度寺作为宫院,实为一时权宜之计,佛门净土内多人间烟火,殊非长久之道。趁此番养病之际,觅得诸暨龙泉乡之桐树岭,见其泉石甚美,遂筑室其下,因性好参禅,曾皈依天童正觉大师,遂以静虑入禅之意,取名"静胜庄"。既得理想之居所,令誏即命侄赵子瀹于绍兴二十一年

（1151）前往汴京，迁其父赵世膺、母亲张氏、兄赵令锜之枢，葬于诸暨龙泉乡。

绍兴二十四年（1154），赵令𧭉以福建提点刑狱兼任福州知州，造南桥、北桥，百姓称便。绍兴二十五年（1155）八月九日，令𧭉在此任上的第一个任期已满，诏进直秘阁，再次出任该职。由于令𧭉治绩有目共睹，深受百姓推崇，闽人为作歌谣十首，每一首都以其官职"提刑"冠首，歌颂令𧭉的功德，虽下里巴人，无不张口即来，传唱不绝。转左朝议大夫。

是年，朝廷复议袭封安定郡王之事。十一月二十六日，高宗下诏："左朝议大夫、直秘阁、福建路提点刑狱公事令𧭉可特授利州观察使、安定郡王。"袭封不久，令𧭉得知堂兄赵令衿沉冤得雪，即上奏："堂兄赵令衿年齿最长，前偶因坐事被拘管，而停止其袭封，现前事已了，乞求赐其承袭。"高宗恩准，并以令𧭉逊让爵位，高风亮节，赐给他三品章服。

绍兴二十六年（1156）二月二十日，令𧭉进秘阁修撰，移知台州。未上任，改除福建转运副使，转左中奉大夫。二十七年（1157）四月，令𧭉将任绍兴知府，当时任浙东签判的状元王十朋知此消息，特致书祝贺，赞其"宗盟擢秀，桂籍扬芬，蕴无施不可之才，著所至有声之绩"，"岂惟标准于宗支，固甚练达于吏事。使轺屡驾，兴南闽十好之谣；符竹荐分，继刘宠一钱之誉"，并为自己能"叨与幕府，获依大贤"深感荣幸。对于令𧭉的到来，"凫趋有期，雀跃良甚"，充满期待，并以"穷禹穴稽山之胜，窃效马迁；赋鉴湖秦望之奇，愿陪元稹"明其心迹。是年九月，曹洞宗"默照禅"祖师、宁波天童寺正觉大师预知自己即将圆寂，乃遍访郡中官员与施主，以为告别，并专程来到绍兴，与弟子令𧭉依依话别。十月七日回天童山，次日即圆寂。

绍兴二十八年（1158）八月，高宗召令𧭉入都，权尚书户部侍郎。诏曰：

> 汉九卿之高位，缺则选诸循良；唐三省之从臣，间亦求之督刺。朕参用前制，作兴庶工。今得人于辅藩，俾贰事于计部。知绍兴府事赵令𧭉，材力强济，器资锐明，以帝王之本支，而躬寒素之风；以公子之信厚，而蕴疏通之略。累官于外，厥绩有闻。五驾轺车，每应条而辄举；再分符竹，兹游刃以无劳。与其借洪河之润于近封，孰若观利

器之施于繁委。乃召从于帅闻，俾入掌于民曹。况尝通延阁之班，可使蹈禁途之辙。若夫，总国家之大计，究财货之本原。仓储敛散之权，钱币重轻之制，朕不深告，尔皆习知。往其善谋，副我虚伫。

令誏入觐之后，将春冬、生日、文赐、郊祀之赏钱共两万余缗献之国库，且请求逐步减少赏赐至侍从官之一半，以助军饷。高宗甚感欣慰，降诏奖谕，特为推许。令誏除了节约开支以外，还想方设法充实国库，建议州县卖官田，按所得收入高下，与升迁年限挂钩。建议一经高宗采纳，朝廷收益大增。当时，中书、门下、尚书三省请求选官二员前往严、饶两州筹备铸钱事宜，高宗命令誏提领。

绍兴二十九年(1159)四月十七日，为加快钱粮运输速度，令誏上奏："行在钱粮，全靠船运，而今河水浅涩，严重影响漕粮运送。自临安府至镇江府，沿河堰闸往往损坏，经久不修，河水泄漏。望令沿河州县守臣派官员前去视察筹划，如法修整。"高宗从之。七月，户部重设铸钱司。有人建议加税，令誏说："当今取于民者已多，我不忍再增加，只要征收好日常赋税，量入为出，假以岁月，为国家永久之利。其他非我所考虑者也。"是岁，祭祀南郊，支出费用数倍于前，处理不异于他日，而事成后还有余钱，以助经费。令誏临事精明，赏行必罚，远近莫欺，巨细尽辨。充讲和使，归河以南地。杭州六和塔建成，开化寺主持智昙大师请当朝的亲贵巨公42人分写《四十二章经》，刻于塔内廊壁龛，为当时"江湖间旷代绝无而仅有一胜事"。自丞相沈该、汤思退而下依次缮写，赵令誏用正楷书写了第十三章，末署"左中奉大夫权尚书户部侍郎赵令誏"。刻石至今尚存。

是年，燕王院宗室尊长，保义郎赵伯杲等有鉴于安定郡王赵令衿于上年薨逝，呈上推荐状："左太中大夫、权户部侍郎、兼提领诸路铸钱令誏，系故世膺第二十八男，见年六十一岁，言行最长，法当袭封。"七月，封权尚书户部侍郎令誏新除昭庆军承宣使，再次袭封安定郡王。八月十四日，令誏上奏，"昭"字系高祖燕王名，需要避讳。高宗许之，改为崇庆军承宣使。九月，高宗生母韦太后崩于慈宁宫，谥号显仁，攒于绍兴会稽上皇山宋徽宗永祐陵之西，祔神主于太庙徽宗之室，命安定郡王赵令誏与嗣濮王赵士輵、安庆军承宣使同知大宗正事赵士街等，祭享于太庙。

绍兴三十年(1160)三月,太祖七世孙赵眘被立为皇太子,高宗命兵部尚书杨椿告祭昊天上帝;权礼部侍郎宋棐告祭皇地祇;嗣濮王赵士輵祭告太庙;安定郡王赵令詪祭告诸陵。时绍兴会稽上皇山有哲宗昭慈显圣孟皇后、宋徽宗、徽宗显肃郑皇后、徽宗显仁韦皇后、钦宗懿节邢皇后等陵寝。太子在潜邸时,令詪作为宗室元老,常与太子宴游,令詪从容谈论,太子每见称赏,曾感于令詪才堪大用,又憾于朝廷对皇族出任高官之限制,握其手而叹道:"可惜作南班。"命其王子来令詪家拜见请教。太子还以诗词与令詪唱和,令詪珍惜与太子的这段交往,将太子的诗稿一一珍藏于家中。

孝宗隆兴元年(1163)正月,赵令詪任知大宗正事。次年正月二十七日,令詪上奏:"本司转掌属籍,自渡江后,文字散逸,修纂未备,乞从本司立式,缴牒诸路转运司行下所属州郡取索,见任、寄居、待阙并无官宗室、宗女、宗妇依式供具家状,限半年类聚,赍赴本司以凭编类。如取索违限及供报不圆,并许本司申请朝廷指挥施行。"孝宗从之,为皇家续编《仙源类谱》《宗藩庆系录》提供了第一手资料。令詪多次上奏,都是惩恶劝善、加惠宗族之事,是以孝宗不以寻常宗室看待他,而令詪也得以数陈天下之利害。曾论攻守三策及财赋、军政、民事、讼狱四事,深谋远虑,听闻者深以为然。有人请其上奏章,令詪因为自己宗室的身份而不许。请求者不止,令詪说:"《书》不云乎?尔有嘉谋嘉猷,则入告尔后于内,尔乃顺之于外,曰:'斯谋斯猷,惟我后之德。'此事君之规模也。吾窃有志焉。"认为臣下有良策,奏告君上即可,若能实施,应归功于君上,此才是为臣之道。请求者乃止。

乾道元年(1165),浙东绍兴岁饥,朝廷拟派官员前往镇守安抚,满朝上下没有比令詪更合适的人选了。正月二十三日,诏令詪改授原官,与换文阶,特授左太中大夫、充敷文阁直学士、知绍兴府。前给事中周必大特意致信祝贺,誉其"学高歆向,德茂间平,蚤奋励于宏材,寖践扬于烦使,转输东广,素推抑强扶弱之称;澄按南闽,尤得戢吏爱民之指。寓书林之美职,镇浙水之近藩。资与望优,誉随日至",对令詪寄予厚望。

当时奉命在浙东之原任官员急于救灾,却由于措施不力,反而致使社会更加混乱,于是乡里无赖乘机结伙劫取钱财,豪门右族极度恐慌,不知如何应对,相继躲藏。公文催得越急,越无人敢来响应。饥民无食可取,或相继死于路旁,或相聚抢劫旅客,计划打砸富户以显示其忿怒,于是村里连白天都门户紧闭,人心惶惶,不能自保。令誏到任,首先免除不合理之禁,放出官仓之米,分别存于里巷之中,使相聚之抢劫者散伙,而前往里巷就食。逮捕为首作乱者两人,杖刑后流放,人情稍安。再对百姓晓以利害,并劝谕籴米者。开仓放粮,共渡时艰,粮价渐低。

二月十一日,为更好救济灾民,知绍兴府赵令誏上奏:"本府现在进行赈济,虽先前就在城里置场煮粥,给散养济,然城外乡村阔远,深虑饥流人员来往城里接受救济而来回奔波不及,今再安排于城南大禹寺、城西道士庄添置两处场所,随场所大小均定人数,并约定时辰,煮粥给散,以改变重迭之弊。仍备办草垫,作安养之需,方便住宿停留,并将柴钱责令主要负责人掌管支给。或担心内有病患之人,则由政府负责供给药饵,专差医生调治,并分别派遣通判、职官、主簿、尉官等每日前往诸场所提调监督,检查核实。"孝宗下诏:"如人数稍多,更令添加场所,依此赈济。"令誏更以一己之力,捐出俸银,散发给饥民以为衣食,至麦熟时节始散去,拯救百姓达数十百人。又命收敛道旁遗骸,以防疾疫流行。令誏为安抚流民,殚精竭虑,多管齐下,举措得当,流离失所之乡民纷纷回乡恢复旧业,境内始称安定,危机解除。

赵令誏为人,赋性端重,严于律己,每晚就寝,必思索终日所为,无一事一言之失,然后才能入睡,曾说:"曾子曰:'三省其身。'大贤尚且如此,吾怎敢疏忽!"平时乐善好施,人有微不足道之长处,也称赞不已,对乡里贫乏者,往往按月接济。浙东危机,他以仁厚之心救济大众,经历越久,人们越能感受到其对待百姓之真诚。对待下属,则公事公办,大都谦逊,不曾见有严厉刚毅之色。是年,浙东得大丰收,郡人既得丰足之粮食,又得为民之贤守,纷纷额手相庆。

乾道二年(1166)七月,由于积劳成疾,令誏奏请奉祠归乡。久之,孝宗始下诏,推恩准许用赵令衿例,以崇庆军承宣使、安定郡王令誏提举江州太平兴国宫,祥符县开国男、食邑三百户,任便居住。既得旨,遂回诸暨"静胜庄"静养。令誏喜读释氏及老庄之书,自养甚薄,不以富贵而改变。

既回乡养病,家事尽交付给子孙。以前在任上,闲暇之时甚少,常以不得遂雅志为恨。自致仕后,常端坐一室,巾几之外一物不留,参禅悟道。乾道二年(1166)十月,赵令誏薨,享年68岁。孝宗闻之哀悼,特赠左宣奉大夫,葬于诸暨花山乡。其妻姚氏,延康殿学士、礼部尚书姚佑之女孙也,以礼襄助宗族,重封宜人,晋封硕人。长男赵子浒,有经世美才,年少即科举及第,授行在宗正寺主簿,未施其才而卒,士论惜之。次子赵子沐,仕右承奉郎。孙男二人:赵伯彬,将士郎;赵伯緋,登仕郎。其后子孙居超越、孝义、花山、安俗者,繁盛不可胜记。

赵令誏不仅身居高位,更是南宋王朝之能臣。由于他一生爱国爱民,才干过人,不仅深得百姓称颂,更得高宗、孝宗两朝皇帝重用,为国家贡献至多。尤其他在绍兴知府任上赈济灾民,安抚流离,使民生尽快复苏,自己却因积劳成疾,致仕仅3个月即告薨逝,所以赵令誏是有功于越地的。正如他的老部下、状元王十朋所说:"(令誏)疏通练达,宽厚老成,历四十年之仕途,号二千石之治最。宪闽帅越,异绩愈彰。""公已去而不忘越,越人德公亦将终身而不忘。甘棠勿伐之咏,在越而不在燕矣!"评价可谓高矣!

绍兴元年(1131),安定郡王赵令誏与侄赵子嶙选择诸暨智度寺作为宫院,是宋室南渡后宗室迁居诸暨有记载可查最早的人,众多汴京睦亲宅的宗室子弟纷纷前来投奔,在诸暨形成了多个宋太祖派下的宗室聚落,对当时诸暨社会、经济、文化等各方面的发展产生了深远影响。时至今日,诸暨宗室后裔仍高达5万余人,为浙江省赵姓人口比例最高的县市。

赵令誏作为宋太祖后裔袭封安定郡王,奉旨以立赵昚为太子事而来绍兴攒宫山祭告诸陵,时至今日仍在诸暨太祖派宗室后裔中世代相传,引以为傲。这也促成了2020年重阳节以诸暨宗室后裔为主发起的,全国各地赵宋后裔参加的绍兴宋六陵祭典,在这个饱经沧桑,历经劫难的宋六陵旧址上,旗幡飘扬,身着宋代衣冠的赵宋宗室后人,按赵宋皇家礼仪举行的充满宋代韵味的祭祀大典,一如当年赵令誏祭陵场景的再现,消息传向海内外,一时引起了轰动,被誉为是"重塑(绍兴)南宋文化的一个引擎",对于当前绍兴"宋韵文化"的建设意义深远!

矫杰横发 散僧入圣

——杨维桢书法杂谈

徐晓刚

杨维桢(1297—1370),字廉夫,元诸暨州(今浙江诸暨)全堂人。泰定四年(1327)进士,初任天台县尹,官至建德路总管府推官,后升江西等处儒学提举,未上。杨维桢在元末诗坛独树一帜,是中国文学史上最具影响力的诗人之一。同时,他虽"不以书名",而其书法却风貌独具,如今越来越受到重视和好评。本文从杨维桢早期书法入手,探其渊源,分析其"章草笔意"的由来和相关作品的来龙去脉。又结合杨维桢的诗学观点和个性特征,阐述其书法的审美取向和艺术价值。

一、从《梅花百咏序》看杨维桢书法的渊源

唐代是文艺大发展大繁荣的时代,无疑也是为后世设置了高门槛的时代。唐人似乎特别喜欢立规矩、订法则,从唐太宗之有《帝范》开始,诸如楷书、律诗,皆是。杨维桢说:"诗至律,诗家之一厄也。"(《蕉窗律选序》)那么,书至楷,是否也是"书家之一厄"呢?好像从来没人这样说过,不过我却常常这样想。

一般认为,杨维桢书法学欧阳父子。欧阳询、欧阳通虽为父子,其书法属于同脉无疑,但风格并不相同。《太平御览》引《唐书》云:

> 欧阳询,潭州临湘人也。初学王羲之书,后更渐变其体,笔力险劲,为一时之绝。时人得其尺牍文字,咸以为楷范焉。高丽甚重其书,尝遣使求之。高祖叹曰:"不意询之书名远播夷狄,彼观其迹,固

谓其形貌魁梧耶？"询形体么么，故高祖有是言耳。

> 欧阳通，询之子也，早孤。母徐氏教其父书，每遗通钱，绐云："质汝父书迹之直。"通慕名甚悦，昼夜精力无倦，遂亚于询。

欧阳通，字通师，为唐高宗李治时人，死于武氏天授二年（691）。欧阳通虽为欧阳询第四子，却系其老年所得者，幼即孤，故并无直接师承。欧阳通的《大唐故翻经大德益州多宝寺道因法师碑文（并序）》，今存西安碑林，其面貌与乃父迥异，可以说是他努力挣脱楷法枷锁之作。此碑虽为楷书，但他融入了大量的隶书笔法。

选自《道因法师碑》

唐张鷟《朝野佥载》卷三云：

> 欧阳通，询之子，善书，瘦怯于父。常自矜能书，必以象牙、犀角为笔管，狸毛为心，覆以秋兔毫；松烟为墨，末以麝香；纸必须坚薄白滑者，乃书之。盖自重其书。

"瘦怯于父"是说欧阳通的字没有欧阳询的字那么丰润。"怯"字容易给今人以带有贬义的感觉，其实不然。宋高观国《解连环·柳》云："隔邮亭，故人望断，舞腰瘦怯。"清纳兰性德《卜算子·新柳》云："娇软不胜垂，瘦怯那禁舞。"看来，古人诗词中的"瘦怯"，大都是用来形容柳枝的。所谓以象牙、犀角为笔管，而且还在松烟墨中掺入麝香，当然是种奢侈的表现。

然而，"狸毛为心，覆以秋兔毫"和"纸必须坚薄白滑者"，则是其书风表现的必要条件，并不过分。杨维桢《赠笔史陆颖贵序》云：

> 韩子为笔作《颖传》，颖莫贵中山之毫。汉制，天子笔皆用兔。蒙恬以鹿毛为柱，羊毛为被。欧阳通以狸毛为主，覆以兔毫，则知颖不独贵于兔也。宣州诸葛氏传笔有二等，高贵者，柳公权求而与之。又语其子曰："学士能书，当留此笔，不尔，请退还。"未几果退还，即以常笔与之。盖高贵者，非右军不能用也。石晋时，有奇士夜传佳笔，晓出阊户，以竹筒衔壁外，人置钱其中，佳笔跃出，笔其笔床曰"颖"，擅名于馆阁诸公者久矣。至其孙，遂以"颖贵"名焉。常以丰狐之毫或麝毛须制以遗我，且曰："此铁史铁心颖也。"予用之，劲而有力，圆而善任，使舍其制而用它工，则不可书矣。故铁心之颖，人罕得之，而人亦不能用也。其以颖自贵，何以异于唐诸葛首奇士哉？予舍其颖之可贵，而又能自贵，不以轻信于人也。故为序以赠，使世之大手笔，知其自负所贵，非吾溢美之也。至正甲辰夏五月朔序。（《东维子文集》卷九）

他所称赞的陆氏之笔，是以丰狐之毫或麝毛须为柱、覆以羊毛或兔毫的一种笔，与欧阳通所用的"狸毛为心，覆以秋兔毫"相同，我们现在称作"兼毫"。这种笔"劲而有力，圆而善任"，他称之为"铁心颖"。这种笔甚至是"铁史"（杨维桢的一个号）专用的，人家即使得到也用不了（前文说这种笔连柳公权也用不了），而他则非用这种笔不可，"舍其制而用它工，则不可书矣"。又说："余用笔喜劲，故多用之，称吾心手，吾书亦因之而进。"（杨维桢《画沙锥诗序赠陆颖贵》）

传世的杨维桢书作，有署年的最早为《梅花百咏序》，写于至正五年十一月十四日（1345 年 12 月 8 日）。这是杨维桢为同时代山阴人韦珪的《梅花百咏》所写的序文，其书法和文章，都有着比较特殊的价值。《梅花百咏》元刻原本尚存，现藏于国家图书馆。此序以杨维桢手迹上版，摹刻精良，颇能传神。

由这件书迹可见，杨维桢年轻时所学的正是欧阳通。这里，我们分别

从《梅花百咏序》和《道因法师碑》中择出部分相同的字,来作个形象直观的比较(后者即黑底白字):

虽然欧阳通写的是楷书,而杨维桢写的是行书,但无论是结体还是运笔,看得出是一脉相承的。两件作品都是刻本,有些方笔可以认为是斧凿刀刻所造成的。不过,杨维桢写于同期的另一件作品可以说明,他这时候喜欢的正是方笔。

马琬的《春水楼船图》作于至正三年十一月二十五日(1343 年 12 月 12 日),此画右上角杨维桢的题诗未署年款,从笔法看当与《梅花百咏序》同期,也即与马琬画作大致同时。很明显,他这时候的运笔,有些也真像刀刻的一般。

这幅题诗的字大小比较匀称,约为 2 厘米见方。所用纸张,从马琬所画山水的彩墨来看,应该也是接近于“坚薄白滑”的那种。所以,这件杨维桢墨迹所呈现的形态,是笔笔送到的结果,是其运笔轨迹的真实体现。看来年轻时习书的积累,哪怕想扔也扔不掉。当然,杨维桢并没想过扔掉,

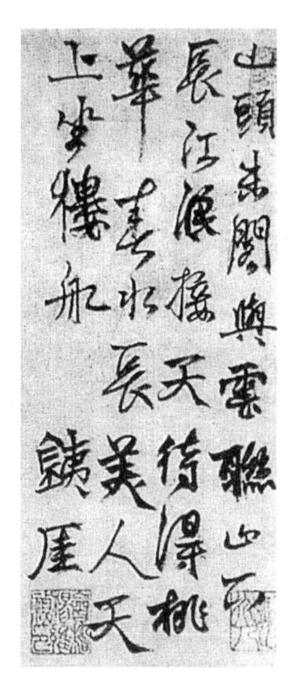

杨维桢题《春水楼船图》(纸本,全画 83.2×27.5cm,

杨维桢墨迹纵 21cm,美国沙可乐博物馆藏)

譬如其隶书笔意的挑笔,在以上作品中还不是非常明显,而到后来却越来越"发扬光大",甚至到了有些夸张的地步。

杨维桢书法中的挑笔(选自《草书七绝诗轴》)

二、杨维桢的三件挂名之作

说到杨维桢行草中的隶书笔意,人们大多说是"章草笔意",认为得益于他的章草功底。现藏于日本的《张氏通波阡表》,署为:"至正乙巳春,李黼榜第二甲进士、奉训大夫、前江西等处儒学提举会稽杨维桢撰并书。"钤印:九山白云居(朱)、铁史藏室(朱)、会稽杨维祯印(朱)、李黼榜第二甲进士(朱)、廉夫(白)、抱遗老人(白)。这是一件章草、行草夹杂的作品,写于至正二十五年(1365),一般认为是杨维桢的真迹。根据这件作品而称杨维桢有深厚的章草功底,完全说得通。遗憾的是,这幅章草其实不是杨维桢的亲笔。《张氏通波阡表》其文确系杨维桢所撰,这一年他已经70岁,而书写者是杨维桢在松江府学的邻居、学生陈文东,年纪才20多岁,学章草已有些年头了。

至正十九年(1359)十月初,杨维桢应松江府同知顾逖之邀,赴松江府学教授诸生,遂"弃官"而合家徙松。已经64岁的杨维桢,匆匆来到松江,只能暂居于松江府学的孔庙旁。他在这里住了半年左右时间,第二年春搬到离府学不远的迎仙桥头。正是在这半年中,他与陈珍、陈文东父子为邻。其《古窝记》云:

> 至正丙申,松郡毁于兵,凡富贵家肥楹厚栋,存者什不能一。吾西邻叟国宝氏之居,乃与古招提岿然而独存,其题梁岁月盖创于宋咸淳初,迨今百有余年。其材皆文楶赤杪,然不断橑、不刻栌,节棁无金图碧缀、绮绾绣错之华,材虽良而制则示后人以俭者也。一日,治酒食延予于其居,请曰:"某居幸切先生东壁,一弦一诵声相闻,先生客

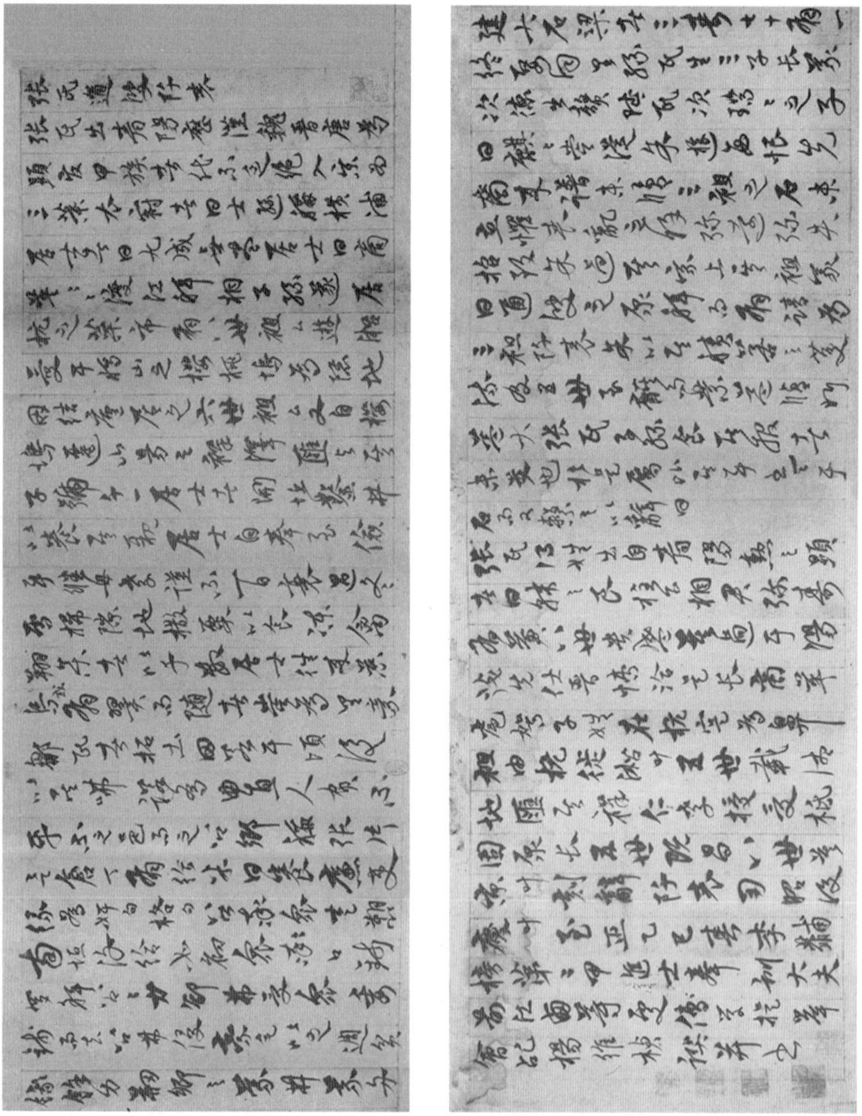

《张氏通波阡表》
（纸本，28.9×146.1cm，
日本东京国立博物馆藏）

填至,至无坐立所,则折而入吾居,实先生之行窝耳,其可无名?"予以其构为邑屋之古,遂以"古窝"名。虽然,窝之古,代不无也,而居其窝之人之古也为难。叟清旷质直,平生无二言三行,盖古之愚直人也。有子一,文东,年未丁,延硕师与之处,时时谒吾门,阅古籍,谈古道学,为古文章,则叟之尚古而拔流于市井之人者,非徒一栋宇之古者也。叶,今之崇门奥室,金汤其垣池、铁石其窖藏,文绣衣被,地居千金,子不下堂,而近不阅一世二世,矧能什百而世之也?今叟居繇宋迄今凡历世者五,而不夷于劫火,不夺于势家,夫岂偶然者?文正范公曰,祖宗积德百余年,而始发于吾。天其或者陈氏后亦有兴者乎。吾不辞,书之以示其子文东及其宗族姻友,皆知慕向叟之古心古行,世为家则。邑之称古者,曰秦皇古驰道,曰吴王古猎场,曰二陆古书宅,皆不足以专美于郡书矣。叟再拜曰:"某曷当,某曷当。"明日,持古锦卷来,请书为《古窝记》。叟姓陈氏,名珍。(明《正德松江府志》卷四十六)

此文中一再称赞的,其实是陈珍之子陈文东。从此以后,年未十八的陈文东,成了杨维桢在松江最亲近的学生之一。

明《正德华亭县志》卷十五云:

陈璧,字文东。少颖悟,以文学知名。尤善书,隶篆真草,流畅快健,富于绳墨。洪武间以秀才任解州判官,调湖广柳州卒。学书者皆宗之。(按,《正德松江府志》卷三十为:"调湖广郴州卒。")

明朱谋垩《书史会要续编》云:

陈璧,字文东,号谷阳,松江人。官至解州判官。工于诗文,真草隶篆,流丽遒劲,入于神妙,与三宋齐名。用笔俱从怀素《自叙帖》中流出,此所谓如锥画沙是也。

陈文东的资料不多,查解州和柳州、郴州的地方志,都未能再找到别的相关资料。在松江当地和一些书法相关著述中,倒是时有提及,但也都相当简略。综合起来,大致可以勾勒出:

陈璧,字文东,号谷阳,元末明初松江府华亭县人。30 岁以前在元末。入明后,洪武间以秀才任山西解州判官,调广西柳州(或谓湖南郴州)。元末明初陶宗仪谓:"陈璧,字文东,松江人。少以才学知名,真草篆隶,流畅快健,富于绳墨。"(《书史会要》卷七)明李东阳《跋王守溪所藏古墨林卷》云:"陈文东,国初名笔,松人宗之。"(《怀麓堂全稿·文后稿》卷十四)

明何良俊倒是常常提到陈文东,都是好话,如云:

> 吾松在胜国与国初时,善书者辈出,如朱沧洲、陈谷阳,皆度越流辈。《书史会要》中,评朱沧洲为"风度不凡",陈谷阳为"富于绳墨"。余以为,陈谷阳出于沧洲之上远甚。盖朱诚有风度,亦兼善四体书,但不如陈之法度精密耳。余尝有陈谷阳书一卷,四体书皆备。其正书一段酷似欧率更,行草则渐逼大令,篆书亦入格。又有其书疏头二通,全学松雪,极疏爽可爱。又尝见其章草书《竹笔格赋》一篇,在舍弟家,殊有古意,出宋仲温上。世评谷阳书为八宝中之水晶,又以为得书法于三宋,此皆不知书,妄为此谈耳。(《四友斋丛说》卷二十七)

宋克于元末流寓于松江,陈文东和当地的不少人都曾向他学书。清《嘉庆松江府志》卷六十二宋克小传云:

> 宋克,字仲温,长洲南宫里人。少跌宕不羁,好韬略,将北走中原,会道梗弗果。家居以气节自励,人有过辄面折之。操觚染翰,日费千纸,遂以章草名。寓松江俞氏,郡人多学其书。陈文东璧从授笔法,僧善启谓"宋笔正锋,陈多偏锋,以是不及"云。洪武中同知凤翔府卒。

杨维桢常请宋克为他抄写诗文稿,其《跋宋仲温书铁崖古歌》云:"东吴宋仲温,工古歌诗,尤工诸家书法。余有所著,必命仲温书之。"(明汪砢玉《珊瑚网》卷十三)此跋写于至正二十年(1360),也正是陈文东学书于宋克的时候。何良俊说陈文东的章草"出宋仲温上",或许过誉,却也说明陈文东的章草是不错的。

明景泰五年(1454)诏修通志,七年(1456)书成,名为《寰宇通志》。此书中有关于"通波阡表"的记载:

通波阡表,在府城北通波塘上。元陈文东为杨维桢书所撰张通墓文,笔法遒美,郡之学书者多摹仿焉。(《寰宇通志》卷十四)

正因为陈文东这幅字写得不错,使得"郡之学书者多摹仿焉",而且陈文东偏偏模仿了杨维桢的一些笔法,又完全以杨维桢的面目出现,所以始终有人觉得有必要将这件事情予以澄清。《寰宇通志》中的这段文字有点拗口,也显得有点突兀,原因就在于撰稿人只是想委婉地将真相告诉后人。

无独有偶,明成化间的张弼,写过一篇《奉政大夫四川按察司佥事张公墓表》,其传主张茂兰,就是杨维桢《张氏通波阡表》所言"张氏"的后代。张茂兰与杨维桢、陈文东都没有直接关系。但在这篇长达1438字(不计标题、不加标点的净字数)的《墓表》中,却出现了这样一句话:

其家世之详,有杨廉夫先生《静鉴碑》《通波阡表》,皆陈文东所书,予得而略。(《东海张先生文集》卷四)

作为《墓表》却未叙"家世之详",所以他需要作点必要的说明:其家世之详,有杨廉夫先生《静鉴碑》《通波阡表》,予得而略。这样的话,倒也还说得通。说不通的是,他要在这句话当中硬塞进去"皆陈文东所书"6个字。张弼的这篇《墓表》,通篇写得很好,就这6个字,从写文章的角度来看,无论怎么说都是多余的。张弼(1425—1487),字汝弼,自号东海,松江华亭人。明成化二年(1466)进士,授兵部主事,进员外郎,迁南安知府,谢病归。自幼颖拔,善诗文,工草书,与李东阳、谢铎善,尝自言:"吾平生书不如诗,诗不如文。"李东阳戏之为:"英雄欺人每如此,不足信也。"谢铎称其"好学不倦,诗文成一家言"。看来,张弼不是写不好文章,恰恰是太会做文章了。

《张氏通波阡表》并不是纯粹的章草,与杨维桢的其他行草作品相比,无非是章草味道有更集中的体现而已。也正因为如此,更容易让人觉得,这就是杨维桢的亲笔。然而,细玩这幅字,总体上几乎每个字都比较做作,而且恰恰是以行草笔法为主的部分,尤其显得迟疑、生硬。杨维桢写于此前的《游仙唱和诗》和写于此后的《宴于朱氏玉井香诗》等作品中的那种潇洒,在《张氏通波阡表》中一点儿也找不到。陈文东刻意模仿了杨维桢的行草笔法,但形似容易神似难,特别是末行的"杨维桢"3个字,由于过于追求形似,遂在整幅字中显得非常突兀,就像是硬塞进去的,我用诸暨话称其为"贴皮勿贴肉"。

最近读到被认为是杨维桢所书的《壶月轩记》,这又是一幅章草味道很浓的作品,署为:"龙集己酉春二月花朝庚辰,会稽抱遗叟杨祯廉夫甫在云间之挂颊楼,试老陆画沙锥书也。""龙集己酉春二月花朝庚辰"是明洪武二年二月十五日(1369年3月23日),入明后杨维桢不肯写"洪武"年号,故只称"龙集",为"岁次"之意。此文确系杨维桢所撰,但这幅字却依然是陈文东写的。与《张氏通波阡表》的做法相同,陈文东努力加入了杨维桢行草的笔法,而且功底显然扎实得多了,其行草也已经流畅了许多。

张珩《木雁斋书画鉴赏笔记·书法三》著录"杨维桢《壶月轩记》册"云:"署年己酉,为明太祖洪武之二年(1369),铁崖年七十四,明年遂卒,盖晚笔也。然已不免时露颓气,不能清劲俊朗如他书矣。"张先生谓此书有"颓气",是"盖晚笔也"的自然延伸,若其知为陈文东所书,恐怕未必会有此言。写这幅作品时,陈文东学书已经10多年,年纪二十七八,为其风头正劲之时。细玩此卷,无论如何也读不出"颓气"两字,无非是有些地方仍旧显得比较刻意、生硬而已。杨维桢的《致松月轩主者札》写于同年秋,是他存世作品中书写时间最晚的,完全是另一种面貌,要说"颓气",或许有之。将《壶月轩记》比之《致松月轩主者札》,则明显要"清劲俊朗"得多。

其实,关于这幅字的书写者,卷末两行字说得非常明白:"孟京近日妙书过文东远甚,可副墨一本张其轩。"这是明明白白地告诉我们:此卷由陈文东代笔。关于"孟京"的资料极少,元赖良《大雅集》和清顾嗣立《元诗选》均只谓:"俞镐,字孟京,云间人。"另外,清《嘉庆松江府志》卷七十二《艺文志》云:"《大雅集》,明俞镐孟京著。"不过这条著录有误,《大雅集》不是个人著作,而是一部许多人的诗歌选集,系元末流寓于松江的天台人赖良所编。至正二十一年(1361)立秋日,杨维桢为《大雅集》写了序,同时还为部分诗歌作了点评。俞镐的诗,如今传世的只有5首,全在《大雅集》中。前文引录《嘉庆松江府志》的宋克小传,其中有一句话值得重视:"寓松江俞氏，郡人多学其书。"假如这"俞氏"就是俞镐家，那么俞镐向宋克学书的机会就更多了。

再来看看《周上卿墓志铭》。在杨维桢名下的书法作品中，《周上卿墓志铭》是传世的唯一一幅楷书。这篇墓志铭的传主周文英（1265－1334），原葬于常熟虞山，至正十九年（1359）五月"墓为盗发，暴骸如生"，"复改葬于吴县胥台乡星原之道"。杨维桢正是为其改葬而作这篇墓志铭，其撰文时间当在至正十九年十月，来到松江之后不久，书写时间也应该是同时。

《周上卿墓志铭》是《杨维桢诸人为周文英作诗志传合璧卷》中的一段，现藏辽宁省博物馆。清《秘殿珠林三编》著录。辽宁省博物馆所编《馆藏中国历代书画著录（书法卷）》称，该卷纵 26cm，横 830cm，内容一是幸道人《留别周文英函并诗》，二是杨维桢撰并书《周上卿墓志铭》，三是张适书、龚致虚撰《周上卿传》，后面是元陈天尹、倪瓒，明汪中、周天球、姚广孝、张氏，清毕泷的题跋。该著录云：

> 杨维桢书墓志铭，乌丝栏小楷，为摹泐上石之底本。通篇四十四行，七百五十三字，字径不过三分，工整挺拔，结构严谨，古朴有致。笔法结字近于欧阳父子。字形略呈修长，笔划多以瘦劲取势，锋芒毕露。杨氏以行草书见长，楷不多见，本幅书法一笔不苟，意态闲雅，方折含蓄，是其少有之作，与元季以赵孟頫为代表的圆活婉丽之风大相径庭，是研究杨氏楷书的重要依据。

卷末，清毕泷跋云：

> 世传杨铁崖书多狂草，然观其用笔，总带篆隶法，如此志铭小楷，目力苦短者乍见之，鲜有不疑其赝鼎。孰知玩其笔意，与草书同一篆隶中来，骨力谨严，岂凡笔所能伪作耶。

毕泷跋中所谓"目力苦短者乍见之，鲜有不疑其赝鼎"，说明前人怀疑者不少。若结合杨维桢的这一段历史，可见前人的这种怀疑并非"目力苦短"。杨维桢非常重视其诗、其文，但对自己的书法却并无多少在意。他写过许多碑文，但即使是刻石露脸的，他也只撰不书。何以在 64 岁高龄时，居然为一篇终将埋入地下的墓志，来"一笔不苟"地书写这"字径不过

周上卿墓志銘　　會稽楊維楨譔并書

上卿姓周諱文芙字上卿別號梅隆又號紫華
漢將軍亞夫之後魏晉之間著為望族後育宦
于吳中者因家焉國史家牒載之詳矣其祖父
皆以醫鳴有所著醫要刊行亦母史氏懷姙時
有異僧入藥夜生上卿果聰慧過人九歲通經
史歆文一時詞人皆稱為聖童會父患瘋疾三
年不愈吳中醫人莫能療上卿日夜涕泣慨然
歎曰為人子者不可不知醫誠如是言山乃盡
屏兩讀書將父所藏素問醫經等書翻閱不已
復供純易真人像于市南別業昕夕禮拜逾李
不怠期以愈疾一日有一道人自北而來苟社
楷永碧眼鶴髮立上卿之門誹佪良久見者訝
之語于上卿適上卿閉戶同契勤以出道人
咲曰汝父病殆何眼此為上卿日適檢閱方書
偶見之耳然亦素所好者余父誠病不知況世間
知之道人曰實道於世外事無所不知余為異人
之病略醫藥道人曰吾所為醫藥非先父母非
之謂也于試辭之即出葫蘆中藥一粒大如棗
來邑丹而香枝于上卿云今日午時可服切令

人見上卿告于文如法服之至晚忽躍起曰家
疾已愈矣頃所遇道人必仙也不然何神異至
此舉家以為章上卿欲伏養千家曰卲其姓
名居止道人即指章為姓而家別去噫二山
也今將過洞庭而西游矣留詩二首別去噫嘻山
上德卿至矣我夫以务冲之季知莘養之道鳳
夜悲歸毋散即安彈精藥餌敏茹功名惟謹動
天至誠感神是以來賚霞之仙試易骨之術施
一粒之神丹起四季之痼疾豈與人至孝弗至我
上卿為人醇厚蘊籍周貧恤之與人款之多致
遇之而即授以丹焉授以禪訣語以本心淨明
尤好神仙術羽冠即拆問道以故卓年先生一
制行忠孝清微旨奉揆雷淵鶩華瑞簺夢自
帝錫自遇章先生以來奇遘悪多未可枚舉巳
見韻青城傳中上卿生于威淳乙丑仲春六日
辛于元統甲戌秋十有七日八月甲申于南
奉枢葵千常燚虞山祖塋之次越二十有六季
巳亥夏五月墓為盗發暴骸如生復瘞千吳
縣膏葬卿星原之道其子念上卿潛德來傳俾
余為銘家不容辭卿敘而銘之銘曰
骨肇葬　　堂封滋　　是惟紫華之宫鬼固鬼完
尚後人之達

小楷《周上卿墓志銘》

三分"字数却有 753 个的一幅小楷？这一点，我无论如何也想不明白。

何良俊说陈文东的楷书"酷似欧率更"，论《周上卿墓志铭》的专家说"笔法结字近于欧阳父子"，这恐怕也不是巧合。如果最终确认这幅小楷为一毛头小伙所书，不知道评论家们是否还会不吝笔墨地给予这么高的评价。

杨维桢常请宋克抄写诗文稿，这是他自己说的。其实，他身边的学生大都为他抄写过，如其《蒋生元冢铭》写就后，就是"俾学子吴毅书其志"。（《东维子文集》卷二十五）。陈文东既年轻又写得一手好字，自然更不例外，如《陈文东书杨廉夫赠相子先写照序》之文末，即署："会稽杨维桢著，门人陈文东书。"（明汪砢玉《珊瑚网》卷十三）这里，我们再来读一读他的《致松月轩主者札》，可以对此有更为清晰的认知。

《致松月轩主者札》写于明洪武二年立秋后三日（1369 年 8 月 1 日），比《壶月轩记》晚 4 个多月，是杨维桢存世作品中书写时间最晚的一幅。湖州南浔褚乐闲与杨维桢为故交，其子褚彦之遂视杨维桢为父辈。至正十四年（1354），褚氏先庐毁于兵火，到洪武元年或二年初，褚彦之重修别业，以"松月"名轩，请杨维桢撰《松月轩记》。同时，他还请杨维桢为其父撰写墓志铭。杨维桢的《致松月轩主者札》，正是关于此事的一封回信：

> 自兵火后，故人都如隔世。别来契阔，邈不相闻。乙巳到莒城，迤逦到太湖盛宅，满拟过南浔诸使门，吊烈问小。两到盛港而风，辄引之返也，迨今怅然。徐总驰书来，甚慰耿耿怀，兼有土物之惠，珍重瞻瞻，予恩意无以为喻。《松月记》久已脱稿，必欲老夫亲笔登卷。白日平旦，肺气不壅，眼亦不花。女郎洗砚劝书，急展缥卷，客来皆称老铁秋来得意之帖。先府君墓文，则付之小儿副墨录去。中秋前后，想松月清凉界中，不妨补亲董也。立秋三日，抱遗老人杨桢顿首。（下略）

这封回信的信息量非常大，是我们研究杨维桢晚年生活极为重要的一份史料。不过，这里我们只关注这样几点：

1. 杨维桢晚年苦于肺疾，而写这封回信的时候病情较轻，但即使身体

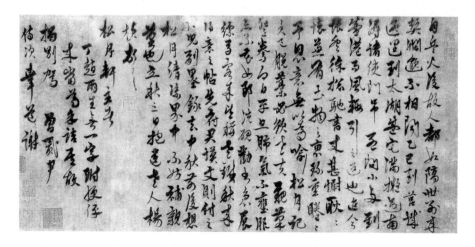

杨维桢《致松月轩主者札》(纸本,27.5cm×57cm,谢稚柳、陈佩秋先生藏)

状况较好,"肺气不壅,眼亦不花",其字却不免老态毕现。老年性肺病,一般在冬春间最为严重,夏秋间相对较轻,杨维桢的情况正是如此。对于这一点,这封回信的字里行间说得非常明白。《壶月轩记》写于 4 个月前的花朝日,正是春寒时节,为何其笔力却能够远在这封回信之上呢?

2. 在写这封回信之前,杨维桢还按褚彦之的要求,刚刚亲笔书写了《松月轩记》。看来他自己对这幅字比较满意,遂借他人之口而谓"客来皆称老铁秋来得意之帖"。《松月轩记》墨迹虽已失传,但其文尚存,末署为"龙集己酉秋七月初吉书",是洪武二年七月一日(1369 年 8 月 3 日)。读回信可知,杨维桢是在写好这幅字后顺手写回信的,所以这幅字也写于立秋后三日,落款时只是为了取"初吉"的"吉"字,而署了相近的日期。可以想见,《松月轩记》书法的面貌,当与这封回信相近,无非是书信或许写得随意一些。

3. 《松月轩记》在褚彦之"必欲老夫亲笔登卷"的情况下不得不为之,而且是在脱稿后搁了很久,待身体状况较好时才亲笔书写。另一篇墓志铭他就不再亲笔书写了,而是"付之小儿副墨录去"。

三、杨维桢书法的审美取向

传统书法审美的共同取向在于典雅,但杨维桢不,他属于另一种。就如同写诗、为人一般,他决不人云亦云、迁就附会,而是自有其坚定的审美取向。

为了挽救诗歌的颓势,杨维桢像一位斗士,顽强地坚守着、发扬着他的诗学主张:

> 诗有情有声,有象有趣,有法有体,而禅之提唱、武士之叫呼、文墨生之议论,不在有焉。(《题吕敬夫诗稿》)

要知道,杨维桢在这里所反对的"文墨生之议论"等等,恰恰是当时大多数诗人的共同追求。传统诗歌至唐代发展到了顶点,宋人只好以"主理尚意"为指归,本欲寻求新的出路,结果却把诗歌逼入仄途,甚至在一定程度上沦为道学家说教的附庸。在这样的大背景下,杨维桢的古乐府创作,直接从《诗》《骚》和汉魏古诗中汲取营养,返璞归真,让人们重新获得"吾元有诗"的信心。同时,他力追盛唐风韵,探求诗歌的艺术本质,摒弃说教,充分展现文学形象的魅力,使元末诗坛为之一振。在诗歌创作上,杨维桢非常有定力,写别人所不敢写,而对众人趋之若鹜的所谓"雍容典雅"不屑一顾。一句"此岂有诗哉",他不惜将早期所作付之一炬,向带着枷锁和面具的所谓"传统"告别。他的这种理论和实践,让身处诗坛暮霭中的有识之士由衷地喜欢,但在自觉不自觉地附庸于文化专制的人们眼中,却无疑是对"文以载道"的反叛,是"以淫辞怪语裂仁义、反名实,浊乱先圣之道"的"文妖"(语出明王彝《王征士集》卷三《文妖》)。

这里,我们先来读一读他的《鸿门会》,感受一下他在诗歌中对文学形象和整体节奏的把握:

> 天迷关,地迷户,东龙白日西龙雨。
>
> 撞钟饮酒愁海翻,碧火吹巢双狻猊。
>
> 照天万古无二乌,残星破月开天馀。
>
> 座中有客天子气,左股七十二子连明珠。
>
> 军声十万振屋瓦,拔剑当人面如赭。
>
> 将军下马力排山,气卷黄河酒中泻。
>
> 剑光上天寒彗残,明朝画地分河山。

将军呼龙将客走，石破青天撞玉斗。

以鸿门宴为题材的作品特别多，在乐府中属《巾舞歌诗》，汉乐府中就有《公莫舞》，唐李贺、宋谢翱以及与杨维桢同时代的许多诗人都写过。杨维桢的这首《鸿门会》，所写的只是人们熟知的历史故事本身，也未用多少特殊的词藻，却把其紧张激烈的气氛完全表达出来了。诗歌用急促的短句为开场，一下子就让读者屏声敛息，凝住了紧张的基调。接下去的诗句，始终在汉、楚双方频繁地切换，自然生成一种激烈对峙的气氛。最后两句，紧张气氛既已解除，便让时间在玉斗的撞击声中停格。这首《鸿门会》正是以形象、气韵和神采为根本追求，这在其他人的同题材作品中是找不到的。据说每当酒酣之时，他自己往往会唱这首歌。试想一下，在如此强烈的节奏中，杨维桢手之舞之足之蹈之的模样，我们是否也有读其书法的感觉呢？

杨维桢作书，就如作诗一般，也充分地体现出对音乐性的追求。书法的音乐性，是虽然听不到但分明能够感受得到的那种，是与姿态美相辅相成的节奏美。我以为，所谓公孙大娘舞剑器，体现在书法中的恐怕主要是其节奏美，而不仅仅是指那些或左冲右突，或出云入海，或寒光回环的姿态美。

杨维桢的《跋邹复雷春消息图卷》，写于至正二十一年七月二十七日（1361 年 8 月 27 日），当时他为杨瑀送葬，来到上海县下沙镇（一名"鹤沙"），驻足于道士邹复雷的洞玄道院。邹复雷出其画于前一年秋天的墨梅一幅请题，杨维桢遂书诗云：

鹤东炼师有两复，神仙中人殊不俗。

小复解画华光梅，大复解画文全竹。

文同龙去擘破壁，华光留得春消息。

大树仙人梦正甘，翠禽叫梦东方白。

又跋云：

余抵鹤砂，泊洞玄丹房。主者为雷复炼师，设茗供后，连出清江楮三番，求东来翰墨。师与其兄复元皆能诗画，既见元竹，复见雷梅。

杨维桢《跋邹复雷春消息图卷》
（纸本，35.2×338.3cm，藏美国弗瑞尔美术馆）

卷中有山居老仙品题"春消息"字,遂为赋诗卷之端。时至正辛丑秋
七月廿有七日,老铁贞在蓬荜居试陈有墨,尚恨乏聿。

这首诗以仄声入韵,顿挫感极强。合着这种节拍来读这幅字,似乎能
够想见杨维桢创作时的情形,就像是在吟唱一般。遗憾的是这次出行,他
没随带自己得心应手的笔,所以未能更充分地表达出他所想要的那种
效果。

同样是题画之作,杨维桢为《古木竹石图》的题诗,其字如诗,其诗如
字,都毫无拘束,写得非常潇洒:

杨维桢题《古木竹石图》(纸本,全画 93.5×52.3cm,藏台北"故宫博物院")

迂讷老渔久不见,醉中画竹如写神。金刀翦得苍龙尾,寄与成都卖卜人。铁戏笔。

这件作品,是杨维桢与张绅(画枯木)、顾安(画竹)、倪瓒(画石)并非同时却非常默契的一次成功合作,是中国文人画中的经典之一。美国学者高居翰(James Cahill)所著《隔江山色——元代绘画(1279-1368)》,以这件书画合璧的作品来压轴:"元代绘画中以这幅画最明目张胆,完全推翻了宋朝的标准与理想。元代的绘画革命至此大功告成。"杨维桢诗中的"寄与成都卖卜人"一句,曾经怎么也想不明白。"苍龙尾"是指画中的小竹,"成都卖卜人"即西汉严遵。严遵,字君平,卖卜于成都市,每日得到百钱,足以自养,即闭门下帘读书,博览无所不通。但严遵与此画或这些作画的人又有何干?某日,伏案既久,伸个懒腰,遂见窗外树影婆娑,突然有悟,莫非是"可教君平织须帘"之意?因为所有讲严遵的地方都提到"下帘读书"。杨维桢神思如飞,字写得飞扬,诗也写得飞扬,他的这种跳跃性思维,真不是我等所能跟得上的。

杨维桢的书法作品,大多就是其诗文原稿,文好,字好,相得益彰。偶尔他也会书写别人的诗文,如南宋张南轩的《城南唱和诗》、元余善的《游仙唱和诗》等,这些作品或许可以算是他单纯的书法创作。

至正二十三年上日(1363年1月16日),杨维桢的学生昆山清真观道士余善,带着自己追和张雨《小游仙》的10首诗来到玉山草堂,请当时正在这里的杨维桢为之评点并同和。杨维桢一读,非常欣赏,便将10首诗全部抄了一遍,并云:"此余方外生余善追和张外史小游仙诗一十解,持稿来,余不能加点,读至'长桑树烂金鸡死',座客绕床三叫,以为老铁喉中语也。又如'一壶天地小于瓜',虽老铁无以着笔矣!故乐为之书。"(杨维桢书余善《游仙唱和诗》手迹)也许是嫌手卷写得不够痛快,他又拎出其中最为欣赏的一首写成条幅,这就是他书法作品中著名的《草书七绝诗轴》:

溪头流水泛胡麻,曾折琼林第一华。欲识道人藏密处,一壶天地小于瓜。老铁。

余善的这首诗,如果光看这幅书法,以其词气,尤其是末尾只署"老铁"

两字,确实很容易当成是杨维桢的诗,怪不得众人如此认同,杨维桢也如此喜欢。人们称杨维桢的诗歌为"铁体",如果我们将具有独特风格的杨维桢书法也称之为"铁体"的话,那么这幅《草书七绝诗轴》就是"铁体"的最经典之作,其不拘传统、洒脱天纵,足以令人绝倒。

杨维桢写过不少关于"心乐""真乐"的文章,将"乐"作了外在和内在的区分,即所谓世俗之乐和仁人之乐。其《心乐斋志》云:"心得其乐,凡哀怒爱恶,无有失其节者,盖未尝有以损吾之乐也。"又云:"惟乐于内,而凡天下不可乐之物,举无以尚之,此心乐之至也。"(《铁崖漫稿》卷一)子曰:"贤哉,回也! 一箪食,一瓢饮,在陋巷,人不堪其忧。回也,不改其乐。贤哉,回也!"颜回所不改之乐,并非以贫困本身为乐,而是贫困丝毫无损于他作为智者的高端体验,这也正是"人不知而不愠"的那种淡然和高贵的体现。要做到"人不知而不愠",需要有极为深厚的底气和定力,没多少人能够真正做到,正如杨维桢所言:"非希贤希圣、自信之笃者不至。"(《素行斋记》)杨维桢在仕途上经历过坎坎坷坷,在生计上则常常陷入萧然,而在诗文创作上却获得了盛名,成为"扬言于大廷者"。但杨维桢既不为所囿,也不为所累:"家无扑满谁从破,世有铁枷人自担。"这种超然物外的自在,他用"心太平"三个字来概括,他的学生张宪则以一句诗来作了很好的表述:"先生眼空方醉眠。"杨维桢种种外在的潇洒放纵、无所顾忌,正是得之于他内在的淡然和高贵,以及赤条条来去无牵挂的率真。

在杨维桢的艺术生涯中,书法只是顺带为之。他的书法与那些一笔不苟的书家之作有着天壤之别,可以说恰恰是一笔不拘。明李东阳说:"杨铁崖不以书名,而矫杰横发,称其为人。"(《跋王守溪所藏古墨林卷》)此论极当,说出了杨维桢的为人、为诗、为书是那样的一致。明王世贞也曾说:"杨铁笛先生维桢七言律一章,句句使事,虽劲丽而不稳妥。书笔却遒逸,足称散僧入圣。"(《国朝名贤遗墨》)王世贞对杨维桢的诗不怎么看好,却称其书法为"散僧入圣",评价不可谓不高。然而,从明清到近世,关注杨维桢书法的人并不多,原因何在? 从传统的意义上来看,杨维桢算不上书法家,因为他不入流。什么是"流"?"流"就是世风,是审美的普世意识。书法演进的历史,虽然有立法、守法、变法等等层出不穷的变化,但总体而言都是在法

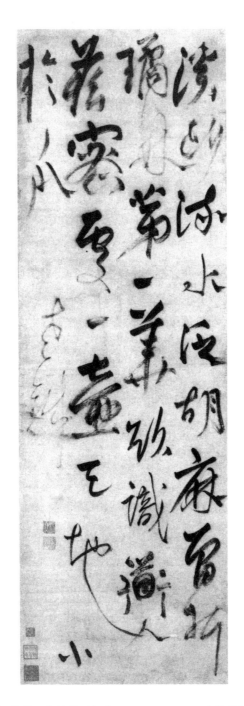

杨维桢《草书七绝诗轴》(纸本，107.7×34.9cm，上海博物馆藏)

度中进行的。书法的"法"、楷书的"楷",都是法则、规范的意思。很显然,在"书"讲究"法"的大环境中,杨维桢只能属于"另一种"。

为拙而拙是种刻意,但杨维桢书法的拙,出于自然,并非刻意之为。他所追求的是"书"有"法"之前的自觉意识,恰恰是那些强调"楷则"的人们所反对的师心独任、任笔成体。如今看来,只有不想成为"书法家"的人,才敢于这样恣肆豪纵;只有对书法有着更深入体悟的人,才能够这样朴拙天成。王世贞的"散僧入圣"之评,可见是非常到位的。

杨维桢的书法,如今已越来越受到重视和好评。但是我们也毋庸讳言,这种重视和好评,其实也不过是"世风"的一种反映,只是为新书风找到了高端体会的范模。而我在其"乱头粗服""放诞不羁"的意态中,读出的是另外四个字:我就是我。这种由其自觉意识养育而成的"另一种",与其诗歌的"标新领异"(语出清顾嗣立《元诗选》)完全同调。与他在中国文学史上的地位无法撼动一样,不管"世风"如何变幻,杨维桢的"我就是我",在整个中国书法史上必定是种更为鲜活、透亮的存在。

从《苎萝山稿》解读陈洪绶

郦　勇

　　研究历史需要占有尽可能丰富的文献资料,尤其作为个案研究,个人的诗文集无论如何都是最值得重视的第一手材料。《苎萝山稿》是陈洪绶父亲陈于朝的作品合集。此书得以存世,这就给众多热爱、研究陈洪绶家世的人们提供了一份极其翔实与方便的"文献汇编",因此其价值不言而喻。陈于朝作为陈洪绶的父亲,他的这册《苎萝山稿》业已成为研究陈洪绶必备的一份资料。

一、关于《苎萝山稿》

　　《苎萝山稿》是陈洪绶父亲陈于朝的作品合集。此书刊行于明万历四十三年(1615),为陈洪绪、陈洪绶刻本,由北京图书馆影印刊录在"明别集丛刊"第五辑第十册中。

　　陈于朝,出生于明隆庆六年(1572),字孝立,又字叔达,号翁溟、长离、了因、饮冰。万历丁丑(1577)进士陈性学之子,侍御史陈鹤鸣之孙。陈于朝文字出众,诸暨知县刘光复、督学伍袁萃、洪启睿得其试牍,辄宝之。据《光绪诸暨县志》记载,陈于朝所著有《苎萝山稿》《自得斋稿》。《自得斋稿》目前不知去向,只有《苎萝山稿》存有孤本。

　　《苎萝山稿》本来是陈于朝的诗文稿,生前就开始整理,并写自序。但是病危之时,不知被谁取去,无从查找。我们现在看到的明万历四十三年陈洪绪、陈洪绶刻本《苎萝山稿》是陈于朝去世后,其子陈洪绪整理收集陈于朝的遗稿,并加上书札、祭文、挽诗等内容而成。此《苎萝山稿》按照文体编排,计六卷加附录一卷二十二大类。

而正是因为原稿丢失后，大量其他内容的补充，使陈于朝的一生呈现得异常清晰，同时，也使得陈洪绶十八岁之前的经历变得十分明朗。《苎萝山稿》的存在，解释了众多历史上遗留的疑问，例如陈洪绶的出生地可能在苎萝山下而不在枫桥长道地；陈洪绶四岁就塾是在山阴张尔葆家，随其习画，并在墙上画下了前汉将军关侯像；陈洪绶自幼和张尔葆的女儿定下了娃娃亲，和来氏定亲当在其后；陈洪绶十七岁入赘了萧山来家；陈洪绶与兄长陈洪绪的关系并没有像《陈洪绶传》里面述说的那么差，《陈洪绶传》中捏造的兄弟感情当另有隐情。而这些发生在陈洪绶幼年到青年时期的种种事件，恰恰是陈洪绶性格形成的关键组成部分。因此，要研究陈洪绶思想和性格的形成，《苎萝山稿》是必不可少的研究文献。

此外，在《苎萝山稿》中还提及了陈于朝和徐渭的交往，这对于后来陈洪绶寄居青藤书屋也提供了一种逻辑链。

《苎萝山稿》中还有大量的书札和陈于朝的一些代笔，信札涉及内容广泛，有和亲家张尔葆的往来联络，也有和当时一些官员的往来迎送，还有与刘光复父母的修建东化成寺塔劝捐函。而更多的则是代父亲陈性学书写的奏疏、寿序及送迎文等，其中最广为人知的《经野归略序》也是由陈于朝代笔书写的，而这些无疑颠覆了之前对这些事件的认知。

二、陈洪绶出生地存疑

黄涌泉《陈洪绶年谱》引《光绪诸暨县志》云："长阜乡长道地为陈洪绶先生故里。"长阜乡长道地即今日之枫桥镇陈家村，黄涌泉先生也在1953年、1964年冬两次前往调查，认为陈洪绶出生在枫桥镇陈家村。

而据陈于朝《苎萝山稿·自序》中所言："余世家苎萝山下。"《光绪诸暨县志》所云："《苎萝山稿》一卷，明陈于朝撰。于朝尝读书苎萝山之西竺庵，是编皆当时作也。"可见，陈于朝其生活经历在苎萝山下应无疑。

《黄裳散文选集·诸暨》一文中提到陈洪绶与西竺庵的关系："陈章侯少年时曾读书于浣纱溪上白阳山麓的西竺庵，曾题'三摩地'于主人赵氏之室，见县志。"苎萝山和西竺庵皆在诸暨县城南郊。苎萝山，西施出生地。史载，西施为此山鬻薪者之女。赵晔《吴越春秋·勾践阴谋外传》：

"乃使相者国中,得苎萝山鬻薪之女曰西施、郑旦。"徐天祜注:"《会稽志》:'苎萝山在诸暨县南五里。'"在明张夬等编著的《苎萝西子志》中,有一张苎萝山图,此图上南下北,标注了苎萝山和西子祠的位置,而图中与苎萝山相对的范岩(范蠡岩)下方,就是西竺庵的位置。

苎萝山图

西竺庵,据《康熙诸暨县志》载:"在长山(陶朱山)之麓,里人生员赵学贤延僧道觉建,置田三十余亩,永供香火。康熙中,僧海涌增修。"考《暨阳南门赵氏宗谱》,赵学贤(1586—1656),字用伯,邑庠生,系暨阳南门赵氏善六公派下。赵学贤小陈于朝十三岁,如果西竺庵确系县志中所载为赵学贤所建,那么年长的陈于朝读书于西竺庵明显是悖论;同样,陈洪绶也仅比赵学贤小十三岁,陈洪绶年少读书之时,赵学贤也仅弱冠,出资建造西竺庵明显也不太可能。

西竺庵内原立有"西竺禅院碑记"一方,为康熙癸亥(1683)赵学贤次子赵尔彪题刻，内云："西竺禅院，先君子用伯公奉佛养真所也……窃效香山遗韵，高士陈章侯莫逆友，时一过访，辄醉而去，题其室曰'三摩地'。凡门而堂，以及两庑，先君之所题咏，皆章侯手书。先君静修于此，屈指三十余年。"碑记中并没有提到西竺庵为赵学贤所建造，而是称其为"西竺禅院"，联系《康熙诸暨县志》中提到"延僧道觉建"，则应该是赵学贤出资将原先的西竺庵改建成西竺禅院，于是就有了《光绪诸暨县志》中记载的："西竺庵，明季诸生赵学贤建，鼎革，逃禅于此，陈老莲与之友，常过访之，遗迹犹存。"

陈于朝家族是什么时候从枫桥迁居苎萝山已不可考，但可以肯定他们已经在此居住数代，从陈于朝的"世居苎萝山下"，到陈洪绶在五十四岁之时，立春日入苎萝山，拜先人墓。《词学季刊》之《陈老莲佚词》缺题云："立春风日逢清美，老病一天双喜。岂止办些柴米，好哦往深山矣。白幢白伞追随死，老稚村庄生理。先入苎萝山里，拜先人墓起。"而陈洪绶的父母皆归葬枫桥，此处的先人应是陈洪绶的祖辈。同时，陈洪绶也曾自署为"苎萝陈章侯"。按，柴小梵《梵天庐丛录》卷十九记有"陈老莲水浒牌"一则，惜原迹未见，具体内容不得而知。柴云："首页署款'友弟陈洪绶为也赤兄写'十字，小楷如粟。另一页署款'苎萝陈章侯为也赤先生图于梧柳园之槎庵。'"

我们再回过头来看苎萝山图，此图绘制于崇祯六年（1633），和陈洪绶所处的时代相近，图中的苎萝山下并没有民居，而在苎萝山的北面绘制了一片民宅。这片民宅就在诸暨城关的南门一带，被誉为赵半县的赵氏家族就居住于此。陈氏家族作为官宦之家，从安全和交际考虑，都不可能居住于城门之外的城郊地区。因此，离苎萝山最近的城南，这个当时世家巨族盘踞的区域，应该是最合理的位置，也正因为在这里居住，陈氏家族才会和世居南门的赵氏家族成为世交。

另外，陈洪绶在成年之后回诸暨之时，常常逗留在诸暨城南苎萝山一带。明天启四年甲子（1624）九月二十五日，陈洪绶赏红叶于诸暨苎萝山，得《红树》诗十首。其二云："苎萝山下红树齐，浣纱溪上红叶飞。去饮苎萝山下酒，夜自浣纱溪上归。"描述了陈洪绶在苎萝山下饮酒，夜晚从浣纱溪归家的情景,这个家当然不会是几十公里之外的枫桥长道地,而是回到世居在城南的祖居。

三、翁婿关系和启蒙师

陈洪绶从小展现绘画天赋,相传其四岁就绘就了八九尺高的武圣关公像。朱彝尊《曝书亭集·陈洪绶传》云:"年四岁,就塾妇翁家,翁家方治家,以粉垩壁,诫童子曰:'毋污我壁。'洪绶入视良久,绐童子曰:'若不往晨食乎?'童子去。累案登其上,画前汉将军关侯像,长十尺余,拱而立。童子至,惶惧号哭,闻于翁。翁见侯像,惊下拜,遂以室奉侯。"朱彝尊《静志居诗话》也言及此事,关侯像改为长八九尺。

对于陈洪绶四岁作画之事,各类文献记载均无异议,而对于妇翁是谁,则众说纷纭。光绪戊子(1888),会稽董金鉴翻刻陈洪绶《宝纶堂集》引《山阴志》云:"张尔葆,字葆生,松江人。弱冠即有名画苑,写生入能品。后善山水,与李长蘅、董思白齐名。其婿陈洪绶得其画法。"陶元藻《越画见闻》也云:"张尔葆,字葆生……婿洪绶,自幼及阴,颇得其画法。"张岱的《石匮书后集》卷五十七《妙艺列传·张尔葆》:"婿陈洪绶,自幼及门,颇得其画法。"也谈到陈洪绶曾为张尔葆之婿,并从其学画。

黄涌泉《陈洪绶年谱》将此事系于在萧山长河乡来斯行家中,他考《宅埠陈氏宗谱》及陈洪绶墓碑,均云陈洪绶初娶萧山来氏,继娶杭州韩氏。又依据来宗道撰《陈于朝墓志》,认为陈洪绶为张尔葆婿一说,应是误传。

陈于朝《苎萝山稿》中记载有陈于朝与张葆生的六封书信,其中详细描述了两家定亲的缘由和时间,而张葆生也一直在照顾幼时的陈洪绶,在《报葆生》一信中就提到"即黄口豚犬,终愿照拂,儿子视之,俾不颠挤,幸无负依恋夙志。"所以张岱记载陈洪绶为张葆生之婿,并随其学画并非虚构。但是四岁就塾妇翁家未见其他记载,或是朱彝尊在张岱之说基础上的推测。《报葆生》一信没有明确时间,姑且从朱彝尊四岁之说。

明万历三十一年(1603),陈洪绶年六岁。正月初三,曾祖陈鹤鸣去世,祖陈性学归枫桥守制,这是从城南回归枫桥的一个前兆。也是在这一年,陈洪绶与山阴张尔葆之女订亲。见《苎萝山稿·复张葆生》:"王考未殁数日,尝执朝手谓,窃闻公子高谊,得投玉杵,将为后世光。既礼成,而王考宾华胥矣。"

明万历三十三年(1605),陈洪绶年八岁。张尔葆之女早夭。陈洪绶每触事有感,未尝不与母抱首啼泣。见《苎萝山稿·与张葆生》:"独仆次子薄命,每触事有感,未尝不与母抱首啼泣也。"

到了明万历三十四年(1606),陈洪绶年九岁。春,父陈于朝邀来斯行到家坐馆为塾师。来斯行见陈洪绶与其次女同岁,遂有订亲之议。见《苎萝山稿》来斯行所撰《奠章》:"吾初与亲翁饮冰交,丙午岁邀予馆谷其家,予方至,而亲翁之病革矣。予时视其两郎君,皆韶秀可喜,次君年方九岁,与予女正同生,予心私计,以为择婿宜无如是子者。后亲翁竟淹忽不起,而予幸叨一第,一生一死,何敢相负,遂订姻盟。"

也是在这一年,陈于朝因病去世。而此时,祖父陈性学尚在枫桥守制,因此,陈洪绶与兄长陈洪绪回到了枫桥。《宝纶堂集》卷三《涉园记》云:"余十岁,兄十五岁时,读书园前之搴霞阁。"涉园在枫桥长阜乡陈氏故里忠勤堂后,详见《光绪诸暨县志》。

明万历四十二年(1614),陈洪绶年十七岁。十二月,母亲王祖齐喉疾病重,陈洪绶从权赘入萧山来斯行家。《苎萝山稿》附来斯行《奠章》:"暨旧年冬,予方读礼家居,而使者仓卒至,云亲母病喉,病且不可测,惟以次君姻事为念。且云吾得一见新妇,死且无憾。予时念在制中,礼不得婚嫁,而亲母病势既若此,乃稍从权,赘次君于家。"

至此,陈洪绶离开诸暨,正式入赘萧山来家,并定居于萧山。

四、兄弟关系

按孟远撰《陈洪绶传》:"当父殁时,绶方九岁,累世家资,悉兄绪操管钥,恐弟分所有谋,所以戕害之者无不至,时时奋老拳,而绶执弟道弥谨。念兄之意,以区区资财产业耳。男儿当自立,万一祖父无尺寸遗,其谁与争?余何忍恋恋于此,使吾兄有不友之名。乃悉让所有,徒步走山阴道上税一廛僦居焉。"正是此段陈洪绶与兄长陈洪绪关系的记载,将陈洪绪推到了不仁不义的位置。

事实上,孟远所撰《陈洪绶传》有失翔实。陈洪绪的年龄,据《宅埠陈氏宗谱》云:"灏四十一讳胥畅,字洪绪,号亢侯……生万历癸巳(万历二十二年)六月二十一日。"陈洪绶《涉园记》亦云:"余十岁,兄十五岁,读书园前之搴霞阁。"这段话正吻合宗谱所载的年龄。因此,孟远在《陈洪绶传》中说他们兄弟间相差十余年,是错误的。陈于朝去世之时,陈洪绶年仅九岁,而兄长陈洪绪也仅十四岁。而此时,祖父陈性学和母亲王祖齐均健在,且不说一个十四岁的少年是否能操管钥,作为官宦世家,此类兄弟相残的情形是绝不会允许出现的。而陈洪绶《涉园记》亦云与兄一起读书,并无其他表述。而在现实中,兄弟两人更是经常一起做事合作。万历四十三年(1615),陈洪绪、陈洪绶一起刊印《苎萝山稿》;五月,兄陈洪绪请华亭陈继儒为《苎萝山稿》作序;八月,陈洪绶与兄请妇翁来斯行为《苎萝山稿》作序。《苎萝山遗稿叙》:"洎陈子殁垂十年,其仲子章侯婿余家,偕其伯氏亢侯,哀集遗稿,得若干篇,付之剞劂氏,以图不朽先业而属序于余……万历乙卯仲秋,萧山友人来斯行顿首君于梧柳园之槎庵。"

天启七年丁卯(1627),陈洪绶与兄陈洪绪至萧山,为范夫人七十寿辰请寿序于来斯行,代来斯行作《寿太母范夫人七十序》。《宝纶堂集》卷一《寿太母范夫人七十序》云:"丁卯秋六日,乃夫人七十诞辰。诸暨陈章侯为吾婿,与其兄亢侯乞寿言于余。余曰:'为寿言,必多文,文者为无实德而粉饰者也。夫人有实行可书乎?'章侯详述始末,予直叙其始末,不文一辞,即欲文一辞不得。然何以报二侯之请?愿于拜舞堂下,时三诵曰:萧山来子曰'夫人真节妇之最少者'。"陈洪绶于《寿序》下自注:"代槎庵先生作。"

崇祯三年(1630)秋九月,陈洪绶以陈洪绪不第,为买酒买舟游西湖南屏,以宽慰之。同游者十三叔公、十叔、侄翰郎及单继之。陈洪绶得诗三首,其一题云:"予见摈,兄亢侯为予买酒买舟游南屏,邀十三叔公、十叔、侄翰郎、客单继之相宽大,醉后书之。""雨中最寂寞,今夜独欢然,我恨貂裘敝,人怜羽毛鲜。一尊频换烛,七尺可缪天,不信通经术,深山老此毡。"其二题云:"见以绶见摈、以酒船宽大游湖上,醉后赋此。""阿兄备酒馔,买舫为吾宽,立命唯耽酒,知书慎得官。沉沦前世事,诗画此生欢，若言名位遇，非易亦非难。"其三题云："湖上饮亢兄酒。""吾道无忧喜，此中强自平，譬如不识字，何念及功名。秋思深林步，诗情夜雨生，阿兄呼酒至，举火断桥行。"

《宝纶堂集》卷九有《怀兄》诗一首，或是陈洪绶在京时所作。诗云："落月寒阴败箨鸣，疏寮病客最心惊。思君十二年前事，夜雨修篁长枕情。"

陈洪绪在主持修撰《宅埠陈氏宗谱》时，也是陈洪绶为之写谱序。种种这些，都可以说明陈氏兄弟的关系还是相当不错的。

那么，孟远又为何如此描述呢？同样在《陈洪绶传》中，说到陈洪绶为僧并散尽家产："喟然曰：'余既为僧，已无家矣。为僧而复与士大夫交，而以利往，是僧以为家也。庚生素知我，而奈何出此。'乃列其乡里平昔交友之穷困者，计其缓急，以为厚薄，瞬息散遗尽，家骆骆待举火，不顾也。时兄绪犹独拥阡陌，其子有以祖宗遗产为言者。则曰：'崇祯之天下，非祖宗之故物乎？'诫其子慎无言。"这里说到"兄绪犹独拥阡陌"，而陈洪绪卒于明崇祯壬午，此当是洪绪之子孙。陈洪绶散尽家财的同时，可能向侄子侄孙提出了散财的要求，而洪绪之子孙则以祖宗遗产相对，因此双方关系开始出现罅缝。孟远误读了这条信息，将其矛盾嫁接到了兄弟身上。《宝纶堂集》成稿和陈氏兄弟去世，时间相去甚远，谬误因此产生。

后　记

对于陈洪绶的生年，人们大多关注并认可孟远《陈洪绶传》中的说法，但这种过于简单的结论却与历史事实不尽相符。《苎萝山稿》以及《宝纶堂集》复杂的版本存在，为我们提供了一个对陈洪绶的全新认识，也对研究陈氏的艺术形成与思想来源有很大帮助。

长塘乡贤罗坤考

章懿清

　　罗坤为清初越中著名诗人、书画家,与陈洪绶等并称"云门十子",在社会上具有较广泛的影响。他绩学雄文,满腹奇才,却不合于世,一生游走于僧俗之间,为稻粱谋;年深日久,渐为历史遗忘。今天,我们在志书中还能看到关于他的一段简略生平,而其光辉的人格与艺术成就已晦暗不显。笔者不揣谫陋,就所见史料加以简单梳理,抛砖引玉,以表寸心之忱。

一、籍贯

　　据《乾隆绍兴府志》:"罗坤,字宏载,会稽诸生。"其同时代文人文集亦多署"会稽罗弘载";而《光绪诸暨县志》卷五十五《山阴罗坤弘载陈章侯遗稿序》则作山阴;今辽宁省博物馆藏罗坤跋《祝允明小楷东坡记游卷》落款则为"越州罗坤",并钤"江东生"印。无论是会稽、山阴、越州还是江东,它们包含的地域范围都比较大,并不能对其进行准确的定位。

　　罗坤有号,为"萝村"。不少古人喜欢以地名为号,在会稽,与此接近的地名,一为诸暨苎萝村、一为伧塘罗村。董元恺《苍梧词》卷九有《题萝村词即和弘载韵》:"十年词赋擅江东,屈指唯髯谁敌。歌罢苎萝村里曲,绛树红绡无色。"将其籍贯直指苎萝村,而江闿《江辰六文集》卷三《罗萝村诗叙》载:"予友罗生家会稽罗村,去苎萝村近。"则又对《苍梧词》进行了否定,文中"会稽罗村"四字基本可以断定为伧塘罗村。

　　其实,在宋俊《柳亭诗话》卷十九《萝村歌》中,有这样一段记载:"甲寅之变,山贼蜂起。明年秋七月,猝至伧塘,时罗宏载坤遭母丧,独守枢侧。"由此可见,罗坤为会稽伧塘(今属上虞长塘)人无疑。

二、字号

罗坤自号萝村,这是取自老家伧塘的地名。但在《中国历史人物辞典》(1983 年版)和《绍兴县志》(1999 年版)收录的"罗坤"词条中,作"号梦村……著有《梦村诗词集》",文中"梦(夢)村"二字显然为"萝村"之误,不足采信。

罗坤的字,在不同的史料中有不同的版本。《绍兴府志》作"宏载";《瓯钵罗室书画过目考》卷二作"鸿载,一字宏宰";《浙江通志》及《忧畏轩遗稿》《南州草堂集》《苍梧词》等同时代文人文集则作"弘载"。以上多种版本,读音一致,只是写法不同,其中"弘载"改"宏载、鸿载",实为避康熙帝讳,这种情况在同时代文人字号中屡见不鲜。另在蒋永修《日怀堂奏疏》中有罗坤所作序言,文末自钤"罗坤之印"和"弘载氏"印各一方。由此可见,罗坤的字当写作"弘载"为宜。

三、家世

民国《绍兴县志资料》第一辑载:"(伧塘罗氏)先世为江西吉水人,宋初有名仲者始居会稽之罗村,为此族之第一世……元至正间,罗氏有谱行惠二者由罗村迁于伧塘(民国时,两地归属不同)。"罗坤当是此族中人。

由于宗谱缺失,罗坤父母兄弟,不知何名。从罗坤跋《祝允明小楷东坡记游卷》所钤"罗大郎"印来看,罗坤为长子。同时,《江辰六文集》卷三《罗萝村诗叙》有"生(罗坤)之弟来见"之语对罗坤有弟进行了印证。

罗坤事母极孝,在《江辰六文集》和《莲洋诗钞》中同时记载着罗坤的孝行。康熙十三年(1674)甲寅三月,罗坤自岭表(即岭南)归伧塘;六月,遭母病;七月十三日,母亡,享年六十岁。当时正值"三藩之乱",耿精忠联络贼寇迫近郡城,戒严期间,罗坤艰难地为母亲操办后事。八月初三,贼寇进入伧塘罗村,杀烧抢掠,村人皆逃离殆尽,罗坤独处空山守护墓庐不肯去,贼寇见罗坤衰绖骨立、哀嚎泣哭,却毫无惧色,深受感动,叹道:"此孝子也,愿无惊扰!"随即退去。时好友吴雯客次江南,听闻此事,为作《萝村歌》，有云："萝村孝义今所无，母死迸血双眼枯。贼来寝苫不肯去，生儿甘与死母俱。"又云："有贼有贼泣呱呱，君今大孝皇天愉。"罗坤曾将此诗示之友人宋俊，宋氏将其著录于《柳亭诗话》卷十九。

四、功名

罗坤工诗古文辞，不事举业，所以并没有显眼的科举成就。《己未词科录》载其为"国学生"；《乾隆绍兴府志》载其"诸生，康熙己未召试博学宏词，罢归"。

众所周知，"博学宏词科"是古代科举制科（特科）的一种，是在科举制度之外选拔知识分子的手段。对于罗坤举博学宏词科一事，吴雯在《莲洋诗钞》卷十《罗萝村诗序》中有详细的记载："康熙戊午春，方以博学鸿儒征天下士，于是士之能文章者咸集京师，而会稽罗子萝村亦用大司农梁公荐应召至……越明年己未三月，余与萝村皆放还。"

吴雯所言康熙戊午即康熙十七年（1678），罗坤受大司农梁清标荐为博学鸿儒（与罗坤同一时期参加博学宏词科的词人陈维崧有《满庭芳·寿大司农梁苍岩先生》，苍岩为梁清标字）；次年，与吴庆伯、徐咸清、朱敬身等应召同试于体仁阁，朝廷取列高等授职者五十人。查《己未词科录》卷首、《鹤征录》卷七和《养吉斋丛录》卷十，在"与试未用者"名单中均载有罗坤；清代史料笔记《听雨丛谈》卷四亦载："（罗坤）与试未中。"

罗坤精小学（即文字、音韵、训诂等学），虽然参加了博学宏词科考试，但未受取用，并非无才，而是对满清的"不入格"。明亡后，罗坤曾以遗民自居，隐迹丛林，冷眼看世事，不愿出仕新朝。"一箪食一瓢饮在陋巷，人不堪其忧，回也不改其乐。"

五、生平

对于罗坤举博学宏词科未用之后的行迹，李念慈在《谷口山房文集》卷二《萝村诗集序》写道："（罗坤）奔走栖迟于江湖蛮獠之乡、连帅之幕。"吴雯《罗萝村诗序》则更详细，称罗坤与之同被"放还"后，即"入湖南幕府，涉洞庭，下熊湘。"大司农梁清标曾有《送罗弘载赴湖南幕》诗，徐釚有《送罗弘载参湖南抚军幕四首》，对其在湖南幕府供职之事进行了确认。

湖南在当时正是"三藩之乱"的主要战场之一，辖下衡州（今衡阳）为"吴（三桂）周政权"都城所在，康熙十八年（1679）秋，清军收回衡州，进而克复湖南，直至康熙二十年冬，始将"三藩之乱"彻底平定。"（罗坤）身在军兴久矣，亲见戎马交错，杀伤狼藉，妇子累系，井里萧条"，遂作长沙感时赋事诗数首，附于《萝村诗集》之末，其诗"慷慨悲啸、苍凉激楚"，深具悲悯情怀。这段经历也成为罗坤后期专笃佛教的重要原因。

据罗坤在《偶山偶心寺志》序言中所说，其受业师为山阴人赵旬。赵旬字禹功，号壁云（一作碧云、璧云），《光绪上虞县志校续》误作"赵旬南"者，实为同一人。赵旬善诗、工书画，尤擅山水，曾从刘宗周学，甲申后绝意进取，弃诸业为僧，曾辑《偶山偶心寺志》《云门显圣寺志》等。顺治十一年（1654），曾馆于罗坤"半山别业"（半山园），罗坤受其影响极深，常年与师亲近佛教，渐生好感。据赵旬《藏偶心寺三经记》："比丘素如者……血书华严经八十一卷赍送偶心，藏之多腊……乃失七卷，未能津合……敕弟子壁云补三卷、罗坤补一卷。"除此之外，罗坤常年游走偶心、云门及天台诸寺，留下了不少诗篇和题字，如云门寺有其《玉笥山显圣寺》诗，东关鹅行街无尽庵有其"慈云瑞腋"匾；又曾与陈洪绶、祁豸佳、赵旬等遁迹云门寺，谈世外烟霞，时称"云门十子"。罗坤晚年生活虽然没有史料记载，但肯定也是与青灯古佛相伴的。

江阎讲"（罗坤）以诸生食贫，糊口四方"，这句话用来概括他的生平最为妥切。从同时代文人文集中看，罗坤一生艰难奔走各地，为稻粱谋，在事业上并无建树；又游走于僧俗之间，以佛教为心灵归止，淡然自持，与世无争。罗坤是一位胸怀大才却不合于世的隐逸文人。

六、艺术

罗坤诗、书、画、印全能，在越中独树一帜。《乾隆绍兴府志》载："（罗坤）肆力诗古文辞，名流咸推重之。所著有《萝村诗集》《萝村词集》……其文大率记所游，虽小品，顾善摹画，每读一首如展画一帧。又精小学，能篆刻,偶作竹木奇石法老莲。"李玉棻《瓯钵罗室书画过目考》卷二载:"杨少初太守藏有(罗坤)行书诗笺四叶,张仰山处士藏有淡设色幽篁怪石小帧,篆书四字题首,行书时款二行,清超俊逸,书味盎然。殆由天资高迈,落笔动人,至今二十年犹往来心目间也!"对其书画艺术给予了高度评价。

创作的同时,罗坤兼喜书画收藏。在李念慈《谷口山房文集》中有一篇《跋罗萝村藏王于一临米书卷》,即对罗坤所藏以书法名重一时的王献定(字于一)墨迹进行了评述:"(罗坤)珍亡友手迹,携持行箧,观之者因而致存亡之感。"除此之外,罗坤还曾跋《祝允明小楷东坡记游卷》,同跋者另有文彭、王世贞、张凤翼、曹溶等,均著名书画鉴赏家。

与书画相比,罗坤的诗才尤为出众。阮元辑《两浙輶轩录》采收其《吴兴竹枝词》等诗作共 13 首;纳兰性德辑《今词初集》、王昶辑《国朝词综》亦散有其词作收录。毛奇龄评价罗坤新诗"已能到刘河间,平视近代边徐一辈"。邓汉仪《慎墨堂诗话》亦称:"弘载藻思俊管,足俪六朝,得司农公表扬,弥增声价矣。"虽然,毛奇龄、邓汉仪的评语有过分拔高之嫌,但二人皆当世名贤,能得到这样的赞美,并非易事。罗坤足迹遍布各地,题咏山川风物的作品也有不少,今上虞境内的福仙寺、曹娥庙、偶心寺都留有他的诗篇。由于活动范围较大,罗坤的交游也很广泛,他经常应邀参加各种诗会雅集,与时贤把酒行令,甚至不远千里寄书酬唱。所以,罗坤的诗名远播四方。

七、著作

罗坤长于诗古文辞,著述甚丰。《乾隆绍兴府志》著录其《罗村词》二卷,"罗"疑即"萝"之误;另有《萝村诗集》,未注卷数。考吴雯《莲洋诗钞》卷十《罗萝村诗序》,为十三卷;卷前有吴雯、李念慈、江闿等人序言。二书均为罗氏半山园刻本,今藏于宁波天一阁博物馆。罗坤还撰有《萝村俪言》二卷,本书由陆进选编,今藏于中国社会科学院文学研究所。

除了专著,罗坤还编辑有一本诗选。据《民国台州府志》卷八十四,康熙四十八年(1709),罗坤游天台,诸僧各以诗稿及师友遗稿见示。于是,罗坤与友人王祖泽、袁浩从中共选诗五十家、六百余首,撰为《台岳英华》

二卷,并为之序。此书所录诗作多不见于台僧原集,具有较高的史料价值。晚清名士王舟瑶曾在《默庵居士自定年谱》中发"台僧之诗萃于罗氏《台岳英华》"之叹。

另外,《瓯钵罗室书画过目考》载有罗坤所刻《平山图集》,此书不见于方志史料;《绍兴县志》(1999年版)有著录,注出处为《绍兴县志资料》第一辑(原书中无)。据查,康熙十六年(1677)扬州知府金镇(字长真,山阴人)重修平山堂后,曾邀罗坤等近百人诗文唱和;但赵之壁在《平山堂图志》中仅收录罗坤词作《山花子·平山堂即事》,并无其他记载,无法与《平山图集》进行关联。而罗坤住所恰巧名"半山园",且《两浙輶轩录》明确写作《半山园集》,可知《平山图集》实为传抄之误。

八、交游

从罗坤及同时代文人酬唱作品来看,罗坤行迹、交游极广,难以尽数其详。今就各类诗文集中所见四十一人列举如下:

(1)罗坤为"云门十子"之一,其余九位分别是:陈洪绶(字章侯,号老莲,诸暨诸生,明亡出家。善画人物,工花鸟,有《宝纶堂集》)、祁豸佳(字止祥,山阴举人,彪佳弟。工诗文,能书画,以教谕迁吏部司务,以疾归)、王雨谦(字延密,号田夫,山阴举人。工诗善画,有《白岳山人诗文》)、董瑒(字叔迪,号无休,会稽人。曾从刘宗周学,明亡为僧)、王作霖(字用之,会稽人。福王时为中书舍人,鲁王时加仪制司主事,明亡为僧)、王亹(字子安,山阴举人,曾客袁崇焕幕中,工诗,有《匪石堂诗》)、鲁集(字仲集,会稽诸生,善书法,工山水)、张逊庵(字号生平不详)、赵甸。十人均善于诗、书、画,志同道合,又一同隐迹云门,淡看荣辱,吟诗自乐。据《光绪诸暨县志》,陈洪绶有诗文遗稿,经儿子搜辑,编为《宝纶堂集》,卷首便由罗坤作序。

(2)吴绮,字薗次,号听翁,江苏江都人。历官兵部郎中、湖州知府,有《林蕙堂文集》。康熙五年(1666),吴绮来到湖州任上;七年(1668),吴伟业(字骏公,号梅村,江苏太仓人,崇祯进士,娄东诗派开创者)游湖州,致书吴绮;吴绮邀罗坤等十二人于上巳节当日在湖州爱山台休禊聚会,分韵咏诗。《江辰六文集》卷十四《沁园春·上巳集爱山台时有梅村……弘载……分得吾字》一首，即当时所作；《两浙輶轩录》中《步吴梅村先生韵呈蔺公》也是其交往见证。此外，吴绮还多次邀请罗坤赴宴，如王昊《硕园诗稿》卷二十六《爱山台蔺次郡伯席偕……罗弘载赋得今日良宴会》等，都详细记录着罗坤在湖州与文人的交往情况。

（3）江闿，字辰六，安徽歙县人，吴绮婿。康熙间召试博学宏词科，授益阳令，颇有政声，后知均州。江闿曾为罗坤诗集撰序，并在序中介绍了交往的经过："予缔交（罗坤）始乙巳十月，于时仅知其善诗；越数年，几经聚散，癸丑之正月再遇京师，诗益进。"查《江辰六文集》卷十四有《百字令·答别……罗弘载……诸子》，为罗坤客居扬州时，江闿临别酬唱的诗作；江闿在益阳任上，曾建见岳楼，楼成而作《见岳楼记》，并邀罗坤题联"一城树色围烟火，百里江声送夕阳"，为时人传诵。因江闿而与罗坤产生交集的，还有杜濬，字于皇，号茶村，湖北黄冈人，《两浙輶轩录》中《同杜于皇饮辰六草堂有怀蔺次先生》即是此人。

（4）吴雯，字天章，山西蒲州人。家贫力学，曾与罗坤同举博学宏词科未用，作《韩中丞署中喜晤罗弘载北旋赋别》三首。所著《莲洋集》中有《寄罗萝村》诗，回忆了与罗坤在长沙聚会的情景。同时，在《罗萝村诗序》中，吴雯写道："（余）以疾困，足不出户，限者且一年，萝村顾于数千里外时通尺一（书信），问讯慰劳无虚月，其笃于朋友又如此！"由此可见，二人过从甚密。

（5）梁清标，字玉立，又字棠村，号蕉林，又号苍岩，直隶人。崇祯朝为刑部尚书，入清，官大学士。梁清标对罗坤颇为看重，在其大司农任上曾举荐罗坤为博学鸿儒；罗坤入湖南幕府时，又作诗相送。在其作品中，经常有罗坤的身影，如《使粤诗》之《雨中读罗弘载新诗乐府》、《棠村词》之《大江西上曲·寄罗弘载越中》等。友人邓汉仪在《慎墨堂诗话》中对梁清标、罗坤酬赠之诗多有褒美。

（6）陆进，字荩思，浙江仁和人。岁贡，官温州训导，有《巢青阁集》《付雪词》。陆进曾为罗坤选编《萝村俪言》一书，罗坤也为陆进《付雪词三集》撰写序言，文中称"予与荩思交自少而至老"，可知二人交往时间很长。

(7)徐生介,会稽苞山(今上虞保驾山人)。据《会稽苞徐世谱》:"(生介)皈沙门,传天台教观云栖五世孙妙峰法嗣。善诗文,工书法,晚归结庐苞山西麓,额曰'介庵'。与征士罗坤、徐咸清最善,每一过访必聚谈竟日,时人拟之'虎溪三笑'。"徐咸清,字仲山,上虞人,后徙郡城。监生,妻商景徽、女徐昭华均能诗,曾与罗坤同举博学宏词科未用,与毛奇龄为"同志有学最相好者"。

(8)毛奇龄,字大可,号秋晴,浙江萧山人。以郡望西河,学者称"西河先生"。为清初著名学者,他对罗坤赞誉有加,评语载入《绍兴府志》罗坤小传之中。《两浙輶轩录》有罗坤《怀大可章江未归》,可知二人交谊甚笃。

(9)彭桂,字爱琴,又字上馨,江苏溧阳人。曾举鸿博,以丁忧不赴。在其所著《初蓉阁集》中,有《送毛大可归萧山,罗弘载之江都》,二人当有交往,但详情不知。

(10)沈胤范,字康臣,号肯斋,山阴人。潜心经史,以诗文雄于越,又兼善书法、音律,康熙六年(1667)进士,历官广西刑曹,有《采山堂近诗选》等。沈康臣与毛奇龄交好,席上常以洞箫为毛奇龄歌吟伴和。罗坤曾作《康臣戏成打枣歌因和之》一首,知二人有唱酬之谊。

(11)方象瑛,字渭仁,浙江遂安人。曾举博学宏词科,与修《明史》,因病致仕。《两浙輶轩录》有《题健松斋为方渭仁》诗,"健松斋"即方象瑛别业。

(12)宋俊,字长白,号岸舫,山阴人。弱冠游京师,中顺天副榜,"三藩之乱"时携书剑从姚启圣,后游广东、湖南等地,以倦归。在宋长白所著《柳亭诗话》中,收录有歌颂罗坤孝行的《萝村歌》"为人子劝"。康熙四十六年(1707)三月,罗坤为《柳亭诗话》作序,对此书寄予了高度评价。

(13)董元恺,字舜民,号子康,江苏常州人。顺治十七年(1660)中举,后遭谪误,际遇坎坷,有《苍梧词》。罗坤与董元恺的交游主要集中在会稽和岭南。《苍梧词》中有一首《题萝村词即和弘载韵》,上阕推举罗坤词作,下阕则回忆自己浪迹山阴时受到罗坤等友人热情招待的往事。在《苍梧词》中,董元恺与罗坤多有唱和,也在岭南相遇,如《齐天乐·岭南道中酬赠罗弘载即和原韵》《解连环·横浦(在岭南)舟夜与罗弘载话雨和弘载韵》等，此外还有《齐天乐·破舟触石濒危得弘载慰问再叠前韵》《声声令·风雨阻黄浦忆弘载不得晤》等唱和之作，足见二人交情深厚。

(14)姜垚，字汝皋，号苍崖，余姚人，其父曾与黄宗羲一同受学于刘宗周门下。垚从父学，为贡生，官国子监学正。有《柯亭词》等。冯乾编校的《清词序跋汇编》卷二有《柯亭词题词》，其中就有罗坤对姜垚诗词的评价："苍崖以雄古之气，运其清思，故闲秀风流，自然赴节。"可惜《柯亭词》原书未见，二人交游详情不得而知。

(15)李念慈，字屺瞻，号劬庵，陕西泾阳人。顺治十八年(1661)进士，历官新城、天门等县知县，曾与罗坤同举博学宏词科未用。在其《谷口山房文集》中有《萝村诗集序》《跋罗萝村藏王于一临米书卷》二篇，言辞间对罗坤十分了解，可知交情不浅。

(16)吕祚德，字锡馨，江苏金坛人。《乾隆镇江府志》载："(祚德)中顺天乡试，任中书舍人、礼部主事，升员外郎，改兵部员外郎。"其《大坯诗选》有《赠罗弘载》诗。另据《江辰六文集》卷十一《上巳吕(祚德)使君招同罗弘载、虞彦公游平山堂》，可知罗坤在扬州时，曾与吕祚德、江闿等同游山水。

(17)李如泌，字鄴臣，号廉水，四川井研人。(光绪)《井研县志》载其为顺治十四年(1657)举人，有《胎仙集》。李如泌《酬会稽罗弘载》诗今有三句摘录于《慎墨堂诗话》，由于诗文不全，所以诗中"遇有故人同总角"句所指"总角故人"是否即罗坤，尚待查核。

(18)章昺，字天节，浙江余杭人，以诗名，有《见山亭诗》。潘衍桐辑《两浙輶轩续录》卷三有章昺《同姜西溟、罗弘载过访陆云士赋赠》诗。诗中"姜西溟"即姜宸英，字西溟，慈溪人。《雍正宁波府志》载其中康熙三十六年会魁，殿试第三，入翰林院修《明史》及《大清一统志》，后因受累免官，有《湛园集》等。"陆云士"即陆次云，字云士，钱塘人。曾与罗坤同举博学宏词科未用，《光绪江阴县志》载其为郏县令、江阴知县，有《澄江集》《玉山词》等。由此见之，罗坤与章昺、姜宸英、陆次云等皆为诗友。

(19)徐釚，字电发，号拙存，又号枫江渔父，江苏吴江人。据《乾隆吴江县志》，徐釚由大司农梁清标荐为博学鸿儒，召试授翰林院检讨，纂修

《明史》，有《南州草堂集》等。其《南州草堂集》卷四有七言四首，送罗坤入湖南抚军幕；卷六有《九日同……会稽罗弘载……黑窑厂登高，归饮梦得寓斋同赋》一首，记录其交游往事。

（20）王晫，字丹麓，号木庵，又号松溪，浙江仁和人，有《今世说》《遂生集》《南窗文略》《松溪漫兴》等。其中，《松溪漫兴》有《五月十九日与……会稽罗弘载诸公过草堂》，可知曾有交游。另据施闰章《学余堂文集》卷七《王丹麓松溪诗集序》："往岁辛丑客西湖，丹麓觞予霞举堂，是时……会稽罗弘载与比邻陆荩思高仲兄弟皆在，穷日夜咏言。"可见罗坤在杭时，曾多次赴霞举堂参加宴会。

（21）施闰章，字尚白，号愚山，安徽宣城人。据《嘉庆宣城县志》，施闰章康熙己未以博学鸿儒征入翰林，官侍讲，纂修《明史》。所著《学余堂文集》卷二十八有《陆高仲、罗弘载过宿寓楼》；卷十七有《送罗弘载》。罗坤则有《看雪步愚山先生》诗收录于《两浙輶轩录》。此外，罗坤还在《柳亭诗话序》中专门引用了施闰章与他探讨近人著作时所发的高论；同时提到其共同的友人徐缄，字伯调，山阴人，诸生，博通经史，有《岁星堂集》。罗坤与徐伯调交往不止一次，《两浙輶轩录》中罗坤《周计百司李招饮舟中同陈士业陈元木徐伯调陈康候都平》便记载着二人另一场聚会。

（22）姚启圣，字熙止（一作熙之），号忧庵，会稽人。康熙二年（1663）举人，历官香山知县、福建布政使、福建总督，以战功授兵部尚书衔、太子太保、右都御史。康熙二十一年（1682），协助水师提督施琅收复台湾，驻守福州。罗坤与姚启圣为同乡，在姚启圣《忧畏轩遗稿》中有《喜罗弘载至》一首。

（23）郁承烈，字号生平不详，有《兰园词》。冯乾《清词序跋汇编》卷四收录有罗坤《寄题兰园词四断句》，落款"会稽弟萝村罗坤具草"。从诗中自注看，罗坤与郁承烈岳丈沈王仕也熟识。

（24）杜芝川，会稽东关前村杜氏。《会稽杜氏家谱》卷十有罗坤《乡一公传》，乡一公为前村杜氏始迁祖，此序由杜芝川邀请罗坤撰写，序中称"与君为总角交"，可知二人友谊自少年时便已开始。

（25）释晓青，清初高僧，吴江人，华山寺主持。其所著《高云堂诗集》

卷七有《酬罗弘载》五言律诗二首,诗中以"无双士"称誉罗坤。

(26)释宗尚,号滨逸,慈溪人,流寓上虞道隆庵,有《瓦釜声稿》。谢聘《国朝上虞诗集》卷十二著录有宗尚《赠罗宏载征君》诗,其中"乱发长鬈飘若雪,青鞋布袜衣鹑结。纵有征书出圣朝,直腰不为人磬折",前两句写其外表,后两句写其性格,一种文人风骨跃然纸上,这大概就是那个最真实的罗坤了!

陶濬宣晚年信札三通考释

方俞明

上海图书馆藏陶濬宣手稿一册,书皮有濬宣自署书名"随笔附信稿",钤"陶(押)"朱文长方花押印。该书前半部分为陶氏专论历代碑刻等金石内容笔记,故卷端题名曰"金石随笔",署"东湖居士手稿",后半部分实为陶氏致友朋信札底稿十一通夹题跋一则,信稿行草随意,颇多涂乙,间有"庚戌""辛亥"年款,知为陶濬宣暮年所作。

陶濬宣(1846—1912),原名祖望,字文冲,号心云、心笡,别号稷山楼主,晚号东湖居士,室名稷山读书楼。浙江会稽县人。会稽陶家堰陶氏,元季由江西东迁入越,明清两代,甲科巍仕,代不乏人,蔚为越中第一望族。濬宣曾以本族旧谱,参考江西昌邑诸谱及史传,考定自己为陶渊明先生第四十五世孙。濬宣一生诗心笃雅,兼以善书名重士林。同治六年(1867),中浙江乡试副贡。光绪二年(1876),登浙江乡试举人。十二年,赴京会试,挑取方略馆誊录,议叙以直隶州知州用。十四年,应座师两广总督张之洞之招南游于粤,任广雅书局总校,于书局刻书多有助益。十七年,应广东惠潮嘉道曾纪渠之聘,主潮州金山书院讲席。十八年,金山书院扩为潮州通艺堂,濬宣复主讲席。至二十年,坚辞讲席归里。遂萌买山结庐,屏尘息影之念,于二十一年夏始,筹资于郡城东门外鸟门山之水石宕,仿桃源意境,营建东湖园林,创办东湖书院。旋援潮州通艺堂例,兴办东湖通艺学堂,后改办为东湖法政学堂。

册中陶氏信札,所作多在光复前夜,粗读文字,颇涉近代重要史事,从中可窥作为晚清绍兴名士乡绅的陶濬宣之晚年心迹和与时俱进之进步思想,为越地近代史补充珍贵史料。现择三通,略作考释。

一、与叶菊裳同年（昌炽）

都门睽别，匆匆二十余年，世事迁变，千差万殊。弟自戊申春季忽患风疾，左肢不仁，几同偏废。子培常言：永兴晚岁，臂痛废书，王善保之。弟苦在左臂，勉可握管耳。近闻吴中有善针风者，故勉来就医，然针治数次，迄无见效。到苏以来，已逾旬日，旧交寥落，亟欲诣君，因起居不履，诸多未便，只尺良友，逯未过从，歉怅何如。大著近来撰定若干？刊行若干？极深想念。《语石》一书，未得研读为恨，草书数行，以代面晤，弟月内即拟归反矣。手泐不尽千一，敬请艺安百福。

五月十九日

考释：此札致叶昌炽，作于姑苏。叶昌炽（1849—1917），字鞠裳，一字菊裳，号缘督，江苏长洲人，祖籍浙江绍兴。光绪二年（1876）丙子科江苏乡试举人，光绪十五年己丑科进士，选翰林院庶吉士，散馆授编修，充国史馆总纂官，累官至甘肃学政。光绪三十二年，因病致仕，居苏州木渎灵岩，以读书笔耕为日课。昌炽为晚清著名学者，与王颂尉、袁宝璜并出冯桂芬之门，合称"苏州三才子"，其著述有《藏书纪事诗》《寒山寺志》《缘督庐日记》《语石》等。

题名濬宣称"同年"者，盖同为光绪二年丙子科乡试中式之隔省同年也。读叶氏《缘督庐日记》，有对濬宣《稷山论书诗》一书之评价："读心翕《论书诗》，盛推《张猛龙》《贾思伯》《郑文公》《刁惠公》诸刻，举南北两派书，尽归入方劲险峻，亦非持平之论，与翁覃溪之说尤相反。又以隋《曹子建》《章仇禹生》等碑，谓出钟太傅，此论精辟，未经人道。"（《缘督庐日记》卷六"光绪十八年六月廿六日"条）所评似亦公允。中国国家图书馆藏陶濬宣稿本《稷山论书诗》一册和浙江图书馆藏陶濬宣稿本《国朝史学丛书目》一册，其上皆有叶昌炽校补笔迹。而叶氏《语石》一书，原刻本书名页题签和刻书牌记，皆出陶濬宣之手，为典型陶氏碑体，书名题签曰"语石。陶濬宣署"，钤"陶心云"白文长方印，背面牌记曰"宣统己酉三月刊成"，则《语石》一书，宣统元年三月已刊刻成书，札中陶濬宣称"《语石》一书，未得研读为恨”，即由是出。于上可知，早前陶、叶二人之交往并非泛泛。此札开篇曰“都门睽别，匆匆二十余年”，按年份推算，应在濬宣进京会试落第而昌炽得以金榜题名之光绪十五年己丑，此年都门一别，至此札撰时，二十余年，二人似未见面。

札中濬宣自言“弟自戊申春季忽患风疾，左肢不仁，几同偏废”，则濬宣患中风偏瘫之疾，在光绪三十四年(1908)戊申春末。后句“子培常言”之“子培”，即晚清著名学者、书法大家沈曾植，字子培，号乙盦，又号寐叟，浙江嘉兴人，光绪六年(1880)庚申科进士，与濬宣也有交谊。沈曾植晚年患臂痛辍书，常以唐代书法名家虞世南典故自嘲：“永兴晚年，臂痛废书。”读此札文字，濬宣为病所困之窘境已略可窥。同书另有一札，为濬宣致时任安徽按察使吴品珩信札底稿，有“前年则佛卿太守来越，说及我公前亦患风疾，嗣即康复，自惭蒲柳，望风早衰，倘有良方，或能起废，何盼如之”(题名《与安徽抚法使吴佩璁同年 品珩 辛亥四月十二》)之句，与此札“近闻吴中有善针风者，故勉来就医，然针治数次，迄无见效”句对读，濬宣就医急切之心情，跃然纸上。

此札未落年款，仅有“五月十九日”明确月日记载，札后为濬宣《题贝醉盦夜菊图》短跋一篇，跋曰：“予颇嗜菊，每岁种菊盈二千余头。越中人但好东湖之菊，而无同嗜者，顷来吴中，予友邹景叔为言贝君醉盦善养菊，并出《艺菊图》索题。是吾家故物也，且有同好，惜匆匆成行，不及题句，倚装跋数语归之，俟重阳前后重作姑胥之游，还来就君也。宣统辛亥五月，醉盦大兄是正，东湖居士陶濬宣时年六十有五。”考醉盦为贝聿铭祖父苏州巨商贝理泰，喻菊花为“吾家故物”典出陶渊明，跋中“倚装跋数语归之”亦与此札“弟月内即拟归反矣”合，前后二文互为参见，恰可考定此札之撰写时间在宣统三年(1911)辛亥五月十九日，濬宣时年六十五岁。查叶昌炽《缘督庐日记》，甚少记录友朋往来信札，故此事并无记载。

二、与蔡子民总长

子民吾兄先生有道：

久不接奉，思仰不可言。偶逢海上鳞雁，寄思起居，藉慰饥渴。日荷闻道履旋吉，驻节沪渎，极思一遂握手，只以濬宣戊申之春，骤膺风疾，半身不仁，左肢若废，起居多阻，近犹仰云，徒生惋怅。先生抱不世之才，具卓绝之志，十年坚苦，百折不回，阅识热忱，包涵中外，薄海瞻仰，旷世一人。今应时而动，为学界泰斗，昨读简章，损益悉宜，岂胜钦佩。

濬宣息影东湖，十年办学，勉栽桃李，冀补桑榆，而无米为炊，经营窘绌，揩持之苦，非笔可宣。比来时局更新，支持益复不易，加以人心不古，因忌生谤，责备无因，故前月将法校退办。阆兄传尊恉，共同组织医院，以为东湖山川清嘉，最宜卫生，且假此为编辑教课诸书之地，藉以补助教育，演进文化。名山好友，晤对一堂，致足乐焉。濬宣因病废笔，思绝人事，幸右臂尚健，尚堪陶写金石，以娱余年耳，先生何以教我。阆兄今日适有金陵之行，匆遽作书，以当面晤，惓惓琐怀，殊不宣究，顺请道安，伏希为国崇护。

腊月二十日

不尽之言，阆兄必能达之也。

俟大局平定，弟拟磨礲崖壁，撰写《民国光复颂》，大书深刻，以记中华不世之勋，似胜平原《大唐中兴颂》，周系尤巨也，先生何以教之！

考释：此札致蔡元培，作于越中。蔡元培先生早年与濬宣交往甚密，浙江教育出版社 1998 年版《蔡元培全集》，收录蔡先生致陶濬宣信札共十五通，时间在光绪二十年（1894）到二十九年（1903）之间，上款皆以"心云仁丈"或"心云老伯"敬称，下款以"小侄"自谦。中国国家图书馆藏陶濬宣《稽山论书诗》稿本一册，后附《蔡元培全集》失收之蔡先生致陶濬宣信札一通，札曰："委校论书诗，谨已对读一过，甲册似无甚误字，乙册失录一诗，谨已补录。诗注沿波讨源，度尽金针，虽以侄之梼昧，亦觉昭若发蒙，门径可得，真艺舟之楫矣。欢喜感激，不可言喻，清本两册谨奉缴曹君礼经校释,可否赐借一观?即日拟走谒晋质一切。先此奉白,敬请老伯大人撰安。侄元培拜上。"以上信札文字,实恭敬有加,可体味蔡、陶二人交谊至深。《稷山论书诗》一书合订成一册后,书衣题签下有濬宣小跋曰"光绪壬辰闰六月朔写稿于都门宣南坊寓庐",壬辰为光绪十八年(1892),则该通手札撰写时间,或更早于《全集》收录之十五通。

此札濬宣直陈病情,自述热心办学,身陷困境之言辞更为详尽,如"濬宣息影东湖,十年办学,勉栽桃李,冀补桑榆,而无米为炊,经营窘绌,搘持之苦,非笔可宣。比来时局更新,支持益复不易,加以人心不古,因忌生谤,责备无因,故前月将法校退办"。阅《艺风堂友朋书札》,收陶濬宣致缪荃孙信札九通,其中第九通作于宣统二年(1910)庚戌十月十五日,内录濬宣晚年润格自叙曰:"人书俱老,行年六十。踵门求书,日不暇给。归买青山,犹存吾笔。学堂储才,费从此出。辛苦砚台,教育普及。热心兴学,是墨是血。"细读深可回味:濬宣晚年,勉力办学,毁产负债,身心交瘁,润格文字,见泪见血。

此札两见"阆兄",其人即山阴何琪,字阆仙,一字朗仙。何琪为陶濬宣创办的东湖通艺学堂首任经理,又早于蔡元培先生任绍郡中西学堂首任监董,其后何琪还曾协助蔡元培先生在上海同编《俄事警闻》杂志,故终身与蔡先生为挚友。首见"阆兄"于"故前月将法校退办"句后,接续而言"阆兄传尊恉,共同组织医院,以为东湖山川清嘉,最宜卫生",此句实涵一则少为人知的东湖历史故事,查1912年1月26日《申报》,登载"陈继武启事"一则:"鄙人现受蔡子民、陶七彪、何阆仙、陶濬宣诸先生委任,就绍兴东湖法政学堂旧址组织医院。不日旋绍,各亲友处不及遍辞,特此登报告别,诸祈鉴原是幸。"则当年共同策划组织绍兴东湖医院之五人,既有蔡元培和陶濬宣,又有何琪和此后莅任绍兴东湖医院院长之留洋医学家绍兴人陈继武。复见"阆兄"则曰:"不尽之言,阆兄必能达之也。"也说明何琪与东湖居士相知甚契。

此札亦未落年款,仅见"腊月二十日"确切月日。然考定其年不难:题名曰"与蔡子民总长",则此札所作已为阴历辛亥年之十一月十五日之后事,而濬宣卒于翌年八月,则此札作于民国开国之辛亥(1911)十二月二十日无疑。

此札末,濬宣补撰直抒胸臆之要言一段:"俟大局平定,弟拟磨礲崖壁,撰写《民国光复颂》,大书深刻,以记中华不世之勋,似胜平原《大唐中兴颂》,周系尤巨也,先生何以教之!"此言振聋发聩,表达了一个从皇朝体制过来的传统绍兴士绅,与时俱进之进步思想和对共和体制之由衷礼赞。以濬宣之文采和书法,设若摹刻东湖崖壁之《民国光复颂》成,将会给绍兴历史增添一帧极为珍贵的艺术瑰宝,然天不假年,濬宣终未能在其生前于水石盆景般秀美之东湖完成这一宏愿。惜哉!

三、与徐寄尘女士

寄尘女士先生大鉴:

春间两拜手书,承命书秋侠祠额二方,并撰楹语一联,寄呈报命,想早收刻。先生为秋侠事,往来经营,不惮况瘁,以尽后死之责,秋侠为不死矣。钦佩之至。鄙人于秋祠之成,既崇拜女侠之为人,更感激先生表章之诚意,艰苦卓绝,故特撰《鉴湖女侠行》长歌一篇,并序述事略,即以作传。虽不足当诗人彤管之贻,藉以备新国辀轩之采,敬力写稿,寄呈是正,并乞转寄吴芝瑛先生指谬。特是湖山之俎豆,尤贵有金石之文词传诸不朽,鄙意似乎可将此诗并传,寿之贞珉,刻石秋祠,以传播艺林,昭示来祀。揆诸二君表章之愊,定有同心,倘如选定乐石,濬愿任书丹之役,摩挲老眼,不敢惮劳也。近撰《西湖公园歌》一篇,风景不殊,举目有黍离之感。附录庶二君指正,手泐率布,敬承曼福,并候裁复不宣。

芝瑛先生并致拳拳

八月初七日(九月十七号)

考释:此札致徐自华,兼致吴芝瑛,作于越中。徐自华(1873—1935),字寄尘,号忏慧,浙江桐乡人,出身名门,为南社女诗人。吴芝瑛(1867—1933),字紫英,别号万柳夫人,安徽桐城人,生于诗书之家,伯父为桐城派名宿吴汝纶,嫁无锡名士廉泉。芝瑛擅书法,工诗词。光绪三十二年(1906),经褚辅成介绍,秋瑾至浔溪女学任教,与自华相识,两人一见如故。经秋瑾介绍，自华和妹蕴华共入同盟会。是年冬，秋瑾赴上海筹创《中国女报》，自华姊妹出资赞助，自华抵沪，遂与吴芝瑛、秋瑾三人义结金兰，订生死交。次年，自华、秋瑾泛舟西湖，相约"埋骨西泠"。后徐锡麟安庆起义事败殉国，株连秋瑾而在大通学堂被捕，旋从容就义于绍兴古轩亭口。徐自华、吴芝瑛皆丹心仗义，冒死收秋侠遗骸义葬，以尽后死之责。辛亥功成，秋墓终定葬于西泠桥畔，时徐自华创设竞雄女学于上海，又任西湖秋社社长，乃谋建"鉴湖女侠祠"，同吴芝瑛擘画经营，艰苦卓绝，诚意感人，使秋墓之旁更立秋侠专祠。

此札所记，即潘宣与徐、吴二女史共议秋侠身后事，札中言"春间两拜手书，承命书秋侠祠额二方，并撰楹语一联，寄呈报命，想早收刻。"知其时徐、吴二人为慕名托请潘宣题秋侠祠额及祠联，据文献，当年秋祠建成，门榜祠额即镌刻陶潘宣碑体"鉴湖女侠祠"五大字，祠中更有潘宣二楹联，其一曰："巾帼拜英雄，求仁得仁又何怨；亭台悲秋风，虽死不死终自由。"其二曰："冤沉七字；墓表千秋。"拜读联句，前一联与此札所言"先生为秋侠事，往来经营，不惮况瘁，以尽后死之责，秋侠为不死矣"意境正同，则札中此句实表联意也。后一联则以秋侠之七字遗言"秋风秋雨愁煞人"为喻，立意高峻，皆为佳构。

浙江图书馆古籍部藏《陶心云先生为革命先烈秋瑾谳案驳浙抚致军机处电》钞稿一件，电文撰于秋案初发之时，斥责"绍府蒙上，浙抚欺君，秋瑾无供无证，处以极刑，无法可据。彼所根据者，是彼心腹中野蛮之法律"，可谓冒死直陈，义愤填膺。

札中又言"故特撰《鉴湖女侠行》长歌一篇，并序述事略，即以作传。虽不足当诗人，彤管之贻，藉以备新国轷轩之采，敬力写稿，寄呈是正，并乞转寄吴芝瑛先生指谬"，潘宣诗性笃雅，《鉴湖女侠行》长歌实发自肺腑，堪为讴咏秋侠之长篇赞歌，惜此诗已不见于潘宣存世著述。观潘宣之所为，其与秋侠亦可谓"不惮况瘁，以尽后死之责"矣。

此札亦无年款，署"八月初七日（九月十七号）"，既有传统阴历月日，又有中华民国纪元改用之阳历月日。又，秋祠建成于中华民国元年七月，潘宣八月作札，故有"寄呈报命，想早收刻"之说，札中"彤管之贻，藉以备新国辀轩之采"之"新国",无疑亦指向中华民国纪元。故此札作于中华民国元年阴历八月初七,即 1912 年 9 月 17 日。而濬宣卒于阴历中华民国元年八月廿五,则此札为已知有日期记录之陶濬宣最晚一篇文稿。

综合以上三通信札之考释,为晚清名士陶濬宣及其创建之东湖研究增添了重要史料,亦是蔡元培研究和秋瑾研究文献的新发现,对绍兴近代名人研究有重要价值。

明清绍兴府巍科人物录

孙伟良

在明清科举时代,科举鼎甲人物辈出,常为显赫一地之人文特色。鼎甲人物,指由礼部主持会试的第一名会元,而后由皇帝主持考试的殿试第一甲进士第一名状元、第二名榜眼、第三名探花,以及殿试第二甲第一名传胪,统称之为巍科人物。

介绍地方性巍科人物的学术专著,笔者经眼有《杭州古代科举》《苏州状元》《常州科举三鼎甲》《吉安登科考》《余姚科举研究》等。明清绍兴府辖山阴、会稽、萧山、诸暨、余姚、上虞、嵊县、新昌八县,中华人民共和国成立后对绍兴地区的行政区划作出调整,萧山划归杭州,余姚划归宁波管辖。志不越境,因此浙江人民出版社 1996 年版《绍兴市志》卷四十四《历代进士名录》后附《文科状元、榜眼、探花人物表》,不载萧山、余姚的科举人物。古代萧山并未从属于杭州府,其科举鼎甲人物却被收录于《杭州古代科举》,岂不咄咄怪哉? 限目力所及,笔者未见以明清绍兴府科举鼎甲人物为对象的研究专文,本文利用现有文献,予以梳理汇总,从而展示明清绍兴府科举巍科人物。

张惟骧(1883—1948),初名惟让,字季易,一作寄逸,号小双寂庵、裁园,江苏武进人。其博通群籍,长于文献考据之学,所辑《明清巍科姓氏录》二卷,民国庚午(1930)七月梓行,是书辑录明清两代科举考试获得会元、状元、榜眼、探花、传胪功名1015人。据统计,《明清巍科姓氏录》中浙江籍225人,占 22.1%,即五分之一强;涉及绍兴府的49人,占浙江省的21.7%,亦是五分之一强。按多寡排列,会稽、余姚各16人,山阴7人,萧山6人,诸暨、上虞、嵊县、新昌各1人。明代绍兴府有会元4人、状元7

人、榜眼 7 人、探花 5 人、传胪 1 人;清代绍兴府有会元 6 人、状元 3 人、榜眼 5 人、探花 7 人、传胪 4 人。49 个科举功名,实际人数是 46 人,这是因为会稽人董玘先中会元、后为榜眼,余姚人胡正蒙先中会元、后为探花,会稽人陶望龄亦是会元兼探花,三人皆处明代。以较多的进士群体作铺垫,产生魏科人物的概率相对高些,根据研究,恰恰表明了这个规律。据吴宣德《明代进士的地理分布》所述:"明代浙江的科举竞争力出人一筹,而浙江科举最发达地区则在绍兴、宁波、嘉兴区域内。"事实也的确如此。

《明清魏科姓氏录》中绍兴府人物

序号	公元纪年	科　　年	姓　名	籍　贯	科　名
01	1394	明洪武二十七年甲戌科	胡嗣宗	萧　山	传　胪
02	1397	洪武三十年丁丑科	刘仕谔	山　阴	探　花
03	1412	永乐十年壬辰科	王　钰	诸　暨	探　花
04	1475	成化十一年乙未科	谢　迁	余　姚	状　元
05	1481	成化十七年辛丑科	王　华	余　姚	状　元
06	1481	成化十七年辛丑科	黄　珣	余　姚	榜　眼
07	1502	弘治十五年壬戌科	孙　清	余　姚	榜　眼
08	1505	弘治十八年乙丑科	董　玘	会　稽	会　元
			董　玘	会　稽	榜　眼
09	1505	弘治十八年乙丑科	谢　丕	余　姚	探　花
10	1535	嘉靖十四年乙未科	韩应龙	余　姚	状　元
11	1535	嘉靖十四年乙未科	孙　陞	余　姚	榜　眼
12	1541	嘉靖二十年辛丑科	潘　晟	新　昌	榜　眼
13	1547	嘉靖二十六年丁未科	胡正蒙	余　姚	会　元
			胡正蒙	余　姚	探　花
14	1556	嘉靖三十五年丙辰科	诸大绶	山　阴	状　元
15	1556	嘉靖三十五年丙辰科	陶大临	会　稽	榜　眼
16	1559	嘉靖三十八年己未科	毛惇元	余　姚	榜　眼
17	1568	隆庆二年戊辰科	罗万化	会　稽	状　元
18	1571	隆庆五年辛未科	张元忭	山　阴	状　元

续表

序号	公元纪年	科　　年	姓　名	籍贯	科　名
19	1574	万历二年甲戌科	孙　鑛	余姚	会元
20	1589	万历十七年己丑科	陶望龄	会稽	会元
			陶望龄	会稽	探花
21	1625	天启五年乙丑科	余　煌	会稽	状元
22	1715	清康熙五十四年乙未科	傅王露	会稽	探花
23	1718	康熙五十七年戊戌科	金以成	山阴	传胪
24	1748	乾隆十三年戊辰科	梁国治	会稽	状元
25	1752	乾隆十七年壬申恩科	卢文弨	余姚	探花
26	1760	乾隆二十五年庚辰科	诸重光	余姚	榜眼
27	1771	乾隆三十六年辛卯恩科	邵晋涵	余姚	会元
28	1771	乾隆三十六年辛卯恩科	王　增	会稽	榜眼
29	1771	乾隆三十六年辛卯恩科	范　衷	上虞	探花
30	1772	乾隆三十七年壬辰科	平　恕	山阴	传胪
31	1784	乾隆四十九年甲辰科	茹　棻	会稽	状元
32	1784	乾隆四十九年甲辰科	邵　瑛	余姚	榜眼
33	1787	乾隆五十二年丁未科	史致光	山阴	状元
34	1793	乾隆五十八年癸丑科	陈秋水	会稽	传胪
35	1795	乾隆六十年乙卯恩科	莫　晋	会稽	榜眼
36	1829	道光九年己丑科	朱　兰	余姚	探花
37	1832	道光十二年壬辰恩科	朱凤标	萧山	榜眼
38	1835	道光十五年乙未科	张景星	嵊县	会元
39	1840	道光二十年庚子科	张百揆	萧山	探花
40	1852	咸丰二年壬子恩科	孙庆咸	山阴	会元
41	1856	咸丰六年丙辰科	钟宝华	萧山	传胪
42	1859	咸丰九年己未科	马传煦	会稽	会元
43	1859	咸丰九年己未科	孙念祖	会稽	榜眼
44	1868	同治七年戊辰科	蔡以瑺	萧山	会元
45	1871	同治十年辛未科	郁　昆	萧山	探花
46	1903	光绪二十九年癸卯科	周蕴良	会稽	会元

明清绍兴府会元名单

序号	公元纪年	科 年	姓 名	籍 贯	备 注
01	1505	明弘治十八年乙丑科	董玘	会稽	正德二年(1507)所建"会元"牌坊,今存
02	1547	嘉靖二十六年丁未科	胡正蒙	余姚	
03	1574	万历二年甲戌科	孙鑛	余姚	父迁,成化十一年(1475)状元
04	1589	万历十七年己丑科	陶望龄	会稽	
05	1771	清乾隆三十六年辛卯恩科	邵晋涵	余姚	
06	1835	道光十五年乙未科	张景星	嵊县	
07	1852	咸丰二年壬子恩科	孙庆咸	山阴	
08	1859	咸丰九年己未科	马传煦	会稽	祖光澜,嘉庆二十二年(1817)进士
09	1868	同治七年戊辰科	蔡以瑺	萧山	
10	1903	光绪二十九年癸卯科	周蕴良	会稽	

明清绍兴府状元名单

序号	公元纪年	科 年	姓 名	籍 贯	备 注
01	1475	明成化十一年乙未科	谢迁	余姚	子丕,弘治十八年(1505)探花
02	1481	成化十七年辛丑科	王华	余姚	子守仁,弘治十二年(1499)进士,赠新建伯
03	1535	嘉靖十四年乙未科	韩应龙	余姚	
04	1556	嘉靖三十五年丙辰科	诸大绶	山阴	
05	1568	隆庆二年戊辰科	罗万化	会稽	孙元宾,天启二年(1622)进士
06	1571	隆庆五年辛未科	张元忭	山阴	父天复,嘉靖二十六年(1547)进士。子汝霖,万历二十三年(1595)进士;汝懋,万历四十一年(1613)进士

续表

序号	公元纪年	科　年	姓　名	籍贯	备　注
07	1625	天启五年乙丑科	余　煌	会稽	弟增远,崇祯十六年(1643)进士,《清史稿》卷五〇一有传
08	1748	清乾隆十三年戊辰科	梁国治	会稽	
09	1784	乾隆四十九年甲辰科	茹　棻	会稽	父敦和,乾隆十九年(1754)进士。《清史列传》卷七五有传
10	1787	乾隆五十二年丁未科	史致光	山阴	

明清绍兴府榜眼名单

序号	公元纪年	科　年	姓　名	籍贯	备　注
01	1481	明成化十七年辛丑科	黄　珣	余姚	
02	1502	弘治十五年壬戌科	孙　清	余姚	
03	1505	弘治十八年乙丑科	董　玘	会稽	正德二年(1507)所建"榜眼"牌坊,今存。父复,成化十一年(1475)进士。复兄豫,成化十四年(1478)进士。玘曾孙懋中,万历四十一年(1613)进士
04	1535	嘉靖十四年乙未科	孙　陞	余姚	子鑛,万历二年(1574)会元
05	1541	嘉靖二十年辛丑科	潘　晟	新昌	
06	1556	嘉靖三十五年丙辰科	陶大临	会稽	祖谐,弘治九年(1496)进士。兄大顺,嘉靖四十四年(1565)进士。子允宜,万历二年(1574)进士
07	1559	嘉靖三十八年己未科	毛惇元	余姚	
08	1760	清乾隆二十五年庚辰科	诸重光	余姚	
09	1771	乾隆三十六年辛卯恩科	王　增	会稽	

续表

序号	公元纪年	科　　年	姓　名	籍　贯	备　　注
10	1784	乾隆四十九年甲辰科	邵　瑛	余　姚	
11	1795	乾隆六十年乙卯恩科	莫　晋	会　稽	
12	1832	道光十二年壬辰恩科	朱凤标	萧　山	
13	1859	咸丰九年己未科	孙念祖	会　稽	

明清绍兴府探花名单

序号	公元纪年	科　　年	姓　名	籍　贯	备　　注
01	1397	明洪武三十年丁丑科	刘仕谔	山　阴	
02	1412	永乐十年壬辰科	王　钰	诸　暨	
03	1505	弘治十八年乙丑科	谢　丕	余　姚	
04	1547	嘉靖二十六年丁未科	胡正蒙	余　姚	
05	1589	万历十七年己丑科	陶望龄	会　稽	父承学,嘉靖二十六年(1547)进士。叔幼学,嘉靖三十八年(1559)进士
06	1715	清康熙五十四年乙未科	傅王露	会　稽	
07	1752	乾隆十七年壬申恩科	卢文弨	余　姚	
08	1771	乾隆三十六年辛卯恩科	范　衷	上　虞	
09	1829	道光九年己丑科	朱　兰	余　姚	
10	1840	道光二十年庚子科	张百揆	萧　山	
11	1871	同治十年辛未科	郁　昆	萧　山	

明清绍兴府传胪名单

序号	公元纪年	科　　年	姓　名	籍　贯	备　　注
01	1394	明洪武二十七年甲戌科	胡嗣宗	萧　山	
02	1718	清康熙五十七年戊戌科	金以成	山　阴	
03	1772	乾隆三十七年壬辰科	平　恕	山　阴	
04	1793	乾隆五十八年癸丑科	陈秋水	会　稽	
05	1856	咸丰六年丙辰科	钟宝华	萧　山	

明代绍兴府各县巍科人物分布表

县 别	会 元	状 元	榜 眼	探 花	传 胪	合 计
山阴县		诸大绶 张元忭		刘仕谔		3 人
会稽县	董玘 陶望龄	罗万化 余 煌	董玘 陶大临	陶望龄		7 人
萧山县					胡嗣宗	1 人
诸暨县				王 钰		1 人
余姚县	胡正蒙 孙 镶	谢 迁 王 华 韩应龙	黄 珣 孙 清 孙 陞 毛惇元	谢 丕 胡正蒙		11 人
上虞县						0 人
嵊 县						0 人
新昌县			潘 晟			1 人
合 计	4 人	7 人	7 人	5 人	1 人	24 人

清代绍兴府各县巍科人物分布表

县 别	会 元	状 元	榜 眼	探 花	传 胪	合 计
山阴县	孙庆咸 马传煦	史致光		孙念祖	金以成 平 恕	6 人
会稽县	周蕴良	梁国治 茹 棻	王 增 莫 晋	傅王露	陈秋水	7 人
萧山县	蔡以瑺		朱凤标	张百揆 郁 昆	钟宝华	5 人
诸暨县						0 人
余姚县	邵晋涵		诸重光 邵 瑛	卢文弨 朱 兰		5 人
上虞县				范 衷		1 人
嵊 县	张景星					1 人
新昌县						0 人
合 计	6 人	3 人	5 人	7 人	4 人	25 人

"久旱逢甘露,他乡遇故知。洞房花烛夜,金榜题名时。"明清时期在京城举行会试、殿试后的金榜题名时,若前几名展示的是浙江绍兴府举子姓名,想必那种自豪感油然而生。的确,此种状况也是有的,在明代出现6次,清代出现3次。见下表:

朝　代	科　　　年	科　名	姓　　名	籍　贯
明	成化十七年辛丑科	状　元	王　华	余　姚
		榜　眼	黄　珣	余　姚
	弘治十八年乙丑科	会　元	董　玘	会　稽
		榜　眼	董　玘	会　稽
		探　花	谢　丕	余　姚
	嘉靖十四年乙未科	状　元	韩应龙	余　姚
		榜　眼	孙　陞	余　姚
	嘉靖二十六年丁未科	会　元	胡正蒙	余　姚
		探　花	胡正蒙	余　姚
	嘉靖三十五年丙辰科	状　元	诸大绶	山　阴
		榜　眼	陶大临	会　稽
	万历十七年己丑科	会　元	陶望龄	会　稽
		探　花	陶望龄	会　稽
清	乾隆三十六年辛卯恩科	会　元	邵晋涵	余　姚
		榜　眼	王　增	会　稽
		探　花	范　衷	上　虞
	乾隆四十九年甲辰科	状　元	茹　棻	会　稽
		榜　眼	邵　瑛	余　姚
	咸丰九年己未科	会　元	马传煦	会　稽
		榜　眼	孙念祖	会　稽

巍科人物小传

01 **胡嗣宗**，萧山人。洪武二十七年（1394）甲戌科二甲第一名进士，授山阳知县。

02 **刘仕谔**，山阴人。洪武三十年（1397）丁丑科春榜一甲第三名，赐进士及第。殿试时，太祖亲览其卷，称仕谔为"有用之才也"。此科无北方学子登第，落榜举人哗然抗议。太祖闻后下诏，命翰林儒臣、前科状元张信复审，维持原榜。太祖命斩张信、白信蹈，刘三吾戍边。而仕谔因牵连被发配充军，后召回，降鸿胪寺司仪署丞，寻遭御史弹劾被杀。

03 **王钰**，字孟坚，号葵轩，诸暨人。永乐十年（1412）壬辰科会试二名，殿试第一甲第三名，赐进士及第。授翰林院编修。宣德元年，出任顺天乡试主考官。宣德中，同修两朝实录。正统元年经杨士奇举荐，起为江西按察金事，提督学政。

04 **谢迁**，字于乔，号木斋，余姚人。成化十年（1474）乡试解元。十一年乙未科会试第三名，殿试一甲第一名，赐进士及第。授翰林院修撰。弘治八年与李东阳同入内阁，参预机务。终官谨身殿大学士、礼部尚书，加少傅兼太子太傅。卒赠太傅，谥文正。著有《谢文正公集》《木溪归田稿》等。《明史》卷一八一有传。

05 **王华**，字德辉，号实庵、海日翁，余姚人。成化十六年（1480）乡试第二名，十七年辛丑科殿试一甲第一名，赐进士及第。授翰林院修撰。弘治中累官学士、少詹事。以南京吏部尚书致仕。著有《垣南草堂稿》《龙山集》等。《明史》卷一九五有传。

06 **黄珣**，字廷玺，号碧山，余姚人。成化七年（1471）乡试解元。十七年辛丑科殿试一甲第二名，赐进士及第。授翰林院编修。历任国子监祭酒、南京吏部左侍郎，正德二年（1507）进本部尚书。九年卒于家，赐祭葬，赠太子少保。著有《惕庵稿》《东山文集》《素庵诗集》。

07 **孙清**，字直卿，直隶武清卫籍，余姚人。弘治十一年（1498）顺天乡试解元，十五年壬戌科殿试一甲第二名，赐进士及第。授翰林院编修。正德时,任山西布政司右参议,提调山西乡试,迁副使,转陕西提学副使。

08 **董玘**,字文玉,号中峰,会稽人。弘治十八年(1505)乙丑科会试第一,殿试一甲第二名,赐进士及第。授翰林院编修。官至吏部左侍郎兼翰林学士。编修《孝宗实录》《武宗实录》《睿宗实录》。建中峰书院于东山,四方从游讲学者甚众。卒赠礼部尚书,谥文简。《雍正浙江通志》卷一六〇有传。所著有《董中峰先生文选》十一卷。今人编有《中峰集》。

09 **谢丕**,字以中,号汝湖,余姚人。弘治十四年(1501)顺天乡试解元。十八年乙丑科会试第四名,殿试一甲第三名,赐进士及第。授翰林院编修。历任太常寺少卿兼翰林学士,掌院事。转吏部左侍郎兼翰林学士,仍掌院事,同修《永乐大典》。卒,赠礼部尚书。著有《归省录》。

10 **韩应龙**,字汝化,号五云,余姚人。嘉靖十四年(1535)乙未科殿试一甲第一名,赐进士及第。授翰林院修撰。任讲官。一日将上朝,端坐室中猝逝。

11 **孙陞**,字志高,号季泉,锦衣卫官籍,余姚人。嘉靖十四年(1535)乙未科殿试一甲第一名,赐进士及第。授翰林院编修。迁右春坊右中允,修《大明会典》。嘉靖二十五年(1546)主应天府乡试,二十八年升国子监祭酒。历礼、吏两部侍郎,终南京礼部尚书。卒于任,赠太子少保,谥文恪。撰有《孙文恪集》。

12 **潘晟**,字思明,号水廉,新昌人。嘉靖二十年(1541)辛丑科殿试一甲第二名,赐进士及第。授翰林院编修。历任南京国子监祭酒、南京吏部右侍郎。隆庆元年(1567)改吏部左侍郎兼翰林学士,实录副总裁。后改礼部尚书兼学士,充实录总裁官。隆庆六年(1572)致仕,赠太子太保。

13 **胡正蒙**,字正伯,号日门,余姚人。嘉靖二十六年(1547)丁未科会试第一,殿试一甲第三名,赐进士及第。授翰林院编修。左春坊左谕德兼侍读,总校《永乐大典》。嘉靖四十四年(1565),升太常寺卿,管国子监祭酒事。卒,赠礼部侍郎。

14 **诸大绶**,字端甫,号南明,山阴人。嘉靖三十五年(1556)丙辰科会试第二名,殿试一甲第一名,赐进士及第。授翰林院修撰。历官礼部侍郎、吏部右侍郎。卒赠礼部尚书,谥文懿。著有《诸文懿公集》。

15 **陶大临**，字虞臣，号念斋，会稽人。嘉靖三十五年（1556）丙辰科殿试一甲第二名，赐进士及第。授翰林院编修。历任南京国子监祭酒、少詹事、礼部右侍郎。万历初，累官吏部右侍郎兼翰林院侍读学士，充经筵日讲官。卒赠礼部尚书，谥文僖。

16 **毛惇元**，字裕仁，号春台，余姚人。嘉靖三十八年（1559）己未科会试第三名，殿试一甲第二名，赐进士及第。授翰林院编修。

17 **罗万化**，字一甫，号康洲，会稽人。隆庆二年（1568）戊辰科殿试一甲第一名，赐进士及第。授翰林院修撰。与修《世宗实录》及《大明会典》。充经筵讲官，升南京国子监祭酒，历官礼部尚书。卒赐祭葬，赠太子少保，谥文懿。著有《世泽编》。

18 **张元忭**，字子荩，号阳和，山阴人。隆庆五年（1571）辛未科殿试一甲第一名，赐进士及第。授翰林院修撰。万历中，为左谕德兼侍读，及为经筵讲官。病卒。天启初，追谥文恭。与徐渭纂《会稽县志》，与孙鑛纂《绍兴府志》。著有《云门志略》《山游漫稿》《不二斋遗稿》《张阳和文选》等。今人编有《张元忭集》。《明史》卷二八三有传。

19 **孙鑛**，字文融，初号越峰，更号月峰，锦衣卫官籍，余姚人。万历二年（1574）甲戌科会试第一名，殿试二甲第四名进士，赐进士出身。历太常寺少卿、兵部左侍郎、右都御史，进南京兵部尚书，加太子少保，参赞机务。著有《月峰居业》《居业次编》等。

20 **陶望龄**，字周望，号石篑，会稽人。万历十七年（1589）己丑科会试第一名，殿试一甲第三名，赐进士及第。授翰林院编修。著有《歇庵集》等。历官国子祭酒。卒谥文简。《明史》卷二一六有传。今人编有《陶望龄全集》。

21 **余煌**，字武贞，号公逊，会稽人。天启五年（1625）乙丑科殿试一甲第一名，赐进士及第。授翰林院修撰。与修《三朝要典》。崇祯时，起左中允，历左谕德、右庶子，充经筵讲官。鲁王监国，拜兵部尚书。清兵过江，绍兴破，赴水死。《明史》卷二七六有传。清乾隆四十一年（1776），赐谥忠节。

22 **傅王露**，字良木，号玉笥，又号阆林，会稽人。清康熙五十四年

(1715)乙未科殿试一甲第三名,赐进士及第。授翰林院编修。后退居乡里几四十年。乾隆二十六年(1761),特恩加中允衔。提督江西学政。撰《西湖志》四十八卷,《四库全书总目》著录。主纂《雍正浙江通志》,著有《玉笥山房集》。

23 **金以成**,字素臣,号补山,山阴人。康熙五十七年(1718)戊戌科殿试二甲第一名,赐进士出身。选翰林院庶吉士,散馆授编修。历官至山东兖州府知府。著有《补山诗存》。

24 **梁国治**,字阶平,号瑶峰,会稽人。寄籍顺天府通州。乾隆六年(1741)辛酉科顺天中式举人,考取内阁中书,改归本籍。乾隆十三年(1748)戊辰科殿试一甲第一名,赐进士及第。授翰林院修撰。历任安徽学政、吏部侍郎、湖北巡抚兼署湖广总督,累官东阁大学士兼户部尚书、军机大臣。卒赠太子太保,赐谥文定。著有《敬思堂诗集》《敬思堂文集》等。《清史稿》卷三二○、《清史列传》卷二一有传。

25 **卢文弨**,原名卢嗣宗,字召弓,号抱经,余姚人。乾隆十七年(1752)壬申恩科殿试一甲第三名,赐进士及第。授翰林院编修。历左春坊左中允,侍读学士。乾隆三十一年(1766)督湖南学政。后乞养归,主讲江浙各书院20余年。藏书甚丰,为清代一流校勘学家。著有《卢文弨全集》,编有"抱经堂丛书"。《清史稿》卷四八一、《清史列传》卷六八有传。

26 **诸重光**,字申之,号桐屿,余姚人。乾隆二十五年(1760)庚辰科殿试一甲第二名,赐进士及第。授翰林院编修。乾隆三十年(1765)官至湖南辰州知府。

27 **邵晋涵**,字与桐,号南江,余姚人。乾隆三十六年(1771)辛卯恩科会试第一名,殿试二甲第三十名,赐进士出身。选翰林院庶吉士,散馆授编修。乾隆五十六年(1791)迁中允,擢侍讲学士。任文渊阁日讲起居注官。著有《南都事略》《尔雅正义》等,为毕沅审定《续资治通鉴》。是继全祖望之后的清代史学大家。所著编为《邵晋涵集》。《清史稿》卷四八一、《清史列传》卷六八有传。

28 **王增**,字西霞,号巳亭,会稽人。乾隆三十六年(1771)辛卯恩科殿试一甲第二名,赐进士及第。授翰林院编修。后降河南祥符县知县,官至怀庆府通判。曾主讲汝阳南湖书院,纂修《新蔡县志》《汝宁府志》。曾任乾隆四十五年、四十六年会试同考官。著有《迟云书屋诗遗》。

29 **范衷**,字士桓,号恭亭,上虞人。乾隆三十六年(1771)辛卯恩科一甲第三名,赐进士及第。授翰林院编修。乾隆四十八年(1783)充顺天乡试同考官,五十年考选江南道御史,署吏、礼两科给事中。因事落职,后补刑部主事。卒于京。

30 **平恕**,字宽夫,号余山,山阴人。乾隆三十七年(1772)壬辰科殿试二甲第一名,赐进士出身。选翰林院庶吉士,散馆授编修。乾隆末年,尝典广西、顺天乡试。嘉庆三年(1798),擢内阁学士,兼礼部侍郎。擢户部左侍郎,终江苏学政。《满汉名臣传》立传。与徐嵩纂《乾隆绍兴府志》。著有《留春书屋诗集》。

31 **茹棻**,字稚葵,号古香,会稽人。乾隆四十九年(1784)甲辰科殿试一甲第一名,赐进士及第。授翰林院修撰。历任山东、山西、江南乡试主考官,湖北学政,奉天府丞兼学政,内阁学士,工部侍郎。嘉庆十九年(1814),升左都御史,改工部尚书。二十四年,任顺天乡试主考官。官至兵部尚书。著有《茹古香大司马诗集》。

32 **邵瑛**,字桐南,号姚圃,余姚人。乾隆四十九年(1784)甲辰科殿试一甲第二名,赐进士及第。授翰林院编修。改内阁中书,嘉庆三年(1798),充湖北乡试副考官,寻告归不复出。著有《说文群经正字》《刘玄规杜持平》等。

33 **史致光**,原名步云,字葆甫,号渔村,山阴人。乾隆五十二年(1787)丁未科殿试一甲第一名,赐进士及第。授翰林院修撰。历任云南按察使、贵州布政使,福建、云南巡抚。嘉庆二十五年(1820),擢云贵总督。官至都察院左都御史。著有《渔村诗存》。

34 **陈秋水**,字冶峰,会稽人。《国朝两浙科名录》载,以仁和籍考取乾隆五十四年(1789)己酉恩科举人,改归本籍。乾隆五十八年(1793)癸丑科殿试二甲第一名,赐进士出身。官内阁中书。秋水成进士日,名满京城,和珅欲罗致之,毅然不赴,遂不得馆选,而郡邑士称其有风骨。

35 **莫晋**,字锡三,一字裴舟,号宝斋,会稽人。乾隆六十年(1795)乙卯恩科殿试一甲第二名,赐进士及第。授翰林院编修。历任福建乡试正考官、山西学政、太常寺卿、江苏学政。嘉庆十一年(1806),迁都察院左副都御史,二十一年改仓场侍郎。道光二年(1822)为内阁学士。曾应浙江学政阮元聘,掌教蕺山书院。著有《来雨轩存稿》。《清史列传》卷三五有传。

36 **朱兰**,字久番,号耐庵,余姚人。道光九年(1829)己丑科殿试一甲第三名,赐进士及第。授翰林院编修。进侍讲学士,迁少詹事。道光三十年(1850)充会试同考官。同治二年(1863)迁太仆寺卿,督安徽学政。三年,改詹事。五年,官至内阁学士。著有《补读室诗文集》《孟晋录》《姚江事迹》《舜水先生年谱稿》《黄梨洲先生年谱》等,今人编有《朱兰文集》。

37 **朱凤标**,字建霞,号铜轩,萧山人。道光十二年(1832)壬辰恩科殿试一甲第二名,赐进士及第。授翰林院编修。历任湖北学政、国子监司业、都察院左都御史、刑部、户部、兵部、吏部尚书。同治七年(1868)正月,授协办大学士,四月迁体仁阁大学士,兼翰林院掌院学士。卒赠太子太保,谥文端。《清史稿》卷三九〇有传。

38 **张景星**,字粲亭,号庚堂,嵊县人。道光十五年(1835)乙未科会试第一名,殿试二甲第五十六名,赐进士出身。选翰林院庶吉士,散馆改安徽旌德县知县。

39 **张百揆**,字叙安,号吟舫,萧山人。道光二十年(1840)庚子科殿试一甲第三名,赐进士及第。授翰林院编修。道光二十六年(1846),累迁广东廉州知府,三十年改广州知府,官至广东肇罗道。

40 **孙庆咸**,字珊麓,号伟卿,山阴人。咸丰二年(1852)壬子恩科会试第一名,殿试二甲第四十六名,赐进士出身。选翰林院庶吉士。散馆改任户部主事,官至员外郎。

41 **钟宝华**,字焕文,号庄山,萧山人。咸丰六年(1856)丙辰科殿试二甲第一名,赐进士出身。选翰林院庶吉士,散馆授编修,升侍讲学士。同治三年(1864),任陕西学政。著有《绿漫庐诗集》。今人编有《萧山传胪钟宝华》。

42 **马传煦**,字春旸,号霭臣,会稽人。咸丰九年(1859)己未科会试第一名,殿试二甲第二十四名,赐进士出身。选翰林院庶吉士,散馆授编修。充实录馆纂修、国史馆总纂、方略馆提调。后应聘杭城崇文书院,先后30余年。光绪二十九年(1903),重游泮水,浙江学政张亨嘉颁给"乡黉耆硕"匾额。著有《思补过斋制艺试帖》。

43 **孙念祖**,字心农,号渌湖,会稽人。咸丰九年(1859)己未科殿试一甲第二名,赐进士及第。授翰林院编修。武英殿协修。同治元年(1862),任山西乡试副考官。次年,提督湖北学政。未几,母忧归。

44 **蔡以瑺**,字季珪,号瑶圃,萧山人。同治七年(1868)戊辰科会试第一名,殿试二甲第六十名,赐进士出身。选翰林院庶吉士,散馆改刑部主事。

45 **郁昆**,字漱山,萧山人。同治十年(1871)辛未科殿试一甲第三名,赐进士及第,授翰林院编修。十二年,充顺天乡试同考官。光绪二年(1876)任广东乡试副考官。

46 **周蕴良**,字味莼,号惕斋,会稽人。光绪二十九年(1903)癸卯科会试第一名,殿试二甲第四十九名,赐进士出身。选翰林院庶吉士,散馆授编修。著有《惕斋遗集》。

以上46个巍科人物,是正儿八经的明清绍兴府人。其实还有祖籍地在绍兴府境域,却在外地考中的巍科人物,如俞大猷是"顺天大兴县人,原籍浙江山阴",乾隆三十七年壬辰科一甲第三名探花;陈冕是"顺天宛平人,原籍浙江山阴",光绪九年癸未科一甲第一名状元(朱鳌、宋苓珠编纂《清代进士传录》)。但在北京国子监的进士题名碑上,是写"顺天府大兴县人"或"顺天府宛平县人"(江庆柏编著《清朝进士题名录》)的。本文并未将此二人列入绍兴府范畴,因为涉及科举研究,会触及到重复统计,按惯例,俞大猷、陈冕当属于顺天府。

余 绪

明清绍兴府巍科人物,亮点纷呈,得谥人物众多,有多位文学家,而由巍科人物展示的科举家族,更为今后研究明清绍兴府科举人物提供了一份很好的素材。

一、我国古代有一个褒贬善恶的谥法制度,谥号旨在起到教化和荣耀作用。《大明会典》规定:"凡遇文武大臣应得谥号者,备查本官生平履历,必其节概为朝野具瞻,勋猷系国家休戚,公论允服,毫无瑕疵者,具请上裁。如行业平常,即官品虽崇,不得概予。"得谥用字,极为严苛。明清绍兴府魁科人物,所得谥号是尊崇的。得谥者为 9 人:董玘、陶望龄得谥"文简"(明代得"文简"者 26 人);孙陞得谥"文恪"(明代得"文恪"者 25 人);诸大绶、罗万化得谥"文懿"(明代得"文懿"者 13 人);陶大临得谥"文僖"(明代得"文僖"者 13 人);张元忭得谥"文恭"(明代得"文恭"者 10 人);梁国治得谥"文定"(清代得"文定"者 11 人);朱凤标得谥"文端"(清代得"文端"者 40 人)。谥法用字有高下之分,文正是第一谥。有明一代,以"勤学好问,内外宾服"而得谥"文正"的,仅李东阳与谢迁(张卜庥《谥法及得谥人表》)。

二、明清绍兴府魁科人物中冠以文学家的,《中国文学家大辞典·明代卷》对状元谢迁、张元忭,榜眼董玘,探花陶望龄,均设条目记载。《中国文学家大辞典·清代卷》中,则有状元梁国治、茹棻,探花傅王露、卢文弨,会元邵晋涵。

三、常言道"冰冻三尺非一日之寒",科举考试所产生的魁科人物,多出自进士家族群体。明清绍兴府魁科人物中,余姚"泗门谢氏谢迁、谢丕父子,不但是父子鼎甲(父状元,子探花),而且是父子解元、父子会魁,这在明代历史中,仅此一例。明代,余姚县科第最显得世族当数横河孙家境孙氏。有明一代,孙氏共有文进士 16 人,榜眼 2 人,会元 1 人"(褚纳新《余姚科举研究》)。孙家境孙氏的榜眼就是弘治十五年(1502)孙清、嘉靖十四年(1535)孙陞,会元即万历二年(1574)孙鑛。孙陞的长子孙鑨、次子孙铤、三子孙錝、四子孙鑛,皆进士出身。科举世家会稽县陶堰陶氏家族,有嘉靖三十五年(1556)榜眼陶大临,万历十七年(1589)会元兼探花陶望龄。据《会稽陶氏族谱》中的《科甲编年考》,明清有举人 102 名,登进士有38 名,父子进士、兄弟进士、父子同榜等科举佳话连连。(该谱所列"坊表",有"解元""世第""科甲传芳""月桂同攀""兄弟进士""榜眼""父子同科进士""弈世堂卿""兄弟宗伯""兄弟同科""鼎甲""祖孙都宪"等,今陶堰尚存省级文保单位"秋官里进士牌坊"一组科举牌坊,为明代陶堰进士陶怿、陶谐所立。)弘治十八年(1505)会元兼榜眼董玘,其父亲董复、伯父董豫是进士,董玘曾孙董懋中也是进士,即一门四进士,科举佳话是兄弟进士、父子进士,弘治十八年(1505)曾立"兄弟进士"牌坊(孙伟良《论编纂〈明清绍兴科名录〉的必要性及价值》)。隆庆二年(1568)状元罗万化,其孙罗元宾是进士,即祖孙进士。隆庆五年(1571)状元张元忭,其父张天复是进士,二子张汝霖、张汝懋皆进士,一门三代四进士。天启五年(1625)状元余煌,其弟余增远是进士,即兄弟进士。清乾隆四十九年(1784)状元茹棻,其父茹敦和是进士,即父子进士。咸丰九年(1859)会元马传煦,其祖父马光澜是进士,即祖孙进士。

有专家撰文指出:"科举家族研究属于科举学中科举社会研究的重要内容之一,科举家族研究将成为科举学中一个发展迅速的学术增长点。"(刘海峰、韦骅峰《科举家族研究:科举学的一个增长点》)明清绍兴府科举家族,是有待深挖的一个富矿。

王金发督绍成因概说

施钰兴

王金发（1882—1915）是辛亥革命前后一位传奇式的人物，也是一位颇有争议的人物。对他的研究至今仍然频率颇高，评价也历来褒贬不一，各具倾向性，如王金发督绍起因，就有"受浙江都督汤寿潜委派"与"擅自行动、自任绍督"两说。有的贬损派抓住"擅自行动、自任绍督"一说，捏虚为实，把王金发的"都督"定性为"非法"，并利用这个标签化观点，进一步坐实王金发为"祸绍"的总根源。从笔者搜集到的资料看，上述两种说法都有失偏颇。现将两种说法与王金发督绍的真实历史概述于下：

一、受浙江都督汤寿潜委派说

1987 年 12 月出版的《嵊县文史资料》第五辑，有谢震《王季高君行述》一文，中有：

> 张伯岐、蒋介石率敢死军攻抚署，子黎率所部攻军装局，一鼓作气，马到功成。议会特开，汤督举出，真所谓兵不血刃，浙江安堵如常矣。而上海亦同时光复，举陈英士为都督。然边境之风未靖，宜有以抚绥之，北伐之军难缓，宜及早组织之。于是浙督汤寿潜派王逸赴绍兴安辑民人，编练军兵。

谢飞麟是光复杭州的参与者，也是浙江军政府的组织者之一，被推为军政府总务科长，他是那段历史的见证人。"浙督汤寿潜派王逸赴绍兴安辑民人，编练军兵"，此句的潜台词是当时亟须解决的两件大事：

第一件是杭州光复两天后，11 月 7 日，绍兴知府程赞卿组织章介眉、徐显民等一班旧官僚、旧乡绅宣布绍兴"独立"。绍兴协镇王国治率兵去绍，城内空虚，人心惶恐，急需派兵驻守。这就是汤寿潜派王金发赴绍的第一个原因——"安辑民人"。

第二件是武昌、上海、杭州等相继光复后，江南基本控制在革命党手中，亟待练兵北伐，推翻清皇朝。这就是汤督派王金发入绍的第二个原因。

1992年9月出版的《嵊县文史资料》第八辑，载有谢飞麟《自序》，其中写道：

> 越日，季高自沪至，相与定议于八月十五日夜半起事，由凤凰山及笕桥两处兵队装枪实弹潜行进城。蒋介石、张伯岐等率敢死队攻抚署，季高率所部攻军装局，皆破之。又以兵围攻旗营，三日下之。举汤蛰仙先生为都督，而英士亦于是时在沪攻破制造局任沪军都督。汤都督复令季高赴绍练兵，预备北伐，给以绍兴军政分府之印。

文中"汤都督复令"有两层含义：一是指王金发原本被安排军政府实业部长的重要岗位，而王金发坚辞不就，汤寿潜又委以绍督之职；二是前清绍兴知府程赞清宣布"独立"后，曾得到过汤寿潜的"电准"，今又令王金发为绍兴军政分府都督。

东方出版社2015年5月出版的杨红林《1915，中国表情》，其中《中国的罗宾汉——王金发之死》一节写道：

> 令王金发失望的是，虽然他们这些革命党人抛头颅、洒热血才光复了杭州，可是在之后坐享胜利果实的却是立宪派代表汤寿潜。因为全力反对汤寿潜出任浙江都督，王金发甚至在大会上拔出手枪。而为了安抚桀骜不驯的王金发，胆战心惊的汤寿潜任命其为绍兴军政分府都督。

二、擅自行动、自任绍督说

浙江人民出版社1981年8月出版的《浙江辛亥革命回忆录》，刊有应

梦卿《奉化渔民参加光复杭州敢死队记》一文,中有:

> 杭州光复,朱介人、蒋百器、童保暄争夺都督职位,各不相让,杭城局势濒于危殆。褚慧僧、庄崧甫、陈泉卿等赶到上海报告,请陈英士速定处理办法。英士当即邀集浙江旅沪同乡庞莱臣、虞洽卿、张芝仙、朱葆三等共同商议,一致主张由英士决定。英士的意见,必须由地方具有声望的人士出来主持,方能收拾人心,巩固胜利;并提出目前浙江都督人选以汤蛰仙(寿潜)最为适宜,征求大家表决。众无异议。于是由英士写就两封信,一致汤蛰仙,请其出面维护桑梓;一致杭州军界,劝他们为大众谋福利,不可为个人争权利。二信仍请褚等带杭分别转交,并请他们三人邀同地方知名人士敦请汤蛰仙就职。不料在杭州的蒋介石、王季高二人得悉此情,赶到上海表示反对。英士为了缓和内部矛盾,以利于挽救浙江的危局,即任蒋介石为沪军第一师副师长兼一团团长,命他留在上海筹备北伐,不必返杭,蒋默许。复请王季高回杭任浙江实业部长,王则不允,坚决要往绍兴另组军政府与杭州对抗,英士再三劝说无效。

应梦卿(1880—1969),奉化人。留学日本时加入同盟会。宣统三年(1911)夏,任同盟会中部文书。辛亥革命爆发后,与陈夏生、沈昌鑫一起招募奉化栖凤村渔民112人,编为敢死队,参加光复杭州的战斗。

《浙江辛亥革命回忆录》还刊有裴孟涵口述、汪振国记《王金发其人其事》,中有:

> 王金发一怒而去绍兴自封分府都督,浙江军政府不可奈何,不得不对他进行羁縻拉拢……对金发的擅自行动,不但未予谴责,还特颁明令,加以褒奖,说王金发"带领民军光复各处,部下异常辛苦,特提银一万元,交由王都督分配转给,以示酬庸之意"(见是年十一月十五日《全浙公报》)云云。不久又通令其他各府,一律成立军政分府,以期在形式上消除王金发的分峙对抗的局面。

裴孟涵是嵊州市崇仁镇人,文章没有注明资料出处,而在文末《结束语》一节中写道:

我家与王金发为邻村,自童年开始就见到听到有关王金发其人其事。王金发被害后,与王金发共同从事反满斗争的一些光复会会员如胡竞思、张斌甫、张恭、马逢伯、童德森、谢震(飞麟)、应梦卿、周亚卫、钱雄波、应卫击等,大多数都是和我相识的嵊县人,我就开始有意识地向他们询问有关王金发的事迹。金发的母亲、妻子、姐姐也向我提供过不少情况。

从中可知,文章是汪振国根据裴孟涵口述记录整理的,而裴孟涵口述的内容实际上又是对第三方口述的转述。口述资料应该在某句、某段文前或文后注明"某人口述",汪振国所记的"再口述"资料,更应该逐段逐句详细地记明口述者。况且,第三方不可能了解汤都督对王金发"羁縻拉拢"的高度机密。这种笼统地混说"再口述",近似于民间传说,是不可靠的,最多也只能作参考之用。

三、王金发渡江督绍的真实原因

杭州光复后,王金发积极招揽兵士,目的是要光复衢州,然后在衢州扩充兵员,练兵北伐,根本没有当绍兴都督的思想准备。那么,是什么原因使他成为绍兴都督的呢?

早在 20 年前,笔者拜读过陈爕枢《辛亥绍兴光复见闻纪略》一文。文中陈爕枢老人回忆当年与徐锡麟之弟徐锡麒、徐锡麟表侄沈庆生 3 人去杭城力请王金发渡江督绍之事:

> 沈庆生自杭校归,云省城已光复,爕枢急集村市中工、农、商掌灯巡夜,告慰乡人。越宿,得城中王子余诸君之招,与庆生赴城会议。及至,议已中止,诸人多愁容,有责爕枢等后至者。问之,始知开会时民团局长徐显名(名尔毂,本城巨室。叔苏接事,留伊为副)宣布:省城已独立,吾绍亦宜响应,宣告独立。众议纷纷,莫衷一是。陈公洽(名仪,旋出任本省军政司长)至,谓:"省城独立,确否未悉,吾绍僻处东南,又系属地,何必急急宣告?万一有变,则绍人胆小,反受其害"云云。众乃筹善后之法,募人赴省探确息,奈银根紧急,无款可筹。

叔苏挺身而出,指定爕枢与庆生同往,区区赀用由伊独任,众赞成。

爕枢等出,各购肚兜一,藏银圆二十,雇小舟至西兴,言明中途如遭变,各自奔避,肚兜中银圆,尽可供回绍之用。迨渡江,见都督府布告,已由童保暄(字伯吹)易为汤寿潜(字蛰仙)。爕枢等大喜。适火车从闸口来,遂乘之。车中人寥寥,问杭垣近事,皆不得要领。抵城站,投楼厚生所设旅馆,早餐时略询一二,即雇肩舆至都督府,遇陶焕卿(名成章)、孙杰仁(名世伟)诸人,引见汤公。汤公望见叔苏,即曰:"叔苏!你来正好,我欲以绍兴民团事相委,尔其勿辞。"继问及爕枢,叔苏以姓名对。汤公笑谓:"小儿伟存(名孝傅,日本札幌农校农学士)常称道之,今幸晤面。"爕枢因言:"绍兴民团缺枪械,敢请领百支。"汤公命填照予之。爕枢等至军械局门前,遇王金发(季高)、黄介清等三人(余一人忘其姓名),互相招呼。叔苏见季高持手枪二,谓:"尔一人何得有二枪?"季高笑,即取一与之。爕枢因邀令同入局选取枪弹。季高答曰:"予所习者手枪,此外谨谢不敏。"爰商诸该局委员,承其援助,负责选配,且允派民夫挑至西兴过塘行。爕枢等方谓诸事就绪,欣欣然步归旅馆。讵楼厚生见之,谓:"都督府电话,云绍兴有急电,召君等速往。"爕枢等急趋往阅,内言独立后,协镇王国治率兵去绍,人心惶恐,速请省派兵来镇抚。爕枢等请于汤公,答云:"此事须商诸童保暄师长。"走告童,童云:"现方悉索兵饷,会攻南京,安有余兵可派?"退而面面相觑,无由电复。路局黄越川(名广,余姚人,亦系锡麟烈士学生)来,谓:"季高强向都督府索兵索饷,欲自取衢州,朝夕催迫,合署不宁,且云:'予等拼生命,炸军库,而汤某坐火车来,为现成都督,奈何坐视不管?'汤公闻之,大有辞职之意。顷闻绍兴需兵,叔苏君于季高素有恩(指避祸时常相接济),何不劝季高往绍,则杭绍二地皆安矣。"叔苏韪其说。越川就旅左"挹芳菜馆"宴请叔苏与季高等,三杯之后,起谓:"绍兴乃父母之邦,又为恩师徐烈士出生地,大通学堂造成革命诸君,今绍兴镇兵出走,民心惶惑,某与叔苏君谋,拟请季高诸君往绍镇慑。"季高答以"绍地与恩师,非不系念,只因攻衢在即,碍难从命"。经越川再三劝告,叔苏从旁怂恿,始允留驻数日。于是黄介清出怀中名单,云:"吾侪往绍,首须惩办秋案(指秋瑾被杀事)诸人。"取而阅之,则皆绅耆而涉嫌疑者。胡钟生(名道南)之子孟乐(名豫)及府中学监督袁涤庵(名翼)亦在内(后由叔荪设法纵之去)。叔荪曰:"绍人胆小,众所共知,若追办如许人,势必慌乱,此去反甚于不去。君等既念先兄情谊,幸暂置,俟调查明确,再行核办如何?"于是交杯欢饮,季高谓:"新招之兵满三百,既可随叔荪君赴绍。"越川喜,走告汤公,遂以王金发为绍兴军政分府都督。

王金发在杭城招兵买马的骨眼上,遇到了去省城探听消息的绍兴革命党人,经不住徐锡麒等人的力请才改变主意,又经汤寿潜委派,遂带300兵士渡江督绍。

文中"力请"王金发的来龙去脉写得一清二楚:

力请的原因是绍兴防御空虚:"(程赞清宣布绍兴)独立后,协镇王国治率兵去绍,人心惶恐,速请省派兵来镇抚。"

力请的谋主是黄越川:"何不劝季高往绍,则杭绍二地皆安矣。"

力请的主事者是徐锡麒:"叔荪韪其说。"

力请的参与者是陈燮枢与沈庆生。

促成力请者是黄越川:"越川就旅左'挹芳菜馆'宴请叔荪与季高等。"

官方批准者是汤寿潜:"越川喜,走告汤公,遂以王金发为绍兴军政分府都督。"

陈燮枢(1874—1958),字赞钦,绍兴人,日本早稻田大学毕业,光复会会员,在日本时加入同盟会,曾任绍兴龙山法政专门学校校长,浙江临时省议会议员,第一届众议院议员。他既是力请王金发督绍的人员之一,又是那段历史的见证人。他的回忆文章写得非常详细,完全可作信史。

由于笔者孤陋寡闻,20年前没有找到与之相应的资料,史界历来有"孤证不立"的传统,就将此文束之高阁。2020年,有幸在网上搜得谢一彪《光复会史稿》一书,购而读之。是书第九章第五节《浙江各地的光复》有王金发督绍经过,与陈燮枢《辛亥绍兴光复见闻纪略》基本一致,但《光复会史稿》所用资料与《辛亥绍兴光复见闻纪略》相异,是从不同角度叙述那段历史的,两文可作互证。引文如下:

　　绍兴原是光复会的大本营,但自从皖浙起义失败后,革命力量受到严重摧残,由革命势力强大的地区,变成革命力量薄弱的地区。杭州起义的消息传到仅一江之隔的绍兴后,有人印了许多明太祖的像向农民一张张分发,宣传清朝是由外面侵入的人所组成,应将满族驱逐出去。绍兴谣言四起,盛传驻防省城的旗兵突围直奔绍兴而来,民众惊惶失措,四处出逃……为了制止绍兴城内的混乱局面,以光复会会员为骨干的革命派,由革命文学团体越社出面在开元寺召开会议,公举光复会会员鲁迅为主席。鲁迅提议组织讲演团,分赴各地进行演讲,阐明革命的意义和鼓动革命情绪。鲁迅的提议得到孙德卿等人的支持。会后,鲁迅、周建人和范爱农等立即率领以绍兴府中学堂进步师生为主体的讲演团上街游行,向市民散发传单,解释革命的意义,市民的情绪很快安定下来,原先关闭的商铺也陆续开门营业。

　　11 月 7 日,绍兴知府程赞卿等人经过秘密策划,宣布绍兴"独立",程赞卿自任民政长,曾经告密和参与谋害秋瑾的前浙江抚台衙门折奏师爷、绍兴劣绅章介眉任治安科长,徐显民任民团团长。绍兴军政分府成立后,获浙江军政府都督汤寿潜的电准,程赞卿立即颁布了绍兴军政分府《通告》。但绍兴军政分府"貌虽如此,内骨子是依旧的,因为还是几个旧乡绅所组织的军政府,什么铁路股东是行政司长,钱店掌柜是军械司长"(《范爱农》,《鲁迅全集》第 2 卷,人民出版社 1998 年版第 314 页)。绍兴的革命派立即在火珠巷王子余家召开会议,徐显民、陈仪和陈爕枢等人参加了会议,决定派代表去省城接洽,要求派人到绍兴实行光复。汤寿潜派遣光复会会员王金发带兵300 余人前往绍兴,出任绍兴军政分府都督。

从以上两文可以得出结论:王金发渡江督绍是受绍兴革命党人力请、浙江军政府都督委派的。这两则资料既可弥补褒王者对于王金发入绍历史描述的缺陷,又可纠正贬王者"愤而入绍""擅自行动""督绍祸绍""草头王"等对王金发的妖魔化描写。

蔡元培散失在嵊县的六篇佚文

商志良

蔡元培(1868—1940),字鹤卿,又字仲申、民友、子民,曾化名蔡振、周子余,浙江绍兴人,我国近代历史上著名的教育家、民主革命家、政治家。他对中国近代文化教育、学术思想和科学事业的发展,作出了巨大的不可磨灭的贡献,堪称"学界泰斗,人世楷模"。

蔡元培先生于 1900 年 2 月至 1901 年 8 月,曾在嵊县剡山、二戴两所书院担任院长,订《学约》十条,提倡新学和科学。他在嵊县只有短短的一年半时间,但提出了教育上许多改革措施,对嵊县教育事业的发展有着深远影响。笔者在阅读文献过程中,发现六篇蔡元培散失在嵊县的文章,这些文章多不见于《蔡元培全集》以及蔡元培其他文集中,今整理此文,以补文稿所缺。

一、捐建嵊邑清节堂之碑记

山阴蔡元培撰

山阴魏武书并篆额

国朝保息之政十有二,七曰安节孝。而今上俞何侍御之奏,令天下吏劝其士,士率其民,创为恤嫠局、清节堂。于是士大夫力于义者,益孜孜务圣天子德意,以惠其乡。嵊清节堂者,会稽徐氏所造也。吾越絜诚之俗,自秦时已著金石,更数千年,濯磨益粹,清风劲节,填溢珉素。而会稽徐氏,旌节孝者五,褒乐善好施者四,为一时冠帼。稽阴傅郭,清节堂尚矣,而他县或阙不具。仲凡太守树兰,尝以事往来嵊,竟咨其故,乃请于母马太夫人、叔母节孝章太夫人,而偕其弟叔佩农部友兰从事焉。旧有别业在县治后,乃析其东院为保婴局基址,而以西院为清节堂,为屋两楹,以处办事者。买田二百八十六亩有奇,储钱五千八百余缗,以其租息为永久之赖。为章程以诒嵊之缙绅,以告于吏,以闻于朝,著册而不邀奖焉。昔巴蜀寡妇清矐矐以财自卫,而秦始皇帝为筑女怀清台。若乃马太夫人之徯福、章太夫人之节孝,而席丰履厚以自资,宜若于寒门苦节无措意焉。而推拨美意,规画周详,无觊于华衮之荣,而务充其义,岂非善无近名,度越古人者欤?而太守农部勤以成贤母之志,嵊贤士大夫相与有成,保卫而理董之。《诗》曰:"孝子不匮,永锡尔类。"《传》曰:"美成在久。"皆古义也,一举而数善备焉。故乐为之记,以风来者。

大清光绪二十二年九月　谷旦

嵊县清节堂,地址在城关后官房保婴局西(嵊县广播站旧址),系绍兴徐树兰出资所建。捐田地 300 余亩,以年收租息 1300 元作基金,救济贫苦寡妇。

徐树兰,字仲凡,号检庵,浙江绍兴人。光绪二年(1876)举人,授兵部郎中,以输资为候选知府,被用为道花翎盐运使,后因病告归。光绪二十二年(1896),与罗振玉等在上海创办农学会及《农学报》,并与胞弟徐友兰于光绪二十四年(1898)在上海黄浦之滨置地百亩,采购各国农作物良种,开辟种植试验地。光绪二十三年(1897),创办中西学堂。光绪二十八年(1902),在绍兴城古贡院内,创建古越藏书楼,被称为"近代中国第一个公共图书馆"。他一生热心于文化公益事业,组织修筑海堤,建西湖闸,设义仓,立救疫局。

蔡元培在 19 岁时,曾在同乡徐树兰家为其校订所刻图书约四年,徐家藏书甚丰,因得博览群书,学问大进。碑记撰于光绪二十二年(1896)九月,时蔡元培已中进士,在北京任翰林院编修。是年,蔡元培曾回家乡绍兴,至冬始还京。此文是他返乡留绍期间,应徐树兰之请而写。此碑现收藏于嵊州市文物管理处。

二、王君季高传

君讳逸,字季高,一字子黎。其先世讳铚,宋淳熙朝枢密副使。南渡后,挈幼子讳胜三迁嵊之灵芝乡,转徙入城。君十二世祖讳禹佐,明崇祯选拔贡生,任直隶保定府通判,改署昌平州知州,国变殉难,予谥节愍,入清春秋遣祭勿绝。其幼子理斋,义不帝清,遁迹东龙岗麓,遂卜家焉。君祖讳修宫,笃实刚健,好施与,而家日以丰。父讳启孝,早卒。母徐氏,魁硕饶胆识。君以先世忠烈之遗,秉母氏刚方之质,自幼多臂力,恒部勒里儿为行阵,俨具兵法,众号之曰大王。性嗜博,闻母呵辄止。少长好猎,能击飞鸟十不失一,于书不求甚解,然尝补博士弟子员。于时清政不修,复汉之说蜂起,君则阴求豪俊,创大同学社以待时机。会徐烈士锡麟创大通学校于绍兴,君与竺绍康往从焉。旋赴日本,以第一人毕业大森体育学校。归充大通体育教授,多结死友。其后锡麟铳刺皖抚,谋倾清室,事败被戮,狱连大通主任秋瑾女士,死之。君与绍康各率徒众亡命山谷,屡为清军所窘,从间道出上海,与杨侠卿、陈英士、姚勇忱会谋大举。是时君之家产盖荡然矣。辛亥八月,武汉起义,君集同志首谋恢复浙江,以九月十五日夜半率死士攻军装局,继下督署。事既定,任绍兴军政分府,日夜搜练,以备北伐。亡何,共和告成,南北统一,孙氏逊位,君亦辞分府职,迁居上海。二年,以宋教仁案君被嫌,与姚勇忱驰归浙江,为浙督朱瑞诱致署中,毕命幽室,时四年六月二日也。君殁之后,帝制议起,全国骚然,滇黔反正,朱氏亡匿,袁禄告终,而君已不及见矣!越二年三月三十日,君母徐氏埋君骨于杭县西湖之卧龙桥畔,而君友锡麟、绍康已列碑以待。魂魄有知,足慰寂寞已!予以求学久留西欧,于君事不备悉。今春归国,推长大学,适谢飞麟来京师,以君生平行谊见告,趣予为传。予以飞麟为君故友,其言足征,因次其语而著于篇。

蔡元培曰:"君当奔走革命时,艰苦卓绝,侪辈交推,泊分府绍兴,颇滋物议,然士卒有犯烟禁、淫行,辄予死刑,风纪固肃然也。抑又闻之亡命泽中,典衣六百,道逢饿者,倾囊畀之。恶少逼孀改适,君则痛挞恶少而送妇归。大节皎皎,在人耳目,而遗闻轶事又何其磊落妩媚也!故知豪杰作事纯以天行世,以跅弛跳荡绳之,非知君者已。"

王季高即王金发(1883—1915),原名逸,谱名敬贤,字季高,号千黎,乳名金发,嵊县崇仁镇董郎岗村人。幼聪颖,性豪侠,爱习武,善射击。清光绪二十六年(1900),入乌带党。光绪二十八年(1902),归附平阳党,任首领。光绪三十年(1904),考取秀才,与同乡志士创立大同学社,秘密进行反清活动。光绪三十一年(1905),加入光复会,为徐锡麟所赏识。同年冬,东渡日本,入大森体育学校,以第一名毕业。光绪三十二年(1906),回国,在秋瑾主持的大通学堂任教。徐锡麟,秋瑾起义失败后,遭清廷通缉,潜居浙东山区。1911年11月辛亥,光复杭州,任敢死队队长,立下首功。率部光复绍兴,任绍兴军分府都督。1913年7月,二次革命时,在上海招集旧部,任浙江驻沪讨袁军总司令,讨袁失败后,亡命日本。1915年6月2日,被浙江都督朱瑞诱杀于杭州。王金发是辛亥革命时期的风云人物,短短一生中充满传奇色彩,曾被孙中山誉为"东南一英杰"。

1916年6月6日,袁世凯病亡,共和恢复,王金发生前战友谢飞麟去北京为王金发昭雪请愿,事后留京养病,时蔡元培自欧归国,担任北京大学校长。此文蔡元培应谢飞麟之请而撰此传,时在1917年初。

三、女杰

宋岳母以"精忠报国"四字勖子,成名一时,士大夫群相与贤之。王母徐老孺人,揆其生平课儿,正与相同。《淮南子》曰:"智过千人谓之俊,百人谓之杰。"妇人身处闺闱而能以天下国家为心,其识见固超出寻常万万矣!因以二字奉赠,俾知今世尚有是人,并不使岳母专美于前云。

时

中华民国六年

蔡元培谨跋

《女杰》是一篇短文,仅120字,"女杰"是蔡元培对王金发之母的赞词。

王金发的母亲徐梅珍(1860—1917),嵊县崇仁镇雅基村人,中年丧夫,支撑门户。王金发参加革命,她鼎力予以支持;王金发随徐锡麟东渡游学,她为之告贷路费;王金发在乡举办团练,所费也多由王家供给;王金发亡命山泽,"聚徒众于朱仙堂",她亲为执炊;王金发在沪筹设革命联络机关"天宝栈",她返嵊变卖田产为之集资;为解除王金发后顾之忧,她"自往新昌明德庵诵经度日,又至绍兴隐修庵为人拜经得钱,佐诸亡命者食用";二次革命,在沪军攻打制造局时,她买干粮 3000 元,以资军食。

此文为 1917 年初,蔡元培应谢飞麟之请,撰《王君季高传》的同时所作,2 篇文章均录入嵊县敦伦堂《剡溪王氏宗谱》1936 年重修本。

四、俞芝祥先生六秩晋四德配何夫人五旬正寿双庆序言

盖闻春融阆苑,刘樊本陆地之仙;云灿天衢,极婺乃双星之瑞。璧水頖宫之颂,燕喜齐赓;璃田丹灶之乡,鸾鸣交应。是以木公金母,留佳话于长生;碧海青天,驻晨曦于不夜也。惟我芝祥先生以东南竹箭之材,作稽镜神仙之吏。双旌聿莅,五马交驰。于今兹姑洗令月,偕德配何夫人,洗柏寝延年之斝,魁邻图介寿之觥。时也枣贡安期,桃尝曼倩。莱衣起舞,则窦桂森阶;珠履前趋,则髦鞴溢座。然而奉扬德意,不数评松颂柏之章;雕缋休征,宁烦妃白俪青之句。请敦马班之实录,犆陈□杜之清操。先生系出河间,望崇沙渚。雪夜扁舟之访,胜迹犹存;高山流水之怀,知音弗替。先生生而峻茂,幼克温恭。虽在鸠车之年,蚤擅凤毛之誉。鸡窗弄翰,便号圣儿;象舞操觚,辄惊座客。禀鲤庭之诗礼,居然目下无双;抚驹齿而腾骧,道是后生第一。迨乎文场角艺,撷东鲁之芹香;已而上国观光,踏西风之槐市。虽雕虎未登蕊榜,而鸳鸰已列剡章。未几,国步阽危,朝纲解组。知墨守难于应变,乃改弦以溯潮流;知救国首重作人,乃兴学以匠翘秀,盖先生之理董剡山校务也。培比间之桃李,饰多士以羽仪,眷此枌榆,悉成桢干。其先事运机有若此者。夫以国工利器,每借镜于他山;巧匠伐材,乃取资于柯斧。先生知落日之西倾,遂乘风而东渡。思以金布令甲,挽法家颓靡之风;更以玉律频申,探政治颐家之本。凡星轺之游学瀛洲,无非为觑新祖国。其考虑精详有若是者。乃属神州鱼烂,豪士龙兴。冲革命之先锋,奠鼎新之危局。遂以朱邑桐乡,权作王朗内史。八材饬化,教艺事以拯平民;万口啼饥,沛仁浆以逮无告。迨夫瓜时甫届,檄捧靡遑。除墨绶于绣川,绾铜符于右郡。崔符顿清,永无厉吠之惊;弦诵方新,何惜牛刀之试。遂迁邻邑,首振单寒;乞儿马医,代筹生活。菁莪械

朴,加意甄陶。拔庞参之蓱,栽潘令之花。得雨皆甘,其风肆好。盖服官之懋绩有若斯者。俄而奉讳家居,杜门却扫。开蒋诩之径,侣订羊求;围谢傅之棋,心仪管乐。青芝赤箭,广施千金之方;鸱顾熊经,秘传五禽之法。济人溱洧,允符十月成梁;除道康庄,躬事五丁持揭。里闬咸沾其膏泽,后生争奉为楷模。其乡曲之声誉有若此者。今夫卞璞在山,终难久韫;幽蕳生谷,不觉自芳。先生养望林泉,优游岁月。大吏廉其才,中枢倚为重。盐官报最,茧丝协铢两之平;渌沼蜚英,应阮擅翰笺之誉。如山执法,壮荼火之军容;似水盟心,处脂膏而澹定。宜乎上峰臂倚,寮寀袪裣倾;歌闻来暮之腾,碑有去思之勒矣!本阳城之抚字,宁云政拙催科;敩宣尼之乘田,惟曰职思报称。所以钱清江畔,竹马频迎;因而秘监宅边,襜帷再驻也。夫以推独步者克擅众长,有文事者兼娴武艺。汉家盐铁,桓宽自著专书;唐代度支,刘宴碻有成算。如斯才儁,并世无双。德配何夫人,山阴何使君鲁峰公女孙,大令梅圃公爱女。明诗习礼,弄墨蘸脂。越组推簧序之英,沪校擢兰房之秀。一双玉树,眼前都犀角佳儿;两排璇珠,掌底侭雀屏妙选。而夫人则敬姜教俭,郝母娴仪。驭下惟宽,侮获咸思感奋;善心为窈,涸辙胥待推恩。鲍家内助,争传河北花笺;谢氏高才,艳说江东絮咏。先生方堂开二酉,亭筑三休。裴晋公绿野怡情,谢元晖青山入梦。故园松鞠,暂抛西子湖头;旧日儿童,重拜北平马首。际此锦铺万谷,酒熟千家。谱法曲于同生,奏雅歌以偕老。流霞浅醉,笑瞻海鹤之双飞;华月长圆,愿祝梁鸿以百岁。是为序。

中华民国　年

蔡元培拜撰

俞芝祥(1872—1952),字景朗,嵊县甘霖镇苍岩村人,清末秀才,绍兴知府熊起蟠招为门下士,与徐锡麟结识,成为挚友,曾资助徐锡麟创办大通学堂,入光复会。1905年秋,俞芝祥与裴佩秋等20余人,组织"正谊学社",他们热心教育改革,于1906年改剡山书院为私立剡山高等小学堂。民国元年(1912),俞芝祥任绍兴军政府执法处长,后历任绍兴、义乌、东阳等县民事长、县长,在任时多有政绩。晚年隐居苍岩后,执掌苍岩小学(石壁学堂)董事会会长,一生热心于公益教育事业,为嵊县越剧和围棋的传承与发展作出了重大贡献。

俞芝祥其妻何淑,山阴(绍兴)人,毕业于明道女学。此文不著撰作年月,寿序是为贺俞芝祥64岁、其妻何淑50岁而作。俞芝祥生于1872年,何淑生于1887年,由此推断,此文当作于1936年左右。

蔡元培因何为俞芝祥及其妻何淑撰写寿言,这有多种可能:一是蔡元培于1900年曾来嵊县任剡山、二戴书院院长,他们很早就有交往;一是光复后,俞芝祥曾任蔡元培故乡的父母官而得熟识;一是俞芝祥的夫人何淑是蔡元培同乡,序言中说她是"山阴何使君鲁峰公女孙,大令梅圃公爱女"。何、蔡两家,许有世谊。

此文收录于嵊县崇本堂《苍岩俞氏宗谱》1947年重修本。

五、《侨园诗文集》序

嵊县姚懋甫先生,辛亥以前革命老同志也。自嵊迁绍兴,与陶焕卿、秋竞雄诸先烈秘密结合。秋案发后,先生往嘉兴,郁郁不自聊。一日,自沉于锦带河,遂不起,不及见辛亥之成功,可悲也。先生在嵊尝独立办学,以所居侨园充校舍。今其嗣君永元等以侨园捐赠嵊县中学,余为文记之。永元等又出先生诗文若干卷视余,大抵称心而言,不假修饰,于感慨忧国之中见其质朴沉郁之志。其论戏剧谓:"但当改良,不当禁止,有益之剧演者非糜费,听者非费时,且遍及老幼,收效较学校尤巨。"盖当时号称开通之士,尚未有社会教育之概念,故欲禁剧以节费。先生独洞明本原,发挥伟论,可谓目光如炬矣。又云:"士之可重在有实,可鄙在务其名。"此又先生崇实黜华,有抒襟抱,并以策励他人者。凡若此类流露于文中甚多,随处可以见其高尚之品格、坚毅之精神,然则是集问世足以起人景仰者,必在先生之行谊,而词采抑末也。诗坦率真挚与文同,流露性情亦与文同。昔人称读其文想见其为人,其侨园诗文之谓矣。

民国二十五年八月二十日

姚懋甫即姚麟(1869—1909),初名浚业,后改为蠡,字懋甫、眉甫,谱名鸿业,后又名穆,字穆夫,最后定名麟,字定生,邑庠生,嵊县城关镇人。

1894 年甲午战争后,姚麟忧愤外侮日深,曾上书清政府,抨击弊端,条陈改良意见,未能得志,后自设书塾于鹿山孔庙,继而又在附近筑侨园,以侨园为校舍,独立创办师曾学堂。1902 年,东渡日本,学习先进教育。1905 年 9 月,应邀去光复会大本营绍兴大通师范学堂任教员。1906 年 9 月,经竺绍康等推荐,担任大通学堂总理,其间又在绍兴出资筹创了震旦蚕业女校,同时支持甥女王婉青在嘉兴创办开明、嘉秀两所女校。自 1906 年底到 1907 年,姚麟奔波于沪、嘉、杭、绍之间,与秋瑾相应和,联系众多革命志士,筹划响应起事。

徐锡麟安庆起义失败,秋瑾轩亭口就义,革命大受挫折,姚麟壮志未酬,悲歌当哭。1908 年后,江、浙路权斗争受立宪派所阻挠,未得蓬勃向前,姚麟悲愤交集,于 1909 年 5 月 9 日夜半自沉于嘉兴锦带河,成为"嘉兴七烈士"之一。

姚麟家富藏书,擅诗文,文笔咄咄惊人,后人将他的著作汇编成《侨园诗文集》。侨园为姚麟所筑,并曾以此为校舍创办师曾学堂,开嵊县兴办新学,栽培人才的先河。

蔡元培在《书姚子移居留别诗后》说:"嵊宋生省庵,绍兴学堂高材生也,志之锐,文之遒,自未入学堂已然,叩其师承,则曰吾师姚子之所授也,既来嵊,介宋生以见姚子。"可知蔡元培在绍兴任中西学堂监督时,已从学生宋省庵口中,仰慕姚麟其人。蔡元培于 1900 年 2 月到嵊县任剡山、二戴两书院院长时,由学生宋省庵陪同访问姚麟,当天蔡元培在《杂记》中记下"(与宋省庵)同访姚君眉甫学山书楼五架,北枕小山,南抱群峰,风景绝佳,此君藏书颇多,谈新学甚投契"之语。自此,蔡元培与姚麟结为挚友,时有诗文唱和。姚麟死后,其子姚永元集其遗稿付梓,诚恳邀请蔡元培为之写序,于民国 25 年(1936)精印出版,蔡元培在序中谓其诗文"大抵称心而言,不假修饰,于感慨忧国之中,见其质朴沉郁之志",并认为读其诗文,可以想见其为人"高尚之品格,坚毅之精神"。

六、姚氏捐侨园旧址于县立中学记

姚懋甫先生在清之末叶筑园于嵊县鹿胎山麓,幽僻洁净,宜于读书。

以先世自山阴迁嵊,故名其园曰侨园。地故属学宫,则请于有司斥己田易得之,布置既精,景物益胜。时当戊戌政变之后,先生蒿目时艰,日处园中读有用书,期出任天下大事。既而,念及地方要政莫急于教育,嵊地尚未有学校,是宜急办学校,地点又莫侨园若。于是益廓园内房室,建楼二十一间,于光绪辛丑之春开办师曾学堂,聘教师四人,招学生二十九人。其课程曰国文,曰英文,曰算学,上班讲读,耳目一新,风气因而转变。校中费用,皆出先生私财,割亩以应。积二年余,资产略尽,不得已停办,而先生旋于宣统己酉去世矣。嗣后园林寂寞,室宇空闲,三十余年来弦诵阒如,回顾当时,不无今昔之感!而先生丈夫子五人,曰永元、永衡、永励、永政、永绩,皆英隽负才,克自树立。顾念堂构,常思所以善处侨园者。适嵊县中学校与侨园接,欲扩充校舍。永元等遂于中华民国二十五年七月,捐赠侨园于县中校,俾永为办学之用,成先志也。余观先生毁家兴学,而后嗣峥嵘,各有相当学行以兴其家。先生不以侨园自私,而永元等善继善述,能移侨园为公用,岂非后先辉映欤!爰记其颠末,以告来世。

中华民国二十五年八月十五日　蔡元培

此文写于 1936 年 8 月 15 日,仅比前文早 5 天。全文高度概括和赞扬了姚麟毁家办学,鞠躬尽瘁,开创新学之风的高尚品德。姚麟其五子秉承遗愿,在 1936 年 7 月,捐赠侨园于嵊县中学,为办学之用,以成先志,功德无量。

章运水的悲苦人生及其子孙的悲惨遭遇

裘士雄

1919 年 12 月,鲁迅从北京回绍兴搬家,少年时代的农民朋友章运水闻讯特地上城与鲁迅话别。此时的章运水因"多子,饥荒,苛税,兵,匪,官,绅,都苦得他像一个木偶人了"。鲁迅与母亲鲁瑞叹息之余,感慨良多。他根据这次重逢为背景,加上少年时代的许多生活素材,创作了著名小说《故乡》,距今整整 100 周年了。小说里的人物闰土,经绍兴鲁迅纪念馆工作人员的多方考证、周家 30 年工友王鹤照的回忆、章运水子孙的口碑相传以及《周作人日记》《鲁迅的故家》《鲁迅小说里的人物》《知堂回忆录》《鲁迅故家的败落》等史料的佐证,能确认其原型正是章运水。我们不会在闰土和章运水之间划等号,前者毕竟只是文艺作品(小说)里所塑造的艺术形象。但对章运水的悲苦人生作些梳理和探究却有着其特殊的意义和价值,并以此纪念鲁迅小说《故乡》发表 100 周年。

据现有史料,鲁迅家与章运水家,即周、章两家有往还关系(严格地说是雇佣关系、主仆关系)当在清光绪七年(1881)前,见诸文字记载是周作人早年日记,那里有许多有关"章庆"等的记载,如 1898 年正月廿八日就载有"下午豫亭兄偕章庆至,坐谈片刻,偕归"。此处的"豫亭"就是鲁迅,"章庆"就是章运水的父亲章福庆。这次是章福庆陪同少爷周豫亭去看望身陷囹圄的祖父周福清。周福清系触犯清朝刑律的官犯,曾由其小妾潘大凤和幼子周伯升在旁侍奉,当时改由周作人在杭陪伴祖父。章福庆(1850.2.12—1903.9.23),熟人叫他"阿庆""老庆",客气些称呼"庆叔"。他家住杜浦,濒临杭州湾和曹娥江(下游),当地人和绍兴人称之为"海边""沙地"。平时,章福庆在家务农,他又是竹作,有时(主要是农闲时节)便到绍兴城里做竹作生活。章福庆是由一个木匠介绍到周家干活的。主人看他为人忠厚老实，手艺又好，两家也有缘分，他就成了周家的"忙月"。他的妻子阮氏（1855.12.19—1926.1.13），人称"庆太娘""阮太君"，人长得高大，为人忠厚，性格也很开朗。她常到周家，像走亲戚一样。一进门，见了鲁老太太总是说："哈哈哈，太太，我又来哉！"家里有了什么时鲜货和土特产品，章阮氏总会送一些让鲁迅全家尝鲜尝新。据章家口碑相传：鲁迅出生后不久，鲁瑞缺奶水，多亏刚生下女儿不久的庆太娘奶水足，让鲁迅吮吃了一段时间庆太娘的奶。鲁迅家是一个大家庭，覆盆桥周家也是绍兴巨姓望族，鲁迅家和周氏家族其他人家，笋、簟、畚斗、晒扁、饭篮、菜篮、饭罩、饭架、洗帚、窝篮拐、坐车、烘篰罩、凉厨、字纸篓、蒸笼、苗篮、挂篮、斗篮、勃篮、米筛、砻筛、土箕、团箕、椅子、淘箩、车箩、格筛、帐篮、香篮、考篮、四盒篮、提盒篮、生活匾等等家用竹制品很多，经常需要修补或新做。章福庆从买毛竹开始，经过许多道工序，修补好竹制品，或用篾片编制成有诸如"福禄寿喜"此类吉祥图案的新竹制品，主人看了十分中意。章福庆有些小聪明，为年幼的鲁迅制作玩具和乐器，如竹笛、竹箫、竹蛇、风筝竹架、竹刀、竹水枪等，其中"有一样用竹皮编成扁圆形的球，下有把手，球是镂空的，里面又有一个小球，中装石子，摇起来'哗啦'有声，质朴而很经用"。那时候，小朋友的玩具奇缺，章福庆想鲁迅他们所想，自然能获得大人小孩的好感。在百草园里，秋后少年鲁迅看他晒谷，冬季下雪后看他捕捉鸟雀。鲁迅回忆说，捕捉鸟雀是"闰土的父亲所传授的方法"，还点赞"闰土的父亲是小半天便能捕获几十只"。章福庆在鲁迅家做"忙月"，除了修补或新做家用竹制品外，还干牵砻、舂米、购物、送信、跑腿、收租、打杂等活儿。他在 1903 年去世，年仅 53 岁，由儿子章运水接他"忙月"的班。鲁迅与章运水初识时，已懂事，"也不过十多岁"。鲁迅说："那时我的父亲还在世，家景也好，我正是一个少爷。那一年，我家是一件大祭祀的值年。""供品很多，祭器很讲究，拜的人也很多，祭器也很要防偷去。"征得父亲周伯宜同意后，忙不过来的章福庆让儿子章运水前来周家帮助——主要管祭器。鲁迅与章运水的第一次见面，其真实情节也无需虚构，确在厨房里，他"紫色的圆脸，头戴一顶小毡帽，颈上套一个明晃晃

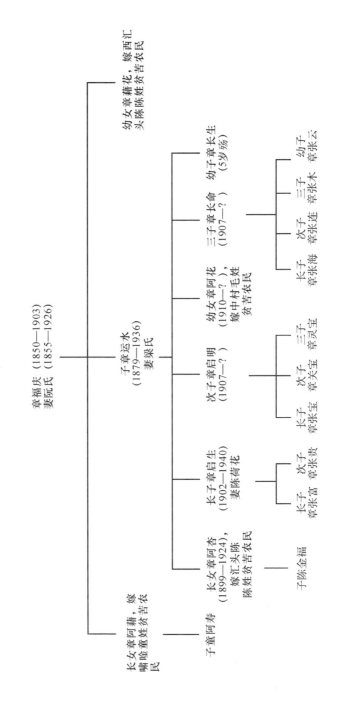

章福庆、章运水等四代世系简表

的银项圈"。他俩很快成了非常投契的好朋友,甚至到了难分难舍的境地。可是,27年后两人重逢时,在鲁迅笔下的章运水"身材增加了一倍;先前的紫色的圆脸,已经变作灰黄,而且加上了很深的皱纹;眼睛也像他父亲一样,周围都肿得通红","他头上是一顶破毡帽,身上只一件极薄的棉衣,浑身瑟索着;手里提着一个纸包和一支长烟管,那手也不是我所记得的红活圆实的手,却又粗又笨而且开裂,像是松树皮了"。他回答鲁迅关切的提问,总是不时地摇晃脑袋,同时诉说:"非常难。第六个孩子也会帮忙了,却总是吃不够……又不太平……什么地方都要钱,没有定规……收成又坏。种出东西来,挑去卖,总要捐几回钱,折了本;不去卖,又只能烂掉。"除了摇头外,他就是不停地吸闷烟。显然,章运水的一生是悲苦的一生,是痛苦煎熬的一生。如广大读者所知,鲁迅创作并发表《故乡》是在1921年,他所反映的清末至民国前期江南水乡农村凋敝、农民生活的穷苦情景。从章运水生活的时间段来说,是1879—1919年的41年。笔者经过调查访问和分析研究,试图增补章运水中晚年,即1920年至1936年17年间他的辛劳和困苦,以期对章运水一生的悲惨命运有更全面精准的了解,也有助于对鲁迅《故乡》这一名篇有深入的认识和研究。

章运水生于清光绪五年(1879)闰三月,请算命先生取名,说他五行缺水,父母便为他取名"闰水"。而章福庆及其妻子阮氏更希冀他一生好运连连,故又名"运水"。尽管章福庆很勤劳,竹作手艺也很好,但生活得很困苦,积劳成疾,50岁出头就亡故了。竹作这门手艺,在旧社会是被人瞧不起的低档行业,故社会上流传着"无爹无娘学篾匠"的民谣。竹作很辛苦,挣钱却不多,一天工钱不到两升米。寒冬腊月,河江里冰冻得上面可以行人,章福庆只得敲开冰层捞取浸泡在水里的毛竹做生活。手脚冻得红肿,开裂出血,也只能咬紧牙关照样干。章福庆鉴于竹作的苦楚,始终没有让章运水去学这门手艺。而章运水虽不会竹作,但村里人还是叫他"竹作阿水"。1893年,鲁迅家轮到9年才轮到一次的覆盆桥周氏九世祖佩兰公祭祀的值年,由于铜五事、香炉、烛台等祭器多且值钱,而当时周家新台门已任人自由进出,台门口已无人看管,存在较大的安全隐患,于是章福庆推荐其子看管祭器,得到主人的欣然同意。这才有章运水和鲁迅始识并成挚友的机缘。章运水虽没有继承竹作的副业,但 1903 年章福庆去世后还是子承父业,也成了鲁迅家的"忙月"。章运水长大成人后,上岸会挑(担),落船会摇(船),除租种几亩沙地外,捕鱼、挑脚、抬轿等样样都干。可是,章运水与他的妻子梁氏以及他们的 6 个子女(四男二女)在旧社会政治上遭受压迫、欺凌,没有安全感,是人却是非人;经济上备受剥削、敲诈,过着干的牛马活、吃的猪狗食的生活;精神上被奴役、虐杀和愚弄,逼迫他们当顺民。他们生活在社会的最底层,被迫卖儿卖女,外出逃荒,甚至年纪轻轻就被病魔、被万恶的旧社会夺去生命。运水的中晚年及其子孙的悲惨遭遇。比起鲁迅在《故乡》所描述的是有过之而不及。

1. 从政治压迫、欺凌来看

鲁迅在《故乡》一文中写到闰土与"我"重逢后的情景:"(闰土)脸上现出欢喜和凄凉的神情;动着嘴唇,却没有作声。他的态度终于恭敬起来了,分明的叫道:'老爷!……'"这使"我""打了一个寒噤",使"我"语塞,感到两人之间"已经隔了一层可悲的厚障壁了"。他还拖出躲在身后的水生"给老爷磕头"。这其实也是鲁迅与章运水重逢的情形。那么,是谁在他们之间筑起"厚障壁"呢? 显然是旧社会的统治阶级。在这里,笔者讲一个真实的故事:清光绪壬辰十二月三十日(1893 年 2 月 16 日),鲁迅的曾祖母戴氏在绍病逝,在京做官的祖父周福清接到电报后便携带小妾潘大凤和幼子周伯升日夜兼程,火速返乡奔丧,并恪守封建丧制:丁忧 3 年。当他一进周家之门,不仅瞧见鲁迅全家男女老少循俗披麻戴孝,还看到章福庆、章运水父子和长妈妈等佣人、"忙月"也是如此装束,就斥责长子周伯宜:"老庆、阿水、长妈妈和其他佣工勿是我们周家人,是伢周家的佣人,家里有了红白喜事,也要有规矩,他(她)们可帮忙,但不能为主人戴孝的!"周伯宜为人宽宏,思想开放些,以为主仆关系也很融洽,遂破了戒,遭到为官的父亲呵斥。当时,鲁迅在场,对此也有感触。我们如作阶级分析的话,周福清系清廷命官,属于统治阶级的范畴,他要维护本阶级的利益,并严格执行统治阶级制定的各种规章制度。显然,是包括周福清在内的统治阶级在与以章运水为代表的被统治阶级之间构筑了"厚障壁"。

上了年纪的人谈起旧社会的抽壮丁,无不色变,心有余悸。壮丁的本义是指成年的青壮年男子,然而民国时期,尤其是国民党反动派统治下,"壮丁"一词被扭曲成抓去当兵的青壮年男子。1937年,保长带了几个乡丁到章运水家,扬言章启生、章启明、章长命三兄弟要抽两个去当兵。其实,民国时期的征兵原则是"三丁抽一,五丁抽二,独子免征",何况章家东借西凑已为三兄弟交过壮丁费。大家心知肚明,保甲长和兵役官员互相勾结,乘机捞钱发财。只要有权有钱,那些地主、富农或官僚的子弟、有钱人,哪怕是七八个兄弟也不会抽上壮丁。壮丁被抽抓后履行公事体检,花钱贿通弄到"因病免征"的一纸证明也就完事,而兵役名额自然要转嫁到穷人头上。这一年是运水亡故的第二年,保长上门抽壮丁,急得章运水的遗孀"水大妈"忧郁成病,不久也辞世了。临终前,她再三嘱咐三兄弟赶快分家,为的是免遭被抽壮丁,弄得不好落得客死异乡的厄运。三兄弟料理完母亲的丧事后就分家,章启生是老大,把破房子谦让给启明、长命两位弟弟,很有大哥的样子。即使分了家,抽壮丁的阴影始终罩在章氏兄弟头上。穷人无钱买壮丁让人顶替,就东躲西藏,甚至自残来逃避抓壮丁。章启明从小缺吃少穿,有病缠身,伪保长仍盯上了他。章启明通过连襟逃到杭州湾曹娥江入海口附近的镇塘殿落脚。那里是产盐区,盐民们用盐灶煎煮卤水的方法生产食盐,因为是用大把大把的叶柴作燃料,棚内通风不畅,眼疾和呼吸道疾病也就最为常见。章启明在镇塘殿为盐民烧饭没几年,就得了严重的气管炎。章长命分家时是单身汉,长得身强力壮,拼搏了几年,总算娶了妻子。可恶的保长又要抓他的壮丁,风声一紧,他东躲西藏,躲在庄稼地或稻草堆里,居无定所。保甲长也想出一些应付的办法:白天抓不到壮丁,就在晚上派人去抓;抓不到本人,就抓壮丁的父母和其他家里人。保长知道章运水夫妇已过世,就把长命的妻子抓走了。最后是请托人,筹借了3石多大米的壮丁费,又补交了40元钱,才算逃过一劫。然而,章长命的噩梦远没有结束。兵、匪、官可把他害惨了。保长在杜浦算是最大的官,同兵、匪往往狼狈为奸,危害地方和百姓。寒冬的一天晚上,刚吃过夜饭,保长上章长命的家,要他准备扁担、绳子,到村里茶店集中,替一支路过的军队当一回挑脚夫。章长命只得从命,到茶店,见已有六七个穷兄弟待在那里。等到十来点钟光景,果然来了10多个人的小部队，保长装出欢迎他们的样子。实际上，这是他和这支乱毛部队（类似土匪武装）设下的陷阱。这批家伙一进门就用刺刀抵住章长命他们，历声喝道："不准动！"接着夺下扁担，用绳子将他们五花大绑起来，不问青红皂白毒打一阵，连扁担也打断了几支，有几个穷人被打得不能动弹。随后，乱毛部队将他们押往〇〇（已失记地名），途中，不时拉动枪栓，扬言不听话就枪毙掉。杜浦村里，第二天一早，那个伪保长的臭婆娘一边哭，一边嚷："昨天晚上当脚夫都被抲去哉！"长命妻子听到这个坏消息哭得死去活来，又没有什么办法。过了三四天，伪保长佯装逃回来，还说村子里这般人苦头吃煞哉。当家属纷纷向伪保长打听消息时，他说："伢苦头真当吃足哉，这帮土匪扬言，再过 10 天不去保释，就统统枪毙！"最后，他就说他们已传话过来，要每人凑足 100 元钱，方可放人。这个恶棍还表功："如果我不乘吃夜饭时逃出来，大家死定了。"家属们信以为真，怕夜长梦多，只好东借西挪，凑钱去保人。章长命他们总算被放回来，家属们见到亲人被折磨得皮包骨，肉痛极了。章长命得知老婆借钱保他出来后，认定是伪保长串通土匪干的坏事，气得脸孔也涨红了，但也只能暗地里骂伪保长出出恶气。由于章长命被毒打折磨，在家躺了几十天疗伤，田地也荒芜了。

章家早先有 6 亩沙地，村里的地主趁着 1934 年大旱，颗粒无收之机，乘人之危，逼迫忠厚老实的章运水贱卖给他，反过来又要章家租种。这是章运水的孙子章贵听叔父说的，几代人对此事耿耿于怀，虽然详细的经过已说不清楚，但地主利用权势，巧取豪夺是毋庸置疑的。

2. 从精神奴役、虐杀和愚弄来看

从章福庆开始，历章运水、章启生（启明、长命）、章富、章贵……基本上都是斗大的字不识一箩的文盲。杜浦于 1949 年 5 月解放后不久，办起了民校。章贵头一天去上学，老师问："你叫什么名字？"答道："我叫章贵。"又问："哪两个字？"回答："我勿晓得。"几千年来，历代统治阶级所散布、宣扬的各种谬论通过戏曲、图书、建庙立神像等形式灌输给普罗大众，以至于绝大多数"中国人的不敢正视各方面，用瞒和骗，造出奇妙的逃路来，而自以为正路。在这路上，就证明着国民性的怯弱，懒惰，而又巧滑"。其实，笔者以为历代统治阶级所采用的统治手段之一就是"用瞒和骗"愚弄百姓。最常见的是人们相信测字、算命的鬼话,算命先生用天干地支相配为八字,再按照干支所属五行的相生相克原理推断算命者的命运和前途。绍兴有"春瞎子,夏郎中,秋和尚,冬裁缝"之俗语,算命的黄金季节在春节、春季。寄庐主人吟有《算命先生》的竹枝词,把算命先生的形象勾勒得一清二楚:"肩背三弦手击金,一竿权作指南针。逢歧踯躅街头转,行运难排指上寻。黑虎遁来尊造利,红鸾算是吉星临。江湖生意春天聚,妇女输钱听好言。"从章福庆、章运水、章富、章贵等名字看来,其父母是请教过算命先生的,都是大吉大利,或者避凶补缺。但他们的人生命运和遭遇并非如此。运水的大儿媳(章启生之妻陈荷花)很相信这一套,把他们痛苦生活和悲惨命运归罪于自己"前世不修","八字不好命运苦"。她常对子女安慰道:"我们命苦呀,只有熬熬,等你们出山了,我们就不会再吃苦了。"这无异是画饼充饥的自我慰藉罢了。章福庆子女、孙子孙女、曾孙曾女四代人平时讲得最多的一句话是"九斗九升命,凑成一石要生病"。这也是命中注定的一说辞。鲁迅回乡搬家那一次,鲁瑞、鲁迅母子对章运水的痛苦生活和悲惨遭遇深表同情,母亲对鲁迅说:"凡是不必搬走的东西,尽可以送他,可以听他自己去拣择。"忠厚老实的章运水挑选了实用的长桌、椅子、拾秤、草灰和他需要的"香炉和烛台"。从这一点也说明,章运水始终信奉神灵,将他改变命运的希望全寄托在神灵身上。虽然这是不切实际的幻想,但他是确信无疑的。其受毒害之深,已经到了不可自拔的地步,其实也是可悲的。与算命一样,测字、卜卦、扶乩等旧时常见的迷信活动,都建立在"生死有命,富贵在天"的思想认识基础之上。1900年正月初七,周作人在日记中载:"午后至江桥,章水往陶二峰测字,余同大哥往观之,皆谰语,可嚎!"陶二峰是当时绍兴最有名的测字高手,店开在大江桥。年仅22岁的章运水请陶二峰测字,比他年纪小几岁、已在新式学堂读书的周氏兄弟出于好奇、消遣,也同往观看。周作人虽未记载测字具体内容,但从"皆谰语,可嚎"这5个字来看,周氏兄弟把陶氏话语视为完全不可信的谰语,当作谈笑的资料。但章运水是认真的,也是听信的。那时,在男女婚姻问题上,通行早婚,几乎恪守"父母之命,媒妁之言"的信条。章福庆夫妇包办婚姻,已为章运水订下一门亲事。但章运水高兴不起来,因为他已有心上人,只不过心上人是本村的一位年轻寡妇。章运水这次上城,一是到鲁迅家作客,会会老朋友,二很可能是连日心神不定,想请陶二峰帮他拿主意。而根据张能耿的说法,"闰水虽然是一位农民,但也争取过婚姻自由。因为婚后与村中一位寡妇要好,闰水想要同原来的妻子离婚,但是他父亲,甚至鲁迅和周作人都不理解他,更不支持他。"这次到陶二峰测字就是为此事。"几年后,闰水终于同原来那位妻子离了婚,而同那位寡妇开始共同生活,终于如了他的心愿。而他的父亲却为此而花了一笔钱,弄得连人也苍老了不少。"

几千年来备受统治阶级压迫和奴役,使他们身系无形而沉重的精神枷锁,逆来顺受,甘愿做奴隶。鲁迅的伟大之处,在于告诫国人要正视淋漓的现实,直面惨淡的人生。在鲁迅笔下,闰土和阿Q、祥林嫂、孔乙己等艺术形象一样,都是旧中国的灰色人生的写照,给读者难以磨灭的印象。他们都是鲁迅"哀其不幸,怒不其争"的人物,他们固然有我们值得同情的一面,更有揭出病灶、赶快疗救的另一面。他们不争不变,"做稳了奴隶"的事实,鲁迅帮助我们更加看清了国人灵魂的悲剧性。

3. 从经济上遭受残酷剥削,他们的物质生活苦不堪言来看

杜浦村地主收租有些特别。秋收时节,先令狗腿子到田头实地察看水稻的长势。年成不好,地主按"规定"实收;年成好,地主到田头来分。佃农一早在田头搭一凉棚,摆好桌椅、茶水等,供地主歇息。当稻桶打满了谷,地主就撑着伞,狗腿子手拿账本和麻袋走到稻桶边,现场按地主家的麻袋盛放3斗、佃农家的破箩筐装进2斗的"四六分"方式收去租谷。这一天,循例理应好好款待地主,佃农吃番薯或六谷团当点心,而地主吃油煎糯米饼,另加老酒、炒蛋和大虾。是日中饭,佃农吃麦糍饭(磨碎的大麦或六谷,加上少量的大米煮成),臭咸菜和苋菜梗是佐饭的小菜,而地主吃大米饭,除了鱼肉外,必有1只租鸡。到傍晚,地主装了满满的一船稻谷走了,而像章家的佃农挑了几担轻飘飘的稻谷回家,那时"希望的田野"对佃农来说是失望,年成好也是一场空欢喜。

记得有一年春收,还债后剩下2斗大麦,章启明的妻子就晒在门前。谁知伪保长带领乡丁来章家收什么捐,一进门高声嚷道:"有钱拿钱,没钱

带人!"他见启明不在,就命令乡丁张开带来的麻袋将晒着的大麦往里装。启明妻拉住伪保长的衣角恳求留下这 2 斗活命的大麦,保长勃然大怒,反而打了她 2 记耳光。这一年碰上大旱灾,所种的黄豆、六谷绝收,启明只好全家动员摸螺蛳、割荠菜填饱肚子。

有一段时间,启明、长命两兄弟并租地主家的六七亩水稻田。因为赁不起牛翻耕插秧,兄弟俩起早摸黑,全靠双手用四齿铁耙来掘,章贵和他的兄弟十来岁,掘不动,就帮大人做一些辅助活、零星活,如送茶水、点心、中饭等。章启生的第二个儿子章贵是 1933 年农历九月十二日出生的,也尝到了到地主、富农家当小长工的滋味。13 岁那年,他先到啸唫北面阮家里(音)阮姓地主家当长工,不过那时不叫长工,叫"白吃饭",就是东家只管你吃饭,不付工钱的。虽是小长工,实际上要干大人的活。到种庄稼的沙地里削草、拔草、看羊,大清早出门,天黑才回家。晚上,东家还要章贵磨六谷粉。真是"清早出门黑洞洞,夜里回来拎灯笼。做有份,吃吮份,眼里见见,口里咽咽"。这是章贵用顺口溜的方式记录的小长工生活。到了夏天,地主去午睡了,他怕中午天热羊会中暑晒死,要章贵出去割青草回来饲羊。在他的眼里,章贵的人命还不如几条羊命。见章贵不大情愿,阮姓地主就说:"伢家里的米又不是在出芽,难道叫你来嘻嘻吃吃?"有一次,章贵手掌生疮,不小心被刺戳进去,痛得连眼泪水也掉下来。想不到东家见了反而被骂了一句:"自己不当心,活该!"这个地主是人精,下雨下雪天,早已替章贵安排舂米、牵砻、磨粉的活。后来,章贵到啸唫近旁的藤头村(音)替陈云生(音)富农家放牛。陈家有 30 多亩田地,自酿老酒,章贵听他说过:"做酒不酸,好比做官;酸了不臭,当当成本还够。"是说酿酒的利润是蛮高的。他勾结官府偷漏税收。对于这两年的放牛生活,那时没文化的章贵曾用下面的顺口溜来比喻:"正月里来闹哄哄,新剃头皮白松松。一走走到东家中,好比青山画眉落鸟笼。""拿人家的碗,由人家管;拿人家的筷,由人家派;吃人家的饭,由人家抓来甩。"对做雇工的章贵来说,此话一点不假。这个富农爱牛如宝,视穷人的命如草。有一次下雨天路滑,牛的前蹄滑了一下跪在地上,章贵从牛背上摔下来,牛角尖碰到他的右眼角。不幸之中的大幸,虽然血往鼻、嘴里流,脸孔也肿得像肺头,眼睛只剩下一条细细的缝,但牛角没有戳进眼里,否则后果不堪设想。章贵回家后反遭东家一顿臭骂:"还算侬运气,牛脚没有跌断。如果跌断牛脚的话,侬还得赔我一头牛!"要不是没有多少时候解放了,章贵肯定与他的太爷爷章福庆、爷爷章运水、爹爹章启生一样,悲苦一生。

那些地痞、流氓勾结地主、保长,也吸穷人的血,他们在杜浦村设立菜蔬行、过塘行(税务所)等名目的吸血机构。村民辛辛苦苦种出东西都必须到过塘行交纳税或捐,即使是萝卜、白菜、瓜果之类也务必挑到菜蔬行去卖,否则扣上"逃避税收"的大帽子,要放更多的血。那时物价暴涨,一担菜上午卖掉,还能买进三五升米,到下午就只能买一包烟了。抗战胜利后不久,有首《籴米》歌唱出了那时粮荒严重、物价飞涨的真实情形:"吭没钞票饿肚皮,有了钞票淘肚气。手捏钞票去籴米,上街下街价勿齐。上街一斗一百一,下街一看三百七。急急奔回上街头,一斗已变六百一。连忙回到下街去,霎时涨到九百七。回头再往上街头,米店大门益答别。"杜浦村南3里有道墟镇,村北10多里有松厦镇,章启明在两镇之间来回奔波,亲身遭遇了米价飞涨的情景。

章氏兄弟交不起租,租种的地越来越少,又没有钱买肥料,以致产量也低。为了活命,被迫向地主、富农借"忙月钱",也就是先向他们借支一笔钱,到农忙时节替他们干活。而地主、富农则借此榨取穷人的力气和血汗钱。一句话,旧社会里穷人的生活,在地主、富农和代表他们利益的反动政府严重压迫、残酷剥削下,度日如年,每况愈下。

吃食方面,风调雨顺的年份,章家人起早摸黑地干,或许可度一个半饥半饱。如碰上水旱灾年,只好靠烂菜、豆腐渣、螺蛳、糠等充饥。或上山挖柴根磨粉填肚子。章贵兄妹在父亲去世后曾寄住在叔父家里,同他们一样一天吃两顿,每顿吃的不是螺蛳就是豆腐渣、草子,餐餐如此,天天如此。后来,他叔叔家门口的螺蛳壳堆得像小山一样高,草子老梗足足可以肥三四亩田。

穿盖方面。人说"新阿大,旧阿二,破阿三",在章家,通常衣裤是兄弟依年龄大小穿,也有父辈穿了再让下代穿,只有到了破得无法缝补才用来做布袼(纳鞋底用)。冬天穿的衣裳单薄,冻得四肢发抖。如是小孩,则参与玩伴挨污渣、跳绳等活动御寒。脚上穿的是几兄弟穿用的破鞋,冬天脚趾头都冻得红咚咚,甚至寒冬季节还要光着脚板出门。章贵当小长工时,盖的是被他比喻为渔网的破花絮,戏称"田鸡燉板油"。有时,头上戴的乌毡帽也是破破烂烂的。鲁迅在《故乡》一文写到重逢时的闰土头戴乌毡帽时已有所描绘了。

道墟杜浦村章运水几代人居住的破房子

住方面,章运水过世时,遗下2间楼屋和3间低矮得碰着头的小屋。1938年前后被迫分家,章启生照顾2位弟弟,把这些破房子让给他们,自己带着妻小租房住。沙地人最怕洪涝,所建的大多是草舍。但住草舍最担心火警,一不小心失火,全部家当烧个精光。如在地主、富农家当长工、忙月,常常同牛、猪住一起。章贵替富农陈云生放牛2年,是睡在堆放杂物的小阁楼上的,楼下就是牛棚,臭气重还是小事,此处的跳蚤特别多特别凶。他被跳蚤、蚊虫叮咬得睡不着,但到后来实在太累太困了也睡着了——结果被跳蚤、蚊虫吸血吸个饱。

病与死方面,旧时,广大城乡都是缺医少药,章家的人患了病,自认晦气,看不起医生,就到庙里求神拜佛,求仙药仙水,或者请草头郎中治病。

章启生是全家的顶梁柱,忍饥挨饿,拼命干活,1940 年劳累过度病倒了。起初,他的妻子病急乱投医,请土郎中治病。结果典当所得的钱花光,病却日重一日。他的岳母出主意,说某庙菩萨很灵。老娘发话了,几个舅舅帮忙,把章启生抬到那个庙里"医"了个把月,钱倒花了不少,病却愈发严重。乡下有一个陋俗:人要死的话,一定要死在自己家里,否则死后会成野鬼。看看章启生喘大气,大家赶紧把他往家里送,最终在半路断了气。亲友弄来一点松板,请木匠做了一口薄板棺材,入殓后就抬到屋后的荒地,草草埋葬了事。章贵原有一个比他小 4 岁的妹妹,1943 年夏和哥哥寄居在叔父家。那年流行霍乱,她也因此得病。家人无钱求医,眼巴巴看着她离开了这个没有给她一天温饱的人间。村里流行霍乱,政府根本不管,章贵看到村里天天死人,到处都是哭声,弄得棺材店前排长队,买不到棺材的,只好用破席子、稻草包裹死者埋掉,算入土为安。

那时的杜浦村有 350 多户人家,村东北是广袤平坦的沙地,村东南是无垠的水稻田,产大米、杂粮和棉花、络麻、水果等经济作物,鱼米之乡的农民却过着饥寒交迫的生活。特别是碰上灾荒年,更是惨不忍睹。大概是 1941 年中秋后,眼看六谷丰收在望,哪晓得下了四五天暴雨,曹娥江江水泛滥,冲垮了两岸的塘堤,村内外变成一片汪洋,沙地里种的六谷快成熟了,连梢头也泡在水里。灾民来不及外逃,有爬上大树的,有的爬上草舍顶骑坐在那里呼救,猪羊鸡犬溺毙的也好,在水中挣扎的也好,都在汪洋中籴来籴去,一片触目惊心的凄惨景象!此时,章贵已懂事,是目击者。年届 89 岁高龄的他仍记忆犹新,实在是太刻骨铭心了。

大灾之后,灾民只有卖儿鬻女。1946 年冬,章启明出于无奈,只好将刚满 14 岁的长女章婉珍卖给沙地陈村人。杜浦一带有句老话:"有囡不可许沙地人。"道理很简单,沙地人吃不饱穿不暖,生活极苦,因经常发大水,海水倒灌,常有生命之虞。陈家人世世代代靠种沙地度光阴,与章家是难兄难弟。卖囡有价格,讲年龄,章贵记得是 8 斗米 1 岁。陈家种沙地,没有米,就折现金,而地主、富农是要米不收现金(他们精明,考虑物价暴涨,币值贬值很快),章阿明只好购米交租。当时,章、陈两家名义上是攀亲结眷,实际是变相买卖。

逃荒,是灾民的又一条出路。章启生过世后,留下寡妻陈荷花和3个未成年的儿女。实在没有办法,陈荷花只好同启明、长命兄弟商量,让章贵与兄、妹分别寄居在2个叔叔家里。叔叔虽泥菩萨过河自身难保,但富有同情心,表示要死也要死在一起。陈荷花无奈丢下儿女,只身赴上海做保姆。那时,杭嘉湖已被日本侵略军占领,钱江南岸的百姓唯有冒死偷渡到北岸,偷渡者多,上船又要遇上日寇巡逻艇,也是一场劫难。北岸被日本鬼子占领,逃难者担心受惊,常有被他们打骂,甚至有无故杀害的惨事发生。即使到了上海,陈荷花要找一份保姆的工作也非易事,求爹爹拜爷爷,被人无故辱骂、超时工作都是常事。更让人无法忍受的是与儿女的生离死别。年幼的女儿就是她在上海时病故的。章贵如今尚能记得,母亲回乡看不到爱女后,号啕大哭的伤心情景,连邻舍见了听了也掉下同情的眼泪。

章运水的子女在新中国成立前,尝遍了人间各种苦难。直到1949年5月解放,换了人间,才实现鲁迅当年所希望的他们"应该有新生活,为我们所未经生活过的"理想!

论绍兴籍农学家周清的几个问题

谢一彪

　　周清是清末民初的绍兴籍农学家。1915 年，美国为了庆祝巴拿马运河通航，在加利福尼亚州的旧金山举行国际性的"万国博览会"，周清选送的绍兴酒——周清酒，荣获绍兴酒历史上第一枚也是唯一一枚金牌。这是目前所确切知晓的。但对于周清的家庭出身和求学经历，以及出任浙江省甲种农业学校校长、撰写农学著作和论文、组织中华农学会等事迹则语焉不详。本文即就此略作考证。

一、周氏浙东望族

　　周清属于绍兴东浦的东周溇周氏，乃是浙东望族。有关东浦东周溇周氏的详情，成书于民国 27 年(1938)，由绍兴县修志委员会编撰的《绍兴县志资料·民族·氏族》有如下记载：

> 始迁：周文衍，字继宣，南宋时人，始居东浦。
>
> 先世：谱载先世居诸暨之南门，其迁东浦所居之地，本称越浦溇，其后子孙繁衍，环溇而居，因改称东周溇。至第四世有名永昌者，元季人，时东周溇之屋被焚，乃徙居西周溇。
>
> 前志人物：周国奎、周文英、周开捷
>
> 家谱：抄本四册

　　《东浦镇志》"古遗址"条载："周总兵府，清骠骑将军周国奎、松潘总兵周文英、固原提督周开捷的府第。清顺治年间所建，现存后进，为农民住宅。"《东浦镇志》总编陈云德认为明清之际，周国奎、周文英、周开捷祖孙三代皆任武将,功勋卓著,均为东周溇周氏迁徙西周溇后裔。清代绍兴籍的文史名家李慈铭以康熙、乾隆年间因世出名将,越中郡望首推周氏。明清时期,浙江社会经济繁荣,文风昌盛,世家大族随之应运而生。西周溇周氏因周应聘以拔贡知郏城,通过科举入仕而跃居为浙江新兴望族。周应聘正是清雍正初授奋威将军、乾隆初官至宁夏总兵周开捷的曾祖父。明清新兴望族均由科举制度形成,其创始者或代表人物均与科甲有不解之缘,欲跻身望族或维持望族的地位,科举入仕乃重要途径。

明清时期,浙江绍兴(山阴、会稽、萧山、诸暨、余姚、上虞、嵊县、新昌)著名望族有诸大绶家族、罗万化家族、张元忭家族、余煌家族、董玘家族、陶大临家族、刘士谔家族、谢迁家族、王阳明家族、孙燧家族、朱篑家族、朱赓家族、吕本家族、刘宗周家族、商周祚家族、吴兑家族、张以宏家族、胡谧家族、沈绾家族、金兰家族、陈洪绶家族、黄宗羲家族、姜镜家族、李世荣家族、周宥家族、王经家族、何诏家族、祁承㸁家族、周庆家族、俞咨益家族、鲁元宠家族、王舜鼎家族、胡明宪家族、唐圭家族、周应聘家族、余缙家族、梁国治家族、茹棻家族、史致光家族、傅王露家族、王增家族、莫晋家族、俞大猷家族、吴兴祚家族、李尧栋家族、姚启圣家族、章学诚家族、邵晋涵家族、胡兆龙家族、田轩来家族、钟衡家族、金傅世家族、平恕家族、马志燮家族、桑春荣家族、沈源深家族、王维翰家族、汤金钊家族、章鉴家族、陈冕家族、葛宝华家族。

据东浦镇何茂康介绍,东周溇周氏族人自南宋迄元明之际,子孙繁衍,族人为了便于敬宗祭祖,于东周溇北岸越浦桥北首,购置地皮建造周氏祠堂(也称"老祠堂"),作为族人祭祖议事场所。祠堂占地约半亩,坐北朝南,东面是园地,南面为住宅,西与沈姓宗祠相连,北为正门。祠堂建筑简陋,单开间两进。前是门堂,四扇落地木栅门,内是四扇木板隐门,进门是一块石板道地。第二进为祭厅。祭厅正面是四扇花格木门,门边均为砖砌墙壁,中有镂孔石花窗,以利采光通风。祭厅正上方乃周氏祖先神位木主神堂,中间摆一顶木制祭桌。后因东周溇周氏集结地不慎失火,另一支迁往对岸的西周溇定居,成为东周溇周氏分支。周氏祠堂年久失修,倒塌被夷为平地,解放后成为村民住宅。

周总兵府位于东浦镇东浦村西周溇北岸,为清代建筑,乃清松潘总兵周文英府第。周总兵府坐北朝南,由台门斗、前厅、后厅、座楼组成。台门斗前后单檐,南面是四扇木门,中间大,边门略小。门枋上有总兵府第匾额。门前廊檐东西砖墙边置有石凳。石凳脚底部镂刻有虎足图纹。前厅三开间,前后单檐,均以青砖铺地。东西边间以平砖贴墙。中间厅堂是4扇拷边仪门,东西两侧开有小门,供人出入。仪门于举行重大喜庆活动时才大门敞开,直入后厅。后厅为三开间,中厅为香火堂,作为祭祀之用,西边间是神龛,安置周氏列祖列宗牌位。座楼三开间,为周氏家人起居之处。台门至后楼各进之间,均有天井相隔,其中后厅与楼之间均有侧楼相连。由于年代久远,周总兵府第台门数易其主。20世纪70年代易为钢筋水泥住宅,仅剩破旧的台门斗以及门斗墙边的一条石凳等遗迹。

南宋时,东浦东周溇周氏由诸暨南门迁东浦,尊周氏始祖为周敦颐,有诸暨南门周氏始祖周靖的墓志铭为证。周靖乃周敦颐曾孙,其墓志铭全文收录于光绪年间所修《诸暨县志》。民国时期编辑的《绍兴县志资料》第一辑,其《氏族编》收录周氏13个族系,其中11个族系都奉北宋理学家周敦颐四世孙周靖为始祖。越地周氏鲁迅(周树人)和周恩来的堂名均为"爱莲堂"。衡阳周氏宗祠供有周氏名人周敦颐、周恩来和鲁迅。支派众多的山阴周氏(绍兴周氏),均为诸暨南门的分支。周氏族人均继承了周敦颐的爱莲精神,出淤泥而不染,秉性刚强,匡扶正义,睦族和邻,乐善好施。

二、周氏乃酿酒世家

周清,原名彝圣,字幼山、友山、又山,号越农、鉴农,出身于东浦东周溇的酿酒世家。

绍兴酒盛产于各地,以东浦为优。东浦酿酒历史悠久,素有"酒国"称誉。俗语有"绍兴老酒出东浦""东浦师傅绍兴酒""酒乡宁在远,占佳浦西东""东浦十里闻酒香"。黄酒乃东浦特色。东浦酿酒业已有2000多年的历史。清代,东浦酿酒业进入兴旺发展时期,大中酒坊纷纷创办。清乾隆八年(1743),周清高祖周佳木于东浦创建东浦云集酒坊,之所以取名曰

"云集酒坊",乃"酿酒高手云集",寓意"众人拾柴火焰高"。酒坊位于东浦东周溇口,溇乃江南水乡特有的一种地形,特指河道断头处。东浦素有"七十二个溇"之称,均为酒坊运送货物之用。周佳木身后,二世为周文鳌,三世为周明蓺,四世就是周清父亲周玉山(字盛钰),五世为周清四兄弟,六世为周善昌。周清曾言:"本坊源流,夙在前清中兴时代,佳木公独力创办,传至我父玉山公,已四世矣。"周佳木不仅是会稽山黄酒的创始人,也被誉为今天绍兴黄酒的创始人,其画像一直被周氏后人奉于大堂之上。

云集酒坊传至周清父亲周玉山时,已是当时绍兴最大的酒坊。酒坊不仅酿酒醇厚,且以"诚实守信、童叟无欺"为经营宗旨。周玉山对4个儿子也管教甚严,要求他们恪守商德,诚信为本,精心酿制每一坛酒。顾客也公认云集酒坊坊主世代忠实,与人为善,黄酒买卖兴隆。据周清的孙子,已居嘉兴的周我云回忆,周玉山为人慈善,颇有人缘,其行善的故事至今还广为传诵:

> 某晨,一贼爬在墙上欲入偷窃,碰上玉山公烧水给工友洗脸泡茶。贼见有人就要逃跑。玉山公忙喊:"不要跑,不要跑,我拿梯子接你下来,小心跌下来要受伤。"贼被玉山公的话真心感动,就顺梯下来了。玉山公问他:"你为什么要做贼?"他回答说:"我有80多岁老母,还有子女,没有工作只好偷些维持生活。"玉山公听了很感动:"想不到你还是一个孝子,是个有责任的男人。这样吧,你看我有些什么就拿去吧。"玉山公待他拿够了,就送他到门外。于是,他回去后就对贼们说:"这家酒坊是大善人开的,大家今后都不要再去骚扰了。"自此,云集再无贼人光顾。

周玉山将云集酒坊分给4个儿子,其中老大周葆塘,也称宝堂,字琪庸,接手周云集元记酒坊;老二周睦麟,也称木林,经营周云集昌记酒坊;老三周叔循,字琪普,经营周云集利记酒坊;老四周清,字琪农,经营周云集员记酒坊、周云集信记酒坊。后来,四兄弟的酒坊又统一由擅长经营的周睦麟之子周善昌管理,曰"周云集亨记酒坊"。绍兴民间的小酒坊如过江之鲫，然而因酿造技术良莠不齐，并未形成统一的技术标准。周家第五代颇具眼光，通过不断组织酿酒高手参加酿酒比武大会，不断提升绍兴酒的酿造技术。绍兴酒四大品牌之一"香雪酒"，即为云集酒坊仿古创新。

1912 年，云集酒坊的吴阿惠师傅以糯米饭、酒药以及糟烧，改进其传统的酿制方法，试酿了 1 缸绍兴酒，最后得到 12 坛酒。试验成功后，酒工认为这种酒以糟烧白酒代水，采用淋饭法酿制，味道特别香浓，且酿造过程中并未加促使酒色变深的麦曲，仅用了白色的小曲酒药，酒糟色白如雪，所以称之为"香雪酒"。以前，香雪酒仅用于盖在刚灌坛的绍兴元红酒上面，以增加酒的香气和风味，所以也称"盖面"。香雪酒香味浓厚，口感鲜甜，酒液淡黄清亮，芳香幽雅，味醇浓甜，云集酒坊逐年增加生产，以供应市场。香雪酒乃甜型黄酒代表，酒精占 18％—19.5％，糖占 19％—23％，总酸含量 0.04％以下，酒精浓度较高，适宜餐前和餐后饮用，故常作开胃酒。既具白酒浓重之味，又具黄酒醇厚甘爽，成为绍兴酒的高档品种。实际上是一种高浓度酒精的甜露酒。

酒坊大多数是东浦的富商经营，其中云集酒坊年产酒 1000 多缸。云集酒坊酿制的绍兴酒，名气颇大，绍兴谚语云："喝酒要喝云集酒。"黄酒越陈越香，越陈越醇，"陈"乃"老"之意，故也称"老酒"。东浦向有"七十二座桥"之说，其中许多桥都与酒有关。东周潓口有越浦桥，原为单孔石桥，尽管桥长仅 10 米，宽 1.2 米，但却因潓内有云集、孝贞等多家老字号酒坊而名声远播，有"东浦老酒越浦桥""要闻酒香越浦桥"之说。越浦桥，原名浦阳桥、朝阳桥。早在明嘉靖年间的《山阴县志》中就有记载："浦阳桥去县西一十四里，坐西朝东，故又名朝阳桥。"据传乾隆皇帝曾信步跨过此桥，沿南岸到孝贞酒坊，品尝竹叶青酒后，诗兴大发，泼墨题词："越酒行天下，东浦酒最佳。"而云集酒坊经过几代人的经营，则赢得了"东浦之酒，云集最著"的美誉。

绍兴酒的酿酒史上，流传一则佳话，据说凡云集酒坊坊单盖有"陈德意"3 个字的葫芦形印章，等于在经营绍兴酒的客商心目中，发放一张权威的免检证书。酒商、客户、用户对于陈德意把关的云集酒坊产品，给予充分信赖，云集酒坊生产的绍兴酒凭此证即能通行无阻。陈友法、陈长生、陈德意祖孙三代都是开耙技师，从陈友法到陈德意，均为云集酒坊开耙把关。祖孙三代技艺精湛，所开耙的黄酒畅销国内外。尤其是陈德意在把握开耙关上名扬四海。"美国客商来云集酒坊买酒，就十分相信陈德意的开耙技术，要酒坊主在坊单上盖有陈德意的葫芦形印章，才会认可。"云集酒坊酿酒名师徐金宝，也是与陈德意齐名的开耙师傅，被誉为"头魁开耙师傅"，在黄酒界享有盛誉，云集酒坊的"金宝"牌黄酒也成为各地酒行的免检产品。

周清在北京大学（前身为京师大学堂）8 年，一边读书，一边从事绍兴酒的推销工作。周清赴京之前，京城极少黄酒销售。周清认为北酒浓烈而黄酒可口醇香，益于脾胃，京城销路一旦打开，其前景不可估量。以前绍兴酒依靠海运销往京津地区，周清经过实地考察后，开辟了一条通过京杭大运河河运直售京津的新捷径。周家在北京延寿寺街设立京兆荣酒局，作为北省分售所。而寄售所则包括了天津候家后的德润培酒局，北京巾帽胡同的玉盛酒栈、煤市街的复生酒栈、杨梅竹斜街的利源酒栈。北京的瑞昌通、三益等干果铺，杏花春、斌升楼等饭菜馆，泰源、玉源、庆昌等黄酒铺，凡开设津京市街寄售绍兴酒者，莫不有周家酒坊的黄酒。这皆是周清就读北京大学时，推销黄酒之功。由于以坛盛酒，分量过重，装运不便，运费也不划算，周清曾于 1914 年冬季以 1 斤装玻璃瓶盛黄酒 5000 瓶运往北京试销，还在自家酒坊留下 10 瓶进行观察和试验，但到了第二年春末，瓶里原来上乘的黄酒，遇上梅雨季节，就发生浑浊现象。过了夏季就发酸变坏，不能饮用。周清遂在北京刊登广告，收回这批变质的瓶装酒，仍改以陶坛盛酒。周家黄酒畅销中外，北销京津，南销广州，近销上海，特别是周清酒获得巴拿马博览会金奖以后，更是供不应求。

三、周清乃北京大学最早的农学士

有关周清的求学经历，大都语焉不详。《东浦镇志》云："23 岁进北京京师大学堂攻读农学 4 年，获农学士学位，后又攻读北京大学生物系 4 年。"周清肄业于绍兴府学堂，旋赴杭州求学，入日文学堂以及京师东文学社 2 年，学习日文以及数理化等新式课程，并考入刚刚恢复的京师大学堂师范新班。

京师大学堂校舍位于景山迤东马神庙,旧称"四公主府"。1902 年秋,京师大学堂开学,起初仅有仕学和师范两馆,乃取之古语"作之君作之师"之意。仕学馆的学生住寝宫后面的平房,时称"十二帘"。周清等师范馆的学生则住 2 座楼房里,称为"南北楼"。其中,仕学馆的学生均为京吏,有的入学时已是翰林;而师范馆的学生来源为各省选送以及自愿投考者,资格为附生、廪生、荫生、监生、八旗官学学员,既无举人,也无白丁,年龄不限。入学考试题目有中外史地、浅近理化、数学等。周清以清附生资格,考入京师大学堂优级师范第二期,属于师范新班第四类学生,以培养中学师资。学生早上起床,以鸣铁钟为号。上课以及就寝,则以摇铃为号。

周清就读师范期间,外间传闻仍读诗书、做策论、学算术而已,其实早已大不相同。第一年学普通科,大致为中学课程。外语分英、法、德、俄、日,除日语为人人皆学外,其他由学员任选一门,周清选学英文。第二年分科,分为四类:第一类,文学、中文、外语;第二类,中外历史、地理;第三类物理、化学、数学;第四类,动物、植物、矿物、生理、卫生、农学园艺,总名为博物科。周清属于师范四类学生。

第四类师范生除了学习普通公共课程,如国文、经学、伦理、教育、心理、教育法令、人伦道德、学校卫生、体操等以外,还开设农学、动物、动物实验、植物、植物实验、动物通论、动物进化论、化学、图画、植物生理、动物发生、矿物、地学等课程。1905 年春,师范第四类学生于第一次到外地参观学习,4 月 8 日《时报》即报道:"有在京师大学堂习动物类学生 26 名,由教习矢部氏、桑梓氏、胡宗瀛、刘麟率领于初二日携同来此(烟台)。将在此留一礼拜,现在正在搜罗鱼类及海草以示学生。自京师大学堂开办迄今,此为第一次教习率同学生出外游历。"1905 年暑假,师范第四类学生又前往昌平南口八达岭采集植物标本,进行实践活动。

教学设备有各种讲堂,有理化、器械、药品室,也有博物标本室。北院有藏书楼,以中文居多,时报纸及杂志尚不多,学生自携书籍以及应时读物,有梁启超的《饮冰室文集》及其主编的《新民丛报》;有关新学则以《富强丛书》最为流行。

京师大学堂的优级师范生毕业后,分等级给予进士和举人的出身,给予六七品的官阶。清政府因顽固派当权,对于学生的奖励,争议颇大。张百熙爱护学生,主张从优。张之洞继任管学大臣后,确定毕业生一律奖给举人。其考列最优等者,以内阁中书尽先补用,加五品衔;优等以中书科中书补用;优等以下,不叙官阶,仍给予举人出身。按照定章,师范毕业或回本省,或自择他省,应在教育界有酬服务5年,才能回原衙门候缺。义务期未满,不得授予官职。违者缴还在校期间的学费,以示惩罚。该项奖励宣布后,因内阁乃冷僻衙门,即便回到原衙门,也无事可做,而补缺更是遥遥无期。另有学生成绩优良且立志深造者,也可分遣东西洋深造,自然是官费,但也是寥若晨星。1907年,优级师范第一期毕业,有100余人;1909年,优级师范第二期毕业,有203人,周清即是其中之一。时清廷日落西山,风雨飘摇,原有的选官系统早已瘫痪,加上选官失范,仕途拥挤不堪。各学堂毕业生源源不断,僧多粥少,所谓奖励出身,尽快补用,乃是空头支票,难于兑现。师范生看穿奖励乃画饼充饥,均预谋出路。据《申报》1909年8月21日相关报道,周清等65人师范毕业时为优等,"拟奖给师范科举人,以中书科中书尽先补用",但周清却不以为然,选择考入京师大学堂农科继续深造。

不过周清这个"中书科中书"的虚衔也并非一无用处。皖浙起义失利后,徐锡麟的弟弟徐伟被捕。清吏动用老虎凳、火烙等酷刑折磨。徐伟巧妙应对,始终没有暴露反清秘密组织光复会会员的身份,最终被判处有期徒刑10年。作为光复会秘密会员,周清遂联合京城同乡京官署名,要求清廷释放徐伟。1910年3月30日,《申报》以《徐伟竟得重见天日乎》为题,报道周清等绍兴籍同乡京官正在积极营救。

> 山阴徐伟因徐锡麟案牵连,近有得释消息。闻都察院昨已咨行江督,谓据浙江同乡京官中书科中书周清等呈称,徐伟于光绪三十三年夏间由日本回国,道经九江,适其兄徐锡麟在皖构变,干连被逮一案,业经讯不知情,定案时复问拟监禁,叠经原籍绅商禀恩释放,未蒙准理,查徐伟与乃兄行谊素相反对,被获时与逆犯马子畦对质,彼此

并不认识,又无知情同谋情事,现在幽囚已逾三载,孱弱书生,势将庚毙,其父徐凤鸣暮年思子,忧愁致疾,恳请据情咨请准予保释,使其归奉汤药,以慰乌哺之私等语。查此案徐伟于其兄锡麟一案经以讯不知情,自系无辜被累,例应免罪,咨安徽巡抚外,相应将原呈甘结保状,一并移咨贵督,查明案情,准予保释,以广皇仁。

1908 年,增立京师大学堂农科。1910 年 3 月 31 日,京师大学堂举行分科大学开学典礼,农科仅开农学一门,招收周清等学生 17 人,暂以日文授课。由于初办农科大学,国内师资不足,罗振玉赴日本考察农科大学教育及财政 2 个月,并聘请了日本教师。由日本教师教授作物、生物等课程,并请粗懂日语的青年教师作为助教和翻译。时有吉田(解剖生理学教授)等日本外教 10 多人,以日文讲授。1910 年 3 月 29 日的《申报》,登载了周清等京师大学堂分科名单。

> 学部昨将分科大学取列各生揭晓,兹特照录榜示于左:经科八名:张念祖、张叙藩、孙鼎煊、胡贤耀、杨光宪、赵良箴、徐道政、李桐音;法政科十一名:焦发第、刘星楠、杨湛霖、张承杞、宋庚荫、冯士光、海宽、杨辉增、王廷勤、刘秉鉴、李钧寰。文科二十八名:田尚志、石山倜、史树樟、汤用彬、田良显、胡光壁、向玉楷、蔡潞、唐仰樑、何鸿璟、孙百英、杜福堃、张秀升、冯启豫、赖机、李宝贤、袁其被、刘鹍书、张彭贤、高凤岐、殷珍、郭步瀛、杨协元、张焕文、王树屏、丁作霖、李浚瀛、李庆铭;格致科四名:廖福同、路晋继、雷豫、彭绳祖;农科十七名:高元溥、邢骐、毛鹭、何师富、周清、吕亶野、成林、张景江、葆谦、张鼎治、毕培仁、宋文耕、白凤岐、郁振域、銕启、王辅灿、孙鸿垣;工科十四名:方彦忱、谌祖恩、顾宝埏、温鸿达、司徒衍、曹侃然、王荫浓、季逢宸、贲荫棠、杨后山、万承珪、刘积清、向肃、戴德馨;商科二十三名:陈与椿、孙昌烜、童瑞熙、武延贤、毛得信、王敬礼、韩嘉树、邢荣华、吴简、孙培滋、邵锦林、张鹤鸣、何佩深、王珽、符定一、赵荣干、超焕章、李荣黻、高茂棻、刘福珩、郑祖康、宗俊琦、锡康。

1912 年 2 月 15 日,袁世凯下令恢复京师大学堂,时蔡元培为教育总长,严复为京师大学堂总监督,叶可梁为农科大学监督。5月,京师大学堂改名"北京大学",严复为校长,叶可梁仍任农科大学监督。11月11日,农科大学迁入罗道庄新校址,是日为农大校庆日,标志着独立的农科大学的诞生。改组后成立的国内北京农业专门学校,仅分设农、林两科,学制3年。招收新生农科、林科各一班,每班名额30名。因当时农业为冷门,愿意学习者很少,未能招满,每班仅20人左右。吴耕民回忆:"京师大学堂农科自1908年夏创办至1913年改组,历时4年,仅招生两届各一班,第一届为京师大学堂农科毕业生,人数不多,我所知道的仅有在浙江杭州省立农业学校任校长的2位,即陆水范(浙江余姚人)与周清(浙江绍兴人)而已。"周清属于农艺化学科第一届优秀毕业生。

四、致力于培养农业人才

绍兴古属越国,周清自号越农、鉴农,乃越地农民、鉴湖农民之意。他报考京师大学堂首届农科专业,立志终身为发展中国现代化农业服务。1913年,周清大学毕业,获得中国自己培养的最早的农学士学位,返浙后应聘到浙江省立第一师范担任农业课教师,"农业教师初为周清,继为吴球,后为周配义"。一师的办学目的和培养目标,就是造就合格的小学师资。毕业生大都担任小学教师,也有不少担任中学师资或行政工作,少数进入中国高校以及出国继续深造。浙江各县的小学界均留下了一师学生的足迹。

周清于1916年继任浙江省立甲种农业学校校长。农业学校有浙江图书馆馆长张宗祥所题校训"勤俭明恕"。1912年,浙江农业教员养成所更名为"浙江中等农业学堂(校)",设立农学科。1913年,农校规模进一步扩大,迁入笕桥新校舍,添设森林科。民国实业教育分为甲种和乙种两级。1913冬,改称"浙江省立甲种农业学校",培养农业专门人才。1913年,校长吴庶晨、教务长余良模均为留日生。1913年夏,吴庶晨辞职,由刚从日本东北帝国大学农科毕业的陈嵘继任。1915年陈嵘赴宁后,黄勋任校长。1916年7月,由周清接任校长兼农事试验场场长,直到1922年7月。

时农校教员大多是留日学生以及京师大学堂农科毕业生,一般以日本资料解释学理,多译述日文笔记作为教材。周清任职期间,大胆进行教育改革,重视理论联系实际。添建了化学实验室、博物实验室、养蚕室,还扩展临平山演习林 1500 亩。1919 年,又建设大礼堂 1 所、东西教职员寝舍 20 余间,另设林场事务所、农林制造场、兽医实验室、标本仪器室、雨天操场、雨天作业场以及东首学生宿舍。1920 年夏,添设兽医院、事务所、解剖室、细菌实验室、诊断室、寝舍等 12 间。

周清鉴于教育的功能,在于适应时势,造就人才,以供应社会的需要。农校关注时势变迁,社会发展状况。旧学制农校定为预科为 1 年,本科为 3 年,所定课程不适应个性化的发展,学生毕业时极少专精的研究。新学制酌情考虑地方实际,以确定期限以及程度。浙江连年水灾,人民生计日窘,尤以农民为甚。农业教育大都招收农家子弟,应审核其经济能力,毋使其难于承担。农业科目繁杂,各科均与农业相关,非如工商仅学简单的科目,即足以谋生。所以,农科学生非短时间所能收效。周清根据浙江省情,定学制为 5 年,前两年授以普通学科以及农业基本学科,自第三学年始,分系教授,比旧学制增加 1 年。职业教育属于生计教育,应适应地方社会生活,授予应用的技能,给予专门的研究。教材就地取材,调查浙江农业情形,因地制宜,茶叶、橘子、甘蔗为浙江特产,故特设有关科目以因材施教。周清也重视农业实践,以便学生毕业后适应社会需要。学校力所能及地设立农村义务学校,分配优良种子、苗木、蚕种,廉价出售良畜种,义务诊治家畜,并拟实行调查浙江农村状况,代为设计农场和造林场,巡回展览,进行农业演讲。

1916 年 11 月,周清邀请拟出任北大校长的蔡元培到浙江省立甲种农业学校演讲,介绍西方的农业学校除了学习理论知识外,还特别强调实践教学。国家富强,在于振兴农业。注意学理研究,乃振兴农业的基础。若仅注意学理研究,此乃纸上谈兵。周清鼓励学生开展农学研究,支持农科学生创办刊物,登载研究成果。1919 年 11 月,浙江省立农业学校农业研究社农科学生编撰《翼农丛谈》第 1 期,请校长周清撰写序言,周清欣然题辞。1922 年,章伯寅所作的《调查浙江省职业与教育报告书》,对浙江省立甲种农业学校有过简单的介绍,对其办学成绩颇为赞许:

是校在浙江省笕桥地方,开办以来,已历十届。校长周清,北京大学农科毕业。编制预科一年,农科、林科、兽医科均三年毕业。学生共一百七十人。常年费三万二千元。设备如博物实验室、化学实验室、夏季作物场、蚕室、温室、农林制造场、林舍、畜舍、兽医实验室,应有尽有。农作实习地共有三亩,惟演习林三十亩在临平地方。农产制造有葡萄酒、桑葚酒、枇杷酒、玫瑰酱、梅酱、桂花姜、皮蛋、熏腿等,可运销远方。教育方面,以教授日常与学生出席表连续为一,检查颇便。

浙江省立甲种农业学校历届毕业生

年别	毕业生	年别	毕业生
1916	43	1917	17
1918	22	1919	26
1920	31	1921	47
1922	35	1923	35
1924	38		

据中华职业社调查,1921年,全国甲种农校共计79所,乙种农校328所,其中江苏省立第一、第二农校以及浙江省立甲种农校办学成绩最佳,成为典范。1919年8月19日,中国科学社第一次国内年会在杭州召开的第五天,与会农学代表在农校校长周清的引导下,参观了笕桥农场。浙江省立甲种农业学校培养了不少农业领域的著名专家,如新中国第一任农业部副部长吴觉农,还有沈宗瀚、周汝杭、朱新予、陈石民等,他们为中国现代农业发展作出了重要贡献。

五、撰写绍兴酒酿造法

周清受过专业的高等教育,出生于酿酒世家,属于学者型酿酒师,有着丰富的实践经验、广博的专业知识、精深的学术素养。为了送"周清酒"参加巴拿马万国博览会参赛,周清专门撰写了《绍兴酒酿造法之研究》。早在1914年,《浙江省农会报》就连载了他的《绍兴酒研究之报告》;1916

年,《实业汇报》第一卷1—3期又连载了《绍兴酒研究之报告》;1937年,《稽中学生》第6期以周幼生为名,再次刊载了《绍兴酿酒法之研究》;1928年,《绍兴酒酿造法之研究》由新学会社公开出版发行,成为绍兴黄酒史上,也是中国黄酒史上划时代的科技著作。

绍兴酒源远流长,且代有革新。但在家庭手工作坊时代,酿酒技术往往依靠父子相传或口教身授,很少有文字记录。直到清代中后期,一些知识分子才开始系统地研究和总结绍兴酒酿造技术。《绍兴酒酿造法之研究》除总论外,第一章为绍兴酒的成分及优点,第二章为绍兴酒的原料,第三章为绍兴酒酿造法,第四章为绍兴酒的酿造区域、产量以及价格,第五章为绍兴酒的副产物,第六章为蒸馏烧酒法,另附《成本预算表》《原料配合表》《成酒数量表》《酒具置备表》《赴巴拿马赛会物品表》《绍兴酒痛史》《绍兴酒痛言》。最后的《痛史》以及《痛言》,虽不属于黄酒酿造内容,却有着鲜明的时代色彩。该书不仅总结了绍兴酒的传统工艺,而且与西方科学技术进行对照,对黄酒的各种成分进行化学分析,提出各国酒的标准,并以此说明黄酒的特色,对绍兴酒作出了科学系统地论述,将绍兴酒置于世界酒业的位置,从而真正将酒推向世界。

书中总论除叙述绍兴酒,特别是东浦黄酒的特质外,还介绍了周清的家世以及自身从事酿造的简历,言简意赅。绍兴酒也称"黄酒",亦名"王酒",自从夏后氏少康发明以来,流传越地已3000余年,推销数万里,其酿造之精,效用之大,被誉为"百酒之王"乃当之无愧。据《酒经》载,绍兴酒以东浦所酿为最佳。东浦之酒畅销北京等地,为中外人士所称颂。"东浦地傍蠡城,稽山镜水,灵秀独钟,此地之水质气候,有非他处所幸获者,此地理上之独占优胜也。"而创建于清代中兴时期的云集酒坊,从高祖周佳木,经曾祖周文鳌、祖父周明蕺、父亲周玉山,迄周清四兄弟,已历五世。"缅高祖之榘矱,制造既得其精,思产品之丰盈,销售唯期其广。"恰逢美国欲举行巴拿马万国博览会,周清正在浙江省立甲种农业学校任教,遂以自己七八年研究的心得,撰成《绍兴酒酿造法之研究》。

周清著作中,不仅将绍兴酒与白兰地、啤酒、葡萄酒等进行对比分析,同时还将各国清酒类检定标准与云集信记酒坊所酿京庄酒进行比对,内容有比重、酒精、越几斯、总酸、格里舍林、灰分、糖分、糊精等，并作出论断，除酒精十二瓦半以外，越几斯含至 3％，成为绍兴酒浓厚的证据。高级酒精又名"甘油"，亦名"风裁尔油"，由酵母中的蛋白质分解时所产生的亚米诺酸变化而成。就工业的广义而言，甘油乃酿造液中所存在的各种高等酒精，以及脂肪酸的爱斯推尔类的总称。甘油有害健康，饮用容易导致头痛，所以含量越少，其酒愈美，而绍兴酒所含甘油，仅有痕迹，成为其优良特征之一。

除此之外，绍兴酒还有其他 6 个优点。一、酒精适度。绍兴酒平均而言，酒精含量为 12％—15％，既非烧酒、白兰提含量过高，刺激神经，也非麦酒、葡萄酒含量甚少，难于满足饮酒者之需要。二、香味浓郁。凡酒类若含苛性及不快的臭味，不能作为饮料。绍兴酒因有沉淀，能使所含酸类被后发酵作用逐渐分解，与酒精化合，形成固有的芳香佳味，为饮者所欢迎。所以，绍兴酒越陈香味越浓。善饮者，能够品尝其风味。三、储藏耐久。酿酒业最重要的在于输送优质的酒供应市场，以满足顾客的需要。黄酒酿造精良，长途搬运而久不变质。周清曾调查北京的黄酒市场，有保存数十年乃至数百年的绍兴酒，仍质美味佳。四、增进食欲。绍兴酒以米麦作为酿制原料，酒性温辛，能够行经补血，助药力上行，所含酸类可以刺激味神经和胃神经，有助于消化作用。民间习惯，每饭不忘。自古名医，也借助黄酒作为配料。五、装置合宜。欲得佳酿，最重要的条件乃是容器，黄酒使用瓦坛，按其容量大小，分为 5 种，均以陶土烧制，便于长途运输，储藏越久其味愈佳。黄酒坛口缚以竹箬，封上泥土，使空气流通，水分蒸发，后熟作用十分完全，成为改良风味之一。六、酬应咸宜。古语云："酒以合欢，酒以成礼。"酒为社交的主要流行品，历史悠久。"大凡表示敬爱，联络感情时，靡不唯酒是赖，而以用绍兴酒者为最郑重。"因为绍兴酒乃中国名产，早已名闻中外，其风味高尚，品质优美，非浦酒、沧酒、汾酒、潞酒、沛酒所能比，此乃绍兴酒畅销的原因。

绍兴酒的原料，以水、糯米、大小麦、酒药为主。"我国绍兴地方黄酒，多仰给于鉴湖、霞川、若耶溪等水，以水自群山万壑而来，经过土砂岩石，清化作用既盛，有害物质已少也。"所以，无论浸米、洗涤、发酵，皆可使用河水,而不用井水。绍兴河流交错,湖水澄清。绍兴酒之所以名闻中外,各地难于仿照,就在于水质不同。周清对绍兴酒的酿造法作了重点介绍,包括酿制酒曲法、酿制酒酵法、酿制酒液法。绍兴酒制造的特点,在于用多量的原料,使酵母发酵,获得优良的美酒。其酿制酒液法也可分为 8 个时期:第一期为精制白米时代,第二期为白米浸渍时代,第三期为蒸熟白米时代,第四期为酒液发酵时代,第五期为酒榨取时代,第六期为煎灌贮藏时代,第七期为酒的后熟时代,第八期为绍兴酒饮用时代。

《绍兴酒酿造法之研究》乃绍兴酒完整而系统的酿造技术专著,是对传统的酿造技术进行近代化学和酿造理论分析的一部酿造学力作,体现了清末及民国黄酒酿造理论的最高水平,为传承和创新绍兴酒的传统工艺奠定了基础。该书出版后,日本人双木生将其译成日文,并依据周清所述方法酿制绍兴酒,但绍兴酒越陈越香,而日本仿绍兴酒不到 1 年就变质。周清闻讯后一语中的:"绍兴酒名扬中外,各地之所以难于仿制,乃是水质不同。"酿造绍兴酒必用鉴湖水,该水源于崇山峻岭、茂林修竹的会稽山北麓,集三十六源溪水入湖,经过岩石砂砾过滤,水质具有清澈明亮、色度低、溶氧高、硬度适中、有机杂质少等优点,最适宜酿酒。该书不仅总结了绍兴酒的传统工艺,而且与西方科学技术进行对照,对黄酒的各种成分进行化学分析,将绍兴酒置于世界酒业之中,从而真正将黄酒推向世界,这是过去绍兴酒著作所没有也不可能做到的事情。

六、周清酒荣获巴拿马万国博览会金奖

美国拟于 1915 年巴拿马运河开通之际,举行巴拿马万国博览会以示庆祝,时任美国总统塔夫脱向各国政府发出参加博览会的邀请,其中也包括了刚刚建立的中华民国。北洋政府对这次参赛"格外地表示隆重",将此举作为中国走向国际舞台的一件盛事。大总统袁世凯任命陈琪为赴美赛会监督兼充筹备巴拿马赛会事务局局长。事务局通令各省成立"筹备巴拿马赛会出品协会"。各省赴赛出品协会遵照事务局的《联合展览会规则》举办展览会,并按照《审查规则十五条》以及《检选规则二十二条》对展品进行审选。各省出品协会共同竞争,先后报名参赛,均于 6—7 月确定

召开展览会的日期。浙江于 6 月 26 日—7 月 15 日举行了展览会。

中国实业界对参赛反映颇为积极，均认为巴拿马赛会应全力以赴参加。云集酒坊的周清闻讯，更是欣喜若狂，此乃向世界展示绍兴酒千载难逢的时机。周清如是说："巴拿马运河将通，东西两大陆之海程缩短至几千百里，文明各国既竞出其新奇物品，以贡献赛会，则我国发明最早、酿成最难、效用最多的绍兴酒，安知不为欧美诸国之新饮料而大加赞美也。"横穿巴拿马地峡的巴拿马运河，全长 81.3 千米，水深 13—15 千米，河宽 150—304 米，运河水位高出两大洋 26 米。该运河乃沟通太平洋和大西洋的重要航道，被誉为"世界第七奇迹"。巴拿马运河开通后，美国东西海岸的航程大大缩短，与绕行南美洲最南端的合恩角这一世界上最恶劣的航道相比，减少航程 1.48 万千米。而太平洋西岸与大西洋西岸之间的距离，也缩短不少，世界因此而拉近。周清富有国际贸易的眼光，抓住了巴拿马运河打开国际贸易通道的机遇。

1914 年 7 月初，事务局由北京迁往上海，以静安寺路交涉使公署作为临时机关。财政部通报各关以赴巴拿马赛会物品免征厘税放行。"周清酒"运往上海时，浙江民政长电请所过税关，予以免税，并免予逐箱查验。8 月以来，各省展品陆续送往上海，并赁定轮船招商局的栈房，以便验收寄存。事务局检选员进行认真甄选，严定去取，并对展品的装饰、包装、目录单、中英文说明书等进行妥善安排。赴美展品达 10 余万种，计 1800 余箱，重达 1500 余吨，来自全国 4172 个出品人和单位。巴拿马赛会中国展品最多。11 月 1 日，撤销事务局，成立驻美监督处，也就是赴美代表团，设出品股、编纂股、庶务股、会计股、外事股，并制订了《驻美监督处章程》。12 月 6 日，全体赴美人员搭乘蒙古船横渡太平洋，于 12 月 28 日抵达旧金山。展品分 2 批装船赴美。12 月 29 日由蒙古船运抵第一批展品 400 余吨。1915 年 1 月 29 日，由耶路船运抵第二批展品 1100 余吨。中国产品内在质量无可厚非，但外形设计颇多差距。周清注意黄酒包装与国际接轨，跟上时代潮流，适应西方的习惯和要求。在外装设计以及陈列装饰上力求巧妙有趣，既保持传统特质，又符合时代要求。周清以此标准选送云集酒坊酿制的"周清酒"赴巴拿马赛会的参赛物品有：

酒具置备表

地灶(蒸饭煮酒并用)	风箱	担桶
曲灶(蒸烧酒用)	木砻	旱桶
浸米酿酒所用的瓦缸	锡制缸底	水桶
瓦坛(大小四五种贮酒用)	石磨	扁担
酒榨(榨取黄酒用)	榨梯	缸索
饭甑	榨凳	坛索
槽甑	臼杵	畚斗
铁釜	竹筛	簸斗
淘镬	箕	绸袋
锡甑	簟	牌印
太壶	袋	接口
斗升	秤	船
挽斗	锣	竹杠
水撩	板盖	木榔
漏斗	米抽	木耙
放汤桶	缸盖	米抽
秋锄		

表中所列木制模型,除锡制缸底属于平面物外,其他均依据原物的体积缩小200倍,形态逼真,栩栩如生。绍兴酒的酒具,种类很多,既有竹木制品,也有泥石制品,还有金属制品,均质料坚致,经久耐用,价廉物美。至于准备多少,以资本及酿造量而定。周清也选择一些主要的物品参展,拍有写真8件,制成图略4张,制成各种模型30余件,与云集信记酒坊的绍兴酒一同参展。周清同学季准平寄来云集信记酒坊的绍兴酒分析表,沈子贞、徐伯竞、余振声协助制作模型,周清兄长周葆塘和周叔循也大力支持。

赴赛物品表

小京庄绍酒 4 坛(东浦云集信记酒坊牌号)	绍酒研制之报告 4 张
木制模型 30 余件	榨取黄酒图
精制白米图	洗涤熟饭图
研制绍曲图	煎灌熟酒图
蒸摊米饭图	酒樽堆立图
蒸馏烧酒图	

根据巴拿马赛会审查章程和评分标准。赛会的奖项由高到低分为 6
级：大奖(名誉奖中最佳者)、荣誉奖(也称名誉奖,评分 95 分以上者)、金
奖(85 分以上)、银奖(75 分以上)、铜奖(60 分以上)、鼓励奖(入围赛品,
无奖牌,有奖状)。赛会共颁发奖项 25527 项,每个获奖赛品和获奖者均
颁发证书。其中获铜牌以上者,还同时获颁奖牌(奖章),共计 20344 枚。
中国经过竭力推荐和努力争取,获得大奖章 62 枚、名誉奖章 64 枚、金牌
258 枚、银牌 337 枚、铜牌 258 枚、奖词 227 张,最终获奖数量超过 1000
枚。而浙江选送的"周清酒"获得金奖,成为绍兴黄酒史上荣获的唯一一
枚国际博览会金奖,具有里程碑的意义。谦豫萃酒坊以及方伯鹿酒坊选
送的黄酒,也获得马拿马赛会银奖。从此,绍兴酒闻名世界,被誉为"东方
名酒之冠"。周清为绍兴酒赢得了国际声誉,扩大了绍兴酒的影响,打开
了绍兴酒营销世界各国的广阔前景和道路,这是绍兴酒的殊荣,也是周清
对绍兴酒的历史性贡献。

据说"周清酒"获得巴拿马万国博览会金奖的消息传来,轰动了小小
的东浦古镇,周清家的酒坊也名声大噪,订单如雪片飞来,年产黄酒 300
多缸,成为绍兴最大的酿酒作坊。据传有一日本商人,十分好奇地买了几
坛老酒带回日本。日人喝了后颇为赞赏,前来大批采购,并刺探酿制黄酒
的技术情报。日人曾仿制啤酒成功,时法国盛产啤酒,日人很快就掌握了
制造啤酒的生产技术,生产出太阳牌啤酒,法国人颇感惊奇。现在日人认
为黄酒很有前途,对仿制绍兴酒也很有信心,遂派了一人前往云集酒坊,
并想方设法参加酿酒作业。但日人很快就遇上难题。因为绍兴酒的配

制,全靠一位开耙师傅凭经验决定每缸酒的发酵。这位师傅又极为保守,技术从不外传,据说开耙师傅每代仅传一人。正当日人无计可施之时,周清所著的《绍兴酒酿制法之研究》出版,日人购得后反复研讨,如获至宝。日人回国后依样画葫芦,酿制出来的酒液与绍兴酒也有相像之处。日人乃大贺成功,并计划欲挤垮云集酒坊。殊不料仿制的酒液很快就出了问题,正宗的绍兴酒越陈越香。日人仍不死心,遂请教周清。周清一语中的,这是水的问题,绍兴酒使用的是鉴湖之水,汇集了会稽山三十六源之灵气,含有特殊矿物质,非其他之水可以替代。日人垂头丧气,打道回府。

七、创办中华农学会

《东浦镇志》云:"1919 年,他(周清)发起了中华农学会,为培养农业人才作出了积极的贡献。"事实上,这个创办时间并不正确。中华农学会是周清等农学家于 1917 年发起创办的。1917—1952 年,该学会存在长达 30 余年,个人会员达 5000 余人,中央机关会员 52 个,各省市机关会员43 个,各农业学校会员 36 个,各金融企业、农场团体会员 40 个,北京、南京、广东等地以及日本、美国等国设有分会,成为近代历史最久、会员最多、组织最为稳固、会务最为活跃的全国性农业团体。其最大限度地吸纳了农业学校师生、农事机关人员、农场经营者、农业行政部门人员、实业家、银行家,乃至外籍人士,被公认为国内农学的"总枢"。学会长期执掌农业行政要津,左右政府决策,其影响超越学术本身,在近代史上具有举足轻重的地位。周清为探讨中国农业的出路贡献了毕生的精力。

中国自古以农立国,传统农业相当发达,但以实验科学为基础的近代农学的发展却极为落后。一批近代士绅认识到欲救国图强,必先发展农业,必先振兴农学。民国初,尽管南北各界分别发起组织农学社团,也有向全国扩张的苗头,但始终处于各自为战,群龙无首的状态,未能发展成全国性的专门学会。第一次世界大战尚在欧洲打得炮火连天,国内则是袁世凯帝制失败,段祺瑞上台执政,北洋军阀各霸一方,四分五裂,内忧外患,民不聊生。而随着欧美及日本留学生回国,江浙地区农学者群体的形成和队伍的逐渐壮大。这些学有专门的新派人士迫切感到有联络同人,创办全国性农学会的必要。1916 年,过探先、王舜成、陈嵘、周清等人齐集苏州,中华农学会的筹办工作随即展开。时任浙江省立甲种农业学校校长的周清,是中华农学会的发起人之一,积极参与学会的筹办。中华农学会乃江浙农学界兴起的直接产物。

1917 年 1 月 31 日上午 9 时,中华农学会在上海的江苏省教育会正式宣告成立,参会代表四五十人,均为日本以及欧美留学生以及国内农校、农场人员。会员大都限于江苏和浙江两省。大会推举王舜成为临时主席,宣布开会宗旨。随即讨论会章,学会组织分为事务、研究、编辑 3 部;事务部负责会计、庶务、文牍、书记及书报发行等事,研究部负责试验、调查、演讲、建议、咨询等事,编辑部负责书籍、杂志、报告等的编辑;各部再分农、林、蚕、畜、水产 5 科。下午,会议选举王舜成为正会长,余乘为副会长,林在南为事务部长,过探先为研究部长,邹树文为编辑部长。各科主任由会长及各部部长推举,均为各省著名学者。会上一致公推倡导新农业、功勋卓著的南通张謇为农学会名誉会长。会址设于南京。最早的中华农学会成员有王舜成、过探先、唐荃生、王沚川、周清、吴恒如、陆水范、邹秉文等。随后加入的有王善佺、陈方济、吴觉农、吴耕农、蔡邦华、周汝沆、吴福祯、金善宝、杨显东、马保之、费鸿年、陈植等。

中华农学会建立之初,虽然冠以“中华”之名,其影响力仅限于江浙一带,但其立会的视野却着眼于全国农学界,致力于建立一个融合不同学派、覆盖不同地域的综合性学术研究团体。为了改变拘于东南一隅的地方性状态,确立其在农学界的领袖地位,周清暨中华农学会将沟通海内外学人,建立全国性农学社团,作为会务扩张的首要目标。因此,征集会员,扩展组织,成为立会初期的会务重心。该项会务的开展,也是确立其在农界的领袖地位的过程。1922 年,会员达 500 余人,会员遍布各地。据统计,迄 1923 年上半年,会员总数骤增至 733 人,会员遍布全国 21 省以及欧美、日本。1928 年,会员人数达 1500 余人。1936 年,会员达到 2690 人。抗战爆发后,学会迁往重庆。抗战后期,因后方粮食生产的需要,中华农学会得到空前发展。1946 年 10 月 14 日,已发展会员 6000 余人。中华农学会南下北上,东西并进,拓展组织,逐步由一个区域性学会发展为全国性的专业学术社团。

随着会员集聚,组织扩张,中华农学会的学术事业也由单一而多元地渐次展开。按照中华农学会的会章,其宗旨为研究学术,以图农业的发挥;普及智识,求农事的改进。1919 年 8 月 15 日,中华农学会第二届年会修改会章,调整学会的组织以及人事。陈嵘被选为事务部长,过探先(会计)、唐昌治(书记)、曾济宽(经理会报)为干事;周清为学艺部主任,凌道扬(林)、高维魏(农)、王舜成(农)、陈嵘(林)、刘子民(农)、过探先(农)、孙恩麐(农)、张公镠(水产)、方悌(畜)、余天御(农)为学艺专员。周清为编辑中华农学会的刊物和农业书籍不遗余力。1918 年 12 月—1919 年 10 月,《中华农学会丛刊》共出刊 5 期。1919 年 10 月—1920 年 9 月,共出刊 5 集。从 1918 年第 1 期至 1948 年底第 190 期终刊,《中华农学会报》在内忧外患中经历 30 年。其中包括各种专号 25 册;共发表各类研究报告、论著翻译 2500 余篇,字数 1200 万以上。周清与刘子民也在 1919 年第 4 期的《中华农学会丛刊》刊发了《菊花名类简明表》。周清还以周越农为名在《中华农林会报》1919 年第 9 期刊登《绍兴酒研究之报告》。这些论文、著作为我国农业科学的发展奠定了理论和实践基础,有些技术至今仍在使用。中华农学会于 1933 年开始发行"农学丛书",并专设丛书编委会,由会员分别担任各种著述,或由会员个人出版。《绍兴酒酿造法之研究》与《实用蔬菜园艺学》著作的出版,也是周清作为农学会发起人以及农学会会员为农学所作的重要贡献。

周清暨中华农学会积极组织并参加中华农学会年会。中华农学会自成立至 1942 年,按照会章规定,每年定期举办年会 1 次,纵然时局干戈遍地,年会始终弦歌未辍。会上宣读论文,开展学术讨论,研究会务工作。1919 年,周清等人在杭州召开第三次年会,到会会员 39 人。1927 年 4 月 24 日,中华农学会浙江分会于浙江省立女子蚕业讲习所召开成立大会,与会成员共有 40 余人。浙江乃中国农业重要区域,各种建设改良亟待进行,依据中华农学会总章规定,各地会员凡 50 人以上,可以组织分会,而浙籍分员早已超过此数。凡入会成员,均应以改良农业为己任,努力使数十年陈腐之农业,达到改善的目的,方不负分会成立的本意。大会选出浙江分会执行委员9人,候补执行委员9人,监察委员5人,候补委员5人,周清当选为候补监察委员。浙江分会会址设于哈同花园,暂设宝善巷24号为临时办事处。9月4—7日,中华农学会在杭州前浙江省教育会举行第十届年会。杭州年会修改的新会章,实际上是将"三民主义"政治话语嵌入农业的时代产物,体现了时势转换下农学精英"农业党化"的取向,快速上升为团体意志以及共同的行动指南。中华农学会则通过向政府建言献策,使之转变为国家政策以及国家行为。中华农学会因此进入一个新的发展阶段。20世纪20年代创建的中华农学会是中国办会时间最长,影响最为深远的组织之一。周清身体力行,开展农学研究,发展现代农业,探讨解决中国农业问题,改善农民生活,为振兴农业做出了重要贡献。

周清一生集革命家、教育家、实业家、农学家于一身,在农业上颇有建树。也擅长诗词,自题云:"虽无闻于世,幸未见恶于人,念桃李之盈门,造就四方豪杰,览桑麻兮遍野,愿为万世农民。"绍兴沦陷前夕,他移居江西。1940年6月,周清不幸患伤寒,病逝于江西乐平厚田乡石家,终年63岁。周清去世前自题小像云:"灵光照彻春风面,道味深涵霁月心。耆老年华怯众善,伦常规范作良箴。"实乃其毕生精神之写照。

最后的越剧男班名伶张荣标

金秀春

2008年4月21日，中国越剧男班的历史翻完了最后的一页。走过了96个春秋的越剧男班艺人张荣标生前留下了3个心愿，以此作为最后的交代。他说，这既是责任，也是心里话，因为这关系到越剧继续发展的大事。

张荣标(1913—2008)，艺名两朵花，嵊州市崇仁镇廿八都村人，是越剧男班后期文武双全的旦角演员。对这位越剧男班的最后一位艺人，我（当时是嵊州电视台记者）曾于2006年4月11日和2007年1月31日有过两次采访。第一次在崇仁镇廿八都村他家里，第二次在嵊州越剧艺校。2007年，95岁高龄的他在女儿的陪同下来到了越剧艺校练功房，看着这些越剧后来人，张荣标既高兴又担忧，高兴的是她们是越剧的希望，担忧的是她们仍然是清一色的女子。于是，他对我说了3个心愿：

> 一个，越剧是靠后继有人发展起来的，我们争取越剧后继有人；一个，一定要男女合演，男的角色男演，女的角色女演；还有一个是师祖交代过的，各种东西都是越做越好，越做越要改革、越开放。像现在国家改革开放，国家富强起来了，那越剧难道不能改革吗？

张荣标15岁那年，因家庭贫困而小学辍学。为解决生计，就到本村的"瞻山剧团"学艺，拜男班名丑喻传海为师。喻传海(1884—1936)，嵊州市谷来镇榆树村人，曾拜相来炳为师学唱"落地唱书"，小歌班诞生后成为有名的小丑演员。辛亥革命时期，喻传海加入王金发领导的第二次敢死队进攻杭州，后返乡重唱小歌班。1927年，他在廿八都村下脚祠堂开办男科班,自任教师招收了 20 来名男青年,其中就包括了张荣标。张荣标说,当时招的学员全是男的,因女的不能上台,那时旧社会的封建思想是很重的。入戏班时,先向唐王一拜,再向师傅这里敬礼,敬了之后,就可以学了。师傅是这样定的,小生要做,小旦也要做的,不是说固定好的。学戏先从《仁义缘》开始,《仁义缘》剧情是书生韩文才曾与赵素娥缔结婚约,赵父嫌韩贫穷,设计悔婚,将素娥另配官家子周惠吉,素娥不从,私奔韩家。赵父只得将侄女素贞代嫁。惠吉成婚之日,邀宴同窗韩文才,察知隐情,激于义愤,让文才、素娥成就婚事。而素贞与惠吉互慕对方美德,亦结为百年之好。喻传海以歌颂仁义道德的《仁义缘》作为艺徒的开蒙戏,其用心是教艺先教人。对此,张荣标终生难忘,剧中的许多段子,他还能随口唱出:

> 家境清贫苦难言,韩义卖柴过时间。本因爹娘死得早,留下小生实可怜。

学戏 1 个月后,这副戏班子就要试演了,第一台戏就在本村演出。张荣标回忆说:"我们师傅讲过一句话:现在你们在我这里练练,本县做过到外县,外县做过到省里。今后下去,发展起来,前途是相当大的。"

张荣标和师兄弟们是坚信师傅的话的,所以大家很勤奋卖力。本村试演后,就到天台、东阳、义乌和绍兴城乡等地演出,颇受观众欢迎。经过多次的演出,张荣标进步很快,做戏也很有灵气。观众称赞他是"小人演大戏,演得很认真"。16 岁那年,张荣标到了另一个大戏班"杭州鸿福舞台"演戏。张荣标说:

> 这戏班也有 20 多个人,那时我们还小的,我们当时全部当学徒,不能够当主角。杭州演戏反映很好的,那时戏班里全部配丝弦了,一个主胡,一个副胡,一个三弦,一个琵琶,全部有了,一个打鼓,后场总共有四五个人。

在杭州演戏期间,张荣标为了提高自己的演技,与几个师兄凑钱请了师父,学习舞台武功的基本功。他说,每天清晨先不吃饭吃饱就练不来了,不给你吃的,这样练功的。一个半钟头练过之后,把脸洗了,才能吃早饭。

张荣标身段娇小，既美又轻，杭州观众送了他一个"两朵花"的美名。不久，张荣标自己也开始带徒了。其中有个叫张艳秋的女子，在杭州向张荣标学戏，后来他们俩结成了伉俪。我采访那年，张艳秋已经过世，享寿88岁。张荣标说着说着，就把张艳秋年轻时用过的包头箱介绍给我们看。这只包头箱是上海胡庆余堂送的，上写着"张艳秋"3个字，共有4格，上面一格是放化妆品的，即粉、胭脂、眉笔之类的东西；下一格放头发上包的绸纱、网巾之类的东西；再下一格是放水钻、水钻包头这些东西；最下面格是放发套、发线、头髻这些东西。

1933年，20岁的张荣标随大师兄周鸿声到上海演戏，在高升楼、新世界、复兴戏院等场所与前辈名伶王永春、白玉梅等同台献艺，受益匪浅。由于张荣标演艺精湛，因而声名鹊起，成了越剧男班旦角的名伶。回忆起这段历史，张荣标面有喜色：

> 我就拿《双合桃》来说，谭碧翠上去，打吊一段戏，观众一定要拍手的。就脚一踮，这个人就在桌子上，桌子上过后，一个燕飞，燕子飞步，这燕在飞的样子，燕子飞步下来，再倒翻下来还。现在嘛全部在送花篮的，当时是名家文学家来写字的，一副对、一副对地来写的："艺术超群"。当时我的身体很小的，打扮出来，腰身相当小，相当活络的，给我写了"娇小玲珑美如花"。我同（白玉梅）合作做《碧玉簪》，李秀英的娘他来做的，我做李秀英。后来小白玉上来后，我就把李秀英的角色让掉了，让给小白玉做了。我后来做什么呢？王玉林的娘我做过的。（唱）"叫声媳妇我格肉，心肝肉啊呀宝贝肉。手底手心都是肉，老太婆舍勿得侬两块肉……"这样唱的。

张荣标说，要演好戏，一定要用心去体会，喻传海师傅说过，要规规矩矩做人，端端正正演戏。上台演一个角色，这角色的性格、唱词的内容都要体会进去，否则就演不好戏。《珍珠塔》里的小方卿到河南来见姑娘，没有地方住，就住在坟庄里，就是看坟的坟山屋了。这种戏呢，得靠我们自己体会。我年纪小的时候，也住在山厂里的，这是苦的。这种触景生情了，要同过去和现在的生活结合起来，才能体会得出。不结合起来，体会不出的。戏在做啊，"风扫地来月当灯"。风扫地，风吹来地扫扫干净，这样怎能扫得干净呢？这月亮当灯，到底看起来不太清楚的。这种只有苦到极点的人才会用这种台词，这种句子。

张荣标一生演出了上百出戏，塑造的舞台形象有血有肉，感染力极强。他嗓音高亮，唱腔有情，韵味优雅，是男班名牌花旦。新中国成立后，他在家乡组织业余剧团，任教师，导演了《血泪仇》《刘胡兰》《王秀鸾》等戏。1953年，进嵊县人民越剧团（嵊州市越剧团前身）任导演。1959年，调任宁波专区越剧团导演。1966年，退休回乡。在晚年，他还口述笔录了《杜十娘怒沉百宝箱》《金貂公主》《金塔记》《蚕姑娘》《红花女》《春桃》《铁锁记》《白玉娘》等数十部传统老戏以及花园赋子，这些手抄本现在都成了早期越剧的珍贵资料。

张荣标94岁时，身体依然硬朗，思路还很清晰。他每天坚持做健身操，他说这些健身操有的是向人学的，有的是自己编的。另外，他还总结出了长寿的秘诀呢。他说：

> 第一，吃的东西你一定要注意，不能暴吃暴食，那样容易犯毛病的，素的东西多吃，荤的东西少吃，这身体就好了。第二呢，这气要放宽，气量要大，气量一急，长命的人不太有的。气量如果急的话，一点事情，要命得很啊，这个人怎么会长命的？五脏六腑全部要坏的啊，你有几遍可以急哦！

战士、诗人、剧作家陈山

——兼及陈山致友人的两封信

娄国忠

　　木心先生说："无骨的江南不只苏州,有骨的江南当看绍兴。"这话还真说到点子上了!绍兴,除了老天爷赐予的江南文气,还延续了魏晋的会稽风骨。军旅作家众多,军事文学发达,这应该就是有骨的绍兴的一个佐证。现当代出名的军旅作家,绍兴人有不少,一些在军事文学史上叫得响的作品,也有不少是绍兴作家写的。你看,谷斯范的《新水浒》、胡愈之的《少年航空兵》、茹志鹃的《百合花》、杨佩瑾的《剑》、裘山山的《我在天堂等你》等,任何一部都是名家名作,从军旅作家和军旅作品的量和质来看,还真很少有城市可与绍兴一比。

　　新昌人陈山也是一位在文学史上名声响当当的军旅作家,以写战地诗歌得名。对于陈山,其实此前我并未了解。2006 年,我编《绍兴近现代名人诗文选》等书时,均没有选入他的作品。只是在一个偶然的机会知道了他的新昌人身份,于是收藏了他的几封信。上网搜索他的资料,不多,但新昌新闻网上有唐樟荣所撰《战士诗人剧作家陈山》一文,有简历,亦有评价:

　　　　陈山(1917—1997),原名杨时俊,曾化名陈力平,出生于宁波,随父母移家新昌,1932 年新昌中学初中毕业后,担任过乡村教师、记者等。1935 年,联合嵊县、新昌进步青年建立进步文化团体"南鹿学社",被推为理事。1936 年发起组织民众剧社,后扩大组成抗日流动宣传队,深入城乡公演救亡话剧,发动民众抗日,与俞菊生、叶宗淦、俞元亮被合称为"新昌四杰"。1938 年 3 月,参加新昌县战时政治工作队。同年 7 月,加入中国共产党。1939 年 2 月,在绍兴促成三区政工队重新成立,任中共绍兴县工委委员兼三区政工队中共联合支部书记。1941 年,任《浙江日报》记者,从事抗日宣传,同时开始发表新诗,是中共永康县委派入报社的党组织实际负责人。同年冬被捕,后冒死越狱,并通知组织同事转移。

1942 年 1 月,经党组织安排,化名陈力平,打入嵊县王山虎部队,做改造争取工作。7 月,拉出部分武装,建立嵊东抗日自卫独立中队(也称陈力平部队),任中队长。9 月,扩编为大队,任大队长。1943 年,先后任三北游击司令部南山总办事处副主任、中共鄞慈县委代理书记和办事处主任、四明山抗日根据地鄞慈及上虞县办事处主任、统战部长、武装部长、代理县委书记、南山总办事处副主任。1944 年 3 月,调任上虞县临时办事处主任,积极开展抗日民主政权建设,并和黄源、伊兵等创造性地改革越剧,编写并演出越剧现代剧《儿女英雄》。1944 年 11 月,奉新四军浙东游击纵队司令部之命,教育并策动王鼎三等 40 余股绿林武装起义,加入新四军,成立嵊新奉抗日别动总队,任副总队长兼党的领导工作,并率队参加抗日反顽战争。抗战胜利后,随军北撤山东解放区,先后任华东野战军第一纵队九团一营政委、宣传科长。写出战歌体长诗《浙江潮》和新越剧《红灯记》《北撤余音》等,鼓舞部队斗志。其中《红灯记》获华东野战军全军文艺首奖。

中华人民共和国成立后,陈山长期担任文艺领导工作。1949 年 9 月,被选为军队代表参加全国首届文代会,为中国文联及中国作家协会基本会员。1950 年后,任南京市委宣传部文艺科长、市文联秘书长、华东地区文化部党组委员、作协上海分会党组委员和行政书记、上海《文艺月刊》编委等。1958 年,调浙江省文联任专业作家、作协浙江分会副主席。一生创作并结成诗歌 10 部,其中已出版的有《救亡诗抄》《渡江战》《开国集》《报国集》《星际时代的开始》《擂鼓集》《浙江潮》(后改名《北撤行》)。此外还著有大型诗剧《中国海》、新编历史京剧《梁红玉》,以及诗论、剧论、散文、回忆录等。

其一生经历富传奇色彩,投笔从戎,文武兼备,被称为战士、诗人、剧作家,创作、著述丰富,于新昌有浓厚的故乡情结,作品多归县档案馆收藏。

唐樟荣文中没有提到的是,陈山作为绍兴新昌人,还与人合作编写过越剧剧本《梁山伯与祝英台》。绍兴是英台故里,这是陈山以自己的才华为家乡绍兴所作的一件大实事。

下面是陈山的2封亲笔信:

其一

东舒同志:

迭接两柬并吾兄法书拙作两首,已经十分高兴。及知又张之印社和画院素壁,使我得与海内诸名卿为隔篱文字之交,更是荣幸。所云"博得一致好评",想为我兄及诸君过誉,其实赏诗莫如赏字,请以实情便中见示数语,以便改进。

当时原稿寄您后,不久忽想到七律首句"又见中秋月满轮"不如改为"潮满钱塘月满轮",中秋自出,又添"洗天一碧"联想,拟再改寄以免书家之劳,忽然客至又连续至,就此忘记!真是新诗不殚千回改。

我仰慕李白的放逸高致,杜甫的精严沉郁,稼轩的雄深雅健,陆游的关情国运(这点以上诸人都有)。但押韵方面,赞成稍开放,赞成鲁迅所说的"押大致相近的韵",因为词和音韵都在变化发展,不必墨守中州韵;墨守的结果,虽见其学力但从现在看反而会"出韵"。

西泠印社积有关金石书画之道,恐也得(并已在)推陈出新。我二十年前刚来杭时,见印社后岭有一石牌轩,两联为"印传东汉今犹昔,社结西泠久且长","久且长"为好事,"今犹昔"就停滞。继往实是为今,开来又要有所承。中国文字难读难认,总得照顾点大家,不能一味追求古奥难读为高。鲁迅甚至赞赏印中出现蒙古文或其他文字,书法恐怕还可写点简体字(贺天健国画中早出现汽车)。但名人自有好尚,不能强加于人,作一家言聊供参考可耳。拙作将为印社庋藏,这是你抬爱的结果。

我当然不能要求你每次用毛笔字作复,到时写一束一幅,已大快意。暇望光临。银凤同志均此。顺祝

撰安

弟 陈山

1980.9.29

这是1封与友人谈古体诗和书法创作的信。收信人姜东舒(1923—2008),书法家、散文家、诗人,在文学(诗词、小说、散文)与艺术(书法、绘画、作曲)上均有不凡建树。曾任中国硬笔书法家协会主席,浙江省钱江书法研究会会长等。

陈山是古体诗行家,能写会评。"李白的放逸高致,杜甫的精严沉郁,稼轩的雄深雅健,陆游的关情国运(这点以上诸人都有)"可谓精确说出了4位大家诗人的特点。信中所及"鲁迅所说的'押大致相近的韵'"指的其实是新诗的押韵。1934年11月1日,鲁迅在致窦隐夫的信中说:"我以为内容且不说,新诗先要有节调,押大致相近的韵,给大家容易记,又顺口,唱的出来。""印传东汉今犹昔,社结西泠久且长"一联,镌刻于西泠印社后山石牌坊,为印社创始人之一叶铭所撰,言西泠印社文化之源远流长,传承久远。信中还写到了"国画中早出现汽车"的贺天健,主要是来说明艺术创新之必要。贺天健(1891—1977),著名画家、书法家,一生精研山水画,功力深厚,法度谨严,出入传统诸法而自创新境。

其二

志豪同志:

你在12月8日写给我的内容丰富的信早读了几遍,因忙些其他事迟复为歉!你学书法,字比以前好得多了。"八十岁学吹打,不迟!"比我不练字到底有长进。

恭喜你找到了理想的老伴丁黎久老师,春秋佳日,请和她来杭旅游,我当尽地主之谊。我的山水画送得差不多了,但会给你物色的。

刘亨云副司令要我写的回忆录,暂题名《保卫临沂——大败快速纵队记》,你汇合的材料,给了我们重大帮助。主要是大体弄清了团

部位置和二营是参战的及反坦组战况。林达团长的防御战总结相当好，但仍有值得核实处，例如伸到李家楼的是一连的一个排哨，排长马营德；但他说是连哨，无工事受了大伤亡。其实有工事和护河，故能坚持3小时，并掩护了反坦组先下来，排哨后来撤退时伤亡不大，因敌已大部越过，他们在进攻吴寺、郭家庄了。反坦组大都退入郭家庄，把敌人都吸过来了，故郭家庄变了主阵地。至于反坦克组现存人员，说法不一，不少事自己做了也忘记了，如有的说爬不上坦克，黄胖丁阿才也这样讲，但他对甄恒祥同志说"自己就爬上坦克三四次"，爬上的共有四五人，不过寻不着可塞手榴弹的洞眼，阿才满身血，被王成龙背下来，是我把他拖进郭家庄圩墙来的，他还能详细地描绘现场情况，说某人（可能徐焕炎）摸不到坦克洞眼，急得用手榴弹"咚咚咚"地敲坦克的钢盖，敌军官火了，掀开盖子喝问："那个！？"这才丢进了手榴弹，炸毁1辆；另外同志又用集束手榴弹炸伤2辆的履带。这个"咚咚"声在我脑中也就响了41年，我想不是幻觉。刘副司令最近出版的《浙东游击纵队》回忆录第十八章末尾，也谈到打坏坦克3辆。记得胡惠川同志也说过。另外，我亲见我营出发时还带着2个日式反坦克地雷，但不知炸未？所以这事还待核实，做到实事求是。

刘副司令当时带我营部及一连和营直重机排（排长王斌）1挺法式重机守卫郭家庄，更在团部吴寺的前面（更近峄县），他这一行动真了不起！九团是他分工指挥的，比林更了解情况。九团伤亡主要是一营，共60余人，连级干部无牺牲，只二连长荫树辉伤手，换来敌遗尸500余具的代价。原因是政治素质好，英勇中有机智，依托了完整工事，着重杀伤敌步兵。

目前的材料，基本上够用，边写边核实补充。知念特复，即颂俪安

陈　山

一九八八年元月四日

炎白同志那次在第二线管后勤。

陈山受命写回忆录《保卫临沂——大败快速纵队记》，战友志豪给他

汇合了有关资料寄给他,这是陈山给志豪的回信,主要是就当年战斗的情况进行探讨核实。信中对战斗的残酷惨烈和战士的机智勇敢均有很真实的描述。志豪,即朱志豪,曾任南京市文联秘书长。

解放战争中,国民党军中的机械化部队有个特别的名字——"快速纵队"。它的编制规模通常相当于加强旅,实际上是由摩托化步兵与坦克兵合成的临时结合体。信中提及的"快速纵队"应该是在临沂被消灭的第一快速纵队。1946 年 12 月,全部按美军甲等师标准装备起来的国民党军整编第 26 师和"王牌"机械化部队第一快速纵队,向山东南部地区的解放军发起进攻,吹嘘要"攻下临沂过新年",被解放军全部歼灭。可参见梁茂芝《国军王牌第一快速纵队覆灭记》(载《党史纵横》2016 年第 3 期)。

信中提及的刘亨云(1913—1992),1955 年被授予少将军衔,时任浙江省军区副司令员,是当年临沂歼灭"快速纵队"战斗的指挥者之一。浙江省新四军研究会、上虞市新四军研究会编有《从苦娃子到将军(纪念刘亨云少将)》一书,可参阅。

值此中国共产党成立 100 周年之际,谨以此文,向为中华民族的独立自由和中国人民的解放幸福抛洒热血和青春的"陈山们"致敬!

"红色牧师"赵蔚卿

潘　丹

从中国共产党初创至抗日战争、解放战争期间,有这样一批人,他们以特殊的身份作掩护,或直接从事革命工作,或积极协助我党开展地下工作,为中国革命取得最终的胜利作出了卓越的贡献。

因为保密的需要,他们隐姓埋名,默默无闻,鲜为人知,直到数十年后,才慢慢为人所知晓。其中不乏以传经布道的牧师身份作掩护,为我党顺利平安地开展地下工作保驾护航者。

如电影《南昌起义》中的"吴牧师",其原型为南昌中华圣公会会长刘平庚牧师,南昌起义贺龙指挥部就设在他的家中,当起义取得胜利后,为感谢刘平庚牧师提供的帮助,临别南昌之际,贺龙特意把自己珍藏的茶具、留声机等送给刘平庚作纪念。

还有一位更闻名的牧师叫董健吾,即斯诺在《西行漫记》中提及的王牧师,毛泽东称其为"党内怪人",他出生于基督教世家,1928年秘密加入中国共产党,此后仍以牧师的身份在上海从事中共中央特科领导下的秘密情报工作,如通过张学良的帮助,把毛岸英、毛岸青送到苏联,又如受宋庆龄的委托,护送斯诺、马海德至延安,等等。

诸暨也有这样一位"红色牧师",在抗日战争及解放战争时期,两次掩护我党设置在上海的地下秘密电台,守护着"永不消逝的电波",他叫赵蔚卿。

一

清朝光绪初年,英国圣公会率先将基督教传入诸暨,据《诸暨民报五周纪念册》载："光绪二年，兼溪周宝荣、杨家楼杨凤林始引英人何稷德及国人戴恩泉由杭来暨，先设堂于大兼溪。斯时信之者少，教徒仅宝荣亲族十余而已。其后渐及三都，又设堂焉。而英教士则赁居南门外石砬头，日入城宣教。及教徒渐众，而东乡之施家坞、蒲里坞、硃砂坞，西乡之附二都、草塔、十九都，南乡之牌头、水口等处，亦相继设堂。光绪十二年，派鄞人倪梁品为第一牧师，时有信徒已增至二百余，即赁居南门赵祠前赵姓住宅，设学堂，延教师一人教之。越一岁，迁居登仕桥里陈霞臣住宅。光绪十九年，英人何约翰挈眷驻暨……而诸暨圣公会之势力益固。"

就在这一时期，赵蔚卿出生于一户普通农家。据《暨阳南门赵氏宗谱》记载：赵蔚卿，谱名赵镕全，又名赵焕，字蔚卿，号浮云，以字行，生于光绪丁亥年(1887)，出诸暨南门赵氏，系善六公牌头樟树下支派，家中兄弟四人，赵蔚卿排行老小。受基督教的影响，父亲赵金福把小儿子送到了教会学堂读书。

后来，赵蔚卿又被介绍到宁波三一书院(现宁波第三中学前身)就读，书院最初为1848年由英国圣公会行教会所派遣的戈柏、禄赐在宁波所创立的义塾。1876年，传教士霍约翰至宁波主持教务，改义塾为三一书院，一直至1916年新学兴起，才改名为宁波三一中学。

在宁波三一书院预科毕业后，赵蔚卿进入绍兴承天英华学堂继续学习，该学堂为现绍兴文理学院附中的前身，1903年由绍兴中华基督教(英国)圣公会在绍兴城内和畅堂和水沟营的交汇处购地20余亩，开始建校，于1907年建成开学，首任校长为英国著名教育家王丕熙(King Percy)。

赵蔚卿接受了两所教会学校的教育，毕业后走上了职业传教之路，后来在上海静安区的一个耶稣堂任牧师。

二

刘少文(1905—1987)，原名刘国章，化名张明，笔名柳华、铁人，开国中将，曾是中共地下情报人员。七七事变后，刘少文担任八路军驻沪办事处(简称"八办")秘书长，此年年底上海沦陷，潘汉年、李克农撤离上海，八办的工作由公开转入地下，刘少文全面主持八办工作，他广交社会各界朋友,扩大抗日民族统一战线,配合中共上海地下组织和各界救亡团体开展工作,并将各类物资运往八路军根据地。

为方便联系,八办需要找一个相对安全的地方进行电文收发,经过多方了解,刘少文找到了赵蔚卿。原来赵蔚卿曾经加入国民党,后来目睹蒋介石背叛革命,发动四一二反革命政变,就十分同情共产党,并积极支持共产党的革命事业,因此而被开除出国民党。刘少文了解到赵蔚卿的经历和背景,再加上他是一个牧师,就十分自信地向他透露了设置电台的想法,果然赵蔚卿毫不犹豫,欣然接受了任务,让八办的电台设在自己家的三层阁楼上。

尽管赵蔚卿小心翼翼地掩护着八办的秘密电台,但最终还是被日军查到了阁楼上的电台设备。赵蔚卿被捕入狱后,日军对他进行了严刑拷打,在审问过程中他咬紧牙关,始终没有供出刘少文,并一口咬定电台设备是在他家搬入前就存在的,他也不知道究竟是谁放着的,最后日军无计可施,只得让他保释出狱了。

虽然赵蔚卿经历了一场惊险而痛苦的折磨,但凭着自己的坚强与机智,刘少文与八办得以安然无恙。此后,刘少文辗转延安、香港、重庆等地,继续开展地下工作。

三

1945 年 8 月 15 日,日本无条件投降,抗日战争结束了。1946 年 5 月,根据"双十"协定,周恩来率领中共代表团前往南京,与国民党进行谈判。6 月,代表团在上海思南路设立了驻沪办事处,因国民党当局不允许挂"中共代表团驻沪办事处"的牌子,对外即称"周公馆"。

而在此前,即 1946 年初,周恩来已经部署做好了相关工作,先让刘少文重新回到上海,负责情报交通工作,后又委派钟韵在上海建立与延安联系的机要电台。

钟韵(1914—1977),原名能铮,化名沈志诚,历任中共中央南方局驻桂林、昆明、上海、香港地下电台负责人。钟韵到达上海后,住在中共中央军委系统一个情报交通站里,而电台设在交通站里是很不安全的,于是由刘少文的秘书赵平出面，在上海延平路金司徒庙附近租了一幢房子，钟韵带着妻子与女儿住了进去，由于房子比较大，只住三个人太引人注目了，得再找一户人家住在楼下作掩护才行。

此时，刘少文再一次想到了赵蔚卿。

于是，刘少文就让秘书赵平去找赵蔚卿商量，当赵蔚卿听说让他再次掩护中共地下电台时，与上次一样丝毫没有犹豫，就答应了下来。根据工作需要，赵蔚卿带着他的大女儿、小儿子赵树贺住进了延平路那幢大房子的楼下。

据赵平回忆，部署好掩护措施不久，地下电台就很快与中共重庆办事处联络上了，但由于设备问题，与延安党中央却联系不上，后来由重庆办事处派遣了一位人员到达上海，抢修了一个晚上，才与延安联系上了。此后，凡是上海党组织接受中央的指示、各地办事处与上海机构的联络、上海地下党和军委情报交通系统获取的情报上送，就都由这个电台承担。

每当有人员取送情报，须先经过住在楼下的赵蔚卿牧师家，按照预定的暗号敲门，经确认后才能上楼找钟韵。尽管警察与国民党特务无孔不入，因为只知道这幢房子里住着一个不问政事而专门在教堂里讲经布道的牧师，也就不上门去找麻烦了。

四

就这样，这部秘密电台一直平安无事，持续为我党发挥着巨大的作用。

直到1948年5月，发生了一件与收发电报无直接关联的意外事件，才不得不中断这个电台的工作。

根据秘密工作需要，赵平在上海金陵东路开设了一家天兴粮食行，以此作为身份掩护。1948年5月，赵平到浙江购粮，征得刘少文同意后，思乡心切的他顺便回到了故乡余姚探亲。尽管出发前刘少文一再叮嘱他小心谨慎、低调行事，以免让人生疑，但以上海老板的身份出现在家乡，还是引起了当地国民党特务的关注。

在一次访友的路上，赵平夫妇被特务拦截住并押到了审讯点，赵平长期从事地下工作,受过专门训练,应对严刑拷打、软硬兼施经验十分丰富,因此特务们没有得到任何有价值的信息,只是在他身上搜到了一张来款收据,这张收据是钟韵签收的,幸好落款处只签了一个钟字,赵平坚持推说这只是一个姓钟的生意朋友写的借条,其他情况一概不透露、不承认。而赵平的妻子经不住特务的连番审讯,幸好她知道的情况不多,只透露了一个叫"张明"的人常在福民食品店接头的情况,而"张明"就是刘少文的化名。6 月 30 日晚上,刘少文去福民食品店安排撤离工作时,正好碰上特务们前来抓捕,幸好当天他一改阔老板的打扮,装作工人的模样,机智地假扮水管修理工,从二楼跳窗才得以脱身,可因此摔伤了脚踝。后来刘少文夫妇就在一位诸暨籍的交通员、有共产党的"孟尝君"之称的蔡叔厚家中住了 20 多天,一边养伤,一边躲避敌人的追捕,最后终于安全脱险。

上海地下党组织获悉这一突发事件后,为确保安全,防止发生其他意外情况,毅然决定终止电台工作,让钟韵撤离到香港,而赵蔚卿牧师怕不知情的地下党人员以后再来这里联系工作,就在延平路这座大房子里住了下来,始终没有离开,一直到上海解放。

五

中华人民共和国成立后,身为神职人员,赵蔚卿牧师仍然积极参与各种形式的爱国运动中。

新中国成立后不久,美国悍然发动朝鲜战争,并武装干涉台湾问题,1950 年 7 月,"中国人民反对美国侵略台湾朝鲜运动委员会"成立,抗美援朝运动自此开始。同年 8 月,中国基督教人士迅速作出反应,积极支持国家保护领土和主权不受侵犯的坚强决心和正义行动,踊跃加入到轰轰烈烈的签名运动中。

据新华社电讯,赵蔚卿牧师与中国基督教代表人物王国秀、艾年三等31 人,率先于 1950 年 8 月 3 日联名在上海《大公报》发表《中国基督教人士反对美国侵略台湾朝鲜的宣言》。《宣言》指出:"我们对美帝飞机滥炸朝鲜和平城市、乡村,大量屠杀朝鲜无辜人民与妇女儿童的罪恶行动,表示极度的愤怒和严重的抗议。杜鲁门为美帝在朝鲜的侵略,祈求上帝的祝福,这简直是一个亵渎的妄想。每一个虔诚的基督教徒所崇奉的公义的慈爱的上帝,是决不会祝福一个满手血腥的屠夫和他的爪牙工具的。相反的,杜鲁门和其他美帝罪行的主谋者,是必定要遭受上帝严酷无情的审判的。""美帝对台湾朝鲜的侵略,彻底地暴露了美帝穷凶极恶的真面目,使它所标榜的自由民主,完全破产,也使我们清醒地认识,反对美帝国主义,打败美帝国主义的侵略,是全世界人民的共同任务。""我们反对美帝国主义,并不是反对美国良善的人民。我们要号召美国的基督,同我们站在一起,反对美帝国主义对台湾朝鲜的侵略,杜鲁门和一切战争贩子们把美国和其他各国青年送到前线当炮灰,反对美国飞机对朝鲜人民的屠杀,并用有效的行动,迫使美帝国主义者终止这一个罪恶的侵略行为。""美国军队在朝鲜的节节惨败,充分地证明了美帝的脆弱无能,也充分地证明了人民的力量的伟大。因此,全世界人民团结起来,击败美帝的侵略,粉碎美帝一切制造战争的企图,是完全可能的。我们愿意拿出我们最大的力量,为实现这个目标而奋斗。"

这个义正词严又极具基督教教义特色的宣言发表后,得到了全国各地基督教组织的积极响应,激发了数以万计神职人员强烈的爱国热情,纷纷签名声援。

骆致襄其人其事

俞广平

在俞秀松相关的著述中，多次提及骆致襄的名字，这个主要源于1920年3—4月间，俞秀松两次回信给骆致襄，表达他的革命理想、观点与信念，并让骆致襄转告家人，请他们放心。

俞秀松为什么不直接写信给家里，而是让骆致襄转达？这是因为1919年底，俞秀松因革命理想、个人婚姻两件事与父亲闹了些别扭。

骆致襄作为俞秀松父亲俞韵琴的同学兼好友，闻知此事后，开始做起父子俩的调解员。1920年2月下旬（农历正月初），骆致襄主动写信给俞秀松，晓之以理、动之以情进行说服。俞秀松虽然听不进劝，但随后的回信还算婉转，在信的一开头称骆致襄为"世伯"。1920年3月下旬，骆致襄又致信劝说。这次俞秀松对他的回信，语气就显得较为强硬，不仅开头直呼其名，内容中亦说："你说要我不必再寄身沪上，回到杭州来。我正莫名其妙，我是世界的人，决不是什么浙江，什么诸暨，什么人底的人。身到那[哪]里，就算那[哪]里人了，你不要误会我罢。我将离开北京的时候，曾经接到你底一封信，内中说'你的婚事，已缓期了'。恰恰[哈哈]！这种巴[把]戏，做得好笑不好笑……"

骆致襄收到俞秀松的回信后，无奈地摇了摇头，知道这位世侄的木柁脾气，以后也就不再写信相劝了，后来又把这两封信转交给俞韵琴保存。而骆致襄写给俞秀松的两封信，现已失传。

关于骆致襄其人，《俞秀松》(1988)、《俞秀松文集》(2012)两书注释一致，且较为简略，只说他是浙江诸暨人，当时在一师附小任教，是俞秀松父亲的好友，故俞秀松尊称他为世伯。但关于他的生卒、履历等情况，没有

介绍。为此,笔者查阅了《枫桥骆氏宗谱》,按谱索骥,又赴山下湖镇西杨龙社区采访骆致襄孙子骆哲民先生,综合撰述如下:

骆致襄(1880.11—1942.8),谱名宗麟,字孝达,号致襄,学名公武,后又更名骆炜,诸暨西安乡西斗门(今属山下湖镇西杨龙社区)人。清末俘生,师从江藻名师寿梅契,后考入浙江官立两级师范学堂,毕业后旋即报考县长职位,以第六名优异成绩入围。历任山东堂邑、江苏盱眙、安徽凤阳等县县长,政声卓著。1918年起,弃政从教,先后在诸暨县劝学所、浙江省立一师附小等处执教。其间,于1919年春,和孙选青、蔡丏因、章锐初等联合发起创办《诸暨民报》。1924年,在《诸暨民报五周纪念册》中发表《诸暨之改造》一文,为地方民生、教育、选举、交通献计献策,甚有前瞻性。1937年抗战爆发,骆致襄携家室避居故乡。1942年8月,日寇带领伪军从湄池向东南"扫荡"山下湖、尚山头、西斗门等村。鉴于骆致襄的身份和影响力,日寇拟邀请他出任"乡长",以维"地方治安",但遭到骆致襄的严拒。日寇遂烧毁了他的新宅(一幢新建不久的小洋房)。流离失所的骆致襄不久抑郁而终,葬于西斗门王山。骆致襄夫人钱尔娇(1887—1972),同里杨芝山头钱鹤琴幼女,夫妇共育七子一女,其中长子萃康、四子萃亮均毕业于黄埔军校。骆致襄有曾孙十人,如今已分迁杭州、宁波、诸暨城区等地。

附:

一、《诸暨之改造》(骆致襄)

英国达尔文论进化归功于"自然淘汰",因认定世界生物之进化,必须经过淘汰之程序,推而至于民族、政治、风俗、物质……之进化,亦需经过淘汰之程序。我暨自秦代置县以后,萝山浣水,殊少声色,降及唐宋文物稍备,足以证吾暨之进化,已落人后矣。所以好斗好讼,自私自利,无积聚,苦窘迫……种种遗传,迄未铲除。论及团体事业,更鲜协作之精神,除慈善性质之育婴堂及科举时代之册局书院外,实无差强人意者。吾辈不幸为诸暨人，总希望诸暨有改造之一日，以顺应世界进化之潮流。应如何改造？撮述如下：

一、生计

近年来暨人之困苦，可谓已达极点。水灾、旱灾、匪灾，相迫而来，几无法可以抵御，素为命运所蛊惑之老前辈，辄委诸"劫数难逃""天运使然"此类甘于自杀之论调，原不值识者一笑，《归潜志》云"人定可以胜天"，实根据人事而言。今欲为暨人改造生计，亦不得不努力于人事，试择要言之：

（甲）推广农产物。暨民对于农产物，有经验而无学识，所以选种择苗，悉依老农老圃之遗言，而无辨土宜及更番种植之研究。例如：南乡小东，不讲究蚕桑；北乡、东乡，不注意杂粮，备荒无策，焉得不穷？使四方农民有改良土壤之智（知）识，及更番种植，增加产物之能力，则一年收入，自然增多，诸民生计，自然宽裕。其余若畜牧森林，一切园艺植物，俱足以获利，请尝试之，岂小补云乎哉？

（乙）注重工商业。我暨众山广川，宜于农业，今则人多地狭，不得不于工商业中求生活。查暨邑在民国初年间，城镇乡曾创办多数小规模之工厂，当时附近工厂之妇女，大部能自食其力，可惜股本太少，经理多不得法，未几年即相继停歇，工业从此失败，暨民生计遂无发展希望。论及商业，更不胜邑邑矣！城邑商店，自经理至学徒，类皆绍兴人，可知城区商店，实为绍兴人之殖民地。他若各乡镇上之商店，用人有限，获利亦有限，况绍人逼处，所在皆是，尚有暨人啖饭余地耶？今为暨人代筹生计：一面当组织全县工会，再改造县商会，并使工商业联络一气，产生大规模之储蓄机关——工商银行，为将来创办工厂，扩充商业的准备；一方面由工会商会调查各省工商业之状况，为暨邑业工商者通消息，谋发展，此生财之大道也。

（丙）疏浚江流培筑堤埂。浣江淤塞，为暨民之巨敌，筹款疏浚，竟成空谈，窃为暨民危矣！虽民国九年（1920），组织诸暨水利委员会，从事测量，预备疏浚，卒因款项无着，不能继续进行，水利委员会亦从此匿迹销声，浅识者流，不鹜治本，专重治标，历年培筑防埂，埂高湖低，水之溃决力愈大,将来浣江流域,必成为暨邑最大之灾区。就枫江而论:西泌湖利于筑闸,东泌湖利于筑埂;因西泌湖之银河短而狭,每年夏秋之际,值江潮上涌,枫水直泻,顷刻之间,横贯银河,即成溃决;近来之四年三荒,银河实为厉阶。设能于河口筑闸,不啻西泌湖之北门锁匙也。然后培筑东面沿枫江之江,则一劳永逸矣。东泌湖之堤埂,卑不足道,如能踵行。清光绪年间,泌湖筑大埂之成法,即可博得岁之永稳。惜乎湖民安常蹈故,不克自筹善后也。统筹吾暨水利,知浣江亟待疏浚,且宜旁及枫江浚江之后,各湖再培筑堤埂,治标治末,兼筹并顾,斯能有利无害。至于筹款,当按照预算,分正征、副征二项:正征以湖田当之,照粮分配,务使平均;副征以与浣江水利有连带关系之畈田当之,按亩征费,以高低为等差。犹虞不足,则发行浚江债券焉。

二、教育

我暨教育之幼稚腐败,无可讳言。或归咎于教育机关不负督促之责任,或归咎于身任教育者无革新之毅力,因循苟且,年复一年,致有此不死不活之教育状况;尚可不着手改革乎?

(甲)学校。教育始于家庭,尽人知之。我暨之旧式家庭,时演父子相夷,兄弟阋墙……之怪剧,实无家庭教育可言。我敢谓暨邑教育当以学校为起点,但今之办学校者,类皆门外汉,既不知教育原理,又不知教育趋势,所以二十年来教育之成绩,不过尔尔。其间成绩较优之学校,亦各自为政,老死不相往来,宜我暨教育之无进步也。今筹改造,应以学校之多寡分划学区,负一区教育责任者为:

1. 小学基金委员会。

2. 学务委员会。

3. 区教育会。

每区小学基金委员会,保管小学基金;每区教育之调查报告责成于学务委员会,小学基金委员会会员,由各区教育会选择教育界有声望者,呈请县知事委任之,每区学务委员,仍由教育局委任;但须学识经验,为该区教育界所许可者,其月薪暂定十五元至二十元,由教育局与区教育会共同筹给,小学基金委员会会员,均系义务职。而于每区教育之讨论改革,由学务委员，协同区教育会办理之；至以教育局、县教育会分别权限，以总其成，县视学与县学务委员会应负全县教育督促指导之责任，然本县视学员月薪仅十元，无异绝人梐腹从公；此后或裁并，或加薪，有不容缓者。

（乙）社会。我暨社会教育，从无人顾问。除县立诸暨图书馆，内储藏参考书，少通俗教育书籍。及砺社所办之公众阅报处、县教育会、县商会联合办之平民学校外，无所谓社会教育。道路污秽，乞丐纵横，暨民之好赌喜斗，冶荡怠惰，靡然同风，人心风俗，庸可问乎？然迷信之为害，更有甚于此者。例如：大东小西之杨老相公，大西之柯氏夫人，南乡之越山祖师、扬司马、张老相公，小东之柳仙，北乡之圣姑娘娘，每值迎赛，所费甚巨，少则数千元，多则数万元，官厅不加禁制，绅士争先附和，因此同善社、善山坛、普救坛……妖言惑众，益肆行无忌矣。今欲改造本县黑暗腐败之社会，不得不提倡社会教育：

1.关于创造者。组织新剧团，讲演团，卫生队。创办公众俱乐部，公众运动场，并开辟公园。增设平民学校，平民读书处。

2.关于改造者。仓圣祠改为通俗图书馆。育婴堂改为幼稚园。婚姻制度应从简单。

能如是，则暨民皆受社会之教育，皆有自然之觉悟，吾暨社会从此进化矣。

三、选举

一县之代议士，受一县人民之付托；矣乡之代谋士，受一乡人民之付托；凡一乡一县应兴应革之事项，惟代议士是问，责任何等重大。我暨乡议会尚未敢恢复；本届县参两会之成绩，不过合演几出贿选剧而已，实丧失人民代表之资格。究其原因，知金钱议员，咸抱"一本万利"之主义，悖出悖入，本无足怪。欲改造此之后选举，应当有下列之准备：

（甲）主张智识选举。查历年选举调查表，知各区选民，堪列入智识阶级者，仅百分之二十，所以每次选举，弊重而言甘者，得达包揽之目的。就县选举而论：第一届县选当选人物，堪列入智识阶级者，几达三分之一，故当时县参两会成绩，颇足称许。本届当选议员，有智识者甚少，致不能贯激责任上之主张，此后无论省选、县选、乡选，当注重智识选举；并宜预先分乡分区,组织选举团。大西之青山俱乐部曾有此主张,惜范围太小,不发生若何努力。由各选举团以智识为标准,公推当选人物,使包揽者,无所施其技,方能产生光明磊落之代议士,取法乎上,仅得乎中,在吾暨民好自为之而已!

(乙)组织选举监察团。监察团之组织,仍以选举团为主体,由各乡区分别推举若干人,为选举时监察员;集员成团于省选、县选、乡选举行时,行施监察责任,以防临时发生流弊;务使选举合法而后已。

(丙)选举之附则。暨民无自治之智识,故讼案层出不穷。每一案之发生也,讼棍索诈,吏役习难,虽未曾如彭刚直所云:"一役下乡,而数家破产;一家犯法,而一村为墟。"然已受累不堪矣!吾谓暨邑乡自治,不妨自由恢复;除照第一届乡自治细则办理外,当蹿唐代乡长制度,行使乡评职权。凡一乡中乡民纠葛事项,当由乡自治会负排解之责任,孰曲孰直,以事实为根据,庶足以息人事。即有侥幸思逞,诉诸官厅者,乡自治得将两造真相,函知官厅,以备采取;虽采取与否,权操自执法者,然较之一纸状文,颠倒黑白者,已胜一筹矣,此弭讼之善法也,亦自治之天职也。

四、交通

暨邑道路湫溢,交通不便,今年成立之诸暨道路会,将来之成绩如何?还不敢逆料。最好分乡筹款,分乡筑路,实行工赈,成功较易。俟车水马龙,四通八达,我暨文化且蒸蒸日上,岂仅交通便利而已哉?

(甲)干路。浣江之当疏浚,已详于生计第三项,兹不赘,查暨邑道路成为纵线者有二:一自绍县交界之金霪浦经县治直达义乌;一自绍县交界之古博岭经枫桥直走东阳成为横线者。一自浦江交界之界牌经县治、枫桥达嵊县交界之走马岗,纵横交错,毗连邻封,此干路之宜修筑者也。

(乙)支路。暨邑面积较广,支路繁多,择要修筑,以助干路之交通,兹依乡区分列如下:

1.东乡。枫桥至桃岭,枫桥至苦竹溪。

2.南乡。牌头至浦江,牌头至东阳,街亭至东阳。

3.西乡。县治至大桥头,赵家埠至崔门镇。

4.西南乡。大桥头至边村。

5.西北乡。赵家埠至陶村。

6.北乡。县治至漓渚,姚公埠至里亭。

上列生计、教育、选举、交通各问题之重要,当为欲改造诸暨之同志所公认。其余如行政之腐败,司法之黑暗,皆当特树革命之旗帜,以竟改造之功,然有"治法无治人",王介甫所以得罪于宋。吾辈想改造诸暨当共同为改造之责任,若想责成于五日京兆之官吏,或求助于朕即国家之绅士,虽宽之以岁月,祝之以馨香,未必能如愿以偿。吾不敢主张诸暨人治诸暨,吾极盼望之在智(知)识阶级上之诸暨人,开共负改造诸暨之责任。

二、俞秀松给骆致襄的信(1920 年 3 月)

致襄世伯:

你从何灵处转来的信,昨天接到看过。一师的事到这步田地,原是我们早所逆[预]料的。官厅怎样严厉,同学总要一致抵御。倘同学到[倒]个个能够抱定奋斗和牺牲的志愿,照你所说的三步做法,官厅虽有解散学校的野心;但是解散终非易事。我前次给新产的信里说,"学校万一被官厅解散,我们同学千万不要就此纷纷走散。校里虽则不能进去住宿,我们同学不妨你抱我,我抱你,宿在露天之下。校里虽则不能进去上课,我们同学不妨在宽空马路之中,聚立听讲。我们到[倒]有这样的精神,官厅于我有何哉?"我对于一师没有别的好法,只有这个呆法子。其他想别人来帮忙的,我以为总不可靠。

我们这个团,现在生活非常难以维持,因为现在社会制度的下面,想拿半天劳工所得的工资,万难维持全天的生活费。前几天他们发起人公推李大钊、适胡[胡适]、徐彦之三人来同我们商量别的办法,找别的工作,例如在北大印铅印,当私人的书记,在图书馆办……大约总不至十分为难。他们发起人待我们的热忱,我是非常感激的。但是我和存统两人做事,想急[激]进一点,认这个"工读互助团"不是久长之处,所以我们决计就要离开此地,到别的地方去了。我们此番起,本是严守秘密的,但我可告诉你一个大略,我此后不想做个学问家(这是我本来的志愿),情原[愿]做个"举世唾骂"的革命家。我想去的地方,现在大约是漳州,将来或南洋，或俄国未定。我家里没有信给他们，请你转告。我是个自爱的人，请放心！

秀松

三、俞秀松给骆致襄的信（1920 年 4 月 4 日）

致襄：

你给我底信，收到了，勿念。我是三月廿六离京，廿七到沪。北京工读互助团因生活和感情问题，一变从前的主张，工作改变，人各管己，实行工读主义，做苦学生的办法。这种办法，对于学一方面足信可以长进一点，（大约他们——该团员——都在北大办事，或做北大教员底书记，或在图书馆里办事，或在印刷所做工，空的时间，就去听讲。胡适之想办一个"自修大学"，专为"工读生"而设的。）但是我不愿这样办法，所以离开该团，本想到漳州去，到了上海，玄庐不以为我们底办法为然，他说，你们到漳州去，不如在上海去入工厂，独秀、季陶也很表同情。此后我们决定去进工厂，但那[哪]种工厂还没有定，大约先去进机器工厂，得一些机械的常识。（季陶已经代我们去找了。）你说底一番话，"要改造社会，终不能一时离开社会，若要拿自己组织的新村，为改造社会的前驱，使社会里面的人，看得高不可攀，社会就不容易改造了！"我很认为不错，因此，我要去进工厂的。你又说"谋一个改造，能够不遭社会嫉忌的方法"，这句话，我以为不然，现在中国的社会是甚样的社会？中国底人是甚样的人？我们处在这种社会之中，和这般人而谈改造，不是用急[激]进的方法——好方法——无论如何不成功的。现在的人，都怕急[激]进的方法，徒使社会乱而不安的。是呀！这话很对很对。我认为我们改造社会的好方法，就是使社会愈闹得利[厉]害愈好；惟恐我们底方法，还不能使这个麻木不仁的社会闹起来呢！如果全世界能够大闹起来，那是我所更加欢迎了。

你说要我不必再寄身沪上，回到杭州来。我正莫名其妙，我是世界的人，决不是什么浙江，什么诸暨，什么人底的人。身到那[哪]里，就算那[哪]里人了，你不要误会我罢。我将离开北京的时候，曾经接到你底一封信，内中说"你的婚事，已缓期了"。恰恰[哈哈]！这种巴[把]戏，做得好笑不好笑！

···········

这里的同志，男女大小十四人，主张都极彻底，我实在还算不得什么。但是和爱快乐天真的空气，充满我底四周，真觉得做人底生趣。我现在很好，请你放心，并且请你告诉我底过去家庭，叫他们不要替我着想，听我底自由罢。

致襄！你［这］个人，直爽诚恳，我是非常佩服。但是我劝你一句，做人总要乐观，要乐观，总要前进。我看社会上一般人，年纪的大小，往往和进取的志气成反比，这是最不好的事。我是很能做勉强工夫的人，素向抱定决心，年纪大一岁，志气坚决一点，主张急［激］进一些。我平常看你不能十分乐观（韵琴也是这样），虽则环境和负担有关系，但是我劝你们看得破点，那就乐观了。

我就要离开星期评论社，去进工厂，改名换服，不与你们通信，请你原谅，请你们放心，我是个自由的人！

秀松

1920.4.4

绍兴图书馆藏鲍氏拓片四种述略

阮建根

绍兴图书馆所藏鲍氏碑刻拓片,计有《会稽鲍氏万卷楼记》《鲍济生先生家传》《绍兴鲍馥生先生家传》《资政鲍君家传》四种,都是绍兴鲍氏所遗存,前三种拓片收录在绍兴图书馆编撰《绍兴图书馆馆藏地方碑拓选》一书中。据考,该批拓片当为民国 26 年至 28 年期间(1937—1939)绍兴县修志委员会为修志所采集,解放后经修志委员之一王子馀先生之子王觊甫捐赠入藏,完好保存至今。部分文字已收录在《民国绍兴县志资料》第一、二辑中,可和鲍氏宗谱等史料互为佐证,对研究鲍氏一族乃至绍兴近代历史不无裨益。

据 1932 年《鲍氏五思堂宗谱稿》中鲍元辉撰《曾祖桐英公行状》云:"予族自肇祖尚志公起家于乾隆甲午,自歙徙越之高车头,历百五十余年。子姓繁衍,支分派别。初由高车头迁王家埭者,自吾曾祖桐英公始。"该支从安徽歙县迁绍第一世祖为鲍曾尚,字尚志,以业醝来会稽,于清乾隆三十九年(1774)卜居于高车头。到了鲍桐英(1791—1849)这代再迁王家埭。《民国绍兴县志资料》第一辑收录有《鲍曾尚传》。鲍曾尚曾孙鲍存经(1829—1882),字遗唐,以盐业发家,在绍兴城里购地拓基,于清光绪五年(1879)迁居郡城前观巷,自是,该分支称"前观巷鲍氏"。

该几种碑拓撰文者皆为当时名公巨卿,不但行文高雅,辞藻平实,且都经名家镌刻,拓制精良,不失为珍贵的历史文化遗存,现作逐一阐述。

一、会稽鲍氏万卷楼记

洪北江诗云:"瓶花斋中书有目,不减鲍家知不足。"今皖之鲍氏微矣,而越之鲍氏兴焉。会稽鲍君遗唐,世以禺策起家,至君而能文章,游庠序,襟抱泊如,不求闻达,号为市隐。

当粤寇之乱,浙东私枭充斥,大府知君有干济才,委以巡缉事。君请复旧纲,官商两利,浙东盐政厘然。而浙西寇氛尤甚,大府属君兼董,乃手定章程,理纷剔弊,而两浙盐政若网在纲。光绪庚辰,辞醵董,奉老父于稽山镜水之间,爰就宅旁隙地构精舍数楹,更起一楼为藏书之所,榜曰"万卷楼"。登楼俯视,水木明瑟,花竹蝉媛。其前为"余青轩",以邻天池先生"青藤书屋",故名。黄杨二本,短干诘屈,望如羽葆。凿池引水,游鲦下上,芳树扶疏,萧然有陶隐君柴桑下潠之胜。君能诗善画,日与伯兄寅初觞咏其间,致足乐也。

方筑楼时,其长孙芗谷始就傅。君诏之曰:"吾尝感于疏傅之言,伏波之诚,又读《韦贤传》,曰:'遗子黄金满籯,不如一经。'士非通经,不能致用。不读群经,无以通一经之旨,不兼赅四部,无以通训诂而资考证,致广大而尽精微。万卷楼之建,诚欲汝曹读书明理,期于体立而用行也,小子识之。"芗谷受教以来四十余年,园池如故,而丹粉渐凋,乃与弟冠臣葺而新之,增置纳楹所未备者。旧钞精椠,丹黄烂然。然则斯楼也,将驾知不足斋而上之,而继长增高,虽极之数十万卷、数百万卷而未有已也,岂不盛哉!

甲子上巳后一日,七十九翁恩施樊增祥撰。

吾越自淡生堂颓废后,三百年无藏书矣。是楼为鲍遗唐先生手筑,其文孙芗谷、冠臣昆季克世其业,且累岁增葺之,楼日新,书日夥,诚盛事也。楼前栽石为山,疏泉作沼,四时云树蓊郁,修廊画栏,朱碧掩映,望之如洞天一角,疑此中有仙人焉。余以世谊,获交芗谷、冠臣两君,春秋佳日,把卷登楼,览华胥之善文,窥杨家之秘记,芸香一几,花影一瓢,福地琅嬛,仿佛如遇。

丁卯三日,同县袁天庚书并跋。

吴郡张德生刻石。

上述《记》文,参考绍兴图书馆馆藏拓片和 1932 年《鲍氏五思堂宗谱

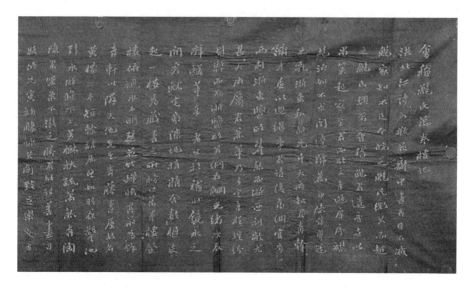

《会稽鲍氏万卷楼记》拓片（局部）

稿》卷一《会稽鲍氏万卷楼记》一文整理校核。原石嵌砌在万卷楼东墙上，是否存世不明。行书。

撰文者樊增祥（1846—1931），原名樊嘉、又名樊增，字嘉父，别字樊山，号云门，晚号天琴老人，湖北恩施人，曾师从绍兴李慈铭，为同光派的重要诗人，著有《樊山全集》。

书丹并题跋者袁天庚（1862—?），字梦白，号无耳尊者、梦翁，有时自署袁聋子，斋名八百里湖荷花词馆，绍兴城区长桥直街人，南社社员，民国著名词人、书画家。著有《八百里湖荷花渔唱》《八百里荷花馆题画词》《物鉴》《梵语》《痴寮梦呓》《无耳尊者题画》《画经》等。

据该《记》和前观巷鲍氏家族史料记载，鲍存经于清光绪六年（1880）"辞齑董，奉老父于稽山镜水之间，爰就宅旁隙地构精舍数楹，更起一楼为藏书之所，榜曰'万卷楼'"。可考证万卷楼成楼于1880年，迟于迁徙时间约1年。

据冯士礼所绘"前观巷图"，东侧一独立二层小楼即万卷楼，鲍芗谷日与"伯兄寅初觞咏其间，致足乐也"。伯兄寅初即鲍存晓，本生父鲍慕清，出继堂兄鲍炳南为子。其子鲍诚圭撰《先严事略》："讳存晓（1822—1884），字寅初，道光癸卯岁（1843）入会邑庠……先严以翰林院编修加四级,诰授奉直大夫,以子诚炎官兵马司副指挥加七级,晋封中议大夫。"鲍寅初是绍兴鲍氏中官衔最高的人物之一,工书法,著有《鲍太史集》八卷付梓行世,《痴虫诗余》未刊。

检点《鲍太史集》,有《营宅口占谕圬匠》《腊月二十四日遗唐移眷新宅即赋》《三月初六日遗唐全眷入宅》诸诗记前观巷鲍宅建造、迁居事。阅诗文可知该处旧为王蓉坡观察宅,"葺而新之,余监其役",说明鲍寅初也参与了该宅院的修建管理。又云鲍遗唐乔迁新居在"腊月二十四日",全眷入宅在"三月初六日"(清光绪五年)。

该《记》樊增祥撰于1924年,袁天庚跋于1927年,故题刻当在1927年后,即建楼47年后才勒石记事,当为鲍芎谷主持家政时延请樊增祥、袁天庚撰文书丹,并请苏州刻工张德生勒石。万卷楼是晚清至民国间绍兴有名的私家藏书楼,后鲍氏族人赓续书香,在前观巷创办了联合图书馆。1949年之后,该楼的部分藏书归入绍兴县立图书馆,即后之绍兴图书馆。

二、鲍济生先生家传

君鲍氏,讳诚坎,字济生,浙江绍兴县人。初,绍兴以府称,而会稽、山阴析县治以隶焉。既废府并县,始改今名,以旧籍言之,君为会稽人也。鲍氏之先为安徽歙县,清乾隆中始来著籍,节义孝友,有声于时。其家所称尚志公,实为始迁祖,郡县皆知之。

君之父仰山先生,讳存景,于公为曾孙,富而好施,人慕其贤。先娶陈夫人,有子曰诚坤,继娶王夫人,生子诚基。及君,盖君之生也,先生春秋已五十有九,故君早孤。

君之二兄皆承先业,为鹾商。君独自奋于学,既席门基,甘为缝掖,求诸昔贤,诚无多让。然不得志于有司,往试,每有所格,知者每叹息其材,以所遇为厄,君固不屑屑于科第也。其尝语人曰:"吾之于试,将以娱亲,得与不得,身外物耳。无以娱亲,此所大惧。"嗣以纳赀,官候选府同知并加四品衔,非君平昔之志矣。

君秉性肫挚,淡于荣利,虽乐事章句,惟讲求经世之学,不稍自弛。盖自光绪甲午(1894)以还,士夫怵于外祸,皆思言功利以救国,君于其时,固

《鲍济生先生家传》拓片

尝尽焉,以为忧也,恒干遽摧,泯然即世,此可恫耳。君于庚子(1900)之秋,偶婴小极,误于药剂,旬日加剧。弥留之前一日,有舟人适至其家,君命洁治帆楫,若将远行,群为谵呓,亦姑许之。乃不逾日而遽逝,一时传以为异,疑若前知。夫生死了然,实繇于神志泰定,稽于载籍,类此者多。若君之笃守儒风,饰巾待尽,固不待貌饰神仙家言以为君重也。

君生于清同治六年丁卯(1867)五月三十日,卒于光绪二十六年庚子(1900)闰八月十八日,年仅三十有四。君凡三娶,周恭人、冯恭人均无出,诸恭人生二子,曰德铸,幼慧而殇;曰德潜,学行能世其家,即宗元之友选臣也。有孙四,曰亦超、亦鉴、亦永、亦均。曾孙一,曰世培。

选臣以清宣统元年己酉（1909）二月，已奉君葬于县之河塔五羊口之原，与诸恭人同兆域，以葬促，不及乞铭于当代。今属宗元为述家传，以附谱乘，故举其荦荦大者以著于篇。

诸宗元曰：宗元与选臣交逾十年，今得叙述先德，诚所大幸。以素封之家而守儒业，志行继美，而不驰逐于功名，此尤足为乡里式焉。

中华民国二十年（1931）二月，世愚侄诸宗元拜撰。

嘉兴钱耆孙拜书。

武林王宗濂刻石。

刻石分 2 块，有界格，满行 12 字，楷书。拓片曾于 1936 年刊载于《天津商报画刊》第 17 卷 21 期上。

诸宗元（1875—1932），字贞壮，一字真长，别署迦持，晚号大至，浙江绍兴人，清光绪二十九年（1903）举人，官直隶知州、湖北黄州知府等，是民国时期著名藏书家、书画家。著有《大至阁诗稿》《病起楼诗》《吾暇堂类稿》《箧书别录》《中国书学浅说》《红树室近代人物志》等。和吴昌硕相交甚笃。

钱耆孙（生卒年不详），字仲英，浙江嘉兴人。钱家为书香门第，以藏书名誉江南。钱耆孙能诗善书，尤善晋唐小楷，与画家张大千、溥心畬、陈少梅等交往密切。清末曾任邮传部主事。著有《惜花盦诗钞》《光绪实录》《宣统政纪》等。

三、绍兴鲍馥生先生家传

绍兴蔡元培撰

余杭褚德彝书

先生讳承先，字馥生，姓鲍氏，绍兴县人。幼岸异，年十六而孤，经画家政，井井中度。鲍于绍兴为望族，以醵业起家，自先生经营而益丰。兄弟三人，有议析产者，先生独执不可，以母夫人命，始允焉。无何，其兄别设宝源钱肆于城中，大亏负，罄所有不足偿。先生忧之，倡合产偿债之议，而其弟年尚幼，析券臧母夫人处，先生固请而并火之。逋清，而家遂中落。

此为清光绪五年(1879)第一次析产复合之事。

先生既斥财,稍慰其兄,而无以对其弟,于是发愤兴复,朝夕焦思,亿无不中,鹾务大起色,不数年而尽复其资,且倍蓰焉。母夫人悯先生劳,复命析产。先生又执不可,长跽泣请,母夫人怒,杖之,犹不起,族长老咸走劝毋伤亲心,乃曲从之。是时事业方张,既并力殖己,所赢愈厚。先生愀然不怡,以兄弟不得均势,如获重谴,复以计焚券。是为清光绪十四年(1888)第二次析产复合之事。

清末,浙鹾销滞,徽广衢三府商课赔累至百余万,先生以"六地拢公截季带征"之说献于鹾尹,积困以苏。邑中创中西学堂,捐巨金为唱。清寒

《绍兴鲍馥生先生家传》拓片

戚族岁有存恤,益祠产,建医院,置义庄,章制完美。以至救灾睦邻,除道成梁,大小公益事知无不为,为无不诚,引疏广"多财损志"之说为大诫,可谓以财发身,积而能散者矣!

性夷旷,爱山水,常与贤士大夫游,或与田夫野老盘桓谐语,见者不知其为席丰履厚中人。事亲孝,不作远游。清光绪三十年(1904)遭母丧,哀毁过甚,得膈疾,逾数载,竟卒。

论曰:古称兄弟友爱,让宅让财者有之,分财而择取瘠薄者亦有之,未闻辛勤创业,义不独荣,一再焚券,如先生之卓卓者。天伦可亲,物质奚贵,通力互助,无愧急难,虽谓贤于古人可也!

古杭王宗濂刻石。

刻石分2块,有界格,满行10字,隶书。撰文者蔡元培,和鲍氏同为绍兴人,为绍兴世家大族和亲戚故旧撰写墓志铭和传记甚多,该文《蔡元培全集》似未收录。

书碑文者褚德彝(1871—1942),字松窗、守隅等,号礼堂,又作里堂,别号汉威、舟枕山民等,浙江余杭人,近代篆刻家、考古家。著有《金石学续录》《竹人录续》《松窗遗印》等。与黄牧甫、吴昌硕、赵叔孺、王福庵等交契至深。

据1932年《鲍氏五思堂宗谱稿》卷一鲍元辉《先府君行状》记载,"先府君讳承先,谱讳诚基,字馥生",是鲍存景次子。弟济生,讳诚坎。可见兄弟俩的家传都已刻碑上石。鲍存景和建前观巷宅的鲍存经(遗唐)是堂兄弟辈,但并非前观巷鲍氏。

此文《绍兴县志资料》第一辑收录。又,鲍馥生家传有两种,一为蔡元培撰《绍兴鲍馥生先生家传》,一为杭州唐风撰《诰授通奉大夫晋授资政大夫会稽鲍君家传》,都勒石成碑,绍兴图书馆存有拓片。然唐风所撰未收录在《绍兴图书馆馆藏地方碑拓选》中。

四、诰授通奉大夫晋授资政大夫会稽鲍君家传

钱塘唐风撰并书

君讳承先，字馥生，姓鲍氏，歙县渌饮先生裔也。其先迁会稽有年，遂为会稽人。曾祖立润，祖志荣，皆潜德弗仕，为乡祭酒。父存景，赠通奉大夫。有丈夫子三，君其次也。

通奉君世业醝，君少孤力学，承其业，家日以起。又孝事其母夫人王，友爱昆弟。其卓然可传者，鲍固大族，曾中落，君能一再并已析之产而合之，即是已足风世，视古之义门，何多让焉？

通奉君元配陈，前卒，久葬。洎君谋合祔，启土，则蚁聚其中，君匍匐号泣，捧骨易棺，凄动行路，诚感宗党。椎心泣血于前母，庸行之矫矫，世所罕也。自余斥赀赡族，拓地置庄，行谊悉称是。俭约自待，而待举火者数十家。

性喜听人诵书，意有未惬，辄点窜字句。其为学也，肫然粹然，隐与儒先垂训相表里。其握牢盆也，裕国课，恤商艰，与人交如醇酒良玉，久益芳泽，具见桐乡劳主事乃宣，仁和陆懋勋、山阴蔡元培两太史所撰诗文及次君部郎元辉所撰《状》。部郎秉君教，能以文学世其家。余归钓游里之四年，奉状以家传请，读其文，益见君之诒谋远也。

按《状》，君赏戴花翎，为光绪九年（1883）。长部设绍兴商业公会，为宣统二年（1910）。是年九月卒，年五十三。其生则咸丰九年（1859）十月云。

配冯夫人，有贤行，内外族式其俭勤。子元凯、元辉，分部行走员外郎；元佑、元懋。女四，长适孙庠勋，次适金葆颐，三适章寿松，四适孙家坎。孙九，曾孙三。墓在山阴县项里。

唐风曰：《元和姓纂》，鲍出于姒，禹裔也。是会稽之有鲍，古矣。春秋时，鲍叔牙后始居东海，汉晋间有居丹阳者。丹阳，汉会稽西部地，则皖之鲍固分自越之鲍也，明甚。昔尝见鲍寅初太史存晓来与先公谈及窀疆。客退，请于先公，公曰："汝不之知乎？越中山水佳，风土厚，虞仲翔所称'海岳精液，是生隽异，忠臣系踵，孝子连闾'者。唐之诗人吴进士融、窦隐

《资政鲍君家传》拓片

君疆所居,地以人名,见此乡先民尚朴而景贤也。"今老还旧庐,追惟庭训,谒禁泣然。在杭州又购得太史同治己巳过屯溪自制"敦古处斋"墨二笏,纪以一词,所谓斯文气韵、古松齐色者是已。太史,资政君诸父行也,部郎述先德,居名区,长子孙,服习乡贤,亦侚乎远矣。

岁次癸酉(1933)仲春之月谷旦。

其年孟夏勒石家祠。武林王宗濂刻石。

该《传》刻石分3块,首碑额"资政鲍君家传"为篆体书写,另正文2块有界格,楷书,满行12字。该拓《绍兴图书馆馆藏地方碑拓选》未收录,钱塘唐风撰并书。考,唐风即唐咏裳,字健翁,擅书法,喜好金石,浙江钱塘人(今杭州),故常署名"钱塘唐风"。其父唐恭安莅绍任官,始定居蠡城。唐家在绍兴曾有草貌桥居所和咸欢桥居所,故其闲章署"草貌唐家"。著有《特健药斋外编三种》《咸酸桥屋词》《庸谨堂岁华纪感》《庸谨堂诗钞文存》《续修浙江通志海塘长编》《特健药斋藏钱目》等。唐风与古越藏书楼渊源颇深。徐树兰先生在创建书楼之初即推出"存书之例",号召开明乡绅将私藏寄存于书楼,这些书籍后来一部分发还原主,但仍有不少转赠给了书楼。绍兴图书馆至今收藏了不少钤有"健伯捐"的藏品。

唐风所撰《家传》中言鲍馥生行略"具见桐乡劳主事乃宣,仁和陆懋勋、山阴蔡元培两太史所撰诗文及次君部郎元辉所撰《状》",可见除了蔡元培所撰《家传》和刊载于家谱的其子鲍元辉所撰《先府君行状》记录其行迹外,桐乡劳玉宣和杭州陆懋勋尚有诗文撰述,只是1932年编修的家谱未予收录。

今考《桐乡劳先生遗稿》,唐文中所云劳玉宣诗文,实未收录。另,陆懋勋著有《不忮求斋文存》四卷、《诗存》一卷,系未刊稿本,有无收录,待考。

又,唐文中,言及"在杭州又购得太史同治己巳过屯溪自制'敦古处斋'墨二笏,纪以一词,所谓斯文气韵、古松齐色者是已",可见鲍寅初不但精于书艺,还自己选烟制墨,亦一风雅之士。

一方好的碑刻,除了名家撰文书丹、精选碑石外,还须得良工镌刻。上述4种碑刻的刻工,除镌刻《会稽鲍氏万卷楼记》的"吴郡张德生"暂失

鲍寅初制墨

考外,其余 3 种据碑刻末落款,均为杭州地区有名的刻碑名家王宗濂所刻。

结　语

绍兴高车头鲍氏一族,自乾隆年间从安徽歙县新馆迁居绍兴后,以业蹉起家,恪守家法,孝友勤俭,励精图治,精于陶朱之术,至清中后期遂大为发达,业务范围拓展到盐业、钱庄、酱园、箔业等领域,资财雄厚,富甲一方。由于鲍氏经商得法,所致积累巨万,同时对地方事务如兴修水利、整理海塘、兴办绍郡中西学堂等亦积极捐助，对绍兴地方慈善和公益事务赞襄尤力。在清室鼎革之际，以鲍芗谷为首的鲍氏族人，又积极参与地方维稳，故绍兴民众对鲍氏一族极为推崇赞许。1909 年，鲍馥生、鲍芗谷还同时执掌绍兴商会正副会长，并创办绍兴《商业杂志》，开一时风气之先。

鲍氏以货殖起家后，尤其注重教育，延请名师，培养子弟，嗣后族人遂由贾入儒，入仕为官，在科举、著述、藏书方面也足可圈点，如鲍存晓官居翰林院编修，著有《鲍太史集》，其子鲍诚炎官兵马司副指挥；鲍元辉著有《汲修斋诗存》《质野斋丛稿》等；前观巷鲍遗唐在新居落成之际，就创办万卷楼，用于私家藏书，为晚清以降的绍兴人文增添了浓重的一笔。随着对绍兴鲍氏历史的深入挖掘，将对绍兴商业史、政治史、文化史的研究，有着极为重要的意义。

二、越中风物

印山越国王陵大遗址保护与考古遗址公园建设的若干思考

季承人

越国在东周史上占有十分重要的地位,越文化的考古工作是整个东周考古研究工作的重要组成部分。越文化是继7000多年前的河姆渡文化,5000多年前的良渚文化之后,长江下游地区又一个繁荣时代的开创者。春秋末期,地处东南沿海的越国西灭强吴,争霸中原,一跃成为当时的强国之一。越文化对促进当地经济文化的发展,促进不同文化之间的交流、融合和中华统一文明的形成发挥了重要的不可替代的作用。印山越国王陵的发现,是东周考古研究中的一项重大收获,对东周列国的王陵制度及其相互关系的比较研究,具有相当重要的价值。作为迄今发现并已完成考古发掘的第一座越国王陵,绍兴印山越国王陵作为越国文化研究的重要实物载体,具有很高的考古、建筑和科学研究价值,其地位和影响,当时,被文物界赞誉为"北有秦陵、南有印山"。对于有2500年建城史的绍兴古城更具有巨大的现实影响力。因此,加快推进印山越国王陵实施大遗址保护、开展考古遗址公园建设,符合绍兴地区经济、社会、文化、旅游、生态发展需要,对于弘扬中华优秀传统文化,推动文化遗产保护,提升地域特色文化,带动旅游经济发展,扩大绍兴的美誉度和影响力都将发挥积极的作用。

一、印山越国王陵概况及保护情况

(一)印山越国王陵概况

印山越国王陵位于绍兴古城西南13公里兰亭镇的里木栅村,四周有书法圣地兰亭、王阳明墓地和徐渭墓地。印山越国王陵最早的文献记载见于《越绝书》:"木客大冢者,勾践父允常冢也。初徙琅琊,使楼船卒二千八百人,伐松柏以为椁,故曰木客。去县十五里。"《吴越春秋》载:"越王使人如木客山,取元常之丧,欲徙葬琅琊,三穿元常之墓,墓中生燸风,飞砂石以射人,人莫能入。勾践曰:'吾前君其不徙乎?'遂置而去。"《水经注》载:"浙江又东与兰溪合……浙江又迳越王允常冢北。"又,明万历十五年(1587)《绍兴府志·祠祀志》载:"山阴越王允常墓在木客山。"同版《绍兴府志·山川志》:"木客山在府城西南二十七里。"清康熙五十八年(1719)《绍兴府志·祠祀志》:"山阴越王允常墓在木客山。《水经注》:'句践都琅琊,欲移允常冢,冢中生分风,飞沙射人,人不能近。句践谓不欲,遂止。'"清嘉庆八年(1796)《山阴县志·寺观冢墓》:"越王允常冢在县南十五里木客山。"历史文献记载为我们留下了越王允常陵墓的一丝线索。

印山越国王陵是越国王允常之墓,王陵包括四周环绕的隍壕和墓葬本体。

1. 隍壕

隍壕分布在印山山脚四周,总体平面范围呈南北长方形,南北长320米,东西宽265米,隍壕每面正中都有一段40—60米宽的通道,四面基本对称。隍壕四个转角均为曲尺形,四边整齐,转角归整,隍壕开口宽16—29米,深2.1—2.7米。

2. 墓葬本体

墓葬本体是甲字形深竖穴岩坑墓,位于隍壕中心略偏南,其上以高大的封土覆盖,封土基本形状呈东西向长方形覆斗状,其底部东西长72米,南北宽36米,发掘前保存完好。墓道设在墓室东壁正中,全长54米,开口宽6.5—14米,底宽3.4—8.7米。墓坑系凿岩而成,为长方形竖穴深坑,规模巨大,坑口长达 46 米,最宽处 19 米。甬道在墓室东端正中,与墓道相接,结构为加工方正的枋木三角形搭接;墓室建于墓坑正中,平面走向与墓坑一致,内底平面面积约 160 余平方米,其南北两侧墙用排列紧密的竖向枋木顶端相互支撑而成,室内分前、中、后三部分,中室放置一巨大的独木棺。墓室底部铺设厚近 1.3 米的木炭层,其外也填筑 1 米厚的木炭层。

印山越国王陵因其气势宏大,营建精心,是研究和证明越国那段辉煌历史最有价值、最有说服力的实证和线索,具有重要的历史、艺术和科学价值。

(二)前期保护情况

20 世纪 80 年代,印山大墓被发现,并开始进入考古调查和保护工作,省、市、县的文物考古人员多次到实地进行考察和调查。

1995 年,绍兴县人民政府(今柯桥区人民政府)将印山大墓公布为县级重点文物保护单位。

1996 年 9 月初至 1998 年 4 月,浙江省文物考古研究所主持,并与绍兴县文物保护管理所(今绍兴市柯桥区文化发展中心(柯桥区文物保护管理所))共同派员组成印山大墓考古队,对大墓进行了抢救性发掘。发掘一共分为 4 个阶段,主要工作分别是前期勘查与发掘墓上封土、清理墓坑和墓道的填土、清理墓室、清理甬道和木结构墓室的测绘等资料记录工作。至此,印山大墓的野外发掘工作基本结束。发掘表明,印山大墓是一座设有宽大长墓道的甲字形深竖穴岩坑墓,墓上堆筑高大的封土,外围四周还设保护防御性的隍壕,整个陵区总体规模在 8.5 万平方米左右。由于大墓在历史上及现代曾多次被盗,墓中出土的遗物甚少,主要是少量印纹陶和原始瓷片及修建陵墓时使用的部分工具,还有少量玉器、漆木器与陶器。尽管所存遗物不多,印山大墓还是因其巨大的墓葬规模、特殊而豪华的墓室、严密而讲究的填筑、外围隍壕的设置、营建工程的庞大等极大地震撼了考古工作者。

1998 年 5 月,印山越国王陵被评为当年"全国十大考古新发现"。

1999 年 12 月,浙江省人民政府以"印山越国王陵"为名,公布其为第四批浙江省文物保护单位。

2000 年 9 月,印山越国王陵完成本体保护工程实行对外开放。

2001 年 6 月 25 日,国务院公布印山越国王陵为第五批全国重点文物保护单位。

此前的发掘及研究工作将印山越国王陵的神秘面纱逐渐揭开,但是针对越国王陵及贵族墓葬的系统考古工作尚未全面开展。为此,2011 年,浙江省文物考古研究所制定了《绍兴越国王陵及贵族墓葬考古工作规划(2011—2015 年)》,并对印山越国王陵及周边乡镇进行了为期 5 年系统的考古调查、测绘和勘探工作,取得了丰硕成果。在前期工作的基础上,厘清了绍兴高等级墓葬的主要分布区,确认了战国时期越国王陵区,基本搞清了越国贵族墓地周边古水系及沟状遗迹的分布状况,并获取了建立地理信息系统的基础数据资料。所有前期工作,都为印山越国王陵下一阶段的保护和利用打下了良好的工作基础。

二、大遗址保护与考古遗址公园的内涵及导向

党的十八大以来,习近平总书记就加强文物工作发表了一系列重要讲话。2020 年 9 月 28 日,习近平总书记在十九届中央政治局第二十三次集体学习时就考古工作发表了重要讲话,习近平总书记指出:"中华文明具有独特文化基因和自身发展历程,植根于中华大地,同世界其他文明相互交流,与时代共进步,有着旺盛生命力。""考古工作是展示和构建中华民族历史、中华文明瑰宝的重要工作。""考古学者将埋藏于地下的古代遗存发掘出土、将封尘的历史揭示出来,将对它的解读和认识转化为新的历史知识。""要通过深入学习历史,加强考古成果和历史研究成果的传播,教育引导广大干部群众特别是青少年认识中华文明起源和发展的历史脉络,认识中华文明取得的灿烂成就,认识中华文明对人类文明的重大贡献,不断增强民族凝聚力、民族自豪感。"这一系列的重要论述,都为加快推进大遗址保护和国家考古遗址公园建设指明了方向,增强了动力。

根据 1995 年全国文物工作会议上提出"大型文化遗址"概述,1997 年,国务院《关于加强和改善文物工作的通知》中首次使用了"大型文化遗

址"的提法,大遗址专指中国文化遗产中规模特大、占地较广、文化价值突出的大型文化遗址,主要包括反映中国古代历史各个发展阶段涉及政治、宗教、军事、科技、工业、农业、建筑、交通、水利等方面历史文化信息,具有规模宏大、价值重大、影响深远的大型聚落、城址、宫室、陵寝等遗址、遗址群。这是从文物保护与管理角度提出的一个新概念。其承载着丰富的历史信息和文化基因,是中国五千年来灿烂文明史的主体和典型代表,不仅具有深厚的科学与文化底蕴,同时也是极具特色的环境景观和旅游资源。

大遗址保护,就是要将遗址的保护从单一保护扩大到整个环境保护的范畴。其已成为各国历史文化遗产保护中的新焦点。国家大遗址保护工程自 2005 年正式启动,逐步建立了国家大遗址保护项目库。2020 年 8 月,国家文物局印发了《大遗址利用导则(试行)》,总结了多年的实践经验,对大遗址保护利用具有引领意义。到"十三五"期末,已有 150 处大遗址项目,36 处国家考古遗址公园和 67 处考古遗址公园立项单位,"大遗址"概念得到普遍认可,成为文物保护利用中的重中之重。

大遗址保护是指对具有特殊价值的大型古文化遗址进行合理的规划、管理和利用。大遗址承载着丰富的科学信息、历史记忆、文化精神和社会认同,其自身价值意义的重要性和丰富性,决定了大遗址利用工作的包容性、多元性和复杂性。

《导则》明确了大遗址利用应具备的基础条件:文物保存现状良好,无重大安全隐患,能够保障人员安全和文物安全。有明确的大遗址专门管理机构,权责清晰,能够履行大遗址利用或监管职责。文物保护规划已经公布实施,或文物保护区划和管理规定已公布执行,保护、展示要求和策略明确。考古研究工作具有一定基础,已编制中长期考古研究工作计划,有固定的考古发掘资质单位承担考古工作,并与大遗址专门管理机构建立稳定的合作关系。只有将大遗址的价值载体与意义积极融入当代生活,不断丰富内容,提升品质,服务民生,才能促进文物事业走向更加开放、包容的永续保护利用之路。

国家考古遗址公园是在大遗址保护实践进程中,出现的新生事物,是一种创新。遗址公园的概念,进入文物保护领域是 2000 年国家文物局批复的《圆明园遗址公园规划》。2009 年 12 月,国家文物局制订的《国家考古遗址公园管理办法(试行)》,将国家考古遗址公园定义为"是指以重要考古遗址及其背景环境为主体,具有科研、教育、游憩等功能,在考古遗址保护和展示方面具有全国性的示范意义的特定公共空间"。说明建设国家考古遗址公园是有条件的。具体条件有两条是硬指标:一是要有经省政府公布的文物保护规划;二是要经国家文物局批准的长期考古计划,并要专门制订符合保护规划的遗址公园规划。它是国际文化遗产保护理念与中国国情民情相结合的产物,是中国文化遗产保护领域的重要创新。

当前,国家考古遗址公园创建呈现出以下工作导向:

1. 政府主体的导向。坚持发挥政府的指导和引导作用,宏观把握国家考古遗址公园的发展方向;鼓励依托公园开展文化创意产业、文化旅游、生态农业等低强度开发利用,协调保护与发展的关系。

2. 科学规划的导向。坚持依据文物保护规划和遗址公园建设规划进行建设运行;国家考古遗址公园以遗址本体及其周边环境的整体保护为重点,合理确定公园建设规模和公园范围。切实加强考古与规划、考古与保护的衔接,将考古研究贯穿于遗址公园建设的始终。

3. 服务社会的导向。坚持国家考古遗址公园的公益属性,以国家考古遗址公园为载体,系统、全面地展现中华文明的历史文化价值和中华民族的精神追求,自觉承担公园的社会服务功能。允许通过市场化手段提升公园展示利用和文化服务质量,逐步探索一条具有中国特色的文化遗产保护利用之路。

纵观上述大遗址保护和考古遗址公园创建的理念、内涵和工作导向,我们应本着对历史负责、对人民负责的态度,增强保护意识,落实政府责任,确保文物安全,有效挖掘蕴含的历史、文化和科学价值,积极推进印山越国王陵的大遗址保护和考古遗址公园的建设,推动中华优秀传统文化创造性转化和创新性发展。

三、印山越国王陵的文物价值和旅游价值

（一）文物价值

1.历史价值

印山越国王陵的发现与发掘，是越文化考古上的重大突破，是长江下游继河姆渡文化、良渚文化之后又一重大考古发现。越国是战国时期第一个称霸的国家，印山越国王陵的发现也是东周考古研究的重要组成部分，对东周列国的王陵制度及其相关关系的比较研究，具有相当重要的价值。印山越国王陵营建精心，气势宏达，为研究强盛时期的越国历史提供了有力线索。

印山越国王陵的墓室形制，在采取当地传统形制的基础之上有所创新，不同于此前浙江地区越墓流行的石室土墩墓而采用竖穴深坑封土墓，并且采用巨大的木材而非石材构筑墓室；墓室既填青高泥又填木炭，陵区外围环绕隍壕，这些特征也非仅受某一文化影响的结果。这有助于研究越国建国前后埋葬制度的变化，重新审视和寻找促进其发生变化的动力与文化来源。

绍兴是春秋战国时期越国都城。印山越国王陵的发现和发掘，为越国古都建于斯、发展于斯提供了实物佐证，对越国发展历史及都城的研究有十分重要作用。

2.艺术价值

越国是春秋、战国时期分布在我国东南沿海的国家，曾为"春秋五霸"之一。自越王允常时始称王，其子勾践灭吴后，北上中原，称霸诸侯，直至后世无疆，这段时期国力十分强大，所以印山越国王陵规模宏大，气势雄伟，墓室豪华。它的发现与发掘，为研究越国"其兴也勃，其亡也忽"的历史提供了重要的实物见证。

印山越国王陵历史上曾多次遭受盗掘，出土文物仅 42 件套，尽管如此，残留下来的玉镇、玉钩、玉剑及玉饰等玉制品还是表现出了较大的艺术价值，反映了该地区玉器礼制文化高度发达的特点。

越王陵横断面呈三角形墓室,第一次显示了不同于各地已发现的汉以前流行的矩形木椁。这种结构形式,不但在江浙地区前所未见,在全国也属首次发现;陵区外围隍壕对称布局,这种新的墓葬形制有十分重要的艺术价值。

3. 科学价值

印山越国王陵通过科学的考古发掘,首次揭示了越国王陵的真实面貌,三角形墓室以及层层防护的高超防腐技术有十分重要的科学价值,是中国早期墓葬保存技术的杰出代表。

(二)旅游价值

1. 印山越国王陵人文景观与自然景观得天独厚,依托厚重的人文资源和良好的自然环境,适度利用和开发文化旅游具有极大的潜力和广阔的前景。印山越国王陵地处绍兴旅游重镇兰亭,素有"绍兴后花园"的美誉,区域内资源丰富,遍地是绿色茶园,绿原碧野,阡陌纵横,四周公路环绕,水陆交通便捷,山清水秀,风光秀丽,是历代名人墓葬风水宝地,闻名中外的"山阴道"、兰亭和王阳明墓地相傍左右,靠西北侧200米的姜婆山东麓有明代文学家、书画家徐渭及其家属的墓地,人文底蕴深厚。在越王陵西侧1000米内尚有一字排开、大小体量相若的4座小山,其中最西面第二座小山已被确定有大型竖穴土坑木椁墓,其时代为春秋战国时期,可能与印山越国王陵有关。所以说,如果把印山越国王陵新一轮的保护和开发启动起来,与周边的兰亭书法景区、王阳明景区、徐渭墓园、越国古城、兰亭森林公园、兰亭古道等文物史迹、名胜景区串成一线,相信会是一处非常值得期待的历史文化旅游胜地。

2. 印山越国王陵是越文化最具标志、最具分量、最具特色、最具完整的大型文化遗产实证,它本身的旅游价值以及它发掘、唤醒、整合、带动、辐射的越文化旅游资源极其丰富,不可限量。

所谓越文化,指的是古代越国所创造的文化。绍兴无论在百越民族史上还是越文化上都具有无可替代的重要地位。

战国秦汉是华夏族汉族演进的重要时期。百越民族大规模融入华夏、汉族，壮大了汉族的队伍，成为汉族的重要族源之一。当时的百越，可以分为四大区系：一是北系，其核心地域是江浙，其民族可统称为"於越"；二是东系，其核心地域是福建，其民族可统称为"闽越"；三是南系，其核心地域是两广，其民族可统称为"扬越"；四是西系，其核心地域是云贵，其民族可统称为"夷越"。

春秋时期壮大起来的越国，其势力一直活跃到战国晚期，在其灭吴称霸之后极盛时期的范围，包括了今浙江、江苏、安徽，以及江西东部、福建北部、山东南部地区。

越国是以绍兴为核心地域的於越部族所建立的一个政权。该族是百越群体中文化最为先进，经济最为发达，政治成就最为卓著，与中原民族联合最为密切，对整个百越地区历史影响最为深远的一支。

正是由于以绍兴为国都的越国在越文化中占有如此重要的地位，在百越民族史上发挥过如此积极的作用，因此，印山越国王陵乃至越文化是绍兴得天独厚的旅游资源，应该大张旗鼓地开发和利用，使绍兴成为全国越文化研学游的中心。

3. 依托印山越国王陵打造越文化寻根之旅，推动文化资源优势转化为旅游产业优势，积极打造绍兴旅游新名片。

越文化覆盖着一个极其广大的地域，其传播范围不仅限于境内。近从自日本列岛到中南半岛的这个弯月形的周边地区，远到整个环太平洋区域，都有越文化的遗存和影响。

1989年出版的首部《中国航海史》指出，上古时期分布在中国东南沿海地区的百越人5000年前就驾着他们发明的竹筏，趁着赤道逆流，由西向东，逐岛漂航，横渡太平洋，到达了美洲西岸。

在如此广阔的一个地域内生活着的人们，在民族渊源上有密切的联系，在经济文化上曾有过共同的特征，这些共同的因素虽然在以后漫长的历史进程中由于地理上的阻碍等原因发生了极大的变异和消长，但是毫无疑问，这种共同的民族因素和文化因素都曾对各地区历史的发展产生过巨大的影响。并且作为一种文化积淀代代相传，直到今天仍发生某种作用。今天，这些地区和国家之间的交往日趋密切，如能通过对越文化的传播,使大家追溯到共同的祖先,共同的文化,并通过对这一古文化圈的重新了解而产生认同感,就必将对这一区域的国际和平、经济合作、文化交流和社会进步产生积极的作用和影响,而绍兴作为这一文化圈的辐射辐聚中心,将受益不浅。因此,通过印山越国王陵保护利用为突破口,大力开展越文化研究,开发越文化资源,发展越文化旅游,积极打造绍兴旅游走出去的新名片,使绍兴成为百越诸族诸国的寻根问祖之地,进一步推动绍兴旅游业走向世界。

四、印山越国王陵大遗址保护及考古遗址公园建设的设想

绍兴印山越国王陵作为越国文化研究的重要载体,具有规模宏大、价值巨大、影响深远的特点,具有很高的考古、建筑和科学研究价值。印山越国王陵承载着丰富的文化内涵和历史信息,是研究越国文化的重要实物见证,也是绍兴极具特色的文物旅游资源。站在历史和现实的角度,特别是国家对大遗址保护和考古遗址公园建设的政策导向,完全有必要对印山越国王陵实施大遗址保护和遗址公园建设。通过对印山越国王陵的大遗址保护和考古遗址公园的建设,使之与绍兴经济社会发展相结合,与绍兴城市建设相结合,与绍兴城镇环境改善相结合,与绍兴人民生活水平提高相结合,最终实现遗址公园建设与绍兴经济、社会、文化、生态的可持续发展。

(一)印山越国王陵大遗址保护工作建议

1. 保护原则

(1)在文物工作方针"保护为主、抢救第一、合理利用、加强管理"的指导下,遵循保护遗产本体与环境的真实性、完整性原则。

(2)在有效保护王陵本体与环境的基础上,注重王陵整体格局保护,兼顾土地资源、生态资源、景观资源的综合保护与利用,统筹区域文化资源的整合,促进王陵所在地区的社会、文化和经济协调发展。

(3)坚持多学科共同参与考古研究、文物保护和社会发展。

2.保护范围

南、东两面以新设的王陵路(暂名)为界,北达坡塘公路,西至木鱼山脚,总面积 84.23 公顷。保护范围分为王陵本体保护区、文物可能埋藏区和一般保护区。

(1)王陵本体保护区:保护范围内,将印山及周边的人工隍壕以内区域划定为王陵本体保护区。

(2)文物可能埋藏区:保护范围内,将姜婆山、鲶鱼山、大潜蟒山,共四座山体划定为文物可能埋藏区。

(3)一般保护区:保护范围内,除重点保护区外,即为一般保护区。

3.保护措施

(1)实施大墓(木客大冢)保护工程:对保护展示棚实施维修工程,包括建筑屋面、立面;维修周边道路;修缮游客服务设施;设置监测系统,改进管理措施;检测、加固岩坑边坡,防止岩石剥落、渗水等危害;论证气温、干湿度变化等对木质棺椁等的影响,重新评估原址保护工程的实施效果;制定详细的监测计划,对木质棺椁本体的退化机理进行监测和预防性保护。

(2)实施隍壕保护工程:清理隍壕,标识隍壕边界并保护边坡,维持生态;同时进行隍壕展示和边界保护标识;建立定期巡查机制;对隍壕的边界、水质、植被等情况进行监测。

(3)古工程沟保护工程:考古资料显示,印山北侧挖沟很可能为建大墓时从北侧河边通往山体开挖的实施工程的通道,应对其进行回填保护,并进行地表标识。

(二)印山越国王陵考古遗址公园(越文化主题公园)建设的设想

1.遵循原则

坚持"保护为先、合理开发、有序推进"的原则,坚持考古与规划先行,通过考古遗址公园建设这种新型的开发利用模式将印山越国王陵的文物价值和越文化的丰富内涵最大程度地有形化重构,使保护理念和主题更加鲜明,使遗址和公众的距离更为贴近,使越文化得到最大限度的再现和传播。

2.发展目标

印山越国王陵在实施大遗址保护的基础上,将它作为厚重的历史文化遗产进行开发和利用,用科学的保护理念展示印山越国王陵自身独特的文化内涵和历史价值,确保遗址本体与周边环境的真实性和完整性,使印山越国王陵遗址保护利用与兰亭文化旅游度假开发区相协调,让印山越国王陵考古遗址公园成为立足绍兴、影响全国、辐射周边国家的最具代表的越文化主题公园。

3.近期(2021—2025年)实施重点

(1)编制印山越国王陵大遗址保护发展规划,并按年度细化实施方案。

(2)争取列入省级考古遗址公园。

(3)争取国家文物局大遗址保护申请立项。

(4)将印山越国王陵考古遗址公园建设纳入柯桥区和兰亭文化旅游度假区的经济和社会发展计划,纳入“两区”的城乡建设规划、土地利用总体规划,纳入区财政预算,纳入文化旅游体制改革。

(5)修缮印山越国王陵本体展示工程。原貌展示越国王陵独特的墓室结构与墓葬方式,充分表现其陵园布局与制度,体现越王陵独特的墓葬风格及文化,展示越王陵的真实性、完整性和越国文明的创造性特征,全面修缮王陵区内展示设施,提高展示手段和展示效果。

(6)印山越国王陵及隍壕原址保护及环境整治。完成越王陵及隍壕的土地置换流转工作,完善整修王陵区道路、停车场和游客服务设施,按照风貌协调的原则,重点改造印山的绿化景观,修缮隍壕形态,恢复隍壕原有走向和格局,隍壕周边进行人行道路保护标识,在隍壕外边界修筑约1.2米左右的步行道,同时进行隍壕展示和边界保护标识。

(7)印山越国王陵周边地区的考古调查和发掘工作。开展越王陵及周边贵族墓葬群的考古发掘、科技研究以及出土文物的考证和原始资料研究整理,结合开展王陵所在地的历史环境、地理等信息研究,从更大的区域视角对越国文化进行深入考古研究。

4.远期(2026—2035 年)实施重点

(1)完成国家文物局考古遗址公园申请立项,并扎实推进各项规划和建设工作。

(2)印山越国王陵考古遗址公园环境风貌改造工程。越王陵的环境风貌应与生态、土地、景观等自然资源的综合保护与利用相结合,在取得充分的历史环境资料后,要结合风貌协调、生态保护的前提下,编制绿化景观规划,特别要充分利用好印山越国王陵周边大面积的茶园,这既是王陵区的重要环境资源,也是王陵区的一大特色,确保环境风貌符合王陵的价值和品质。

(3)印山越国王陵考古遗址公园旅游、交通、服务、管理等配套设施工程。

(4)规划建设"越文化主题公园"。在推进考古遗址公园建设的同时,根据绍兴市委、市政府关于兰亭文化旅游度假区的总体布局,以印山越国王陵考古遗址公园为中心,以越文化为主题,以百越多样性文化为特色,结合绍兴南部山区的地域文化特色,总体规划,选点布局,分步实施,推进"越文化主题公园"建设。

①越文化主题馆建设。展示可以围绕百越历史、百越文化、百越风俗、越国历史、越国文化、越国文物、越地风俗、越地文献等内容,展示形式要充分利用现代科技手段,全方位展示越文化,增强可读性,扩大影响力。

②百越文化村。依托会稽山合理选点布局,利用百越多样性民俗居住文化特色,可以在平水选点,也可以整合兰亭国家森林公园资源,规划建设以百越风俗民宿度假区和百越风情表演展示区为主要内容的"百越文化村",打造融百越文化、百越风俗、百越风情和森林生态于一体的百越文化旅游目的地。

③越国铸剑文化展示区。利用平水上灶、中灶、下灶的越国铸剑遗址,发掘和展示越国铸剑的历史、工艺和胆剑文化,依托现有铸剑的非遗传统工艺,积极打造越剑历史、越剑铸造、越剑文化的展示中心。

④越瓷文化展示区。原始瓷是越人的发明和创造,古越人创烧的几何印纹硬陶和原始瓷器,在当时各民族中首屈一指,影响深远。特别是原

始瓷器的出现和发展,为后来的成熟瓷器的诞生奠定了坚实基础。要充分挖掘这一文化宝库,可以利用全国文保单位富盛战国窑址,充分发掘越窑历史、越瓷工艺、越瓷文化,结合现有非遗越窑传统工艺,积极打造越窑文化展示和陶艺体检中心。

五、结语

综上所述,印山越国王陵的文物价值和旅游资源是显而易见的,其在国内王陵遗址中具有独特的重要地位,实行大遗址保护和考古遗址公园建设,有其独特的优势和魅力。对印山越国王陵大遗址保护,我们要积极借鉴"积极保护、持续利用、文化展示、民生和谐"的"良渚模式",立足于印山越王陵遗址及其背景环境的保护、展示、利用,促进教育、科研、旅游、休闲等多项功能。扎实推进印山越王陵大遗址保护和考古遗址公园建设,让印山越王陵成为国家大遗址保护和考古遗址公园建设的范例。

若耶山、若耶溪寻踪

葛国庆

若耶溪流域曾是先秦越国政治、经济、文化中心，故若耶溪是古越母亲河。秦汉以降，若耶溪一直为世人所重。唐宋时期，会稽山水甲东南，而耶溪两岸山水兼秀之独特风光，更是"浙东唐诗之路"争相吟颂、浓墨重彩的节点。

"若耶溪源出若耶山"，那么若耶山在哪儿？包含哪些山体？又有哪些源水？若耶溪真正起于何处？这些，今天恐怕少有人能答得上来。

笔者私好越地山水，沉思并探寻若耶山水已久矣。本文欲以史料累积作基础，再借以实地调查，融会梳理，正反印证，企求拨开浮云，现其本来面目。

历史上古地名、山名之渐失，多在物是人非后，名望人物、名望事件、甚或名望建筑之迭出，致新名不时派生，旧名随所淹废。若干年后，其源难溯，其根难寻。好在自然界山水态势更变不多，又有历代文人笔墨传世，才可再寻根源，再现古名古义。

此若耶山、若耶溪寻踪，勤 10 余年广罗文献，梳理出明觉山、何山、云门山当为古若耶山核心区域。再以此层层展开，抽丝剥茧，遂使若耶山山势显现。继遵循"若耶溪源出若耶山"准则，导出若耶溪真正起始点。

越地早期地理史料集大成者，不外乎《越绝书》《吴越春秋》。然翻检二书，并无专指若耶山措辞，更无若耶溪起讫位置记述。

查《越绝书》，"若耶"出现 4 处，对应短句为"射于乐野之衢，走犬若耶，休谋石室，食于冰厨。""若耶大冢者，勾践所徙葬先君夫镡冢也，去县二十五里。""若耶之溪,涸而出铜。""今赤堇之山已合,若耶之溪深而不测。"《吴越春秋》仅及1处:"若耶之溪深而莫测。"两书直述若耶溪者有三,但均无溪流起讫描述。其言"若耶大冢"者,是为冢名,虽言及"去县二十五里",然与本文探讨主旨相去较远。又"走犬若耶",其前文为"勾践之出入也,齐于稷山,往从田里,去从北郭门。照龟龟山,更驾台,驰于离丘,游于美人宫,兴乐中宿,过历马丘",考其地域在耶溪北端,城郭东郊,与探寻若耶山、若耶溪源迹更为广远。

既然《越绝书》《吴越春秋》未有可用文辞,则须扩大范围,深耕古籍。经辛勤耕耘,终在300余条文献中,获得蛛丝马迹。

一、今明觉山是古若耶山

《万历绍兴府志》卷四载:"刺涪山,在云门山南,一名明觉山。山不甚高,登其巅,则见云门、陶晏诸山列其下。阴壁兀立,盛夏爽然如秋。其名明觉者,盖明觉寺基也。"《嘉泰会稽志》言:"明觉院,在县东三十五里刺涪山。唐开元十八年(730)建,会昌毁废。晋天福八年(943)复建,号大明院。治平二年(1065)改今额。"据此可知,明觉山是因建明觉寺而命其名,则知此前并不称明觉山。然明《云门志略》卷一载:"若耶山,在钓矶西,下有采莲田,东有若耶岭。旧经云:葛玄学道于此山。……山下有潭,潭上有石,号葛仙石。"葛仙石、钓矶石在绍兴方志中频频出现,宋《嘉泰会稽志》载:"葛仙石,在县东若耶溪,葛稚川尝投竿坐憩于此,谢康乐兄弟皆尝游,每至此酬唱忘归。"明《云门志略》更将其奇异石景绘入"云门图",并再记:"葛仙石,在若耶溪中,石甚奇。葛稚川尝投竿于此,故亦呼为钓矶。"明刘基在《深居精舍记》亦云:"初入溪口,有奇石拔起沙水中,状如折柱。其下者如伏兽,其名曰钓台,其石罅皆有树。"晚清旧文学殿军李慈铭,专以《化山大溪中有巨石孤立,奇古可喜,传是葛仙翁钓石》为题作诗:"……孤根自倒植,……僵石突相拒。虬藤下饮水,瘦趾忽前府。……何年蹲葛仙,投竿钓烟渚。……侧面势尽削,余力犹可拄。"石形石貌跃然诗中。调查获知:该石在1957年建造平水江水库时,因大坝迎水坡砌石之需,将其地上部分爆破,用于砌筑水库迎水大坝,位置就在今平水江水库启闭机稍南侧。

钓矶石定位了，则根据"若耶山，在钓矶西"记载，若耶山也就确凿了，都今平水江水库启闭机西侧明觉山是也。《乾隆绍兴府志》所记，更可反证这明觉山就是古若耶山。其道："若耶山……下有采莲田，东有若耶岭。下复有潭，潭上有葛仙石。"方志所记，不管从山下之石说到山上，或从山上再说到山下，这葛仙石西旁之山都认定就是古若耶山。所谓"东有若耶岭"，从周边土著的大量调查中，均可认定就是一直延续至今的何山岭，这条岭道是何山村内往南外出至山南片区的唯一通道。明刘基《发普济过明觉寺至深居记》云："乃登舆，度何山岭，上刺浮，至明觉寺……自前岭绝涧……趣行至深居道上。"走的就是这条岭道。因此足可认定，这何山岭即是古之若耶岭，只因若耶山易名为何山后（下文论述之），才致古若耶岭随之亦改名为何山岭了。

二、今何山是古若耶山

何山者，今人并不陌生，因其山名、地名乃至村名，一直存续于今。但这何山并不是其"本"名，它的原名该是什么呢？

《浙江古今地名词典》："何山，古山名。在绍兴县南平水江乡。南朝齐永明（483—493）中，国子祭酒何允去官隐居于此，故名。"史志中何胤因避讳作何允（下文涉避讳字即直录原字）。《嘉泰会稽志》载："梁何胤，字子季，庐江灊人，仕齐至中书令，卖园宅，欲入东山，拜表辞职，不待报辄去。有诏许之。以会稽山多灵异，往游焉，居若耶山云门寺。初，胤二兄求、点并栖遁，求先卒，至是胤又隐。世号点为大山，胤为小山，亦曰东山，世谓何氏三高。梁武帝践祚诏为特进，不起。有敕给白衣尚书禄，固辞。又敕山阴库钱月给五万，不受。乃敕何子朗、孔寿等六人于东山受学。胤以若耶处势迫隘，不容学徒，遂迁秦望山。山有飞泉，乃起学舍，即林成援，因岩为堵。别为小阁室，寝处其中，躬自启闭，僮仆无得至者。"《康熙会稽县志》接其文更谓："别有室在若耶山，洪水暴作，大木具拔，胤室独存。"

据此，何胤隐遁始居地当在今何山之地，之后何山山名亦由之而来。后因其地"处势迫隘，不容学徒，遂迁秦望山"。而另有言"洪水暴作，胤室独存"之"别有室在若耶山",当是何胤初始隐居之旧室。

何胤旧室在何处？明刘基游若耶、云门，作有五记，其《自灵峰适深居过普济寺清远楼记》中描述："外视甚峻绝，若无所容。陟石径数十步，忽平广，而寺始见……问之，则晋时鸿明禅师讲经之所，将军何充(时会稽郡太守)常诣听讲，有何胤读书之室，故又谓之何山寺。"普济寺为云门寺一析为六时最偏远之寺，寺址在今何山岙深处。元至正十五年(1355)六月刘基作记时，普济寺仍有称何山寺者，寺内更设有"何胤读书之室"，故何胤初始隐居地当在此或此处附近不疑。

据唐《弘赞法华传》卷五，南朝梁武帝萧衍时，有释道度者于"普通七年(526)八月三日，乃入东州，至若耶山何令寺绝岩之间，爰构禅室"。此可佐证"何令寺绝岩"之地，就是古若耶山，即今何山整处山岙及两侧山体，正是古若耶山山体之一。

何胤生于宋文帝元嘉二十三年(446)，卒于梁武帝大通三年(529)。初起家齐秘书郎，迁太子舍人，出为建安太守，累迁中书郎、员外散骑常侍、太尉从事中郎、司徒右长史、给事黄门侍郎、太子中庶子、领国子博士。永明十年(492)，迁侍中，领步兵校尉，转为国子祭酒。又迁左民尚书，领骁骑、中书令。据宋王钦若《册府元龟》载，胤欲隐若耶山时"年已五十七"，当齐和帝萧宝融中兴二年(502)；至72岁，"乃移还吴，作《别山诗》一首"，知返吴之年为梁武帝萧衍天监十六年(517)，前后遁越达15年之久。

三、今云门山是古若耶山

古籍记及云门寺地理区位时，多记为"若耶山云门寺"。如《梁书·何胤传》："胤以会稽山多灵异，往游焉，居若耶山云门寺。"唐杜佑《通典》卷二十二："梁何胤，字子季，为左民尚书，后辞官隐于若耶山云门寺。"类似记载之古籍，目前可查获者不下30种。

清康熙《古今图书集成·山川典·云门山部汇考》载："云门山，在今浙江绍兴府城南三十里，秦望山之南。相传，晋中书令王献之居此，有五色云见，诏建云门寺，山遂以此得名。"那么建寺之前，这山原名叫什么呢？从古籍记为"若耶山云门寺"来看，其所在山体当是若耶山明也。晚至清

《御定渊鉴类函》仍记为："何胤,字子季,齐永明中为左民尚书,辞职,不待报辄去,居若耶山云门寺。"《康熙会稽县志》亦云："胤,字子季,初仕齐至中书令,后弃官入会稽,卜筑于若耶山云门寺。"

《剡录》等书更为之可证。《剡录》卷三《高僧传》记述："帛道猷,罗汉僧来自西天竺,居沃州山。竺道壹在若耶山,道猷以诗寄之。"时竺道壹就在云门寺,以云门寺所在之若耶山指代云门寺,则云门寺所在之山必为若耶山。同样,明《释文纪》卷七:"帛道猷(姓冯,山阴人,终虎丘),与竺道壹书(壹止虎丘时,若耶山有帛道猷,以篇牍著称。好丘壑,与道壹有讲筵之遇,与壹书。壹乃东适耶溪相会,定交林下)。"帛道猷与竺道壹均为东晋名僧。帛道猷少习儒业,初出家于本籍若耶山云门寺,后招竺道壹入住云门,自己则住新昌沃州山辟建禅院。两僧一前一后禅于云门寺,古籍均直载"若耶山有帛道猷""竺道壹在若耶山",以若耶山直接指代云门寺,故云门寺所在山体就是古若耶山无疑。南北朝释洪偃还以《杖策归若耶云门》为题作诗,更在《游若耶云门精舍》诗中云:"旅人聊策杖,登高荡客情。川原多旧迹,墟里或新名。"知南北朝时,若耶山中的诸多旧迹,有的均已更变了新名。

据清光绪《浙江全省舆图并水陆道里记·会稽县图》,云门寺所在云门山东麓凤林村一侧,就标有"若耶山"字样,此再可印证这里曾名若耶山。

四、古若耶山山体寻踪

前述明觉山、何山、云门山均为古若耶山,那么若耶山山体范围究竟如何呢?

民间走访中,多有一山二名或一山多名者。二名者多见山体两翼均有村落,而两翼村民对山体认知及历史掌故有所不同,遂对同一山山名有所不一。最为常见的是:村前村后多呼为前山、后山,而前村呼为后山者正是后村之前山。又一山多名,多因山体较大,峰峦更迭,主峰有其名,次峰又有其名,村周矮小山体亦自有其名。实地勘查:明觉山、何山、云门山,均为秦望山南麓较大支脉,3条支脉裹挟出2个大山岙,即今何山村所在山岙及云门寺所在山岙。为叙述方便,分别将前者称之为何山岙,后者称之为云门寺岙,两山岙所围护夹裹出的"**m**"形山体,即为本文厘定之古若耶山山体。

具体而言:以今平水江水库大坝西端山体为起点,顺明觉山一路向西南,跨越今何山岭,再顺山体至今角里岙隧道南侧主峰折北,骑何山村与角里岙村两村间山脉一路北上,直抵秦望山主峰。再自秦望山主峰顺云门寺北侧山脉(云门山),一路东南而下,过青龙山至凤林村南侧小山而止。

认定这一区块为古若耶山山体,主要成因为:

1.方志等文献记载,集中指向这一区块

前陈明觉山、何山、云门山,在方志等文献记载中,均表述为若耶山,此不再赘述。而3条支脉所围成的,正是这片"**m**"形山体之区块。

2.若耶村、若耶乡建制就在这山体口

若耶之有村名,可上溯至南朝梁。《梁书》卷六载:绍泰元年(555)二月"丙辰,若耶村人斩张彪,传首京师。"张彪亡命若耶山,后为扬州刺史,陈文帝入会稽,彪击走之。及兵败,还入若耶山。史载张彪起于若耶,兴于若耶,终于若耶。今虽无法确定当时若耶村的位置,但必当在若耶山近处。宋陆游有《大风》诗:"纸帐蒲团坐清夜,恍如身在若耶村。"更有《若耶村老人》诗:"昔闻若耶村,意象乃物外。""我来亲见之,殊未辍耕耒。""回头指丁壮,此是曾玄辈。"陆游少时常随父母往来于云门寺,其在《云门寿圣院记》中云:"忆为儿时往来山中,今三十年,屋益古,竹树益苍老,而物色益幽奇。"另有记及陆游宦官回乡及卸职后,常往云门寺小住走访,故《若耶村老人》当是陆游身临云门寺时所记。明末清初,诗人吴景旭还专为陆游《若耶村老人》作释:"放翁为咏若耶村,眼见鲁元几辈孙。却说有翁还过此,灵枝那传是无根。"直到民国,《绍兴县志资料》第一辑还记有若耶村、若耶乡之行政建制。该志实录了云门寺周边的寺前、上横山、下横山、西裘、长大房、凤林、源流岙、娄家、叶家、上裘家、下裘家11个自然村,在民国17年(1928)时为若耶村。又今平水江水库区域周边的西渡口、用

里岙、平原、斗坵、潭头、何山 6 个自然村为金锁村。至民国 21 年（1932）
12 月，若耶村、金锁村合并后新建制为若耶乡。细观若耶村、若耶乡记录
中，寺前自然村均排名在最先，约可知当时的若耶村、若耶乡行政建制驻
地，或就在寺前自然村，而这里正是若耶山山体口、若耶溪之起始点。再
则，因建水库之需，西渡口村被整村外迁至寺前村东北侧，并复名为若
耶村。

3. 地志"距县"距离正卡在这区位

《三国志集解》卷四十九载："章怀注：'若邪，在今越州会稽县东南
也。'《一统志》：'若邪山在浙江绍兴府会稽县南四十四里。若邪溪在会稽
县东南二十八里若耶山下，北流入镜湖。'"这里需要注意：(1)若耶山距县
是"四十四里"。(2)若耶溪距县是"二十八里"。(3)明确记为若耶溪在若
耶山下。再看宋《嘉泰会稽志》载："若耶山在县东南四十四里。""云门山
在县南三十里。""淳化寺在县南三十里。""显圣院在县南三十里。""雍熙
院在县南三十一里一十步。"这里的淳化寺、显圣院在同一小区块的云门
山南麓，而雍熙院就在云门山岙内稍远处。从雍熙院较淳化寺、显圣院远
"一里一十步"记录看，该地方志的距离记录是严谨、翔实的，足可资信的。
据此，若耶溪起始点当在淳化寺、显圣院还不到二里之处，这正好就是一
直来的寺前村位置，也正与距县"二十八里"吻合。

五、古若耶溪溪流探踪

"若耶溪源于若耶山"，"若耶溪在若耶山下"，这是谁都无可否定之
史实。

按理，若耶山山体明确了，若耶溪起始点也就明确了。然为更翔实加
以印证，并为另一大溪之水融入后，溪名为何仍称若耶溪之原委，特再稍
费笔墨加以阐述之。

2004 年 3 月 31 日下午，笔者与同事在平水镇迎丰村考古清理古墓
时，碰见原平水江水库建设时的工程施工员陈永清（时年 77 岁），听他陈
述了一件亲历之事："1958 年秋，在水库涵管出水口旁，拆除一亭，名若耶

亭。在亭基清理中挖出一块石碑,上有12字:'若耶亭,若耶溪,千人掘,万人挑。'字为阴刻,字体楷书带草书。石碑高约80厘米,宽约30厘米。"在之后的上横山村与原西渡口村的多位老农调查中,只要问及此碑,几乎无人不知,无人不晓,但问及碑石尺寸及碑文内容时,与陈永清叙述略有出入。

2019年11月16日下午,笔者专程去若耶村老年活动室调查走访。该村农户为原平水江水库底的西渡口村整体搬迁而至,水库淹区的村况村貌,这些老人可谓是活地图活词典。从李渭生(时年89岁)、蒋联芳(时年87岁)等老农口中获悉,现水库大坝出水口不远处的小溪上,见有"若耶桥"3字的石板。说起若耶桥,他们还讲了个小插曲:"抗战时期,有日本佬到村里,拿着地图并抓了村里的杨茂利,要他去找地图上标注的若耶桥。当时杨茂利说不知道。"他们还说,有"若耶桥"3字的石板当时搁在上横山村李仁富家旁边的小溪(若耶溪东干溪)上,石为本地石质,长约2米,宽约1米。另有老人还插嘴道:"在日本佬来村里时,我们把稻草盖在石板上作掩护,人躲到石板底下,很长时间都不敢出来。"

为进一步确证这石板上铭文的真实情况,同年12月2日上午及2021年10月16日,笔者两次专程前往李仁富(时年87岁)家,详询桥铭情况。李仁富家确在离水库出水口很近的上横山村口,之前李渭生、蒋联芳等所说的"若耶桥"桥铭石板,就在他家屋后的小溪上。经现场指认,石板所在为若耶溪东干线溪口,石板搁在溪两侧挡水石磡上。石板两端并无通道,只是溪对岸劳作者为求方便,临时用于通行。因嫌宽度不足,肩担过溪时缺乏安全感,故在铭文石板后侧又并列添加一小石条。据李仁富夫妻俩描述:"两石板长约2米,其中铭文石板宽约0.45米,厚约0.3米;另一较小石条宽约0.3米,厚约0.2米多。'若耶溪'3字刻在大长条石侧面,面朝溪口来水,字为最常见的行楷。石板是在造水库时被抬走的,估计用在造大坝的石磡中了。"如此看来,之前若耶村老年活动室几位所述"若耶桥"当误,李仁富夫妻俩记忆中的"若耶溪"3字为妥。

在这寺前村近旁的溪口,曾有过若耶亭、碑并"若耶溪"铭文石板,按中国文化元素,凡线性类建筑物上建亭、立碑之类,多设在建筑物端点。

这或许可再印证，这里就是若耶溪起始点。

若耶溪起始点之上，另有一股来水更大、水流更急之大溪水注入若耶溪，那这水也是若耶溪源水吗？这溪也是若耶溪上游吗？答案是否定的。

北魏郦道元《水经注》就表述得明白："东带若耶溪……溪水上承嶕岘麻溪。溪之下，孤潭，周数亩，甚清深，有孤石临潭。……麻潭下，注若耶溪。"也就是说，若耶溪溪流之上，承有麻溪之水。麻溪之下段，有一孤潭。麻溪水流过孤潭后，就注入到若耶溪中。

纵观该地地理，今平水江水库大坝东侧有一独立山体，形似一只大布袋，目前地图上就标注为袋头山，然当地人却尽称为横山，因溯若耶溪而上，有山突然横陈其前，故名。横山下耶溪边有上、下2个自然村，即上横山村、下横山村。西向紧挨横山者就是明觉山。两山接触处，正是《水经注》所谓的麻溪水下注若耶溪之泄口。这里水势有一定落差，经长年冲刷，山体已岩壁四裸，峋石横凸。流水泄泻处，岩隙较窄，似成短瀑。为利往来，有三墩梁桥架其上。因三桥墩上各镇有一大石龟，故桥以此称乌龟桥。清《康熙会稽县志》卷四对此地情景有形象描述："溯若耶溪流，千回百折。又进三十里而至横山之下，则钓台见焉。刘青田所谓'一尖昂头不容针'，朱晦庵所谓'石陇横起，形似双象交鼻者'是也。"

麻溪之水入注若耶溪后，为什么麻溪之名终止了呢？纵观此地人类活动痕迹，原因只有1个，那就是先秦越人活动范围只局限于下方的若耶溪流域，当时麻溪流域尚人迹罕至，为僻冷之"南林"。这可通过现代考古调查勘探资料找到答案。而若耶山、若耶溪之名，越国时期早已约定俗成，并广为传呼。虽然"若耶"两字之原意今已无法解释，窃以为这正是古越音之口碑遗存。《山海经》有将若耶水写作"勺水"者，或正是"若耶"古越音以前正后偏式急读成"勺"之故。当然，不排除古越时期，越人将那"南林"片区统称为"若耶"，及至盛唐以后，麻溪流域渐有人类耕居，才渐有麻溪之称。当然，后期史料也有将该区域内的东化山山脉记为若耶山的，也更有将麻溪记为若耶溪的，只是这些均在若耶山真实山体失察，或在麻溪溪名失传后，才衍有此说法。当今地方资料中就多将若耶溪源头，延至今平水镇中嵋岙村上嵋岙自然村龙头岗下。经调查，麻溪水域内今带有"溪"字之村名,仍有横溪村、洪溪村、三溪口村等。

综上所述,秦望山南麓之明觉山、何山、云门山 3 条支脉所合围之山体,是历史上的若耶山;3 支脉内的何山岙、云门寺岙 2 股山溪,是若耶溪的真正源水;两源水之汇合点是若耶溪起始点;若耶溪之上有麻溪之水自西南来,下注若耶溪。麻溪与若耶溪水融合后,统名若耶溪,入郡城东郊与他水再融合,若耶溪终止。

"越绝"新解

胡文炜

一、《越绝书》中的"越绝"

《越绝书》是了解古代越地历史的重要文献,《万历绍兴府志》提到该书是"地志祖",后人表述为"地方志的鼻祖"。《越绝书》包含范围很广,除了"吴"和"越"的两篇"地传"外,还涉及政治、经济、军事、天文、地理、风俗、历法、冶炼制造、语言等诸多方面,后世研究吴越乃至中华历史文化的学者,无不将此书作为基础文献。

"越绝"的"绝"是什么意思?《越绝书》的原文是:

> 问曰:"何谓越绝?""越者,国之氏也。""何以言之?""按:《春秋》序齐、鲁,皆以国为氏姓。是以明之。绝者,绝也。谓勾践时也。"

用现在的话说,就是问:"为什么叫'越绝'?"回答:"越,是诸侯国的姓。""为什么这样说?""因为《春秋》中也是以齐、鲁作为诸侯国的姓。就是这个意思。绝,就是绝。是说勾践那个时期。"说"绝者,绝也",不免令人费解。

二、前人的解释

由于原著没有点明,所以后人对"越绝"的"绝"作过多种解释,到现在为止有以下几种:

1. 绝笔。"此绝字即绝笔获麟之绝。""《春秋》绝笔于获麟之年,吴越之事,略而未详,此书踵而成之,直至勾践之霸而绝,故曰。绝者绝也,谓

勾践时也。"(俞樾《越绝书札记》)

"《越绝》之绝就是孔子作《春秋》获麟绝笔之绝。""吴虽大败强楚,又胜勾践,北上称霸,但最后还是败在勾践手下,国灭身亡,因而此书记载至此绝笔,故曰《越绝书》。""句践之后,此书还记载了许多内容……后人曾对该书有不断'附益'。"(仓修良《〈越绝书〉散论》)

2.断灭、不继。"《越绝书》曰:'绝者,绝也。'殆不继之意。"(张宗祥《越绝书·序》)

"对于《越绝书》的这个'绝'字,历来解释甚多,并无定论。明田艺蘅在《留青日札》卷十七中把它解释为'断灭',张宗祥手写本序言中说'绝者,绝也,殆不继之意',均颇得其实。"(陈桥驿《点校本越绝书序》)"颇得其实",即赞同"断灭"和"不继"的见解。

3.冠绝。"'绝'是冠绝的意思。《越绝》记载的是越王勾践时代的历史。"(俞纪东《越绝书全译》)

4.卓绝。"这个'绝'就是功勋卓绝的'绝'。这里书名的《越绝》,应该解释为越功卓绝。"(李步嘉《越绝书研究》)

5.超群绝伦。"越指越国国君。绝的意思为超群绝伦。指的是越王勾践时的功业。"(刘建国《白话越绝书》)

6.空前绝后。"'绝'字应该有几层意思":"一是空前绝后","其二是绝笔","其三是继其绝笔"。"越也是国家的名称。绝是空前绝后的意思,说的是越王勾践时候的事。"(张仲清译注《越绝书》)

7.断绝、不绝、极。"断绝,引申为终止之义。""不绝也,即反训为不可断绝的意思。""极也,可引申为鼎盛之意。"(徐奇堂《〈越绝书〉书名考释》)

三、前人的回顾

李步嘉对前人探讨的回顾:第一,宋代学者认为"终未可晓"和"于理无当"。第二,明朝学者田汝登认为"越绝"的"奇绝"与"断绝"之间,以记勾践"奇绝"说为优。第三,清代学者俞樾认为在于"断绝"。第四,民国学者徐益藩提出不能以一说为定论。(李步嘉《越绝书研究》)

张仲清对书名"绝"列举前人的几种解释:1.断灭。2.绝笔。3.超群

绝伦。(张仲清译注《越绝书》)

归纳一下,主要是两种:1.中断。2.不一般。

四、前人诸说的问题

"绝笔"说。这是说此书写到勾践称霸为止,不再写下去,也就是作者停笔的意思。书中记载称霸以后的内容则是后人的"附益"。可是书中明写"越者,国之氏也",是指越这个诸侯国的"绝",把书名解释为"越国停笔的书",不见得切合实际。

"断灭""不继""断绝"说。确实,勾践虽然灭了吴国,但是到后来越国终究被楚国灭了,越国结束了,也就是断灭不继了。然而看这部书的全部内容,都是写越国如何复兴,怎样战胜吴国,并没有写越国如何被楚所灭。所以把书名解释为"越国断灭不继的书",是不符此书实际的,因为书中没有这方面的内容。再说虽然楚占领了越地,但越人仍在继续活动,据《史记·六国表》,楚还要"城广陵"以防越。

"空前绝后"说。无论说越这个诸侯国是空前绝后,还是勾践复国是空前绝后之举,抑或《越绝书》是一部空前绝后的书,似乎都显得有点夸张。夏、商、周、春秋战国,兴衰交替,有剧变,有渐变,都有各种各样的复杂历程,"空前"很难说,"绝后"更不能说。"超群绝伦""冠绝""极"的说法也是一样的问题。

"卓绝"说。越国在20年的"生聚教训"中,确实是经历了艰苦卓绝的过程,但如果用到书名"越国卓绝",似也未见贴切,因为"卓绝"与"绝"的含义还是有差别的。

"不绝"说。"不绝"符合本书的越国不甘灭亡,在绝境中不言失败,反败为胜。但书名明明是"绝",却来个"反训",以相反的"不绝"来解,将"越绝"解作"越不绝""继其绝笔",说《越绝书》是《越不绝书》,这个180度的弯不易转。

正因为以往各说的解释或多或少存在问题,所以李步嘉指出:"现代学者对《越绝书》'绝'字意义的探求还在继续,他们的观点目前尚未超出明、清、民国学者诸说的藩篱,然而在讨论中,意见并未统一,这种情况自然暗示着我们还要深入地进行研究。"

五、"绝",应是"渡过"

古汉语中的"绝"字有多种用途,除了"断""尽"和"极"外,还作为"越"和"渡"来使用。

战国时期的荀况在《荀子·劝学》中说:"假舆马者,非利足也,而致千里;假舟楫者,非能水也,而绝江河。君子生非异也,善假于物也。"意思是能利用车马的人,并不是因为他擅长用双脚走路才可以到达千里之外;能利用船桨的人,并不是因为他擅长游水才能横渡江河。文中的"绝"只能解释为"渡过"。

战国末期的《吕氏春秋》卷十六"悔过"条有云:"今行数千里,又绝诸侯之地以袭国,臣不知其可也。"东汉高诱注:"绝,过也,过诸侯之土地远行袭国,必不能以克故。"意思是现在要走上几千里地,要越过别的诸侯国,去袭击那个国家,我不知道行不行得通。这里的"绝国"就是指通过、越过别的国家。

再如《汉书·成帝纪》中说:"太子出龙楼门,不敢绝驰道。"颜师古注:"绝,横度也。"与上面的"过也"相同。《汉书·张良传》又有:"鸿鹄高飞,一举千里。羽翼已就,横绝四海。"颜师古注:"绝,谓飞而直度也。"意思是鸿鹄的羽翼已经丰满,飞上天空后,可以横渡四海。"直度"的"度"是指由此到彼,就是"渡"。

《张良传》中的"横绝",也见于李白的《蜀道难》:"西当太白有鸟道,可以横绝峨眉巅。"长安西面的太白山有一条鸟道,栈道修通前,只有沿着这条鸟道才可通过峨眉山。"鸟道""横绝",当然是指能够穿越,而不是说会被阻止。

《越绝书》展示了勾践时期越国反败为胜的过程,也就是展示了这一时期越国是如何励精图治,终于羽翼丰满,渡过困难,战胜敌国强吴,成为春秋一霸的全过程,这正是书名"越绝"的本意。

陶堰秋官里牌坊研究

陆菊仙

绍兴市区东 16 公里、与上虞区毗邻的是历史文化古镇陶堰。早在 2500 年前的春秋时代,越国重要的水上运输热线——"山阴古水道"就横穿境内。东汉永和五年(140),会稽太守马臻构筑鉴湖,不仅使这里成为我国第一座人造水库的组成部分,还因堰北有陶姓定居,便以"陶家堰"来命名这段湖堤堰坝,简称陶堰,并一直沿用至今。南宋鉴湖湮废后,境内除百家湖、白塔洋等水域外,平畴沃野,河湖密布,成为绍兴著名的鱼米之乡。明清时期通过科举,这里孕育出了一批高官重臣。近现代更是名士俊彦迭出,享誉海内外。陶堰因而荣戴"江南人才名镇"的桂冠。而这一桂冠的获得,有赖于其下辖的陶堰村陶氏家族的杰出贡献。

这个家族自元末从江西浔阳迁至陶堰堰南定居。清光绪二十九年(1903)陶在铭等编纂的《会稽陶氏族谱》全面记录了陶氏家族迁徙、繁衍、发展和科举兴旺的历史。其始迁祖陶岳,字宗杨,生五子。其三子名义,字子宜,明代诸生(秀才),后赴台州任鹭州书院山长(校长),病故后葬临海大塘湾。成化元年(1465),六世孙陶性中举,开启了陶氏科举中式的序幕。此后,陶氏子孙在"学而优则仕"的封建时代,把科举作为跻身仕途的唯一路径。据统计,陶堰村陶氏在明清两朝先后有进士 42 人,举人 111 人,贡生 83 人,有多人官居尚书等中央要职,其他各级官员则遍布全国各地,成为会稽名副其实的望族。正所谓"十年窗下无人问,一举成名天下知",族人们为了光宗耀祖,更为了激励后辈在科举路上继续前行,经地方政府报请、皇帝恩准而建造的牌坊多达 40 余座,遍布绍兴城乡。如今,名闻遐迩的秋官里牌坊是陶氏家族在明清时期取得科举辉煌成就的唯一实物见证。

一、秋官里牌坊的基本情况

秋官里牌坊（文保单位名称为"秋官里进士牌坊"）位于陶堰街道陶堰村西上塘自然村，现为浙江省文物保护单位。以单体建筑计算，它由1座主牌坊和2座副牌坊组成，平面近似反向的"凹"字形，系全石仿木结构，会稽石质。

（一）主牌坊，里人称之"秋官里坊"，坐北朝南，为四柱三间三楼式，方柱委角。每柱下端有两块枷锁形的夹柱石，凸起部分雕饰成覆盆状。通面阔7.9米，通高约9.5米；歇山顶，正脊两端饰鸱吻，屋面雕饰瓦垅、勾头、滴水和戗兽，并用斗栱承托。正楼平身科设五铺作斗栱四攒，角科设二攒。东、西次楼平身科设五铺作斗栱二攒，角科设一攒，象鼻昂，翼角起翘。龙门枋局部雕刻莲瓣纹。顶头拱承托镂空卷草纹雀替。

明间正楼脊下设双龙护卫的圣旨牌1块，以上至下楷书阴刻"弘治三年，赐进士出身"字样。南向额枋间字板，以东至西楷书阴刻"秋官里"3个擘窠大字；上款楷书阴刻"太子少保兵部尚书兼东阁大学士谢迁书，巡按浙江监察御史陈铨，浙江布政司左参政欧信，浙江按察使司佥事郝天成、陈烓"等字样；下款楷书阴刻"绍兴知府佟珍，同知周惠，通判张骐、邵遵道，推官张正学，大明弘治十四年二月二十日立"字样。字板北面楷书阴刻"湖山毓秀"4个擘窠大字。上款"赐进士第知会稽县事杨益、县丞李锐、主簿陈瑞、典史熊昌、儒学教谕陈梦麟"，下款"赐进士知山阴县事杜宏、县丞杨宽、主簿徐鼐、典史丁顺忠"，皆为楷书阴刻。补间铺作为一斗三升斗栱四攒。上下额枋分别雕刻牡丹花、卷草、祥云和狮子嬉球、龙首及鲤鱼跳龙门等图案。

东、西次间上、下额枋分别刻有仙鹤、祥云和瑞菊、卷草、灵芝和麒麟、奔马等图案。

（二）2座副坊，里人分别称"下马牌坊"和"上马牌坊"，位于主牌坊的东西两边，与主牌坊相距约12米。均为两柱一间，面宽4.6米，残高5.1米，方形委角石柱。龙门枋局部雕饰变体莲瓣纹，其下依次为写字板、下额枋和顶头拱承托的卷草纹雀替。2座副坊东、西面均有文字和图案。

1.东副坊(下马牌坊):东向字板上楷书阴刻"乙酉科文魁陶性、乙卯科文魁陶璐"14个大字。上额枋高浮雕仙鹤祥云图案,下额枋当中圆雕狮子嬉球图案,两侧浮雕龙首。西向字板上楷书阴刻"弘治乙卯科解元陶谐"9个大字,上下额枋浮雕仙鹤牡丹图,下额枋则浮雕祥云奔鹿图。

2.西副坊(上马牌坊):东向字板上楷书阴刻"庚戌科进士陶怿、丙午科进士陶谐"12个大字。上额枋刻有凤穿牡丹图,下额枋刻有龙头、狮子嬉绣球图案。西向字板上楷书阴刻"丙午科乡进士陶谘、陶诰"等字;上额枋雕有仙鹤祥云图,下额枋则刻有祥云、麒麟和凤凰嬉戏图。

二、牌坊的名称、时代和主人

(一)"秋官里坊"的时代及其主人

该牌坊建于明弘治十四年(1501)。其依据有二:一是牌坊南向的"秋官里"绍兴知府佟珍等落款处明确刻有建造年代——"弘治十四年立"。二是《会稽陶氏族谱》卷二十九《祠宇坊表园亭志》中对"秋官里坊"名称、建立年代和为谁而立也有记载:"秋官里坊,宏(弘)治十四年建,为刑部主事陶怿。"陶怿,字习之,号克斋,成化七年(1471),浙江乡试中第五十五名举人;弘治三年(1490),礼部会试第二百三十六名,殿试钦定二甲(第八十一名),赐进士出身。(《天一阁藏明代科举选刊·弘治三年进士登科录》)故弘治十四年立的牌坊在圣旨牌处刻有"弘治三年,赐进士出身"字样。这样,陶怿成为陶堰第一个具有两榜功名的人。据明代科举制度,会试中式的贡士须参加由皇帝主持的殿试以获得出身。殿试以一、二、三甲录取。一甲只取三名,分别称状元、榜眼、探花。状元被授予翰林院修撰,榜眼、探花被授予翰林院编修。二、三甲进士,考试合格者,称庶吉士,在翰林院学习。未考取庶吉士的进士,则候补六部任给事中、主事和知县等职。陶怿没有考取庶吉士,后授刑部主事一职。在任期间,秉公执法。"戚里中有杀人者,同列并宽之,怿竟正其罪。累迁福建佥事。逆瑾邀贿,怿叹曰:'不义富贵,于我如浮云。'遂以广东参议致仕归。所著有《克斋稿》。"(《绍兴府志》卷四十八）陶怿进士牌坊取名"秋官里坊"。"秋官"之名源于儒家经典《周礼》，乃掌刑狱之职，故此后以"秋官"指称刑部。另外，用"秋官里"作为坊名，也起到了标志性的作用，昭示后辈向先贤学习，不断进取。

（二）副坊的名称、建造年代及其主人

2 座副坊的坊名在现存的牌坊中没有显示，但陶在铭等编纂的《会稽陶氏族谱》则有确切记载。如东副坊的东面和西面，分别称为"亚魁坊""进士坊"；西副坊的东面和西面，分别称为"解元坊""乡进士坊"。两坊皆建于明正德十一年（1516）。

1.亚魁坊

此坊为陶性、陶璐所立。据《中国科举辞典》，乡试第一名称解元，第二名称亚元，三至五名曰经魁，第六名叫亚魁，第七名以后统称文魁。但据《会稽陶氏族谱》卷三十二《科甲编年考》（以下各坊主人的科举及任职情况皆据此），陶性和陶璐乡试中式的名次均为第九名。上述家谱以"亚魁"相称，是无意错刻，还是溢美之辞，见仁见智。而牌坊中本有"文魁"二字，故应称"文魁坊"。

陶性，字复之，号复斋，明成化元年（1465）乙酉科乡试第九名，是陶堰村首个走上科举之路的人。但他于中举后的 21 年间，7 次赴京参加会试，均名落孙山，最后抑郁而终。

陶璐，字世珍，号葛山，弘治八年（1495）乙卯科浙江乡试第九名，官至湖广酃县（今湖南衡阳市）知县。在任上，不以溜须拍马媚上级，不以敲诈勒索苦百姓。因对皇宫大兴土木，颇有微词，被贬职回家。

2.解元坊

此坊为陶谐所立。陶谐（1474—1546），字世和，别号南川，明弘治八年（1495），乡试中式第一名，获"解元"衔。陶氏家族首次有士子获此殊荣。

3.进士坊

此坊为陶怿、陶谐所立。陶怿科举登第情况详见前，此不赘述。

陶谐于获"解元"衔的第二年,殿试,登朱希周榜,赐进士出身,是陶堰村第二位二甲进士,选庶吉士,授工科给事中。正德年间,太监刘瑾乱政,陶谐上疏请论其罪,谪戍肃州。刘瑾伏诛,始释还乡。嘉靖元年(1522)复官,任江西按察司佥事,转河南管河副使,历河南左右布政使,擢右副都御史,提督南、赣、汀、漳军务,寻迁兵部右侍郎,总督两广军务。病卒,赠兵部尚书。隆庆(1567—1572)初,谥庄敏。有《南川漫游稿》十卷(嘉靖十二年刻本,藏上海师范大学图书馆)、《陶庄敏公文集》八卷(藏国家图书馆、上海图书馆)。《明史》卷二百三有传。

4.乡进士坊

此坊实为举人坊,因举人别称乡进士,故名。为陶谙、陶诰所立。陶谙,字世臣,号莲塘,成化二十二年(1486)乡试,中第五十六名举人,官至江西宜黄(今江西抚州市宜黄县)知县。

陶诰,字世荣,号东洲,与陶谙同一年中举,列第八十一名,官至江西浮梁(今属江西景德镇市)知县。

综合上述情况,我们发现陶堰陶氏于正德年间所立的牌坊,主要记录了其第六代和第七代考取进士、举人的情况,称得上是对本族士子取得功名后的阶段性总结。其有如下特点:2座副坊实际有4个坊名,以科举中式名次或情形相同归为一坊旌表,不能归类的,则单独设坊褒扬。如:陶性、陶璐均为浙江乡试第九名,陶怿、陶谐均列二甲进士,陶谙、陶诰均为同科举人,遂分别合坊旌表。陶谐乡试获"解元"衔,因当时无人与之匹敌,故单独立坊褒扬。

三、秋官里牌坊的基础及建筑形态

(一)秋官里牌坊的基础

1.秋官里牌坊立柱地面现状

秋官里牌坊立柱周围均无高大的石材夹护,与柯桥区柯岩街道秋湖村、绍兴市镜湖新区西湾村、上浦镇渔家渡等地的明代石牌坊一致,而与清代的石牌坊大量使用抱鼓石夹护的做法明显有别,如越城区孙端镇樊浦节孝牌坊。秋官里牌坊何以经历了 500 余年风雨却依然岿然不动？2座副坊的现状是否就是原貌？带着上述问题，10 年前笔者曾赴现场作了较为深入的田野调查。

2.秋官里牌坊立柱地下部分构筑

从现场观察"秋官里坊"的 4 根立柱，其下端均清楚呈现了用长方形厚石板夹住石柱的做法，形似枷锁。它与四周的地面在同一个水平面上，只是中间部分高于地面约 0.1 米，并雕刻成覆盆的样式，从而起到夹护立柱的作用。两座副坊的立柱周边已被现代混凝土地面覆盖，故无法了解其做法是否与主牌坊一致。为此，笔者请教了西副坊边上的住户、64 岁的陈锦华老人。据他告知，2 座副坊柱子下端也有夹护的石块，大小、做法与"秋官里坊"基本一样。同时，他还告知笔者，西侧距他家 50 米远的桥头原有 2 座四柱三间明代石牌坊，大小、做法与秋官里牌坊相似，也没设抱鼓石。"文革"期间，生产队组织人员把它们拆毁了。在挖掉牌坊基础时，他发现每一根石柱下面有 1.5×1.5 米见方、长约 2 米、排列密集的松桩基础，松桩上面再压一块厚约 0.35 米的地盘石（柱顶石）。此石离地面约有 0.5 米，4 根石柱被深埋在这个基础上，再被形似木枷锁、厚 0.5—0.6 米的大石头夹住。地面以上的石柱，用梁坊联结，柱顶再压天盘石（龙门石），这样再大的台风也吹不倒了。他说，虽然秋官里牌坊的基础没有动过，情况不是很清楚，但同为明代建造的石牌坊，距离又这么近，估计做法是一样的。听了他的介绍，再联系绍兴一带造桥时，为了使桥基牢固，均采用把松桩深深打入地下，上压水盘石的做法（如前几年，笔者所在单位维修陶堰泾口大桥时，也发现水盘石下密布大量松桩），故笔者觉得他的话，还是可信的。

（二）两座副坊的建筑形式

在调查秋官里牌坊基础时，笔者同时向陈锦华请教了 2 座副坊上面是否有檐楼（石屋顶）的问题。陈锦华一开始回答没有看到过有楼，后肯定地说龙门石上没有东西（屋顶）。但对于这个答复，笔者不敢苟同。理由如下：

1.从牌坊构造的样式推测秋官里副坊只能是牌楼式,即龙门石(俗称"天盘石")上有檐楼。牌坊分冲天式和牌楼式两种形式。所谓冲天式,也叫柱出头式。顾名思义,这类牌坊的立柱是高出龙门石的。如本县齐贤镇柯北村建于明代的谈氏节孝牌坊就是这种样子的。另一类石柱子不出头、上盖楼、最高峰是明楼正脊的,称为牌楼式。如柯桥区柯岩街道秋湖村的秋湖石牌坊。从秋官里2座副坊的现状看,石柱没有高出龙门石,即没有做成冲天式牌坊,那它们应该是上有檐楼的样式。

2.上虞区上浦镇渔家渡村的"榜眼""会元"牌坊可以证明秋官里牌坊应为牌楼式的推论。渔家渡村的"榜眼""会元"牌坊,建于明正德丁卯年(1507),为二柱一间门楼式,通高6.5米,跨度3.5米,柱下端无抱鼓之类石材夹护。龙门石上立"榜眼""会元"二字石碑。龙门石下有上下额枋及写字板,额枋上雕刻龙、凤、狮子、牡丹等纹饰。(《第三次全国文物普查不可移动文物登记表·渔家渡石牌坊》)正德为明武宗年号,正德丁卯即正德二年(1507)。而距它百余里的秋官里2座副坊,建于正德十一年,即晚建9年。现比较两者异同,秋官里副牌坊除了龙门坊以上没有屋面和斗拱外,其结构和纹饰几乎与渔家渡的"榜眼""会元"牌坊一致。藉此,笔者认为,渔家渡村与陶堰村在明代同属会稽府,那么在同一个地区,相同时代建造的科举牌坊,即便不是同一批工匠的杰作,但样式等应该也比较接近;很难想象在上虞渔家渡是二柱一间门楼式牌坊,而绍兴秋官里建立的牌坊既不是冲天式,也不是牌楼式,而是做成门洞的样子。因此,推测秋官里副坊的形制与渔家渡村的"榜眼""会元"牌坊一致是比较可信的。

3.现存的秋官里副坊没有坊名,但参考《陶氏会稽家谱》及同时代的科举坊,基本可以确认原是有坊名的。如前所述的2座副坊在《陶氏会稽家谱》中分别称"亚魁坊""解元坊""进士坊"和"乡进士坊"。只有做成像秋官里主坊的檐楼式,这些坊名才可在龙门石以上被标明,使之家喻户晓。上虞渔家渡村的"榜眼""会元"牌坊,就因为龙门石上设楼3间,中间的写字板上才可以清楚地著明坊名。因此,笔者认为:我们今天所见2座副坊门洞式结构是它的残貌,其龙门石以上檐楼,因时代久远,历经风雨致毁。

四、秋官里牌坊的文物价值

秋官里石牌坊是绍兴境内保存不多的科举牌坊之一,是研究明代政治制度、科举制度、石作工艺和书法特色的实物例证。它的价值和重要性主要体现在以下方面。

(一)为研究明代官职制度和中央及地方官宦任职情况及纠正工具书的误差提供了实物资料。当时中央设三公三孤、内阁、六部和监察御史等,地方设置承宣布政使司(俗称省)、府、县三级。(《中国政治制度史》)秋官里主坊清楚地记载了明代中央和地方行政机构设置情况;记录了弘治十四年(1501)浙江省、绍兴府、会稽县和山阴县的任职官吏,是研究当时各级官僚机构设置及在位官吏生平的实物例证,具有一定的史料价值。如:"秋官里"坊名,上款有"太子少保、兵部尚书兼东阁大学士谢迁书,巡按浙江监察御史陈铨,浙江布政司左参政欧信,浙江按察使司佥事郝天成、陈烓",下款有"绍兴知府佟珍,同知周惠,通判张骐、邵遵道,推官张正学";背面"湖山毓秀"楷书大字,右上角有会稽知县事杨益、县丞李锐、主簿陈瑞、典史熊昌、儒学教谕陈梦麟的落款,左下角有山阴知县事杜宏、县丞杨宽、主簿徐鼐、典史丁顺忠的落款。因此,秋官里牌坊,在一定意义上是明代政治制度及官僚机构的载体;也因为牌坊上为皇帝恩准、下有中央及地方官吏的出面树立,从而象征了官本位的传统社会中科举入仕的崇高地位和带给整个家族的无上荣光。

书写"秋官里"坊名的谢迁,据 1989 年版《辞海》载,为"浙江余姚人,字于乔。成化进士。累迁至左庶子兼东宫讲官……弘治十一年(1498),升太子太保、兵部尚书兼东阁大学士。"但谢迁在"秋官里"坊名中自署的官衔为"太子少保、兵部尚书兼东阁大学士"。因此,秋官里坊文字信息可以纠正 1989 年版《辞海》记录谢迁官职的差错。

(二)秋官里牌坊记录了明成化至弘治年间陶性等 6 人的科第情况,充分显示了陶氏家族簪缨、中捷的盛况,形象地反映了封建时代众多士子在博取功名的路上,从秀才开始,到考取举人、考取进士、再立牌坊的人生追求和肩负着光宗耀祖的神圣使命。"拔身泥滓底,飘迹云霄上",科举中式的士子们"通过立牌坊完成由'白衣'到'公卿'的身份转换,彰显社会地位的迅速提升和家族荣誉的发扬光大"(《谈牌坊中的中国古代政治制度》)。

(三)秋官里牌坊造型庄严巍峨,气势恢宏,对研究明代牌坊构筑技术具有重要价值,是明代高超的石雕技艺和人们对科举登第热切期盼的生动写照。牌坊上,古代工匠通过圆雕、浮雕和透雕等手法形象展示了凤穿牡丹、仙鹤飞翔、麒凤嬉戏、奔马拱日、狮子舞球和鲤鱼跳龙门等欢快场景,其寓意或富贵吉祥,或长乐高寿,或太平盛世,或科举入仕、青云直上。其隽永的寓意,体现出古代人们"学而优则仕"、光耀门第的良好愿景。

牌坊上谢迁等人题名,均为楷书,结体稳健庄重,笔法婉丽华贵,使书法艺术与牌坊造型、瑞兽名花等雕刻图案有机结合,给人以强烈的视觉震撼,是明代科举牌坊的典范之作。

支竺遗风在，佛教汉化始

——东晋剡中高僧佛学中国化的实践

唐佳文

"使印度传入的佛教中国化"是毛泽东主席提出的。佛教自汉代由天竺传入华夏，因其语言不通，风俗各异，不为世俗所待见，故传播不广，信徒有限。直至东晋，高僧、名士以"格义""连类"的方式，用华夏的传统文化的理念解释佛教经典，形成般若学的"六家七宗"。由此，佛教逐渐融入华夏文化的范畴，并为朝廷及士族，乃至民间所接受。

"格义"的含义就是以道家或儒家的义理解释佛教的理念。魏晋时期，僧人、士大夫以《老》《庄》解释般若的空理。此种过渡时期的学风被称作"格义"。

"格义"一词始见于梁释慧皎《高僧传》之《竺法雅传》："雅乃与康法朗等，以经中事数，拟配外书，为生解之例，谓之格义。"道安（312—385）也以格义讲述佛教、注释佛典。而庐山释慧远，则以"连类"的方法，以道家理义解释佛经。慧皎《高僧传》中说：慧远讲佛经，"尝有客听讲，难实相义，往复移时，弥增疑昧。远乃引《庄子》义为连类，于是惑者晓然"。"连类"与"格义"相近。

般若研学　六宗居剡

般若学"六家七宗"是魏晋时期高僧名士受玄学影响，以《老》《庄》解释佛理，使之汉化的学术流派。其代表人物和学派"一是道安，主张'无在万化之前，空为众形之始'，谓空为万物产生以前的本源，称'本无宗'。另有竺法泰、竺法深说从无生有，万物出于无，称'本无异宗'。二是支道林等说即色是空，因色法由因缘和合而生，无其本有自性故空，称'即色宗'。三是于法开，说万有都是心识所现，称'识含宗'。四是释道壹，说世间诸法皆如幻化，称'幻化宗'。五是竺法蕴，以心对外境不起计执为空，称'心无宗'。六是于道邃，说诸法由因缘合会而有，本无实体，称'缘会宗'。六家加本无宗的分派本无异宗为七宗"（《新编佛教辞典》）。

六家七宗，除道安外，六家六宗的代表人物的主要活动在剡中，即今天的浙江绍兴新昌。

般若学"本无异宗"为晋僧竺道潜创于剡东峁山。据梁慧皎《高僧传》载：竺道潜，字法深，理悟虚远，风鉴清贞。永嘉初，隐迹剡山，以避当世。优游讲席三十余载。或畅方等，或释《老》《庄》，御筵开讲《大品》。启还剡之峁山，遂其先志。逍遥林阜，以毕余年。率合同游论道说义。以晋宁康二年（374）卒于山馆。

般若学"即色宗"为晋僧支遁创于剡东沃洲山和石城栖光寺。据梁慧皎《高僧传》载：支遁，字道林，投迹剡山，求买峁山之侧沃洲小岭，立寺行道，养马放鹤，作《释蒙论》。僧众百余常随禀学，时或有堕者，遁乃著《座右铭》。晚移石城山，又立栖光寺。注《安般四禅》诸经及《即色游玄论》。以晋太和元年（366）闰四月四日终于所住。

般若学"识含宗"为晋僧于法开创于剡东石城元化寺。据梁慧皎《高僧传》载：于法开，事于法兰，为弟子，居石城山足，妙通医法。续修元化寺。每与支道林争《即色空义》。寺为于法兰建，有齐永明石刻千佛造像。

般若学"幻化宗"为晋僧竺道壹创于剡东沃洲山。据梁慧皎《高僧传》载：竺道壹，俗姓陆，本吴人。应剡僧帛道猷邀，同晦影于沃洲山，纵情尘外。经书自娱。

般若学"心无宗"为晋僧竺法蕴创于剡东峁山。据梁慧皎《高僧传》载：竺法蕴，为竺道潜弟子，居峁山。悟解入玄，尤善《放光波若》。

般若学"缘会宗"为晋僧于道邃创于剡东石城元化寺。据梁慧皎《高僧传》载：于道邃，敦煌人，年十六出家，事于法兰，为弟子。居于石城山足元华寺。学业高明，内外该览，善方药，美书札，洞谙殊俗，尤巧谈论。

而石城山南朝弥勒造像，起始于齐建武，功就于梁天监，集护、淑、祐三僧之神力，"成不世之宝，建无等之业"，乃"般若炽于香城，表刹严于净土"，为佛教汉化之实物遗存。

钻研《老》《庄》 格义佛经

"六家六宗"居剡高僧以"格义"方式，钻研《老》《庄》，解释佛经，优游讲席，训徒授学，梁释慧皎《高僧传》和刘义庆的《世说新语》颇多记述。

《高僧传》之《晋剡东仰山竺法潜》云："中宗肃祖升遐，王（茂弘）、庾（元规）又薨，乃隐迹剡山，以避当世，追踪问道者，已复结旅山门。潜优游讲席三十余载，或畅方等，或释《老》《庄》。投身北面（一作剡北）者，莫不内外兼洽。"又云："（潜）今在剡县之仰山，率合同游，论道说义，高栖皓然，遐迩有咏。"

《高僧传》之《晋剡沃洲山支遁》："（遁）于是退而注《逍遥篇》。群儒旧学，莫不叹服。""俄又投迹剡山，于沃洲小岭立寺行道，僧众百余，常随禀学。时或有堕者，遁乃著《座右铭》以勖之。""晚移石城山，又立栖光寺……注《安般四禅》诸经及《即色游玄论》。""以晋太和元年（366）闰四月四日终于所住，春秋五十有三。""后高士戴逵行经遁墓，乃叹曰：'德音未远，而拱木已繁。'"

《高僧传》又载：竺法蕴，为竺道潜弟子，居岽山，"悟解入玄，尤善《放光波若》。"

解疑克难 通晓佛理

居剡高僧们为解读佛经，相互探讨，攻难辩论，开展了一系列学术活动。

《世说新语·文学》记载：竺法深、支遁与江北来的高僧讨论佛理，支、竺已通，而北方和尚不解："有北来道人好才理，与林公相遇于瓦官寺，讲《小品》。于时竺法深、孙兴公悉共听。此道人语，屡设疑难，林公辩答清析，辞气俱爽。此道人每辄摧屈。孙问深公：'上人当是逆风家，向来何以都不言？'深公笑而不答。林公曰：'白旃檀非不馥，焉能逆风？'深公得此义，夷然不屑。"

《世说新语·文学》又载，支遁贯通道教经典，并被当时名贤所共识："《庄子·逍遥》篇，旧是难处，诸名贤所可钻味，而不能拔理于郭、向之外。支道林在白马寺中，将冯太常共语，因及《逍遥》。支卓然标新理于二家之表，立异义于众贤之外，皆是诸名贤寻味之所不得。后遂用支理。"

《世说新语·文学》记述支遁成功创立般若学即色论的事实："支道林造《即色论》，论成，示王中郎，中郎都无言。支曰：'默而识之乎？'王曰：'既无文殊，谁能见赏？'"

《世说新语·文学》盛赞支遁在学识方面拔新领异，受到孙绰、王羲之等人的敬重："王逸少作会稽，初至，支道林在焉。孙兴公谓王曰：'支道林拔新领异，胸怀所及乃自佳，卿欲见不？'王本自有一往隽气，殊自轻之。后孙与支共载往王许，王都领域，不与交言。须臾支退。后正值王当行，车已在门，支语王曰：'君未可去，贫道与君小语。'因论《庄子·逍遥游》。支作数千言，才藻新奇，花烂映发。王遂披襟解带，留连不能已。"（刘孝标注引《支法师传》曰："法师研十地，则知顿悟于七住；寻庄周，则辩圣人之逍遥。当时名胜，咸味其音旨。《道贤论》以七沙门比竹林七贤，遁比向秀，雅尚《庄》《老》，二子异时，风尚玄同也。"）

《世说新语·文学》又载支遁解读佛学滞义，统一学界认识之事："三乘佛家滞义，支道林分判，使三乘炳然。诸人在下坐听，皆云可通。支下坐，自共说，正当得两，入三便乱。今义弟子虽传，犹不尽得。"

为了深入研究佛理，东晋的高僧、名士每每设立课题，开展讨论。《世说新语·文学》云："支道林、许掾诸人共在会稽王斋头，支为法师，许为都讲。支通一义，四坐莫不厌心；许送一难，众人莫不抃舞。但共嗟咏二家之美，不辩其理之所在。"

由于支遁贯通佛理，当时的学人希望和他当面讨教而不能得。《世说新语·文学》中有这样一段话："殷中军读《小品》，下二百签，皆是精微，世之幽滞。尝欲与支道林辩之，竟不得。今《小品》犹存。"

为了搞通佛理，东晋高僧们找准课题，潜心研究，搞懂了，又相互交流和探讨。《世说新语·文学》记述这样一件事："于法开始与支公争名，后情渐归支,意甚不分,遂遁迹剡下,遣弟子出都,语使过会稽。于时支公正讲《小品》。开戒弟子:'道林讲,比汝至,当在某品中。'因示语攻难数十番,云:'旧此中不可复通。'弟子如言诣支公。正值讲,因谨述开意,往反多时,林公遂屈,厉声曰:'君何足复受人寄载来!'"

在东晋剡中,以佛学为题的研讨会几乎随时举行。据《世说新语·文学》记述:"支道林、许、谢盛德共集王家,谢顾谓诸人:'今日可谓彦会。时既不可留,此集固亦难常,当共言咏,以写其怀。'许便问主人:'有《庄子》不?'正得《渔父》一篇。谢看题,便各使四坐通。支道林先通,作七百许语,叙致精丽,才藻奇拔,众咸称善。于是四坐各言怀毕,谢问曰:'卿等尽不?'皆曰:'今日之言,少不自竭。'谢后粗难,因自叙其意,作万余语,才峰秀逸,既自能干,加意气拟托,萧然自得,四坐莫不厌心。支谓谢曰:'君一往奔诣,故复自佳耳。'"

当然,世上没有常胜将军,支遁偶尔也会碰到难题。《世说新语·排调》载:"王文度在西州,与林法师讲,韩、孙诸人并在坐。林公理每欲小屈,孙兴公曰:'法师今日如著弊絮在荆棘中,触地挂阂。'"

竺道潜的高足竺法汰也是个很有学问的人。《世说新语·文学》载:"汰法师云:'六通、三明同归,正异名耳。'"三明,就是佛和阿罗汉所证得的三种智慧:宿命明、天眼明、漏尽明。神通即六通:神足通、天眼通、天耳通、他心通、宿命通、漏尽通。

总之,佛教中国化的标志是以"格义""连类"的方式,用中国优秀的传统文化释义佛经,从而融入华夏社会,形成般若学"六家七宗",其中"六家六宗"是在剡东创立的。剡东即今天浙江绍兴新昌,是佛教中国化的发祥地。

唐白居易《沃洲山禅院记》石刻文献考略

徐跃龙

沃洲山,在今浙江绍兴新昌县东35里。据考证,沃洲山因沃洲而名,最早见于梁慧皎《高僧传》,因东晋高僧支遁买山而隐、养马放鹤而名闻天下。一时,支遁等18位高僧、王羲之等18位名士胜会于此,成为当时大乘佛教、般若学研学倡行的中心,是佛教中国化的发祥地,也是剡东士族文化繁衍生息之地。沃洲山与天姥山相对,分别是道家的第十五福地和第十六福地,为晋唐剡中名山。及至唐代,这一带进入了全盛时期,唐代诗人追慕晋贤而纷纷经剡溪往来于此。据唐诗之路发现者和首倡者竺岳兵先生考证,记载在《全唐诗》中的诗人,其中有451位游历过这一带,《唐才子传》所载八大诗僧都亲履于此,"沃洲"一词在唐诗中出现竟有59次之多,可知沃洲乃文人之洲。对此,唐代白居易在《沃洲山禅院记》中写道:"东南山水,越为首,剡为面,沃洲天姥为眉目。夫有非常之境,然后有非常之人栖焉。"高度肯定了沃洲、天姥在浙东唐诗之路上的历史地位,而随着历史演进,《沃洲山禅院记》也已成为一方承载唐诗之路历史文化的丰碑。

一、碑文与著录

白居易(772—846),字乐天,晚号香山居士,祖籍太原(今山西太原),曾祖时迁居下邽(今陕西渭南),出生于郑州新郑县(今属河南)。白居易13—17岁曾避战乱在越州(今浙江绍兴),处女作《江南送北客因凭寄徐州兄弟书》就作于此时。贞元进士,历任翰林学士、左拾遗、赞善大夫等职,以刚正骨鲠,直谏闻名。元和十年(815),因得罪权贵,以越职言事罪,贬为江州司马。穆宗即位,召回长安,目击宦官擅政,朋党倾轧,政治混乱而自请外出,任杭州、苏州刺史,后又以刑部尚书致仕。白居易以诗著称,早年与元稹齐名,称"元白"。晚年与刘禹锡齐名,称"刘白"。

大和三年(829)春,白居易为太子宾客,称病辞归洛阳香山,自此不复出。《沃洲山禅院记》作于大和六年(832)夏,时年 61 岁。兹据《白居易集》所载,悉录全文如下:

> 沃洲山在剡县南三十里,禅院在沃洲山之阳,天姥岑之阴。南对天台,而华顶、赤城列焉。北对四明,而金庭石鼓介焉。西北有支遁岭,而养马坡、放鹤峰次焉。东南有石桥溪,溪出天台石桥,因名焉。其余阜岩小泉,如祖孙之从父者,不可胜数。东南山水,越为首,剡为面,沃洲天姥为眉目。夫有非常之境,然后有非常之人栖焉。晋宋以来,因山开洞。厥初有罗汉僧西天竺人白道猷居焉。次有高僧竺法潜、支道林居焉。次有乾、兴、渊、支、遁、开、威、蕴、崇、实、光、识、斐、藏、济、度、逞、印凡十八僧居焉。高士名人有戴逵、王洽、刘恢、许玄度、殷融、郗超、孙绰、桓彦表、王敬仁、何次道、王文度、谢长霞、袁彦伯、王蒙、卫玠、谢万石、蔡叔子、王羲之凡十八人,或游焉,或止焉。故道猷诗云:"连峰数千里,修林带平津。茅茨隐不见,鸡鸣知有人。"谢灵运诗云:"暝投剡中宿,明登天姥岑。高高入云霓,还期安可寻?"盖人与山相得于一时也。自齐至唐,兹山寖荒,灵境寂寥,罕有人游。故词人朱放诗云:"月在沃洲山上,人归剡县江边。"刘长卿诗云:"何人住沃洲?"此皆爱而不到者也。大和二年春,有头陀僧白寂然,来游兹山,见道猷、支、竺遗迹,泉石尽在,依依然如归故乡,恋不能去。时浙东廉使元相国闻之,始为卜筑;次廉使陆中丞知之,助其缮完。三年而禅院成,五年而佛寺立。正殿若干间,斋堂若干间,僧舍若干间。夏腊之僧,岁不下八九十,安居游观之外,日与寂然讨论心要,振起禅风;黑白之徒,附而化者甚众。嗟乎! 支、竺殁而佛声寝,灵山废而法不作;后数百岁,而寂然继之,岂非时有待而化有缘耶? 六年夏,寂然遣门徒僧常赞,自剡抵洛,持书与图,诣从叔乐天,乞为禅院记云。
>
> 昔道猷肇开兹山,后寂然嗣兴兹山,今日乐天又垂文兹山,异乎

哉！沃洲山与白氏，其世有缘乎？

二、珠联与璧合

据宋赞宁《宋高僧传》卷二十七《唐剡沃洲山禅院寂然传》载："大和七年，时白乐天在河南保厘为记，刘宾客禹锡书之。"可见，白居易撰成《沃洲山禅院记》后一年，曾请好友刘禹锡书丹后上石镌刻。近考白居易《与刘禹锡书》，则向我们揭示了更多的相关信息。

《与刘禹锡书》，是白居易手书寄给苏州刺史任上刘禹锡的一通书札，编入宋拓《淳熙秘阁续帖》卷五，通行的七十一卷本《白氏长庆集》中未见此文，历来有真伪之辩。1961 年，著名书画家、古典文献学家启功在《文物》杂志发表《碑帖中的文学史资料》一文，认为"《淳熙秘阁续帖》刻有白居易给刘禹锡的一封长信，不但是集外文，而且可以考证白居易和他朋友的种种关系，是一篇很重要的史料"，"从这封信里可以看到诗人白居易交游聚散的踪迹和论艺谈谐的风趣。崔群卒于大和六年（832），这信作于是年冬日，白氏 61 岁。信里可资考证的事很多"。肯定了白居易《与刘禹锡书》的真实性。今人整理校注白氏文集，如顾学颉《白居易集》、朱金城《白居易集校笺》、谢思炜《白居易文集校注》均辑入集外集。

检白居易《与刘禹锡书》，文末正好涉及白居易请刘禹锡为《沃洲山禅院记》书丹一事："沃洲僧往，又蒙与书，便是数百年盛事，可谓头头结缘耳。"浙江大学胡可先教授《白居易〈与刘禹锡书〉事实考证》对所述诗文钩沉，认为所谓"头头结缘"即指自支道林、竺法潜，直至白居易数百年来佛声寝与兴的情况，而白居易作《沃洲山禅院记》，则沃洲山与白氏世有其缘。宋赞宁《宋高僧传》记寂然与禅院来龙去脉甚详。寂然与白居易同姓，也当是白居易为其禅院作记的缘分之一。事实上，从书札内容来看，还包含承蒙好友刘禹锡为之书丹，也是与禅院结下的缘分之一，正可谓白文刘书，头头结缘，珠联璧合！

至于白居易书札释文中是"沃洲僧往"抑或"沃洲僧记"，著名学者顾学颉先生在 1979 年《文物》杂志发表的《白居易所书诗书志石刻考释》一文中有精辟的论述：

> "沃洲僧记(?)，又蒙与书"："记"，有人释为"往"，似不确。拓本中另有几个"往"字，都不这样写，而且这一个根本不像草书的"往"字。我认为是"记"字，摹写刻石，历时既久，笔划稍难辨认。白居易有《沃洲山禅院记》（见白集卷六十九），作于大和六年夏季，下距写此信的时间很近。

的确，"沃洲僧记"正合文意，从书札文末"宗直还，奉状不宣"，可知白居易这通书札是由苏州来的李宗直"还奉"传递，并非自沃洲山禅院而来的白寂然门徒常贽捎去，白居易在书札中将《沃洲山禅院记》简称《沃洲僧记》也在情理之中。而白居易遣白寂然门徒常贽捎回的则是他的《寄白头陀》一诗。诗中写道："近见头陀伴，云师老更慵。性灵闲似鹤，颜状古于松。山里犹难觅，人间岂易逢。仍闻移住处，太白最高峰。"（《全唐诗》卷四二二）

三、兴废与存续

自东晋以来，剡东沃洲山寺兴废存亡，已连绵 1600 余年。据新昌学者陈新宇先生考证，沃洲山建寺始于东晋建元元年（343）高僧支遁"买山而隐"。支遁所建之寺在沃洲山小岭（今称支遁岭），称小岭寺，也称沃洲寺或沃洲精舍，由支遁及其师弟支法度（也作度）领众百余。后支遁应哀帝诏进京，辞朝东还后止石城山立栖光寺，再未返沃洲，沃洲寺一直由支法度住持。遁卒于太和元年（366），而度先遁而亡。后竺法仰一度来居沃洲寺。支遁卒后 20 年，太元十年（385）前后，高僧白道猷来居沃洲，留有著名的《招道壹归隐沃洲》诗，为后世山水诗滥觞。唐初，魏征慕名"荷杖来寻支遁踪"，写下《宿沃洲山寺》诗。而后，唐代诗人寻此忆贤、写景而不状寺成为唐诗写沃洲的通例。至唐天宝中，有越州称心寺高僧大义"来居支遁沃洲之地，筑北坞之室"。大义于大历己未（779）终于寺，卒后 40 余年，即大和二年春（828），白寂然至沃洲，得白居易好友越州刺史元稹之助兴建沃洲山禅院。五年，禅院成，白居易为之作《沃洲山禅院记》，沃洲山寺一时振兴,成为唐诗之路上的重要地标。14 年后遇会昌法难,寺院与碑刻重又毁弃。会昌后再 15 年,即咸通元年(860),裘甫起义据剡,于沃洲山边建起新昌、沃洲二寨,沃洲山竟成了战争要地,寺院自难免劫难。五代时期,复有真封院。宋仁宗嘉祐间(1056—1063),吴处厚令新昌,游此留下《游沃洲山真封院》诗并序,记述了当时寺院荒凉情景。宋英宗治平三年(1066),寺院改名成风,真封院改名真觉寺。真觉寺沿袭真封院,上溯承沃洲山禅院,为纪念白道猷开山、白寂然建寺、白居易作记,寺内后殿立有"三白堂",祀三人之像,立白居易碑记,至民国未废。新中国成立后建长诏水库,真觉寺基已没入水中。

据胡可先教授《新出土刘禹锡书〈崔迢墓志〉考论》评述,刘禹锡为唐代书法名家,《通志·金石略》《宝刻类编》等金石名著都有记载,惜刘禹锡的书法作品很多已在流传中散佚。近年新出土刘禹锡书《崔迢墓志》正可弥补这一缺陷。从《崔迢墓志》可以看出,刘禹锡书法的特点近于欧阳询和虞世南,在当时亦有一定的地位和声望。因会昌法难,由刘禹锡书丹镌刻的白居易《沃洲山禅院记》已毁坏无存,我们只能从刘禹锡存世的书迹还原其书法风度,聊作慰藉。

近悉,新昌博物馆有旧藏《沃洲山记》残碑拓片,并载入由新昌博物馆编《新昌历代碑刻》之中,极为珍贵,兹将碑刻(碑文从略)题跋释录如下:

圣宋嘉定四年(1211)季冬初吉,宣抚越州绍兴府新昌县主管劝农公事兼弓手寨兵军僭绯丁璹书,住山文莘立石。

"天下佳山水,沃洲独称于东南,晋宋名胜,一时萃集,因人而高,故甚盛也。既而日月消歇,林泉榛芜,来者深有羊太傅登岘山之叹。嗟呼!人生天地间,真若草木之飘风,随时兴灭,本不足较。然欲垂声歜于千载者,独可托于文字,顾香山之记其可泯乎?寺有主僧文莘,能领此意,倾囊中金,规工沜石,载新其传,可谓知所尚矣。莘师且能□志起弊,大有功于兹山,是特其小者尔。沃洲茨隐石宗祁用嘉其能,敬为之跋。"(石宗祁《重刻沃洲山记》,见《越中金石记》卷五。石宗祁,号沃洲茨隐,理宗时绍兴新昌人。)

"石城以池涵佛窟之奇,而刘勰为之制碑;沃洲以列巘平津之胜,而乐天为之作记。两刹为南明冠，不专在泉石，而在二公之词章矣。会昌中，用道士说毁浮图，刘侍中（刘禹锡）碑乃从而没。后数百年，有□书衲子墨其文于寺壁。至嘉祐己亥（1059），长老宗幼文始镌之翠琰，邑尉吴处厚特纪诗碑阴，美好事也。建炎（1127—1130）间，以草窃发据寺院，白太傅记亦遭其毁。后数十年，有能文行者书其词于佛殿。至嘉熙庚子（1240），住持耸别峰乃勒之坚珉，里人王梦龙遂与之题跋，重好古也。夫文之显晦系于时，时之淹速系于人。宗解笑□□□□为尔寂寂，随人作计，余岂免□公一抵掌也。"盖此跋乃宝学侍郎王公草授大理守丞丁君为（缺字）人俞□才作□补刻□□□□□其□□□□□乎。时甲辰（1244）七月邑人泉奇刊。

据新昌文物工作者俞国璋先生考证，此碑拓片为博物馆旧藏，测量拓片得高约 155 厘米，宽 80 厘米。原碑无存。从拓片文字分析，白文首刊为刘禹锡所书，后重刊于宋嘉祐己亥年（1059），嘉定四年（1211）再刻，嘉熙庚子（1240）王梦龙题跋，甲辰（1244）七月补刊跋。根据明万历《新昌县志》和民国《新昌县志》所载，丁璹，字世珍，号宝斋，宋常州晋陵人，尤工文词，善篆隶；嘉熙己亥（1239）仲冬宰邑，淳祐辛丑（1241）仲秋还朝，后升大理评事；民为其建生祠并立碑以志去思。

除此碑拓片之外，据新昌文物工作者赵曦先生考察，及至清顺治年间（1644—1661），由庄同生补书重刻白居易《沃洲山禅院记》。至民国时，又莫名佚失。殆至新中国成立，大兴水利，乡民于真觉寺旁塘中挑泥，遂又发现已断为两截的清代石碑，由真君殿盛祥和尚补接断缝，保存于真君殿。至 20 世纪 80 年代建长诏水库，发现这方清代石碑又不见了，查询至今，似无着落。近日，幸见清嘉庆年间《真觉寺碑记》残碑再现，细察可睹，碑文所记为寺院历史和修寺缘起，而非白居易《沃洲山禅院记》，但仍可确认为沃洲山禅院至今仅存的珍贵文物。

失而复得，得而复失，不知何时尚能复得否？幸碑失文存，依然可以见证沃洲山寺的兴废。

《沃州山纪》残碑拓片

四、小结

纵观唐白居易《沃洲山禅院记》石刻文献的形成和流布,从禅院落成到碑刻形成,与3位中唐著名政治家、文学家密切关联,时任浙东观察使兼越州刺史元稹襄助立寺,太子宾客白居易撰文,苏州刺史刘禹锡书丹,可谓"三绝",在当时就是一大盛举。3位又都是诗文并擅、风望极高的中唐诗人,为新乐府运动的倡导者和践行者,元稹与白居易齐名,世称"元白",刘禹锡与白居易齐名,世称"刘白"。元稹曾一度拜相,宫中呼为"元才子",白居易被誉为"诗魔",刘禹锡被白居易誉称为"诗王",在唐代文学史上享有盛名。他们结友共同参与其事,实乃"数百年盛事,可谓头头结缘耳"! 这不仅是禅院之幸,沃洲山之幸,也是剡东新昌之幸。

唐白居易《沃洲山禅院记》,又称《沃洲僧记》《沃洲山记》,从石刻文献形态来看,因历史原因,虽仅存文本,但流传至今,是我们研究浙东唐诗之路山水文化、佛教文化、诗歌文化的宝贵史料。白居易在文中写道:"东南山水,越为首,剡为面,沃洲天姥为眉目。"其"东南眉目"已成为后人对浙东山水,尤其是剡中山水的经典评述。文中首次提出十八高僧、十八名士相聚沃洲,后人号称"沃洲胜会",与王羲之兰亭雅集、庐山白莲社齐名。尤其支道林、竺法潜在沃洲立寺、研学、讲席,为东晋般若学"六家七宗"代表人物,又称为"支竺遗风",在佛教中国化发展史上影响深远。除此之外,与之相关的白居易《与刘禹锡书》手札拓本、宋代补刻《沃洲山记》拓本、清代《真觉寺碑记》残碑等石刻文献,也都是浙东唐诗之路关键节点沃洲山历史文化研究的珍贵史料。

浅说佛教中国化发祥地在剡东

唐樟荣

晋永嘉七年(313),晋怀帝被杀,司马邺于长安即皇帝位,改元建兴。今天的南京,因避讳,由建邺改名为建康。后建兴四年(316),刘曜又攻入长安,俘晋愍帝,西晋灭亡。随后,司马睿在建康建立东晋政权,是为晋元帝。

"永嘉之乱"致使中国再次走向分裂。中国北部进入战乱不休的五胡十六国时代;南方则建立起东晋政权,史称"衣冠南渡"。江左之地,属扬州郡范围,成为北方世家大族迁居之地,而原属扬州郡,后属会稽郡的剡县亦在其中。

佛教自东汉末从印度传入中国,在长安洛阳生根发芽,在贵族和士大夫阶层,引起震动。印度佛教,如何与中原思想文化融合,成为争论不休的话题。战乱频仍,浮生若梦,视富贵功名如草芥,追求个性张扬和自由,成为时尚。玄学清谈之风弥漫,佛教思想与老庄思想一拍即合,成为中原佛教思想的主流。这时,为大乘教般若教义的诞生,创造条件。而当时佛教界领袖,依靠王室背景,传播佛教教义和思想,风靡一时,其代表人物,就是竺道潜、支遁者流。他们隐居剡中名山,为佛教中国化发祥,提供优厚条件。

浙江新昌,古代属剡县之地,早在东汉永平五年(62)就有剡县人刘晨、阮肇上天台山采药遇仙的故事流传,这里有一条"仙源之路"。剡溪上游三源,澄潭江、新昌江、黄泽江流贯今新昌县境内。东南名山东峁山、沃洲山、石城山、天姥山,罗立如掌上,千山万峰,气势森森。西晋太康十年(289),西域僧人幽闲在今澄潭街道横联村建立兴建寺,是浙江佛教的先声之一,也是绍兴今天现存最早寺院之一(已改名兴善寺)。东晋南朝时期,这里是佛教中国化发祥地,高僧名士,云集其间。般若学"六家七宗",大都诞生于此。本文以历史人物为主线,以新昌境内名山秀水如东峁、沃洲、石城为重点,着重介绍东晋南朝时期,佛教大乘教般若学在这里酝酿、发酵、诞生以及集其大成的历史过程,展示佛教中国化发祥地历史上著名高僧竺道潜、支道林、僧祐等活动轨迹,抛砖引玉,还原一段被历史风尘淹没的史实。

一

东晋宁康二年(374),中原佛教界领袖、晚年隐居剡县东峁山水帘洞侧达 30 余年之久的高僧竺道潜,以 89 岁高龄圆寂,此事震惊朝廷。12 岁的东晋孝武帝司马曜立即派出使者,披星戴月,快马奔驰,将 10 万钱送至剡县东峁山,为这位有"山中宰相"之誉的高僧举行隆重葬礼。孝武帝特下诏哀悼,诏书被保存在梁慧皎《高僧传》中,其云:"深法师理悟虚远,风鉴清贞,弃宰相之荣,袭染衣之素。山居人外,笃勤匪懈,方赖宣道,以济苍生,奄然迁化,用痛于怀,可赙钱十万,星驰驿送。"朝廷赐钱厚葬竺道潜,这是中国古代宗教史上的大事。孝武帝司马曜是东晋王朝第九个皇帝,也是简文帝第三个儿子,接位时才 11 岁。他因其父亲与竺道潜关系密切,故此下诏。竺道潜墓亦在东峁山中,惜今已湮没。

竺道潜(286—374),又名竺潜,字法深,山东琅琊(今山东临沂)人,晋丞相、武昌郡公王敦之幼弟。王敦曾与王导一同协助司马睿建立东晋政权,权倾朝野,被目为"仲父",是"王与马共天下"的"王派"中心人物。正是有这样的家族背景,竺道潜在当时朝野中地位之隆,不足为怪。竺道潜 18 岁出家,师事中州刘元真,师出名门。至 24 岁,竺道潜讲《法华》《大品》,既研究精深,又讲解精湛,故追随他学法问道者,常达五六百人。晋永嘉初,因避中原战乱过长江。

晋元帝司马睿及晋明帝司马绍、丞相王导(茂弘)、大尉庾亮(元规),都钦佩仰慕竺道潜的风德,对他既崇敬又友好。建武太宁中,竺道潜经常穿着木屐至宫殿内,时人以其品德崇高,都称他为方外之士。元帝、明帝、王、庾相继去世,他隐居剡山,以避当世,而追踪问道者,仍然络绎不绝,山门为之拥堵。竺道潜优游讲席 30 余年,或讲《方等》,或释《老》《庄》。信徒甚众,盛况空前。哀帝因好重佛法,频繁地派遣使者,殷勤征请他。竺道潜因诏旨之隆重,只好暂回宫殿,即于宫殿内开讲《大品》,哀帝及朝中之士都对他赞赏有加。当时简文为相,以竺道潜为道俗领袖,优厚礼遇,无所不至。竺道潜曾经于简文处遇沛国刘惔。刘惔嘲讽他说:"道士何以游王宫?"竺道潜回答:"你自看为王宫,我看不过蓬户(茅舍)罢了。"竺道潜虽往返朝野,奔波劳碌,而心情不快,乃要求还剡中东峁山,成遂其志向。于是逍遥林泉,以尽余年。另一位深究佛理、辩才无碍的高僧支遁派遣使者向他求买山之侧沃洲小岭,作为栖隐之地。竺道潜答道:"欲来当给,未闻巢、由买山而隐。"颇有点嘲讽他不懂求隐之道。支遁后与高丽道人书中赞赏竺道潜。竺道潜在剡县东峁山率众同游,论道说义,高栖皓然,创佛教般若学本无异宗。

竺道潜在剡中东峁山有学生辈高僧多人,如竺法友,典籍称其志业强正,博通众典,曾随竺道潜受阿毗昙,一宿便诵,24 岁便能讲说,后立剡县城南台寺。又如竺法蕴,悟解入玄,尤善《放光》《波若》。康法识,亦有义学之功,而以草隶知名,又写众经,被人推重。竺法济,幼有才藻。作《高逸沙门传》。凡此诸人,都是竺道潜之神足。因写《天台山赋》闻名,称掷地作金石声的文学家孙绰并为之赞。梁慧皎《高僧传》卷四有《晋剡东山竺法潜》记载其人其事,从中不难看到,此人出身显贵,风姿伟岸,容貌堂堂,学问渊博,风度儒雅,影响所及,几乎成为当时出入于佛学界及政界首届一指的高僧。其活动范围广泛,但完成其思想学问积蓄准备直至成熟的大本营就在今新昌县东峁山,他曾数度在此隐居、出山,并带领信徒在此研讨学问,晚年又逝世于此。

东峁山,当地人称之为山背顶,又称望远尖,俗称水帘尖,在今新昌县东南 20 公里。西接鳌峰,南联沃洲,脉自新昌最高峰菩提峰来,遥接天台华顶。山体四面凌空,孤峰峭拔,登高眺望,新昌、嵊州两县数百里如列掌上。水帘洞自峰尖直下,苍蟠翠峭间,一洞天开,门悬飞瀑,高 35 米,喷薄而下,若垂帘然,随风飘荡,光彩夺目,古人有诗咏之说:"云连山势千层画,帘卷泉声一片秋。"洞顶有潜公台,片石凌云,若垂云在天,传为竺道潜说法处。洞前有马蹄岩,传为支遁坐骑神骏所印。东晋咸康年间(335—342),竺道潜建寺于此,其高足竺法猷、竺法蕴、康法识、竺法济等均卓锡于此,与沃洲山同为江南大乘般若教义中心。此事被记载于梁慧皎《高僧传》及刘义庆《世说新语》中。惜"东峁"之"峁",为冷僻字,《世说新语》错为"印山",而梁慧皎《高僧传》则错为"仰山"。清鄞人闻性道著有《东峁志略》,载之甚详。

二

与此同时,另一位高僧、人们称之为东晋佛学界骄子的支遁,也追随高僧竺道潜来到剡中,他自向竺买山而隐以后,大部分晚年时光,都在剡中沃洲山和石城山度过,最后卒葬于石城山中。

支遁(314—366),字道林,本姓关氏,陈留(今河南开封市)人,或称河东林虑(今河南林县)人,东晋高僧、佛学家、文学家。自幼聪明灵秀,随家人南渡江南。早年曾隐居吴县(今江苏苏州)余杭山,25岁出家,其师为西域月支人,改姓支。出家后云游京师,住白马寺,潜心研究佛道,"沉思《道行》之品,委曲《慧印》之经"。好养名马,自云"重其神骏"。又有人赠鹤,他说:"尔冲天物,宁为耳目之玩乎?"遂放飞之。王濛赞扬他"造微之功不减辅嗣",把他与三国时开创魏晋玄学清谈之风的青年才俊王弼相提并论。孙绰称赞支遁"拔新领异,胸怀所及乃自佳"。陈郡殷融以为是卫玠再世。谢安说他讲解佛教经典"如九方皋之相马,略其玄黄,取其俊逸"。意谓其从大处着眼,不拘泥于寻章摘句。

支遁常在白马寺与刘系之、冯怀等人谈论《庄子·逍遥篇》,独出心裁,别有会心,后注《逍遥篇》,群儒旧学莫不叹服,为般若学六大家之一。后还吴立支山寺。晚欲入剡,谢安为吴兴守,寄信给支遁,邀其同住。王羲之当时在会稽,常闻支遁大名,不甚信服,对人言:"一往之气何足言。"后遁既还剡,经由其地,王羲之邀请支遁会面,以亲眼观察他是否名副其实。既至,王谓遁曰:"《逍遥篇》可得闻乎?"支遁乃作数千言,标揭新理,才藻惊绝,王羲之不禁披衿解带,流连不能已。乃邀请他住山阴灵嘉寺,以便于研讨学问。不久，支遁又到剡山，于今新昌沃洲小岭立寺行道，僧众百余，经常跟随他学道。

沃洲山，在今新昌县城东南 12 公里处，东邻岜山，南连天姥，西接刘门，为天台山支脉。沃洲之名，来自沃水。《尔雅》云：沃泉悬出。其源有二：一为天台石梁，一为东岜水帘，由两处瀑泉汇注而成，为剡溪上源之一。水至桑园分派，中雍沙潭，长里许，平坦幽闲，丛生兰芷，泉甘土肥，民以殷实，故名沃洲。长诏水库（今称沃洲湖）建成以后，沃洲没入湖底，唯山尚存，但面貌已经改观。

沃洲山有高名于晋世，道书以为第十五福地。其实，最早开山的还是佛家，晋代西天竺罗汉僧白道猷肇开此山，其《招道壹归沃洲》诗云："连峰数千里，修竹带平津。茅茨隐不见，鸡鸣知有人。"成为人们向往的避乱胜地。支遁在沃洲小岭建沃洲精舍，沃洲从此进入全盛期。史载，有十八高僧十八名士雅集，称沃洲胜会，堪与庐山白莲社、山阴兰亭会同称文化盛举。时佛教倡行大乘般若，有六家七宗，其中六家在剡东，沃洲山成为江东佛学中心。支遁在此立寺讲学，放鹤养马，今新昌沃洲尚留有放鹤峰、养马坡、支遁岭遗迹，其他胜迹犹多，后成为唐诗之路精华地之一。

支遁晚年移居石城山，又立栖光寺，"宴坐山门，游心禅苑，木食涧饮，浪志无生"，乃注《安般》《四禅》诸经，及《即色游玄论》《圣不辩知论》《道行旨归》《学道诫》等，晚出山阴，讲《维摩经》，支遁为法师，许询为都讲。两人相得益彰，风靡一时。

至哀帝即位，频派使者，征请出都。至东安寺，讲《道行般若》，"白黑钦崇，朝野悦服"。连太原王濛等元老级人物都不是他的对手，郗超后与亲友书云："林法师神理所通，玄拔独悟。实数百年来，绍明大法，令真理不绝，一人而已。"

支遁淹留京师，将达 3 年，乃上书告辞，求还东山。哀帝下诏同意，并发给丰厚资费，一时名流同时饯行于征虏亭，并发生一桩蔡子叔与谢安石欲"近遁而坐"、互抢座位的公案，事载《世说新语》，其为时贤所慕如此。

支遁既而收迹剡山，毕命林泽，以晋太和元年（366）闰四月四日终于所住，享年 53 岁。郗超为之序传，袁宏为之铭赞，周昙宝为之作诔。孙绰

《道贤论》以支遁比向子期。

支遁有同学法虔,精理入神,先遁而亡。支遁叹曰:"昔匠石废斤于郢人,牙生辍弦于钟子,推己求人,良不虚矣。宝契既潜,发言莫赏,中心蕴结,余其亡矣。"乃著《切悟章》,临亡成之,落笔而卒。凡遁所著文翰,集有十卷,盛行于世。

支遁圆寂以后,隐居剡县的东晋名士戴逵曾经到石城山凭吊缅怀,刘义庆《世说新语·伤逝》有云:"戴公见林法师墓曰:'德音未远,而拱木已积,冀神理绵绵,不与气运俱尽耳。'"同时,王珣又受朝廷之命,前往石城山吊唁他。《世说新语》刘孝标注云:"王珣《法师墓下诗序》曰:'余以宁康二年,命驾之剡石城山,即法师之丘也。高坟郁为荒楚,丘陇化为宿莽,遗迹未灭,而其人已远。感想平昔,触物凄怀。'其为时贤所惜如此。"

按,关于支遁之死及墓葬何处,《高逸沙门传》曰"终于洛阳",梁慧皎《高僧传》亦有"终于(余姚坞山中)所住"和"或云终剡"二说,但从《世说新语》注解所引戴逵至石城山吊唁支遁之墓,以及王珣授命到石城山的记载来看,支遁卒于石城山并安葬于此,当是没有疑义的。戴逵隐剡中,其至石城山凭吊支遁,虽称拱木已积,时间当不会很久。戴逵生于晋咸和九年(334),卒于晋太元二十一年(396),即使以其卒年计算,距支遁卒年也不过20多年而已。而王珣于宁康二年(374)至石城山,时距支遁去世才6年。因此刘注所引资料,弥足珍贵,足以成为支遁终于剡石城山并安葬于此的确证。另据灌顶《智者大师别传》,陈太建七年(575)秋九月,智者大师初入天台,有"游历山水,吊道林之拱木,庆昙光之石龛"之记载。其路过石城山,亦曾到此缅怀支遁遗踪和瞻仰墓址。昙光即新昌大佛寺的创始人之一,尚建有昙光法塔。

梁慧皎《高僧传》卷四有《晋剡沃洲山支遁》,记载其人其事如上所述,从中可略见其在佛学界和名士中乃至整个政界中羽扇纶巾,游刃有余,谈锋所向,四望披靡的景象,人称其为东晋佛学界的骄子。事实上,其影响所及,岂但佛学界而已哉!时值晋室南渡,战乱频仍,剡东一地,名士高僧荟萃,支遁成为群贤领袖,并有多种著作在这里完成,是支遁一生特别是他思想成熟时期活动的重要据点之一。早年因向先他隐居于东峁山的竺道潜买山,被竺道潜以"欲来辄给,岂闻巢由买山而隐"的回答占了言谈的上风,而这也成为当时剡中与王子猷雪夜访戴逵逸事并称的两大有东晋时代特色的名人韵事,"买山而隐"成为著名典故。

三

新昌大佛寺石雕弥勒大佛诞生于南朝齐梁间,由僧祐奉梁建安王萧伟之命,亲自设计并指挥建造,为其当时所建诸多佛像中硕果仅存者,也是佛教中国化发祥地至今尚存的历史遗迹和文化遗存。其工程浩大,工艺精湛,震惊当世,被《文心雕龙》作者刘勰称为"不世之宝,无等之业"(《梁建安王造剡山石城寺石像碑》)。僧祐造像、刘勰撰碑,至今成为新昌大佛寺双璧。

新昌大佛寺,原称石城寺,古属剡县,故称剡县石城寺,其后又称瑞像寺、宝相寺,清末民初又俗称大佛寺,并沿袭至今。

剡县设置于秦朝,由当地剡溪而得名。剡溪源于曹娥江上游,自古以来,以千岩竞秀、万壑争流、风光秀丽而著名。秦置县以来,属越州管辖,五代吴越王时分为嵊县和新昌两县,石城寺属后者管辖直至现在,今天的当地人也称石城寺为新昌大佛寺。

石城寺名出于石城山,其地形,四山壁立,怪石嵯峨,环布如城,乃一大奇景。山名古称剡山,吴越王时改名南明山。其地出自天台山支脉而横连天姥山系,又称天台西门。

石城山建佛寺的具体时间始于东晋。如前所述,东晋名僧支道林晚年投栖于石城,游心禅苑,建栖光寺,终焉于此。古时还有他的墓葬存在。

再检《高僧传》,同时代的高僧于法兰,闻江东山水剡县称奇,乃徐步东瓯(温州地区),远瞩嵎(山)嵊(山),遂居于石城山麓,即今之元化寺。其弟子于法开,亦于升平五年(361)归居石城山,续修元化寺,似乎也圆寂于此。

真正称为大佛寺开山祖师的是高僧昙光,他于永和初漫游江东,投居石城山,栖宿于石室中,名曰"隐岳"。因属同一地域,故隐岳寺就是石城寺之旧称。

此外尚有竺昙猷(法猷)年轻时游历江左,后至石城山,乞食坐禅。这些高僧,当时皆卜筑石城山,被这块庄严净土的旖旎景色所吸引,流连其间。石城山属越州地区管辖,然而又处在天台山文化圈内,可谓吴越和台温的交通纽结。由于这种独特的地理关系,使当时的佛教进入了光辉灿烂时期。而更不可忽视的是,此地罕见的岩壁与地质,也给予洞窟巨像的营造提供了良好的自然条件。

石佛的造像发愿于僧护。《高僧传》卷十三有此记述。僧护是会稽剡县人,年少出家,戒行严净,后居于石城山隐岳寺。寺之北端岩壁陡峭,直上数十余丈,中间仿佛有如佛焰之形。上面树木丛生,曲枝垂阴。僧护每行至岩壁处,辄见光明焕发,闻丝竹管弦歌赞之声。于是他在此挚炉发誓,愿凿山镌造十丈石佛,以敬拟弥勒千尺尊容。使凡厥有缘之人,同睹龙华三会。至南齐建武期(494—497),疏凿移年,而石佛仅成面璞。不久,僧护遇疾而亡,临终誓曰:"吾之所造,本不期一生成办。第二身中,其愿克果。"尔后,有沙门僧淑,继其遗业,终因资力不足,未能成功。到了梁天监六年(507),始丰县(按即今天台县)县令陆咸,罢任还乡,夜宿剡溪,正值风雨晦暝,因惊恐不能睡去。偶尔打盹时,忽梦见三僧来告:"君识性坚正,自然安稳。然建安殿下感患未瘳,若能治剡县僧护所造石像得成就者,必护平豫。冥理非虚,宜相开发也。"但陆咸还乡后,竟忘了梦中托付。某日,他刚要出门就遇见一僧侣。僧侣说:"去年于剡溪所嘱建安王之事,尚能记否?"陆咸惧然,答曰:"不记。"僧云:"宜更思之(请再想想)。"便飘然而去。陆咸悟其非凡,追及百余步,忽然不见,豁然知其意,乃追忆起前梦来,此僧侣即是在剡溪所梦见三僧之一。

于是,陆咸上启建安王萧伟,建安王再上奏天子梁武帝萧衍,武帝遂敕遣僧祐专任营造石像之事:

> 初,僧护所创凿龛过浅,(僧祐)乃铲入五丈,更施项髻。……像以天监十二年春就功,至十五年春竟。坐躯高五丈,立形十丈。龛前架三层台,又造门阁殿堂并立众基业以充供养。其四远士庶并提挟香华,万里来集。供施往还,络绎不绝。

《高僧传》中,有着这种种神灵色彩之故事,似乎令人难以置信。但总而言之,发愿始造石佛者是剡县出生的僧护,继其遗业者为僧淑,最后以梁武帝命僧祐完成这一使命。故佛像之完成,可以说是以梁武帝的敕令而告落成。当然,大施主建安王萧伟和名僧僧祐,功绩也是彪炳史册,不可磨灭的。

更值得一说的是,受武帝之敕,直接指挥石佛营造的僧祐(445—518),在《高僧传》卷十一中也有传记。僧祐俗姓俞氏,生于建康。在齐梁佛教史上,是一位留下不朽业绩的名僧。他初出家于建初寺,后避至定林寺,从法达、法颖专治律学。又巡礼于阗、龟兹而随于法显门下,从事建初、定林及诸寺的修缮,及建斋会、造立藏经、校勘经典等事业。还出入南齐文惠王、竟陵子(萧子良)之门,和沈约、刘勰等文人也交往甚密,有《释迦谱》《出三藏记集》《弘明集》等著述传世。《高僧传》记曰:"祐为性巧思,能目准心计,及匠人依标,尺寸无爽。故光宅、摄山大像、剡县石佛等,并请祐经始,准画仪则。今上(武帝)深相礼遇,凡僧事硕疑,皆敕就审决。"而石城寺石弥勒像,是高僧僧祐所建众多佛像中硕果仅存者,弥足珍贵。

大佛寺弥勒佛石像,雕凿于悬崖绝壁之中,石佛座高 2.4 米,正面趺坐像高 13.2 米,阔 15.9 米,两膝相距 10.6 米,耳长 2.7 米,两手心向上交置膝间,掌心可容 10 余人。石弥勒像不仅以规模宏大,气势非凡著称于世,而且在造像艺术上也独具特色,石像盘膝而坐,容秀骨清,婉雅俊逸,端庄慈祥。额部宽阔,鼻当高隆,眉眼细长,方颐薄唇,两耳垂肩,身披袈裟,中胸袒露,衣着绉褶,自然流畅,给人一种超脱、庄严之感。在造像上作了 2 个艺术处理:一是适度放大头部,处理好视差关系,使人们仰视大佛时,毫无比例失调之感,且面容亲近真实。另一个巧妙的创造是凿成深穴代替眼珠,使观瞻者不论从哪一角度仰视,均有与佛目光相接之感。石弥勒像融天竺风味与民族风格于一体,体现了南朝士大夫信仰与思辨相结合的精神世界,在中国文化史上有其一席之地。范文澜《中国通史简编》、翦伯赞《中国史纲要》及金维诺《中国美术史论述》中都作了记叙。刘勰《梁建安王造剡山石城寺石像碑》是新昌大佛寺大佛最早的文字记载,是中国石窟南朝宗教、造像及文学的宝贵文献。

紧邻大佛寺的外山门,还有另一处石窟造像。因石窟内佛像总数逾千,故名千佛禅院,俗称千佛岩。据统计,石窟内确有佛像 1075 座,大的有 1 米之多,小的仅数寸。千佛禅院前身是高僧于法兰创建的元化寺。南朝时,南方很少有石窟造像,因此位于新昌石城山的千佛岩就显得异常珍贵。千佛岩造像现虽已残损,但仍保持了南朝风貌,是南方地区迄今为止发现的雕凿年代最早的石窟造像,是研究中国南朝佛教造像艺术的重要实物例证之一,具有较高的历史和艺术价值,被载入《中国百科全书·美术卷》《世界美术大全·南北朝卷》。

四

日本中国佛教史研究专家镰田茂雄所著《简明中国佛教史》有云:

> 鸠摩罗什入关以前,在中国佛教史上起了重要作用的,华北是道安,江南是支遁。道安制定戒律,创作经录,培养出一批批像慧远那样的伟大弟子。支遁则和江南诸名士往来,在贵族上层社会弘传佛教。支遁还从《般若经》和《维摩经》的研究中获得对般若空论的深刻理解,树立了即色派。他对禅观和戒律也很注意……
>
> 通达《庄子》的支遁,以《庄子》思想为媒介,找到了理解佛的关于空的思想的线索。与此同时,他又在中国思想以佛教为媒介、谋求其本身的扩展和深化这一点上,起了很大作用。
>
> 除竺道潜和支遁外,同江南贵族往来的僧侣很多。于法兰被比作阮籍,他是居于江南剡县石城山下(按即今新昌大佛寺内)的隐士,支遁曾为他立像著书进行赞扬。与支遁争论即色空之意义的于法开,是于法兰的弟子。还有被比作阮咸的于道邃,支遁曾著铭文歌颂过他……东晋时康僧渊和康法畅、支敏度等般若学者一道南迁,曾被殷浩发现,同王导、庾亮等名人有所交往。道安的同学竺法汰在新野与道安分别后,同昙壹、昙贰等由荆州入建康,住于瓦官寺,同王洽、谢安等往来,曾为简文帝讲《放光般若经》。法汰的《放光般若经》义疏、给郗超的书信、论本无派的书信等皆曾流传于世。
>
> 不仅是僧侣,在世俗学者中也有精通佛教的,孙盛、孙绰、郗超等

学者辈出。孙盛曾批判过老庄；孙绰提倡儒、佛、道三教一致论，著有《喻道论》《道贤论》等；郗超著有佛教概论书《奉法要》。东晋初期既没有华北所看到那样多的经典翻译，在动乱中又很少认真地进行实际的宗教活动，因而产生了偏重讲经的学风。它和崇尚清谈的风气相结合，就使贵族性、隐逸性的佛教流行起来了。

另外，关于般若学的诞生，该书第二部分设小节论之。因涉及新昌地域，节录如下，以为参考：

《般若经》主张一切法皆空，但当时学者是用老庄的无为思想来解释这个"空"的，所以不能正确理解般若的"空"。直到姚秦时，鸠摩罗什翻译了龙树的《中论》等著作后方得有正确理解。但至道安时，对般若"空"的解释出现了种种异说。若根据罗什的弟子僧肇的《不真空论》和隋朝吉藏的《中论疏》等，则当时对"空"的解释有三派：一、心无派，二、即色派，三、本无派。还有昙济在《六家七宗》里所列举的七家之说。一、所谓心无派即是主张"无心于万物，万物未尝无"。"空"即心不留于万物之上，于物上不起执心。这是支敏度和道恒的主张。据说支敏度是为衣食而首创心无派的新学说的。道恒为坚持心无派学说，被庐山慧远、竺法汰及其弟子昙壹所排斥。二、所谓即色派，即主张"色不自色，故虽色而非色也"。色没有作为色的自性，所以即色就是即色空的意思。色虽然是色，但实际却不是色，这是主张本来空的学说。"即色"是《即色游玄论》作者支遁的学说。三、所谓本无派，即主张"情尚于无，多触言以宾无，故非有，有即无，无亦无"。非有非无的双非打破了有无的两种见解。所谓空就是物超越一切类别的东西。道安把非有非无看成般若的本质，其弟子僧叡、慧远也主张本无派的学说。惠达在《肇论疏》中把心无派作为竺法温（竺法蕴）之学说，把本无派作为道安和慧远之学说。还有吉藏，在《中论疏》中也介绍了这三派的学说：本无派方面，介绍了构成道安的本无派和不正派的深法师（竺道潜）之学说；即色派方面，介绍了关内的即色派和支遁的《即色游玄论》之学说；心无派方面，介绍了温法师

（竺法温）之学说。昙济在《六家七宗论》里也介绍了本无宗、本无异宗、即色宗、心无宗、识含宗、幻化宗、缘会宗七宗，将本无异宗包括在本无宗之内，合称六家。据《六家七宗论》所说，识含宗是于法兰弟子于法开之学说，幻化宗是竺法汰的两个弟子昙壹或道壹之学说，缘会宗是于道邃的《缘会二谛论》之学说。

三国以后的魏正始年间（240—249）老庄思想流行，进而产生清谈之风。《般若经》在清谈风靡天下之时被陆续译出，从而迅速提高了对般若思想的理解能力，终于出现了格义。继而流行关于般若空的种种异说，并进一步加以提炼，从而产生了对"空"思想的真正理解。

上述以六家七宗为主要内容的般若学思想代表人物，大都在剡中完成他们的学说，故录之以为参考。

这一章节中，作者以梁《高僧传》等史料为依据，以白话形式，介绍东晋时期，以竺道潜、支遁为领袖，随晋室南渡，将当时盛行中原的贵族佛教转移至江南的情况。包括皇帝及其大臣和士族人士，面对社会动荡、战乱频仍、朝不保夕的形势，为维持政权安全，统治集团内，既作勾心斗角争斗，又相互妥协的同时，为追求精神寄托，以老庄玄学清谈为外表，以佛教般若学教义为内核的贵族佛教大行其道，它是整个上层社会的心灵安慰剂或精神支柱，这也正是当时时代的产物。它的最大特点，是佛教的贵族性，与普通信众还有距离。僧人入世可为朝廷国师，深受礼遇，出世可远离尘嚣，隐居于偏离政权中心，又随时能获取朝廷消息的名山秀水之间。当时，离都城建康即今南京才数百公里，又是偏安江南中心地的会稽郡范围的剡溪上游，即今新昌东岇沃洲石城，正是高僧们最理想隐居地，他们过着以此为大本营，既可出入朝廷，为皇帝座上宾，又可退隐研讨佛学，互相辩论完成著述的两栖生活。不但佛教界而已，连当世名士也随之入剡，这是剡中佛学的鼎盛期，也是佛教中国化的发祥地。

这些史实，应该班班可考，没有异议，被以研究中国佛教史著名的日本学者镰田茂雄写入其著作中，是极有学术价值的。所可惜者，作者虽多次到过中国，并多次主持过中日两国学界研讨中国佛教史论坛，但对偏处一隅、已经冷落、甚至被淹没于历史风尘中的剡中东屾沃洲石城关注甚少,故著作中虽写到高僧名士在此间活动史实,但未作总结,甚至连竺道潜、支遁隐居卒葬之地也未作深究。孝武帝星驰驿送,以十万钱,为竺道潜作葬礼之资,虽有论及,但卒葬地在剡中,则语焉不详,于支遁卒葬地在剡石城山还是余姚坞中更无考证,这些于中国佛教史而言,自是瑕不掩瑜,但也属美中不足。

浙江剡县,以剡溪而名,从自然环境而言,剡溪只是一弯细流而已,但她穿行在千岩竞秀、万壑争流之间,风景极佳,东晋名士王子敬云:"从山阴道上行,山川自相映发,使人应接不暇。若秋冬之际,尤难为怀。"而这样的景象,以剡溪为特胜耳。

在东晋南朝时期,由于北方战乱不休,动荡不安,这里更成为高僧名士隐居之地,他们汇聚于此,共研佛学,著述讲经,胜义纷呈,盛况空前,剡溪成为中古时期名声卓著的文化河流。佛教中国化以大乘般若学为基础,这里成为其发祥地,高僧名士云集,与名山秀水相得益彰,故白居易《沃洲山禅院记》有云:"东南山水,越为首,剡为面,沃洲、天姥为眉目。夫有非常之境,然后有非常之人栖焉。"这正是汪洋恣肆的中原文化之河,曾经流贯于此,并留下深厚的文化积淀。拂去历史的尘埃,这段在中国佛教史、思想史上具有重要意义的历程,将与被誉称为东南眉目的沃洲天姥山水一样永存天壤之间,并熠熠生辉。

小江驿是浙东唐诗之路会稽和上虞的中转枢纽

罗兰芬

　　浙东唐诗之路是唐代诗人经行浙东七州而形成的山水人文之路和旅游热线。其主干线从萧山西兴出发,经绍兴鉴湖,沿浙东运河至曹娥江,再沿曹娥江逆流上溯剡溪,经剡县(嵊州、新昌)最后抵天台石梁飞瀑,全长约190公里。笔者认为,支线有好几条,其中两条从小舜江溯流而下,一是从绍兴郡城乘船经镜湖(鉴湖)到长塘,步行经广陵、篁村、会湖、蒋村至长山头(全程约9.5公里),坐船沿小舜江顺流而下到小江渡;一是从鉴湖由今富盛镇三溪口、汤浦,坐船沿小舜江顺流而下到小江渡。这两条路水陆结合,据绍兴水利和文史专家盛鸿郎考证,第一条正与谢灵运于元嘉八年(431)二月二十九日写的《从斤竹涧越岭溪行》内容契合。浙东唐诗之路虽没有路牌,却指引着400多位唐代诗人,如李白、杜甫、白居易、陆羽等慕名到此游历,留下1500多首诗歌。

　　2018年,省政府工作报告明确提出,要扎实推进大花园建设,积极打造"浙东唐诗之路"。上虞是浙东唐诗之路的发祥地,曹娥江是浙东唐诗之路的主干线,东山是其中重要的文化话题。"东山再起"的谢安、山水诗鼻祖谢灵运及秀丽佳山水,都是吸引唐代诗人眼球的地方,故成为历代诗人游访的目的地之一。而从会稽小江渡口(或小江驿)坐船过曹娥江直达对面上虞东山,为最便捷的快道,故小江渡、小江驿是浙东唐诗之路上的一个重要节点和中转驿站,是文人墨客迎来送往之地。笔者是绍兴市上虞区上浦镇小江人,试从古籍文献中的"小江驿""小江渡""小江铺"等地名作一串珠成链式的粗浅阐述,从而促成"小江驿"在新时代重谱"诗路古驿"光彩华章。

一、建置沿革悠久

小舜江携带上游的溪沙,从西南往东北浩浩荡荡汇入曹娥江,泥沙淤积,日积月累,渐渐在交汇处北边形成一个面积近千亩形如琵琶的冲积沙洲,历史上叫"小江口"(也叫"琵琶圻"),遂有人烟,成聚落。

小江地域沿革,春秋战国时属越国。秦时,属会稽郡。汉初,属楚、荆、吴三国。此后属会稽郡,直到隋文帝年间。隋炀帝大业元年(605),属越州。以后,随越州和会稽郡名称相互更替,也随属。唐肃宗乾元元年(758)起,属越州。

北宋熙宁三年(1070),小江为越州会稽县太平乡。南宋建炎五年(1131),属绍兴府会稽县。元至元十三年(1276),属绍兴路。明洪武二年(1369),属绍兴府。清初,继明制。《绍兴县志资料》第一辑记载:清宣统二年(1910),属会稽县太平乡。民国初,先后属会稽道、绍兴行政督察区、绍兴县第四区(汤浦)江左联合村。民国21年(1932),小江属绍兴县第四区(汤浦)江左乡。民国24年,属绍兴县小江乡。

1949年5月,绍兴解放,属绍兴县汤浦区小江乡。中华人民共和国成立后,属绍兴县汤浦区四峰乡。1954年10月,划入上虞县。1956年,属上虞县上浦乡。1958年9月,属汤浦人民公社上浦管理区。1961年5月,为小江大队。1963年,属章镇区上浦公社。1983年4月,更名为小江村。10月,属章镇区上浦乡。1992年4月,属上浦镇(上浦乡与联江乡合并)。

2006年4月,行政村规模调整,因小江、石浦和庙基湾3个村相邻于四峰山(属罗村山脉),又曾被合归于四峰乡,3个村合并名四峰村。

二、地理位置得天然之利

历史上直到1954年以前,小江位于会稽县(绍兴县)和上虞县交界处,是会稽县(绍兴县)的东南门户,类似于今天的出入境,和萧山的西兴一样,有铺兵把守,地理位置重要,历代官府很早就在这里设立小江渡、小江驿、小江铺。同时,还是西连小舜江,东接曹娥江的中枢要站,和上虞县隔江相望,还是南下金华、温州、黄岩的杭温官道必经之处。笔者查阅旧志古籍,历史上有"小江渡""小江驿""小江铺"等地名出现。从邮驿和军事沿革考析,当先有便民需求的"小江渡"应时而生(后为官方设渡),随后驿站(邮驿兼军事功能)设置,遂有"小江驿""小江铺"地名存世。

小江渡 小江口(琵琶湾)东面隔浩瀚的曹娥江便是上虞县风光优美的东山和指石,是通往上虞东山的必经之路,也是南下嵊州、天台的必经的唯一官道。从古代"至水所不便桥者,则设官渡以济"来说,"小江渡"应是村民到小江口迁徙定居、形成聚落就有了,约为永嘉南渡后北方士人纷纷到会稽开发时。笔者查阅古籍,"小江渡"第一次出现于明《万历会稽县志》:"小江渡、伧塘埠……东关铺、曹娥铺、白米堰铺、小江铺(俗呼曰急递铺,每铺听屋二间,日晷一座,各有铺兵、铺司,并出五云门)。"清《康熙会稽县志》则记载更详细:"小江渡,在县东南一百里,渡口有茶亭、守渡舱。""各渡渡夫一十三名,每名银三两六钱,共银四十六两八钱,遇闰加银三两九钱内。梁湖渡六名,除工食外每名雇船银二两四钱。清江渡二名,小江渡五名。"渡夫数量仅次于上虞县梁湖(南津),可见小江渡规模很大。唐代诗人皇甫冉《小江怀灵一上人》说:"江上年年春早,津头日日人行。借问山阴远近,犹闻薄暮钟声。"可见"小江渡"是人行繁忙的渡口。

小江渡具体位置在哪?笔者拜访村内 90 岁以上老人,据说有两处。一是现小江外村埠头。从小江关帝庙前面的官道(驿路)往东过金鸡畈,往南行 1000 米就到埠头。此处的石砌埠头依然存在,石块黝黑溜亮,见证历史悠久。从这里既可以渡船到东山,又可以渡小舜江到南岸的上虞县王家汇,然后沿杭温官道(现 104 国道上虞段)南下章镇、嵊州、天台等。从地理位置来说,此处当为小江渡、小江驿、小江铺署房营建、铺兵把守之处,也是浙东唐诗之路的中转节点。二是原小江口溯小舜江上游(现称断江)约 1500 米处。民国以前,这里是小江村民坐船渡小舜江到南岸的浦下,然后步行至渔家渡、汤浦行商出市的唯一路径。笔者父亲小时候就是天天从此渡口过江到渔家渡小学读书的。从枢纽位置来说,小江渡应是外村埠头处。

上虞乡贤、宋代李光(1078—1159)曾经小江古渡到对岸的东山朝拜，被小江的人文风光所迷恋，撰《过小江渡行村落间爱其风土偶成》诗："未到清溪水半浑，山围莲荡鹭成群。槿篱竹坞疑无路，鸡犬时时隔岸闻。"

2014 年 6 月 1 日，总投资 6000 余万元的上虞东山大桥建成通车，方便东山村民进出，游客们去东山旅游更便捷。

左为曹娥江，中间村庄为小江渡(小江驿、小江铺)，右南北向公路为杭温公路，东西向横跨曹娥江为新建的东山大桥　(谢益栋摄)

小江驿　中国的邮驿历史悠久。汉初规定"三十里一驿"，并改人力步行递送为骑马快递。位于小舜江与曹娥江汇合处的曹娥江西岸、小舜江北畔的小江外村埠头，在小江渡基础上，始设置"小江驿"。西晋时，谢安的祖父谢衡(240—300)举族南迁，此后几代在朝廷出仕为官，成为东晋望族。作为望族，除定居建康，还有别业，会稽郡始宁县东山是谢家在江东最早的开发地。东晋谢安(320—385)于 20 岁那年辞官回家，就到东山祖宅隐居。王羲之、许询、孙绰、支遁等好友一起交游，出则渔弋山水，入则吟咏属文。他们皆经浙东运河过鉴湖至蒿坝上溯曹娥江到小江驿停歇，然后坐船渡曹娥江登上东山。这从金鸡畈那棵 1660 余年的老樟树可知。唐代，小江驿既传送公文军情，又承担迎送过往官员。唐朝诗人陈羽曾有诗《小江驿送陆侍御归湖上山》："鹤唳天边秋水空,荻花芦叶起西风。今夜渡江何处宿,会稽山在月明中。"一直以来,小江驿处芦苇成片,秋季芦花如雪。

由于小舜江河道弯曲流水不畅,导致两岸村庄经常遭水患。1964年,人民政府把流经庙基湾地段的小舜江实施裁弯取直,开新河700米,小舜江的水直接畅流入曹娥江,不用再90度南折流经村庄后弯曲汇入曹娥江了。小江口(俗称琵琶湾)沿曹娥江往西北上移了1900余米,从此小江驿便位于小舜江东南了。

小江铺 "铺"是元、明、清传递文书的驿站,兼负军事职能。明《万历会稽县志》记："东关铺、曹娥铺、白米堰铺、小江铺(铺,俗呼曰急递铺,每铺听屋二间,日晷一座,各有铺兵、铺司,并出五云门)。"清《康熙会稽县志》也记载,有五云、皋埠、陶堰、黄家堰、东关、白米堰、曹娥、小江、桑盆等13个铺。小江作为其中之一,可见地理位置重要。《康熙会稽县志》卷十一还记载："冲要一十一铺,司兵四十五名,共银三百八十一两,遇闰加银三十一两七钱五分,内五云铺五名,每名银九两;织女铺、皋部铺、陶家堰铺、黄家堰铺、东关铺、小江铺、白米堰铺、曹娥铺各四名,每名银八两四钱。偏僻二铺司兵六名,每名银七两二钱,共银四十三两二钱,遇闰加银三两六钱,内桑盆铺、周家铺各三名。"小江铺属冲要铺,铺兵数量和东关、曹娥一样,足见小江铺的军事位置之重要。

三、水陆交通发达

小江水陆四通八达,交通便利。水路,左拥小舜江,右抱曹娥江,在"以舟为车,以楫为马"的古代,小舜江和曹娥江是最佳天然水道;陆路,西通汤浦、绍兴,东可达东山、上虞,南下天台、温州,北往绍兴、杭州,南北贯通的杭温公路大动脉是最便利的官道。无论从水路还是陆路,小江都是渡口、驿站、递铺设置重点和驿道要冲处。北面来客到对面的上虞东山必须要在小江渡、小江驿稍歇,解除鞍马劳顿之苦,然后渡船过曹娥江到东山;小江还是杭温官道(今104国道)必经之村,民国年间就设有小江口汽车站,直至21世纪初才撤销。所以,小江是浙东唐诗之路绕不开的必经之路,是会稽和上虞的中转站,是历代文人墨客的迎来送往之地。

小江桥　南北横跨小舜江上。据 1990 年版《上虞县志》记载,小江桥位于杭温公路(后改名为 104 国道公路)105K＋938M 的原小舜江下游处,南北走向。1987 年版《上虞县交通志》记载:"民国 21 年(1932),省公路管理局商定由绍、曹、嵊汽车公司出资 60 万元,其中嵊杉、嵊新汽车公司和嵊长汽车公司各出资 3 万元共 9 万元,创办'嵩新汽车股份有限公司',并由省向其借款修筑嵩坝至嵊县杉树潭公路,历时 1 年,于民国 22 年 12 月完工,次年 1 月 15 日通车,全长 34 公里。"小舜江上的桥是公路的一部分。可惜抗战期间,此桥被炸毁。1946 年抗战已胜利,因南北交通贯通需要,政府在原桥址设小江汽车渡,以替桥梁。当时渡运工具有 2 种:高水位时使用木船一艘,可渡单车 2 辆或拖挂车 1 辆;低水位时使用三层竹筏 1 张,可渡 1 辆单车。1949 年 12 月,原址重建两孔"贝雷"钢架木面桥。因小舜江北侧的小江村属绍兴县,小舜江南侧的王家汇、大湖岙属上虞县,故小江桥有"一桥挑两县"之说(1954 年 10 月以前)。

1964 年小舜江下游裁弯取直后,新开河的上面也急需建造一座桥便于通行。1965 年 11 月,在杭温公路里程 105K＋936M 处桩号处建造小江桥,桥墩设计独树一帜,系当时上虞段跨度最长、规模最大的公路桥。2005 年,上虞市实施 104 国道上虞段改造工程,又在老桥西面 80 米处新建更宽大、更气派的小舜江公路桥,老小江桥作为人行车道被保留了下来。

小江口汽车站　1934 年,嵩嵊公路通车后,设有小江口汽车站。民国 27 年(1938)的《绍兴县志资料》第一辑记载:"小江口汽车站,背后之山系从罗村山岗肘外发脉,渡湖向东趋至江边而终止。正对隔江之指石,名之曰指石弹琵琶,刘青田作铭记以美之。"清楚说明了小江口汽车站的地理位置。

四、文化遗存独厚

小江地方虽小,但文化遗存丰富。除上面的"小江渡""小江驿""小江铺"外,尚有琵琶圻古冢、琵琶洲、古樟树等历史文化遗存。

琵琶圻古冢 据《水经注》记载："江有琵琶圻,圻有古冢堕水,甓有隐起字云:'筮吉龟凶,八百年,落江中。'谢灵运取甓诣京,咸传视焉如龟,由故知冢已八百年矣。"说明2400年前战国时,小江已有人居住生活,当为越国时。小江驿104国道老路东北面的金鸡畈一直有"大坟头"地名(古樟树北面)流传至今,笔者以为应源于此。

琵琶洲 亦曰琵琶圻,在小舜江汇入曹娥江的原小江口。当小舜江水汇入曹娥江时,水流被汹涌而来的曹娥江水往西北推移,形成一个边缘光滑的大喇叭,酷似琵琶,故俗称琵琶湾。《水经》云:"江有琵琶圻,圻有古冢堕水。"明《万历新修上虞县志》也载:"江中有琵琶洲,一名琵琶圻。《旧经》云,梁征士魏道微修道得仙于此。"曹娥江对面有指石,曹娥江两岸历来有"指石弹琵琶"的传说。现"琵琶洲"地名穿越千年,留存至今,更是给小江带来了盛名。

1660年的古樟树 今小江琵琶洲金鸡畈曾有1棵古樟树,树干需10个大人合抱才能围起来。据2003年10月上虞市人民政府钉的"浙江省古树名木保护牌"(编号062200006,树龄1650年,保护等级一级)来看,推知此地至少已有1650年历史,可惜老樟树于2013年寿终正寝。

真应寺 俗名塔山寺,位于会稽山余脉罗村山的孟家山上。该寺似不见载于历代《会稽县志》中,但明人《云深轩记》有云:"真应寺,寺所在曰塔山,正与吾邑东山对……予尝登东山临西眺,俯瞰大小二江,见有山自会稽东来。"清代地理学家徐松撰有《游塔山寺》诗。真应寺后颓废无迹,1949年中华人民共和国成立后,村民还能看到寺基和一口深井,便把此地称为"寺基坪",并种植很多李树,李子成为小江的著名特产。2003年9月,上浦镇人民政府往孟家山深处挖掉石块扩大地基,新建上浦镇中心幼儿园。

五、小江华章璀璨

小江人文资源丰富,有越国时的琵琶圻、肇始于东汉的曹娥江中游成熟青瓷、东晋名相谢安种植的老樟树、始建于清咸丰初年的关帝庙。据笔者多年收集整理,历代文人到访或路过小江,留下很多诗歌,仅咏小江驿

（渡）、小江口、双江（即小舜江汇入曹娥江）、大小江（即曹娥江和小舜江）的诗就有 20 余首，单咏琵琶洲的诗有 6 首。现将部分诗歌整理如下：

小江驿送陆侍御归湖上山

唐·陈羽

鹤唳天边秋水空，荻花芦叶起西风。

今夜渡江何处宿，会稽山在月明中。

小江怀灵一上人

唐·皇甫冉

江上年年春早，津头日日人行。

借问山阴远近，犹闻薄暮钟声。

琵琶洲

宋·严粲

琵琶古怨犹凄清，何年一抹横烟汀。

人言随波高下如浮萍，神鳌背负能亭亭。

不知水仙宫殿碧皎洁，玉弦遥映云锦屏。

胡沙万里音尘绝，独与鹦鹉愁青冥。

天际归舟认仿佛，江头寒月伤伶仃。

悄然夜久天籁起，往往恍惚游百灵。

秋风袅袅兮水泠泠，俗耳筝笛兮谁能听。

我眼如耳耳如鼻，妙处不言心独醒。

钧天住奏三千龄，石钟水乐遗林垧。

岂有宝器终飘零，一朝诀荡开天扃。

帝命下取呵六丁，陶梭共起变化随雷霆，

古余山色空青青。

过小江渡行村落间爱其风土偶成

南宋·李光

未到清溪水半浑，山围莲荡鹭成群。

槿篱竹坞疑无路，鸡犬时时隔岸闻。

万历三年夏四月小江归舟梦中得句

无名氏

千古奇勋留两眺，棋枰屐齿印高峰。

碑文历历青苔合，庙貌巍巍绿树重。

昨夜城狐将作穴，今朝社鼠欲遗踪。

六邑义声同日起，青山依旧白云封。

指石琵琶

无名氏

汀洲曾与大川连，宛似琵琶一轴全。

指石有山相对峙，迄今犹拨隔江弦。

琵琶洲

明·伍希儒

两眺晴分壁雾收，双江势合翠云流。

花开花谢蔷薇洞，潮落潮生芦荻洲。

明月有情留醉客，断碑无字卧荒丘。

野人剩有江湖思，吊古来登百尺楼。

东　山

明·潘府

高卧应知出处难，白云明月老空山。

澄清暂为苍生起，变故怀徒海道还。

大小江空秋涨远，东西眺冷夕阳残。

淮泗咫尺中原近,重使遗碑叹玉颜。

无　题

明·陈大纪

洞里蔷薇花正开,洞门云湿护苍苔。

东西两眺苍烟合,大小双江春水来。

百仞越峰天外列,千年辽鹤月中回。

谢公伟绩分明在,一任尘氛自劫灰。

登东山有感

明·倪宗正

全屏歌罢彩霞收,山色依然映碧流。

图画浪传尘外景,琵琶犹志水中洲。

多情花草如三月,回首风云寄一丘。

试问白云明月意,何如燕子十年楼。

琵琶洲怀谢太傅

清·陈于前

谢公昔日来东山,心神娴雅如闭关。

琵琶水弄空中弦,妙写古意奔流泉。

声中一一潇洒情,谓有明月长相听。

洞边花气泡人飞,空翠结心心日肥。

此时一卧经千载,那复明月晖朝衣。

静中会见廊庙心,不徐不疾天机深。

手挥玉尘清且远,忧心时覆东山阴。

东山云鹤来梦公,碧洗烟氛远淡中。

弦管啁啾驱逆乱,佳人窈丽灭兵戎。

风流功绩并超越,碧嶂清江待华发。

迹此归报洞中春,早晚蔷薇花便发。

蔷薇花开公不来,白云暖靆封苍苔。

回首依微明月岩,飘若云海空蓬莱。

东山几处留公迹,琵琶洲上余赤为。

至今烟雨覆春江,我欲呼公漾清白。

游塔山寺

清·徐松

两江如练绕松关,中有招提几往还。

乔木春深黄鸟并,危矶风静白鸥闲。

定回钟送梅湖月,兴尽舟归剡水湾。

试问谢安高卧处,老僧遥指隔江山。

六、打响"诗路古驿"

历史上,小江是会稽的东南门户,是会稽和上虞的出入道口,也是浙东唐诗之路会稽段的重要驿站,是历代诗人往来上虞东山、南下天台、温州的中转枢纽。史上的小江很辉煌,新时代的小江发展必须紧紧抓住机遇,谋势而动、顺势而为、乘势而上。

小江的开发必须纳入上虞区"诗画曹娥江"和上浦镇整体旅游规划,借助东山湖景区先行打造上虞"浙东唐诗之路"排头兵的开发建设,纳入大东山景区建设规划中,打响"诗路古驿"品牌,量力而行、逐步推进,整合资源、借智借力,主要从以下 4 个方面着手:

(一)要统筹规划,树立大东山观念

从定义可知,浙东唐诗之路不是形而上的、虚化的,其需要有看得见的东西作为载体。新昌是以天姥山作为载体的,唐诗之路意义上的大天姥山、大佛寺、沃洲,都在天姥山名下。这里的"东山"不仅仅指地理概念上的,包括小江乃至整个上浦镇和曹娥江全域;还指文化上的,如曾经游历上虞及小江、琵琶洲、东山等的历代诗人以及谱写的诗作,如四峰的越窑青瓷、茶叶等。将瓷源小镇、东山古村落、乡村振兴、"诗画曹娥江"有机整合,统筹谋划,连点成片开发,打造"诗路古驿"品牌。2021年,上虞区投资10亿元启动大东山旅游区建设,目前正在建设"小江古渡"并制钉标识牌。

(二)要以小胜大,达到"四两拨千斤"之功效

旅游业虽谓之朝阳产业,但投入大、见效慢,所以要选择做一些小项目,达到"四两拨千斤"的功效。要借咏越窑青瓷、小江驿和东山的各类诗借题发挥,在小江自然村、东山湖景区、曹娥江畔复原一些投资不大的诗路遗迹景观,如小江驿站、种植芦苇,谢灵运的《山居赋》和《东山志》及唐诗中提及的石壁精坑、谢公钓鱼台、洗屐亭、蔷薇洞、白云轩、明月堂等,展现意象之美,讲好故事,树好诗碑、路标;挖掘和恢复古驿道遗存,通过让游客实地考察小江驿到东山的路径,重走诗人游踪所及浙东唐诗之路中的地名循诗游、考古游;创办东山书院,利用东山成立浙东唐诗之路联谊会和浙东唐诗之路研学基地,举办诗路相关的展示馆,开展诗友大会、鉴赏会等诗路主题活动,开展禅修游、亲子唐诗游、国学游、休闲度假、农业观光、"跟着唐诗游东山(上浦)"等体验游路线;开发诗路旅游相关的文创产品,精心推出指石蓝鳊、谢公宴、明月玉壶、白云尚品茶、谢公屐等特色农家菜和茶瓷旅游产品;联系e游小镇企业,开发"诗旅上浦""诗路古驿"等网络手游,让"手机迷"在游戏中接受唐诗的熏陶。

(三)要借智借力,做好结合文章

充分借助政府的政策支持和民间文化团体的学术成果为上浦所用,为小江所用。

1.青瓷茶叶结合文章。青瓷、茶叶是上浦的名特产,茶叶和青瓷要讲好故事,做到雅俗结合。

2.乡村振兴结合文章。小江古渡要整合"诗画曹娥江"、大东山景区、东山浙江省历史文化村落、窑寺前遗址、大善小坞村的瓷源文化小镇等周边已成熟的旅游资源联动开发。充分发挥诗路建设辐射带动作用,发展乡村旅游,努力使诗路沿线美丽乡村转化为美丽经济,带动周边村民致富,实现共同富裕。

　　3. 社科成果结合文章。借助相关文化团体的社科成果,如绍兴文理学院专家已整理的文献、理论和学术研究;开展描写上浦的唐诗内容征集和整理,编印出版唐诗乡土教材;和区有关部门合办浙东唐诗之路文艺汇演、唐诗之路诗词笔会、唐诗之路故事会等;开展"唐诗进校园"活动,把描写上浦的唐诗纳入教学内容,打造唐诗教学特色学校或社团。

嵊州:"浙东唐诗之路"核心区
风景名胜与人文典故

童剑超

剡溪"气聚山川之秀,景开图画之齐",自古与绍兴鉴湖并称为越中胜景。唐《元和郡县志》称:"剡溪出(剡)县西南,北流入上虞县界为上虞江。"北宋《太平寰宇记·九六剡县》称:"剡溪,在县南一百五十步。"2020年版《辞海》载:"剡溪,古水名。在今浙江嵊州市,即曹娥江上游。"剡溪在嵊州市区附近先后汇集澄潭江、长乐江、新昌江、黄泽江,北流至三界镇出市境全长32.2公里。

"剡溪蕴秀异,欲罢不能忘",剡溪夹岸青山,草木葱茏。山溪涧流汇入江中,其势或奔泻急湍,或潺潺流淌。江水浅处为滩。溪流深处为潭。剡溪顺流北下,经市区艇湖,为东晋王子猷雪夜访戴回艇处,"乘兴而来,兴尽而返"的典故即出于此。岸边有山为艇湖山,山上艇湖塔为浙江省文物保护单位。再行数里为禹溪,禹溪一名了溪,据传大禹治水毕功于此。再数里为画图山,山水相映,其景宛如画图。再下为下王舍村,有现代著名经济学家、教育家、人口学家马寅初之墓,斯人已逝,风范长存。又行数里为清风岭,岭上有纪念王烈妇不畏元军强暴、跳崖投江的清风庙。又数里为崿浦潭,岸边有巨岩伸入江中,与嵊山相向壁立,传说原为一山,禹凿而为两以决水,吴越王钱镠曾于此驻舟题诗。这一带曾有始宁墅、谢公宿处、谢灵运钓台等景点和遗迹。

一、典故传说

毕功了溪 据南宋《嘉泰会稽志》记载:"了溪在(嵊)县东北一十五

里,源出了山,合县南溪流入于剡溪。旧经云禹凿了溪,人方宅土。"《宝庆会稽续志》云:"剡溪古谓之了溪。图志谓禹治水至此毕矣。"传说很久以前,剡溪仙岩段西面的嶀山和东面的嵊山峰岭相连,剡中盆地是一个大湖。大禹来到会稽后,先把会稽山北的淤水疏通到海里,然后率民众劈开嶀、嵊二山,开凿了溪,将剡中湖水导入大海。有了大禹治水之功,剡中于是变成了一片沃野。人们为纪念大禹功绩,遂将了溪改称"禹溪"。今禹溪村有禹王庙祀大禹。又传说大禹沿溪巡视,在今八里洋村东面的小山上,用馒头祭神,散发在山岭幽谷中。馒头入土后,化为神石,这就是《本草纲目》中说的禹余粮。

刘阮遇仙 阮仙翁庙位于城南三江街道阮庙村,原有大殿、门厅、厢房、戏台等建筑,庙内有康熙十六年(1677)《启圣碑》和道光三十年(1850)《重建阮庙碑》。南朝宋刘义庆《幽明录》、北宋李昉《太平广记》等书中均记载:汉明帝永平五年(62),剡县人刘晨、阮肇去天台采药,遇仙结为夫妇的神话故事。刘、阮后人为了纪念两位祖先天台遇仙,就舍宅为庙。长期以来,这一故事广为流传,已成了后来文学作品中常用的典故,常称去而复来的人为"前度刘郎"。历代文人雅士为追慕古人,接踵来游,吟诵颇多。唐代诗人元稹《刘阮妻》写道:"仙洞千年一度开,等闲偷入又偷回。桃花飞尽东风起,何处消沉去不来。"南宋状元王十朋《剡溪杂咏·阮仙翁宅》诗曰:"再入山中去,烟霞锁翠微。故乡遗宅在,何日更来归。"

雪夜访戴 艇湖山在市区北,是东晋著名艺术家、"雕圣"戴逵的隐居地。旧时,山下溪侧的子猷桥为王子猷访戴停艇处。王子猷于雪夜由山阴泛舟来此,"乘兴而来,兴尽而返","访戴"的典故即指此事。这个故事被刘义庆记载在《世说新语》中,用以赞颂两位高人逸士纯真深厚的友谊,后人诗文常用"雪夜访戴"作为典故,写朋友思念、见访或写洒脱、随兴所至;亦用以描写与此相类的情趣及雪夜景色。如李白《东鲁门泛舟二首·其二》:"若教月下乘舟去,何啻风流到剡溪。"杜甫《夜二首》:"暂忆江东脍,兼怀雪下船。"历代众多画家都曾以此为题材创作过作品,元代黄公望的《剡溪访戴图》更是一幅绝世名作。艇湖塔位于艇湖山,与谢慕山上的天章塔遥遥相对。此塔历经几百年风雨沧桑,2001年得以重修。

诗肠鼓吹 戴逵幼子戴颙,字仲若,父子世称"二戴"。《宋书》载:"会稽剡县多名山,故世居剡下。"戴颙善鼓琴,精于铸像,工画佛,自谓"剡人"。其墓原在县城北一里,南宋王十朋诗:"千年戴颙墓,三字道旁碑。"唐代冯贽《云仙杂记》卷二载:"戴颙春携双柑斗酒,人问何之?曰:'往听黄鹂声。此俗耳针砭,诗肠鼓吹,汝知之乎?'"这是戴颙讽喻当时不正之诗风,以听黄鹂鸣声清洗俗耳,可以激发诗人的诗情、诗思的故事。双柑斗酒,后遂用作春日雅游的典故。诗肠鼓吹,则成为一条成语流传下来,比喻激发诗人创作欲望的音乐。旧时,在县城北半里建有"听鹂亭",亭中有"晋处士戴仲若听鹂处"碑。亭柱上镌有"莺花三月暮,柑酒六朝春"的联语。

传花饮茗 皎然是中唐时期的著名诗僧,自谓谢灵运十世孙,居住吴兴(今湖州市),对剡溪则亲如故乡,感情深笃,也是唐代诗人歌咏剡溪最多的诗人之一。皎然尤其钟爱剡茗,他在《饮茶歌诮崔石使君》中写道:"越人遗我剡溪茗,采得金芽爨金鼎。素瓷雪色缥沫香,何似诸仙琼蕊浆。"他热衷于茶道文化,与友人诗歌联唱时创造了一种"传花饮茗"的活动形式,在当时文人集会时非常盛行。他把"传花饮茗"也带到了剡溪,其《送至洪沙弥游越》诗曰:"相逢宿我寺,独往游灵越。早晚花会中,经行剡山月。"由他开启并主导的"传花饮茗",堪与王羲之兰亭流觞媲美,在茶道文化史上留下了光辉的一页。

二、王谢风流

金庭观 系王羲之故居,曾是书圣生前修学、习字、炼丹之地。《剡录》卷八称:"金庭观在剡金庭山,是为崇妙洞天,金庭福地。"王羲之徙居金庭后,玄言诗人许询从萧山迁居济渡,与王羲之相距一里而居,高僧支遁也随之来。他们终日相聚,赋诗论道,下棋抚琴,啸风傲月,领一时之风骚。《晋书》称:"羲之既去官,与东土人士尽山水之游,弋钓为娱。"王羲之归隐金庭期间,写下了《东方朔画像赞》《鼓山题辞》《笔阵图》《笔势论》《用笔赋》《丧乱帖》等书论书帖。唐代寻访金庭的诗人不少,大诗人李白诗曰:"人游月边去,舟在空中行。此中久延伫,入剡寻王许。"

王谢饮水 剡溪从剡中盆地进入崿嵊山峡的仙岩镇。《剡录》卷四载："世传王谢诸人,雪后泛舟至此,徘徊不能去。曰:'虽寒,强饮一口。'"王谢诸人指东晋王羲之、谢安等名流,这条溪便叫强口溪,其地名强中。山水诗人谢灵运归隐始宁墅,于强口溪建石壁精舍,是谓南居,其地在今谢岩村。他登石门山最高顶,常往返于南北两居间,留下了《石壁精舍还湖中作》《石门岩上宿》《石门新营所住四面高山回溪石濑茂林修竹》《登石门最高顶》等诗篇。仙岩一带旧为康乐乡、游谢乡,《剡录》卷一载:"康乐乡有游谢、宿剡、竹山、康乐、感化里。游谢乡有康乐、明登、宿星、暝投、吹台里。"地名均与谢灵运游踪有关,今强口村中尚有纪念谢灵运的谢仙君庙。

伐木开径 嵊州山水秀丽,旅游活动源远流长。山水诗人谢灵运在始宁(县治今嵊州三界镇)建有始宁庄园,偕友泛剡溪,游石门,登天姥,遍游剡中名胜,所至必有诗文。元嘉六年(429),谢灵运又从始宁南山出发,带领数百僮仆,伐木开径,过沃洲,攀关岭,越天台,沿始丰溪,直到临海,沟通了以剡中为中心的文化旅游线。到了唐代,来剡中寻幽览胜的文人学士发现了这条由始宁沿剡溪水路直达天台山的"谢公道",踏歌而行,走出了一条锦绣灿烂的"浙东唐诗之路"。

崿浦潭 嵊北16公里崿山东侧尽头有苍崖岩壁,深立剡溪江中。剡溪水北流至此碰岩折流,岩下冲成深潭(古剡溪口),旧时江潮可至此。唐皇甫冉《送王翁信还剡中旧居》诗写道:"海岸耕残雪,溪沙钓夕阳。客中何所有,春草渐看长。"乘高瞰下,有深林茂竹,山水俱秀,为剡溪风光绝胜处,吴越王钱镠驻舟赋诗叹为异境。岩壁与水相近处有一平整石床,是山水诗人谢灵运游憩之处,建有谢公亭,崖上有崿浦古庙。这一带为古始宁墅,有谢公宿处、桐亭楼、临江楼、太康湖、南山精舍等景点和遗迹。

车骑山 在三界镇南部,绵亘于仙岩镇东部。《剡录》卷二载:"车骑山,谢玄之居也。"山以东晋车骑将军谢玄命名,尚有谢车骑坐石。山在动石溪、嵊溪、十八都江、剡江迂回环绕之中,成为一个独立的地貌单元。从钓鱼潭村上车骑山,有一条镶嵌精致的卵石路,俗称"敕书岭"。相传车骑将军谢玄居住在岭上,朝廷文书凭借这条道路传送,故名。敕书岭顺坡而筑,二里余至岭顶大水坑村对岸头自然村,卵石路至此毕,旧有路亭,相传此为车骑将军旧居。

三、戴逵遗踪

逵 溪 崇仁镇逵溪村有洗屐桥、招隐桥,《嵊县志》记载:洗屐、招隐两桥皆戴逵遗迹。戴逵,字安道,谯国铚县(今安徽宿县)人。中年隐居剡县之剡山,并卒葬于剡山。戴逵少博学,善属文,能鼓琴,工书画,尤精雕塑。首创"夹纻"漆艺雕塑佛像,是我国美术史上第一位卓有成就的雕塑家。戴逵曾于逵溪之雨花山滴水岩筑有别业。后人为纪念戴公,将所在村庄和溪流均以逵溪命名。明万历年间,释古愚慕名结庐逵溪,在滴水岩戴逵别业旁创建雨华庵。村人又于逵溪之上砌筑"洗屐""招隐"2座石桥,以示对戴逵的怀念。

戴公宅 戴逵携子勃、颙隐于剡山,以琴书自娱。《世说新语·栖逸》载:郗超"在剡为戴公起宅,甚精整。戴始往旧居,与所亲书曰:'近至剡,如官舍。'"其旧址上后建招隐寺。唐张祜《题招隐寺》诗曰:"千年戴颙宅,佛庙此崇修。古井人名在,清泉鹿迹幽。竹光寒闭院,山影夜藏楼。未得高僧旨,烟霞空暂游。"明代嵊人周汝登《戴安道宅》诗写道:"星子峰前草满坡,醉余乘兴复经过。山通曲径村烟古,水落寒潭树影多。歌鼓城中喧落日,鸥凫江上弄轻波。戴公宅畔寻遗事,惟有枯松挂薜萝。"意指剡山招隐寺为戴逵旧居。宋时招隐寺改建为依吟阁,明清时为闲闲庵,今山上建有纪念戴逵、戴颙父子的"二戴公园"。

四、剡城揽胜

古城墙 剡城背依剡山,南临剡溪,唐代诗人方干登上县楼,郭里人家,檐前树木,映入眼帘。举目南望,烟霞连着天台山,县境接着婺州地。驿路自古通往京城,剡溪奔流入东海,诗人在欣赏美景之时,写下了《和剡县陈明府登县楼》诗。剡县古城墙位于老城区南,东汉建安初,贺齐为剡长,将县城从江东移于今址,始有城墙。《三国志·贺齐传》载,贺齐斩奸吏斯从,"从族党遂相纠合,众千余人,举兵攻县。齐率吏民,开城门突击,大破之"。《资治通鉴》称:"今浙东诸县皆无城,独剡县有城,犹为完壮。"唐代裘甫起义军占据县城,依据城墙,唐军攻城三日,城坚不可破。宋元时期,屡修城池。明嘉靖三十四年(1555),倭寇屡犯浙东,知县吴三畏寻原址筑城,城池坚固。现尚存城南部分城墙。2003年,嵊州文化广场段古城墙进行了修缮,依清制恢复城堞、城台和南门拱券。2005年,列为浙江省文物保护单位。

应天塔 俗称大塔,始建于梁天监二年(503)。《应天塔修缮小诗》曾描绘了古塔的雄姿:"鹿胎山腰崎崔嵬,江城未到先露巅。直上半天跨虚碧,突兀便高三百尺。云来气接东四明,雨淋日炙风飘摇。"原塔被毁于"文革",重建应天塔在鹿山公园内南面山坡。按照明清风格、南方飞檐的建筑形式设计,重建的应天塔建筑总高33.85米,呈六角形,共设7层,直径7.7米,七级台阶,铜制塔刹,内设象征性的天宫、地宫。于2010年10月1日正式开放。

城隍庙 位于鹿胎山南麓,庙内砖雕、石雕、木雕极为精美。始建年代无考,自元至正六年(1346)至晚清,修葺11次。原有溪山第一楼、仪门、大殿、后大殿四进,大殿东西侧为乡主庙,大殿前面有戏台,两边为厢房。后存戏台、仪门和溪山第一楼。"溪山第一"系南宋著名理学家朱熹登眺鹿胎山上的赞词,登上溪山第一楼台阶,可见仪门,五开间,清康熙八年重建。1989年12月,嵊县城隍庙及溪山第一楼被列为浙江省文物保护单位。2000年,开始对城隍庙重点修复,2002年9月开放。西侧系惠安寺,与城隍庙珠联璧合,融为一体。惠安寺即法华台寺,唐代诗人张继写有《剡县法台寺灌顶坛诗》。

剡　坑 《剡录》卷二载:"剡山为越面,县治府宅其阳。"剡中盆地是闽浙丘陵中一个典型的构造盆地,剡山的地势像一条龙。剡山地处盆地的蒂口。四山之水汇集蒂口,流入崄嵊峡谷,剡山就像是守护在蒂口的一条小龙。剡山的最高峰名星子峰,海拔146米,有孤峰突上之势,像是一个高高昂起的龙头。秦始皇东巡会稽郡,在星子峰南挖坑千丈,以泄王气,称剡坑。至今遗址犹存,沿坑至岭顶,桃梅丛生,竹木掩映。宋朝学者王铚《剡坑探梅诗》："岭上寒梅自看栽,山斜一半似屏开。春寒点点枝头雨,上有东流水过来。"旧有宋朝著名诗僧仲皎所建的"倚吟阁",宋朝翰林学士高文虎在此筑玉峰堂、秀堂和藏书寮、雪庐等,藏书其中。

星子峰亭 位于市区最高峰剡山星子峰,原亭为四角、四石柱,石柱上镌刻楹联："借他权当洞府容我高栖,即此便是云梯看君直上。"历史上屡有废建。明万历二年(1574),知县朱一柏建。清乾隆二十八年(1763),教谕李增募资重修。道光年间,又废而复建。1969年,星子峰亭被毁。相传此地为戴逵登高远望之地,故名戴望村。每逢重阳,人们多登眺其上,方圆几十里风光悉收眼底。2003年于原址上重建。

丽句亭 今已不存。唐代诗人秦系,越州会稽(今浙江绍兴)人,号东海钓客,与刘长卿、韦应物、顾况、戴叔伦、朱放、皎然等交游唱和。据《剡录》载："天宝间避地剡川,作丽句亭。"自谓："系家于剡山,向盈一纪。"大历五年(770),薛嵩奏为右卫率府仓曹参军,作《献薛仆射》诗辞之："由来那敢议轻肥,散发行歌自采薇。逋客未能忘野兴,辟书翻遣脱荷衣。家中匹妇空相笑,池上群鸥尽欲飞。更乞大贤容小隐,益看愚谷有光辉。"

五、剡中山水

四明山 绵亘于嵊州、上虞、余姚、海曙、奉化等县市区,四明山主峰为1012米,在嵊州境内。四明山历来闻名于世。孙绰《游天台山赋》载："涉海则有方丈、蓬莱,登陆则有四明、天台。"四明山之出名,主要在巍峨的群峰和玲珑的石窗。谢灵运在《山居赋》注中写道："四明方石,四面自然开窗也。"《唐六典》："江南道名山,曰四明山,凡二百八十峰。四面形胜,各有区分。群峰之中,有分水岭。石窗四面玲珑,中通日月星辰之光,亦名四窗。故曰四明。其岩洞冈岭之属,随地立名者以数百计。"道书称四明山为"第九洞天",名"丹山赤水之天"。

四明山为唐人所向往,贺知章晚年以"四明狂客"为号。唐人在四明山隐居者不少,寻访而至的诗人更多,刘长卿、孟郊、施肩吾、皮日休、陆龟蒙等都留下了优美的篇章。

金庭山 在市区东50里,为一脉群山,放鹤峰海拔576米。因紫藤遍布，又有瀑布，俗称紫藤山、瀑布山，山麓有王羲之墓。又有金庭观，系王羲之故居。近北为石鼓山，南有五老峰，近西为卓剑峰，东有仙人走马岗和大湖山，山巅有赤水丹池，终年不竭。唐代诗人裴通《金庭观晋右军书楼墨池记》："越中山水奇丽，剡为最；剡中山水奇丽，金庭洞天为最。"据《金庭王氏族谱》，王羲之称病去官后，"遍游东中诸郡，入剡经金庭，见五老、香炉、卓剑、放鹤诸峰，以为奇丽幽渺，隔绝世尘，可以遂其避地避人之志，眷恋不已，遂去郡筑馆焉"。金庭山为道家的"第二十七洞天"。

西白山　位于嵊西，是魏晋南北朝高士学者隐居之地。《剡录》卷二载："剡山水之奇深重复，皆聚乎西。其西曰太白山、小白山，峻极崔嵬，吐云含景……瀑泉怒飞，清波崖谷。"西白山是嵊州最高峰，主峰海拔1096米，植被覆盖率高达94%，负氧离子含量极高，拥有珍稀的高山湿地和独特的榧乡风情。《水经注》："江水又东南经剡县，与白石山水会。"据《南齐书·褚伯玉传》载，褚伯玉辞不就聘，萧道成"敕于剡白石山立太平馆居之"，白石山即西白山。《清一统志·绍兴府》称作"太白山"。

百丈飞瀑　位于西白山东侧，是国家3A级旅游区、浙江省生态旅游区。距市区西北30多公里。百丈飞瀑是一个山水盆景式风景旅游区，景区四面群山，峰峦起伏，山岗幽谷，青山飞流，苍松古枫，老藤虬根，山花烂漫，是越中休闲观光胜地。百丈峡谷内有百丈瀑、逍遥瀑、燕尾瀑、一线瀑、戏珠瀑、五叠泉等9条瀑布飞流而下，被称为"江南第一瀑布群"。晚明文学家、史学家张岱，为避清兵入西白山中，曾来到百丈岩，写下了赞美百丈飞瀑的诗篇《百丈泉》："银河堕半空，摇曳成云雾。万斛喷珠玑，百丈悬练素。"近年来，电视剧《英雄》《大唐双龙传》《越王勾践》《三国》《天涯明月刀》等相继在此拍摄。

鹿苑山　为西白山之分支，海拔604米。以山麓有上、下鹿苑寺，故名。昔日这里有瀑布凌空，飞落潭中，其轰鸣之声，如虎啸狮吼，四远驰声。山脊有葛仙翁庙，半山有二仙瓮石，相传，三国葛洪曾炼丹于此。山巅石穴中吐出清泉，细雨涓涓，汩汩下流，宋高似孙品为剡中第一泉。附近旧玉虹亭处品为剡中第二泉。

石门山　在市区西北10公里，北与崿山接，以石门岭和强口涧为分界线。谢灵运《游名山志》云："石门山,两岩间微有门形,故为称也。"石门山北抵石门岭,呈南转东走向,于今仙岩镇强口村南与剡溪接。最高峰为风门山,海拔 691 米。山上塘丘村有登云馆、梯云桥,为纪念谢灵运登山而命名。石门山南麓,据《剡录》载:"县西,山有龙潭,下有沸水在溪穴间,周二三尺如汤沸,滚滚四时不休。"今在开发建设温泉旅游度假区。

石门山北有强口涧,长 8 公里,发源于石门山,自西向东流,于强口村汇入剡溪。谢灵运《登临海峤初发强中作》即此与族弟惠连分别。石门山西为石门涧,源头石门岭,《游名山志》云:"石门涧,六处石门,溯水上,入两山口,两边石壁。右边石岩,下临涧水。"涧中数处石壁相揖,又有石门槛、石门瀑,为剡中名胜。

嵚 山 主峰在三界镇西南部,海拔 749 米。山峦绵亘于三界镇和仙岩镇及崇仁镇东部等地。据《嵊县志》记载,嵚山与嵊山隔江对峙。南朝梁江淹《谢法曹惠连赠别》:"今行嵚嵊外,衔思至海滨。"《舆地志》:"嵚嵊二山参差相对,为绝胜处。"嵚山属始宁县,嵊山属剡县。旧时,嵚山有嵚娘宅、梁诏亭等古迹,唐代诗人方干、南宋诗人王十朋都醉心于嵚山风景,传下诗文,吟诵嵚山之美。在嵚山北麓,有一座小山叫芝山,山峦合抱处旧有一座龙宫寺,俗称龙藏寺。龙宫寺始建于梁天监二年(503),此寺因有唐李绅撰重修碑记而著名,龙宫寺历经沧桑今已不复存在。

覆卮山 在下王镇,为嵊州名山之一,海拔 861 米,相传诗人谢灵运曾登山饮酒,酒罢覆卮(古酒器称卮)岩上。自山腰至山麓,有石浪三条,石浪下汩汩流水,大旱不涸,古称龙窟。山巅有大石,平广可容数十人,极目远眺,群山罗列,景色奇丽。

贵门山 在市区西南 35 公里处,有南山湖、大龙谷、石和尚、叠石岩、鹿门书院、访友桥等胜景。贵门更楼是一座坐北朝南的四合式二层建筑,下层是石砌的台基,中有天井,南北两面各有拱券洞门,为旧时入婺往来之通道。建筑可分两部分,东为更楼,西为鹿门书院。书院系南宋学者吕规叔创建,著名理学家朱熹曾于此讲学,北门上镌朱熹"贵门"题字,更楼为吕规叔之子吕祖璟建。上层楼房四面相向,回廊相连,登楼北望,"白云抱幽石,绿筱媚清涟",青山碧水相映成趣,南山湖风光尽收眼底。

天兴潭　唐代崔颢《舟行入剡》诗写:"鸣棹下东阳,回舟入剡乡。青山行不尽,绿水去何长。"当年诗人鸣棹入剡之处,即今剡溪上游的南山省级风景名胜区。天兴潭在南山湖南侧,由三个状若悬锅的水潭组成,古称三悬潭。山水诗人谢灵运曾游览至此,称之为"瀑三瀑布"。第一潭上面崖壁如削,顶圆如壶口,高百余丈,瀑布自洞中凌空飞泻,直击潭中,上如白练,下如飞雪,声若雷鸣,动人心魄。潭极深,终年不涸,相传此潭直通东海,乃居龙之地。第二潭与第一潭南北并列,水流越过石棱而入潭,然后又汇注于下面第三潭。入第一潭峭壁间,另辟天地,仰视则天成一线,寒气渗人,虽酷暑亦如凉秋。自东晋始,这里就成为文人墨客寻幽览胜的好去处,明代诗僧镏绩游历后写下了《三悬潭》诗:"欲识三潭险,相将踏蹬台。青天咫尺近,丹壁万寻开。沫喷千秋雪,晴喧五月雷。寻幽不到此,空负剡中来。"

瞻　山　被《大清一统志》誉为"挺然秀峙",四周峰峦山岗连绵起伏,有笔架、砚山。山上有瞻仰轩、洞天福地、洞天阁、灵峰台、瞻山亭等景点,古松掩映左右,怪石矗立山尖。一条清澈的涤巾古涧环绕山脚蜿蜒流过,相传东晋诗僧帛道猷曾在溪中洗涤衣巾,故名"涤巾"。帛道猷爱瞻山之秀,结庐瞻山,设坛礼佛,吟诗弈棋,名噪一时。后入天台不返,后人敬慕他的恩德,建瞻山庙纪念他。现存之瞻山庙是民国18年(1929)由辛亥革命志士张伯岐出资重建。庙坐东朝西,由前厅、戏台、厢房、正殿及偏殿组成,是嵊西民间影响较大的一处寺庙。

独秀山　位于市区西南10公里,旧称刻石山,后因此山虬松蔽日,古刹掩映其间,景色独秀而名。王羲之曾游憩于此,有大明寺、王羲之祠、卫夫人碑、秦皇刻石处、一门忠义张稷张嵊墓等古迹。

六、始宁探源

始宁城隍庙　始宁县建制于东汉永建四年(129),废于隋开皇九年(589),存在了460年。嵊州市三界镇为古始宁县治,城隍庙位于三界镇北街村北面,东面与曹娥江相望。东晋咸和年间,中原士族迁隐于始宁者甚多,以谢家为著。唐贞元二十一年(805),洪水决堤,大坏民居,今之大江即古之始宁官巷也。由是县治废而神祠尚存。民国 34 年(1945),日寇纵火毁庙,仅存寝殿 3 间,解放后又失火烧尽。1947 年,重建城隍庙钟鼓楼,占地面积 105 平方米,一字型内高 2 层,外观作 3 层,重檐挑角。第二层四面设窗可远眺。始宁城隍庙现存钟鼓楼一座,是始宁县建置的历史见证。

始宁墅 本属始宁县,隋开皇九年(589)撤县后,划归剡县。据谢灵运《山居赋》所叙,通过对始宁墅地理位置的实地考察,始宁墅东临动石溪,南界里东江,西接剡溪,北至三界镇,面积达 30 多平方公里,在今三界镇和仙岩镇的范围内。此地古称剡溪口,故唐张籍诗云:"春云剡溪口","谢家曾住处"。李白诗云:"湖月照我影,送我至剡溪,谢公宿处今尚在。"皎然则称为"嵊顶谢公山"。谢公山即今车骑山,是乡人为纪念车骑将军谢玄而命名。

宋诗与唐诗风格差异的文化成因探析

马　骏

一、绪论

我国的诗歌文化历史悠久,在古代就有歌谣,张勃《后吴录》有"剡县有天姥山,传云登者闻天姥歌谣之响"的记载,从歌谣的诞生到先秦启蒙时期著名的《诗经》和《楚辞》,再到汉代前期的"乐府"和在汉"乐府"影响下的文人五言诗,经历千年发展,汉赋、古诗、乐府、骈文、唐宋诗词、元曲、戏曲、散文、小说等不同文体,走向繁荣和成熟。唐宋时期是我国诗歌发展成熟、繁荣和鼎盛时期,与其他时期不同,这一时期的诗歌辞体丰富,表现形式多样。唐宋诗词是我国诗歌发展史上的巅峰,受到历代诗评家的高度赞赏,也是它们研究的重点。如南宋胡仔《苕溪渔隐丛话后集序》云:"余尝谓开元之李、杜,元祐之苏、黄,皆诗文集大成者,故群贤于此四公,尤多品藻,盖欲发扬其旨趣,俾后来观诗者,虽未染指,固正能知其味之美矣。"清代吴之振序其《宋诗钞》:"宋人之诗变化于唐,而出其所自得,皮毛落尽,精神独存。"缪钺《诗词散论》:"唐诗以韵胜,故浑雅,而贵蕴藉空灵;宋诗以意胜,故精能,而贵深折透辟。唐诗之美在情辞,故丰腴;宋诗之美在气骨,故瘦劲。"不一而足。唐、宋作为我国历史上空前繁荣的两个朝代,孕育了我国文学艺术史上唐诗和宋诗两颗最为璀璨耀目的珍珠,唐诗重在抒情,宋诗在言理的同时,讲究格律平仄,宋代以后学习写诗的人便出现了习唐或习宋的倾向,也就是扬唐和扬宋两大流派。

二、唐诗和宋诗的风格特点

(一)写作题材

唐诗和宋诗在题材的选取方面有很多相似点,它们的题材在选取之上有一定的后延继承关系。中华书局 1960 年出版的《全唐诗》,共收录整个唐五代诗歌 48900 多首,超出前代诗歌总和的二三倍。初唐的王勃、杨炯、卢照邻、骆宾王,盛唐的李白、杜甫、高适、岑参,中唐的柳宗元、韩愈、白居易,晚唐的李商隐、杜牧已然成为中外皆知、好评如潮、研究最多的伟大诗人。除了知名度比较高的他们,还有约 2500 名诗人。唐代人说的是诗,写的是诗,考的是诗,大小事体,无不用诗。各国来大唐的人,无不觉得唐人气度恢弘,举止优雅,诗歌充溢着社会生活的方方面面,丰富的生活经历与充沛的情感,使得唐诗的题材包罗万象,内容涉及极其广泛,大到社会发展小到生活情趣,巨细无遗,唐诗存在于生活的每一个角落。高远理想可为诗、现实生活也可为诗;诗中所述有光明,也有黑暗,体现风俗民情,也表达悲欢离合;诗中景象,有田园山水,也有庙堂边塞。唐代诗人将其饱满的情感融于唐诗之中,引吭高歌,表达着他们对世事的看法、对情感的体会。诗歌风格有现实主义,也含浪漫之风,从唐诗中我们可以从不同深度、不同角度来了解大唐的社会生活。

唐诗犹如一座巨大的宝库,宋代诗人发现了其中无穷的宝藏,获得了丰富的启迪,但唐诗也给宋人造成了沉重的心理压力,唐人对诗歌题材几乎挖掘殆尽,但是诗人的情感总是细腻,看待世事的角度也别有天地,天才的宋代诗人于精妙处挖掘不同的诗歌题材,从另一个维度展现了宋诗的风采。北京大学出版社 1998 年出版的《全宋诗》共收集两宋诗歌247183 首,残诗 5983 句(联),作者 8900 余人,所收诗人是《全唐诗》的四倍、诗作是《全唐诗》5 倍,字数是《全唐诗》10 倍。缪钺《论宋诗》:"凡唐人以为不能入诗或不宜入诗之材料,宋人皆写入诗中,且往往喜于琐事微物逞其才技。如苏、黄多咏墨、咏纸、咏砚、咏茶、咏画扇、咏饮食之诗,而一咏茶小诗,可以和韵四五次。"从题材的选取方面可以看到宋诗,更加倾向于日常生活,各种细节的情感与琐碎的事物皆可成为其诗中一隅,展现着宋代诗人的才情,更加趋于世俗化的选材,也使得书卷气与生活的烟火气相融合,展现出了宋诗独特的思想意趣与社会思考。在苏轼约 2800 首诗之中,涉及到对人生的思考、对现实政治的干预、对田园趣事的描绘、对知己好友的交往等多个层面,但是对社会和人生的思考仍然是其创作主旋律。还有一些诗歌如《梅圣俞之客欧阳晦夫使工画茅庵己居其中一琴横床而已曹子方作诗四韵仆和之云》:"寂寞王子猷,回船剡溪路。迢遥戴安道,雪夕谁与度。"表达了对东晋南北朝时期剡溪雪夜访戴的故事的观感及评价。如释智遇《支遁和尚归休图赞》:"忍寒骑瘦马,双眼碧于秋。寄语王公道,无钱买沃洲。"说明作者着眼于清贫,以过简朴生活为荣。如赵湘《剡中唐郎中所居》:"古柳垂溪水,当门系雪舟。开樽延白鸟,扫树带清秋。阁上看华顶,窗中见沃洲。寻常投刺少,来即是诗流。"如黄庭坚的《再留几复》:"客兴敝鹑衣,囊金罄橐蹄。赢骖多断鞢,垢发不胜箆。道德千年事,穷通一理齐。晚田犹溉种,稚子且归妻。径欲眠漳浦,几成访剡溪。鄙心须澡雪,莲藕在淤泥。"如陆游《题城侍者剡溪图》:"暮境侵寻两鬓丝,湖边自葺小茆茨。从今步步俱回棹,不独山阴兴尽时。"如陆游《题莹上人二画(其一)》:"天地又秋风,溪山忆剡中。孤舟幸闲著,借我访支公。"如米芾《题砂步三首》:"一株怪石数茎筠,明月清风不系身。石月无痕竹无韵,寓轩消息与君陈。""砂步漫皆合,松门若抱桴。悠悠摇艇子,真似剡溪图。""已有扁舟兴,曾看过剡图。翻思名手尽,谁复费工夫。"他们的诗歌中,人文意象也非常丰富,无论是吟咏书画、描绘笔墨纸砚、赏玩香、扇等,都透着浓浓的书卷气息与人文意蕴。如黄庭坚的《题郑防画夹》:"惠崇烟雨归雁,坐我潇湘洞庭。欲唤扁舟归去,故人言是丹青。"该首诗将人物与景致融为一体,描绘出了一幅有情有景的画面。如《弈棋二首呈任渐》:"偶无公事客休时,席上谈兵校两棋。心似蛛丝游碧落,身如蜩甲化枯枝。湘东一目诚甘死,天下中分尚可持。谁谓吾徒犹爱日,参横月落不曾知。"又描绘出黄庭坚在日常下棋情境中的所观所感。宋诗相较于唐诗来说,着重于平凡琐事与日常生活,故而显得更加平易近人。

（二）写作手法

唐与宋是我国历史上非常具有特色的两个时代,二者在经济、政治发展以及文化环境上皆有较大差异,而时代的特点也烙印于唐诗与宋诗之上,使其蕴含了尤为明显的朝代特色。唐代是我国封建时期国力上升最为飞速的阶段之一,无论是繁荣还是衰落,都极大地影响了诗人的生活和思想观念,贞观末年到天宝初年,以国力计算,唐代成为了世界上最强大的国家。以绝对值而言,开元末年到天宝初年是唐代最强大的时代,无论在疆域、人口、军事、文化,还是都会的繁华程度上,都在世界上首屈一指。经济的繁荣与政治的开明,使得唐代的文化发展有了极为自由的环境,思想的开放度相较于其他朝代而言值得一提,儒、释、道与其他学派均有着极高的包容力,各民族在各个方面的交流与融合日趋增强。唐代士人成长于这样开放、自由、热情、豪迈的时代之中,往往有着更加饱满的理想精神,对人对事皆有更高的包容度,能够奋发向上,锐意进取。所以由其创作的唐诗也往往体现出瑰丽雍容的气度、恢宏的气势,饱含浪漫的情调与浓厚的英雄主义色彩。如李白《梦游天姥吟留别东鲁诸公》:"海客谈瀛洲,烟涛微茫信难求。越人语天姥,云霓明灭或可睹。""安能摧眉折腰事权贵,使我不得开心颜。"《宣州谢朓楼饯别校书叔云》:"俱怀逸兴壮思飞,欲上青天揽明月。抽刀断水水更流,举杯消愁愁更愁。人生在世不称意,明朝散发弄扁舟。"如杜甫《望岳》:"荡胸生层云,决眦入归鸟。会当凌绝顶,一览众山小。"

宋代则是在唐末五代割裂之后,大体实现了统一,但国力远不如唐代昌盛,"靖康之难"更使大宋王朝处于风雨飘摇的境地,内忧外患严重。在内部财政困难尤为突出,间接增加赋税,使得饱受压迫的农民起义不断;外有强敌,始终受到少数民族政权的威胁与侵扰。北宋积贫积弱,南宋危机深重,在紧张危困的社会环境之下,宋代士大夫往往忧国忧民,相较于唐代士人更加关注国家发展与民族存亡问题,往往有着极为强烈的忧患意识与责任感。而且宋代的重文轻武也塑造了宋代诗人与唐代诗人迥然的性格。如朱熹《观书有感》:"半亩方塘一鉴开,天光云影共徘徊。问渠那得清如许? 为有源头活水来。"如苏舜钦《淮中晚泊犊头》:"春阴垂野草青青,时有幽花一树明。晚泊孤舟古祠下,满川风雨看潮生。"如方岳《与客观雪》:"肺渴初供醒酒冰,又思携客上峥嵘。十分宇宙无尘事,一色琼瑶是化城。病起未堪论斗醉,诗狂且莫到参横。剡溪可是忙回棹,冻合琉璃作么生。"正是由于宋代长期处于危机之中,导致宋代士大夫十分关注国家政治,有着极高的责任感与参政热情。宋代诗人看待人生更加的平和、内敛、理智、现实,在其诗歌之中往往少见如唐诗的浪漫色彩和雍容华贵的气度,更多的是警醒的态度、鄙视的情感、冷静的思考以及对诗歌技巧的追逐。

三、唐诗宋诗的风格差异文化成因

(一)唐代的思维文化开放

唐代是一个繁荣又富有活力与包容力的时代,经济的繁荣、思想的自由以及文化的开放,造就了唐代诗人乐观向上、包容开阔和热情豪迈的精神风貌。体现在唐诗之中,常见富丽之美、雍容气度、恢宏气势以及浪漫色彩,这是时代特色,带给唐诗的独特气质。唐代诗人的精神生活更加丰富,思维文化包容度与开放度更高,很多唐代诗人在自由开放的文化氛围之中,很少内敛和伪饰,他们坦率且真挚地表达着自己的情感与观点,浪漫、自信甚至狂傲,能够无拘无束地在诗歌中展现自己的想象力与才情。如李白《望庐山瀑布》:"日照香炉生紫烟,遥看瀑布挂前川。飞流直下三千尺,疑是银河落九天。"磅礴大气,又浪漫绮丽,将浪漫主义色彩发挥到了极致。

(二)宋代重视理学

宋代在哲学思想方面是非常领先的,有春秋战国时期哲学思想鼎盛的影子。理学就是其非常独特的哲学成就。魏晋时期传统儒学受到挑战,玄学与佛教崭露头角;隋唐时期则为佛教与道教的发展提供了良好的环境,使其成为隋唐主导思潮;宋代则是将儒学、佛教、道教的思想进行了融合,结合古籍进行了新的诠释,并且重构了符合政治发展方向的新儒学,亦可称之为"道学",其基本特点在于能够将儒家的核心理念与社会生活相结合,在极大程度上作为民众生活的引导。宋代京师设有国子学、太学等,另有专业性很强的武学、律学、算学、画学、书学、医学。宋仁宗以后,则充分重视各州县的官学创办。此外,由于重文轻武,当时私人讲学受徒也风靡一时,岳麓、应天等书院全国闻名。根据邓洪波教授《中国书院史》的统计,宋代书院总数达到720所之多,是唐五代书院总和的10倍以上,可谓多矣。其中,切实可考的北宋书院有73所,略微超过唐五代十国近350年所有书院的总和,而无法分出南北宋的书院还有125所,在后世享有盛名的岳麓书院、应天府书院、石鼓书院、白鹿洞书院等在此时皆已开始显名。《绍兴市志》所收两宋进士题名录中,涉及新昌进士,数量也很可观。两宋绍兴府(称越州)618名进士中,宋代的新昌出了128名进士、5名状元,为国家输送了不少人才。新昌石氏曾被陆游夸赞"浙东右族,石氏为大"。石氏家族重视教育,为乡里建了第一所义塾、第一家书院,请理学大家、教育家程颢、朱熹等来书院讲学,为新昌培育了大批人才,倡导了很好的学风。理学成为中国的正统思想,自此支配中国文化数百年之久。理学家认为单纯的科举和官学只会使学子们庸庸碌碌追求名利,并不能使其个人价值得到提升,也不利于政治统治,所以宋代理学家兴办私塾、书院,以书院为基地开展书院讲学,极大地提高了书院这一教育机构的影响力,名儒辈出。

(三)宋代文人从官唯有科举

宋代重文轻武政策使得文人能够在这个时代有着极大的发展自由度与较高的政治和社会地位。宋代文人并不需要像魏晋时期的文人雅士一样,必须要依附于强权政治,才能够获得较高的社会地位,同时也不似唐末五代,被武人踩在脚下,更不像明清时期,动辄遭遇文字狱的打击与迫害。宋代文人在良好的社会氛围之中能够更加自由地去追求理想,实现政治抱负,同时能够有较强的社会地位与物质待遇,无论是从物质还是精神上都有着极高的享受。但是宋人唯有通过自己的努力从事科考,才能在仕途上有所成就,通过其他方式很难为官,这导致很多宋人刻苦读书,一心科举之路。因此在诗词方面就比较正式,表达一种理性。宋代重用文官之外,宋代的统治者还推行士大夫参政的风气。为了寻找到更多合

适的文人帮助治理国家,北宋统治者对科举制度进行了完善。比如改革
题目,让科举考试紧跟时代发展,避免一些假大空的试题出现,培养出一
些思想呆板、一说话就"之乎者也"的酸书生。所以北宋初期,通过科举考
试选出来的官员,基本都是满腹经纶,对治理国家有着一定的见解。

四、唐诗和宋诗风格差异和文脉共性

唐诗和宋诗的差异主要体现在其迥异的审美格调,前者重视雍容气
度与情韵,后者则追逐平淡之美,侧重理趣,以浙东唐诗之路新昌段为例,
存在着文脉延续。

（一）唐诗多以风情神韵擅长

唐诗的语言生动且华贵,情感非常充沛,在表达上非常讲究韵律与节
奏。但是宋诗则会将散文中的方法运用于诗的创作之中,无论是结构设
计、表达方式或是语言风格,都有一定的散文化倾向。就像唐诗中,如温
庭筠《宿一公精舍》"夜阑黄叶寺,瓶锡两俱能。松下石桥路,雨中山殿灯。
茶炉天姥客,棋席剡溪僧。还笑长门赋,高秋卧茂陵"式的圆润流畅,白居
易《赠薛涛》"蛾眉山势接云霓,放逐刘郎北路迷。若似剡中容易到,春风
犹隔武陵溪"的生动俏皮,李商隐《锦瑟》"沧海明月珠有泪,蓝田日暖玉生
烟"的梦幻华丽。再如唐代许浑《早发天台中岩寺度关岭次天姥岑》:"来
往天台天姥间,欲求真诀驻衰颜。星河半落岩前寺,云雾初开岭上关。丹
壑树多风浩浩,碧溪苔浅水潺潺。可知刘阮逢人处,行尽深山又是山。"宋
代王岞《登更好堂同景思少卿表丈韵》:"万里同行一瘦筇,寻山问水有先
容。更穷天姥投南路,已过台山第几峰。从此又随双涧月,不妨曾听五峰
钟。却从更好堂前望,满眼诗材思不供。"唐诗在表达上更加重视诗化的
美学追求。但是宋诗则根据想要表达的事物及情感融入了散体,使宋诗
有着极为明显的散体化特征。在其结构设计、修辞使用、风格展现方面会
更加精雕细琢,追求细致、精巧与活灵活现。唐诗的语言更加直接,虽然
运用了大量修辞手法,但是其艺术境界则更加明白浅切,热烈奔放。

（二）宋诗多以筋骨思理见胜

宋代在历史上国力不强，经常遭遇到其他国的战事，外患频发。但是宋代则重视理性与思辨精神，在宋诗之中对理的思考和表达尤为明显。尤其是以程朱理学为主流的社会文化也在很大程度上影响着宋代士人的处事态度、生活方式、审美追求及文化心态。宋代士人相较于唐代士人而言更加稳重、冷静、理智、内敛，在其诗的创作过程中，会重视雅致与精细。宋代士人更加倾向于客观理性的角度去看待万事万物，所以反映在宋诗之中少了一些浪漫和激情，却多了几分理趣。如苏轼《题西林壁》："横看成岭侧成峰，远近高低各不同。"山岭绵延起伏，移步换形，从不同角度来看，皆有不同的景象，这首诗中充分地展现了客观理性的思考。如唐代孟浩然《腊月八日于剡县石城寺礼拜》："石壁开金像，香山倚铁围。下生弥勒见，回向一心归。竹柏禅庭古，楼台世界稀。夕岚增气色，余照发光辉。讲席邀谈柄，泉堂施浴衣。愿承功德水，从此濯尘机。"如宋代姜特立《题南明》："木末禅肩小径通，杖藜春晚日冲融。四围多色参空远，一带溪光入座雄。俯仰旧游浑似梦，琢磨新句愧难工。浩歌笑指城隅路，和气分明醉眼中。"虽然缺少了一份浪漫与雍容，却更加睿智和冷静。无论是唐诗还是宋诗，皆是我国古典诗歌中的瑰宝，是文学宝库中不可或缺的璀璨明珠。在欣赏和学习唐诗与宋诗的过程中，应该综合考虑多方因素来对其进行公正的评价，欣赏其不同的审美意趣，相同的天才智慧。

（三）浙东唐诗之路上的唐诗和宋诗

唐宋诗词是从古代流传至今的历史文化的精华，是文化传承的重要内容。唐代也有词，词萌芽于南朝，兴起于唐代，如白居易《忆江南三首》："江南好，风景旧曾谙；日出江花红胜火，春来江水绿如蓝。能不忆江南？""江南忆，最忆是杭州；山寺月中寻桂子，郡亭枕上看潮头。何日更重游？""江南忆，其次忆吴宫；吴酒一杯春竹叶，吴娃双舞醉芙蓉。早晚复相逢？"而宋代也有诗，很多著名的词人同时也是诗人，有成就很高的诗作传世，如王安石《梅花》："墙角数枝梅，凌寒独自开。遥知不是雪，为有暗香来。"

新昌学者竺岳兵于 1988 年首次提出"唐诗之路"概念，据他研究发现，大唐 300 年间，有 461 名诗人循着魏晋风度，踏歌而来，入钱塘江，过绍兴、上虞，再溯剡溪，经嵊州、新昌，登天姥，越天台，北往舟山，东达永嘉，徜徉山水，留下了 1500 多首诗歌，形成了一条"浙东唐诗之路"。新昌位于浙东唐诗之路精华地段，包括诗仙李白、诗圣杜甫、诗魔白居易、诗星孟浩然、诗豪刘禹锡、诗奴贾岛、诗鬼李贺、诗囚孟郊、温八叉温庭筠、诗佛王维、诗僧贯休，以及"初唐四杰"的卢照邻、骆宾王，"饮中八仙"的贺知章、崔宗之，"中唐三俊"的元稹、李绅、李德裕，"晚唐三罗"的罗隐、罗邺、罗虬等，无不在这条路上留下足迹和诗章。据中国唐代文学学会评价"浙东唐诗之路"内涵，这条"路"涉及到音乐、哲学、伦理、民俗、园林建筑、社会心理、社会经济等，中心思想可以概括为谢公开山（山水诗的发祥地）、六家七宗（佛教中国化）、雪夜访戴（山水画发祥地）、天台开宗（中国化佛教）、刘阮遇仙（道教中兴地）、羲之归隐（书法圣地）、魏晋风度（士族荟萃）七大底蕴。据笔者对《全宋诗》《全宋诗辑补》近 3 年的翻阅和考证，于2018 年形成了新昌宋代诗歌选集《宋人行吟剡中录》，两宋著名诗人，包括苏轼兄弟、王安石兄弟、欧阳修、曾巩、王禹偁、秦观、姜白石，几乎囊括有宋一代诗文大家，而尤以陆游、王铚、王十朋、朱熹、陈著、楼钥、杨万里等人诗歌既多且好，前吟后咏，都留有新昌诗存，以天姥、沃洲、剡溪、剡山、大佛、刘阮、新昌、南明、鼓山、穿岩、南岩等分类可以发现，写新昌的宋代诗歌，无论诗人诗作都具有广度，亦具有高度，新昌宋代诗歌之路，符合"唐诗之路"范围的确定性、形态的多样性、文化的继承性这三要素，与唐诗相比，宋代诗歌中不仅有综上七大底蕴，还补充了新昌是唐人的精神家园的真实性以及宋代理哲家言的时代性，如宋代喻良能《次韵郑季远国录贤良题余庐山诗记》："青鞋忆昔到庐山，回首清游梦寐间。忽见广文奇绝句，十年风雨唤仍还。天姥梦魂劳太白，赤城想象赋兴公。匡庐缥缈烟云境，总在新篇妙句中。"如宋代陆游《入秋游山赋诗略无阙日戏作五字七首识之以野》："我行剡中路，茆店连溪桥。驴弱我亦饥，解鞍雨萧萧。投床得小憩，炊黍烹药苗。举手谢主人，去路盘山腰。沃洲在何许？秋叶红未凋。游僧不可逢，聊须问归樵。"如《夜坐忆剡溪》："早睡苦夜长，晚睡意复倦；敛膝傍残灯，拭眦展书卷。时时搔短发，稍稍磨冻砚。更阑月入户，皎若舒白练。便思泛樵风,次第入剡县。名山如高人,岂可久不见。"在浙东唐诗之路上,宋代诗歌之路是唐诗之路的延伸段,因为文脉相承,新昌的唐代诗歌与宋代诗歌"和而不同",且诞生了新的两大底蕴,具有文脉的延续性、文载的多样性和文物的实质性。

| 三、越中精神 |

胆剑精神与伟大建党精神的契合度探析

——从早期绍兴籍马克思主义者的建党实践解码伟大建党精神

刘孟达

在庆祝中国共产党成立 100 周年大会上,习近平总书记第一次提炼总结了"坚持真理、坚守理想,践行初心、担当使命,不怕牺牲、英勇斗争,对党忠诚、不负人民"的伟大建党精神。这是"中国共产党的精神之源",也是中国共产党的成功密码。回望百年党史,俞秀松、邵力子、沈玄庐、宣中华等早期绍兴籍马克思主义者在宣传马列主义、创建党团组织、组织工农运动等壮行义举中,彰显出以"卧薪尝胆,奋发图强,敢作敢为,创新创业"为基本内涵的胆剑精神。这种将越地文化的"刚性""柔性""灵性"等元素高度凝练、融为一体的人文精神,是伟大建党精神的"绍兴读本"。

一座城市的人文精神体现在其独特的历史传统、文化底蕴、价值观念以及市民素养等诸多方面。绍兴既以历史文化名城驰名天下,又以饱蕴优秀革命传统闻名于世。在绍兴历史上,一大批"民族脊梁"式人物,生于斯长于斯,深受以胆剑精神为内核的古越文化的化育。从早期绍兴籍马克思主义者的建党实践来看,他们身上蕴含的胆剑精神与伟大建党精神无论来源、内容还是价值、意义,都是高度契合的。

一、胆剑精神与伟大建党精神的同源性

马克思说:"人们自己创造自己的历史,但是他们并不是随心所欲地创造,并不是在他们自己选定的条件下创造,而是在直接碰到的、既定的、从过去承继下来的条件下创造。"以此为根本遵循,向历史上游去探寻胆

剑精神与伟大建党精神的源头和"根",依托历史认知现实,依据现实反省历史。从内核支撑来看,越地文化孕育的"卧薪尝胆,奋发图强,敢作敢为,创新创业"的胆剑精神,与伟大建党精神蕴含的"生命之魂"(坚持真理、坚守理想)、"活力之本"(践行初心、担当使命)、"动力之源"(不怕牺牲、英勇斗争)和"血脉之根"(对党忠诚、不负人民)同根、同源于中国精神。中国精神具有超越时空的智慧,有着美好的内在意蕴,从时间跨度来看,它长达5000多年;从内容上看,它反映了中华民族独特的思维方式、价值取向、信仰追求、精神气质、审美情趣等。胆剑精神和伟大建党精神的形成正是根植于这共同的文化精粹,二者承载和发扬了中国精神中的"公而忘私,国而忘家"的家国情怀,"鞠躬尽瘁,死而后已"的献身精神,"天下兴亡,匹夫有责"的浩然正气,"先天下之忧而忧,后天下之乐而乐"的旷达胸怀和高远境界,在历史性与时代性中找到最佳契合点。

指引和支撑中国人民站起来、富起来、强起来,都需要强大而持久的精神力量。"只要有信仰、信念、信心,就会愈挫愈奋、愈战愈勇,否则就会不战自败、不打自垮。"胆剑精神所蕴含的"卧薪尝胆",彰显的是矢志弥坚、忍辱负重、能屈能伸的坚毅精神,与伟大建党精神蕴含的"生命之魂"(坚持真理、坚守理想)是一脉相承的。这在建党前后绍兴籍马克思主义者的身上表现尤为突出。在风雨如磐的年代,他们历经磨难而不馁,饱尝艰辛而不屈,显示出坚定的理想信念和坚强的革命意志。其中,最为典型的是俞秀松。"一师风潮"之后,俞秀松等在参加北京工读互助团受挫,不久便回到上海。惨痛的教训驱使他与无政府主义彻底决裂,从而更加坚定了投身革命的决心。他发誓说:"我此后不想做个学问家(这是我本来的志愿),情愿做个'举世唾骂'的革命家!"在他的感召下,叶天底、梁柏台、汪寿华等一批"一师"学生也毅然中断学业,陆续聚合到上海,参与创建上海早期的党团组织。俞秀松在被王明、康生等诬陷为"托派头子"而被捕后,仍然坚信"革命必定会成功",还劝慰妻子"坐牢是革命者的家常便饭,要革命就不怕杀头"。原浙江省委书记张秋人被捕入狱后,仍读书不辍,有时还和同牢难友一起演《捉放曹》,引导他们以革命乐观主义增强对革命事业必胜的信念。可见,他们一路走来,为了理想,靠着信仰,多少义无反顾,多少壮怀激烈,多少坚毅前行,彰显出中华民族的高尚情操;坚定的信仰、如磐的信念、必胜的信心流淌在早期绍兴籍马克思主义者的血脉深处,实现了胆剑精神和伟大建党精神的无缝链接。

二、胆剑精神与伟大建党精神的同向性

胆剑精神根植于历史,实践于当代。在 2500 多年前的越国,越王勾践依靠"慷慨以复仇、隐忍以成事"的胆剑精神,经过"十年生聚,十年教训"和艰苦卓绝的奋斗,终于实现了兴越、灭吴、称霸三大战略目标。他在遭遇夫椒之战惨败后,历经"入吴为奴""卧薪尝胆""生聚教训",率领越国臣民,高举当时具有国力象征意义的越王剑,披荆斩棘,开疆拓土,终于实现了既定的宏图大志,谱写了一曲可歌可泣的"胆剑"篇。改革开放之初,绍兴人民紧紧依靠胆剑精神,敢于突破"三缸"(酱缸、酒缸、染缸)、"锡半城"的工业格局,在各种资源短缺、身处困境的情况下,卧薪尝胆,艰苦创业,硬是从计划经济的夹缝中率先兴办乡镇企业、创办家庭工厂,开辟新的经济增长点。不到 10 年时间,占全省 8％面积、7％人口的绍兴市,创造了占全省 12％的 GDP。21 世纪初,适逢"成长中的烦恼",绍兴在忠实践行"八八战略"中,按照时任浙江省委书记的习近平同志关于"要大力弘扬越王勾践卧薪尝胆、'十年生聚,十年教训'的精神,努力谱写新时期的'胆剑篇'"的嘱托,祭出了"腾笼换鸟""凤凰涅槃"一系列组合拳,迎来了经济社会发展的一片"艳阳天",绍兴从江南小城发展成现代化城市,跻身于全国城市综合实力 30 强。

中国共产党一经诞生,就把民族独立、人民解放和人民幸福、国家富强的历史重任扛在肩上。敢于担当、积极作为是中国共产党从胜利走向胜利的成功秘诀,也是始终能够赢得时代、赢得人心的制胜法宝,更是优越于其他政党的政治品格。胆剑精神与伟大建党精神虽然相隔数千年,但是,二者都有一个共同走向,即实现国家富强、民族振兴、人民幸福。无论是延续数十年的吴越争霸史,还是中国共产党的百年奋斗史,都表明:不忘初心方能行稳致远,牢记使命才能开辟未来。胆剑精神与伟大建党精神体现出数千年以来中国人民英勇顽强、百折不挠,敢于赴汤蹈火,冲

锋陷阵,不怕流血牺牲,与实现富民强国的历史任务高度契合。

中国共产党成立以来,无论是弱小还是强大,无论是顺境还是逆境,都始终不忘初心、牢记使命、砥砺前行,团结带领人民进行了艰苦卓绝的斗争,创造了一个又一个彪炳史册的人间奇迹。胆剑精神所蕴含的"奋发图强",彰显的是志存高远、自强不息、奋发有为的革命精神。建党前后,以俞秀松、邵力子等为代表的绍兴籍先进知识分子,大力宣传马克思主义,为建党的理论准备呕心沥血,摇旗呐喊。俞秀松在青少年时期就立志革命事业。五四运动前夕,他在离家时对大弟说:"我要等到大家有饭吃,等到讨饭佬有饭吃时再回来,你要相信,这一天会到来的。"建党前夕,除了"南陈北李"创办的《新青年》以外,在江浙沪影响最大的是 3 位绍兴籍先进知识分子主编或创办的报刊。在建党前的 6 年间,邵力子在上海《民国日报》上开辟并主编的副刊《觉悟》,"以显著的位置和篇幅,优先刊登共产党人的革命文章"达 200 篇以上,其中,一半是由邵力子亲自撰写的。当时,该报日发行量达数万份,成为新文化运动最具影响力的副刊之一。俞秀松、宣中华等创办的《浙江新潮》,以"谋人类生活的幸福和进步"为主旨,以宣传反日爱国思想和反封建礼教而闻名。这些报刊匡正祛邪,使一大批具有共产主义觉悟的先进知识分子茅塞顿开,极大地鼓舞了他们理直气壮、大张旗鼓地宣传马列主义的坚定信心,为组织上建党提供了强大的舆论支持。

另一方面,"人民利益高于一切",是胆剑精神与伟大建党精神共同的价值旨归。公元前 491 年,自吴遣返的越王勾践听从范蠡、文种的建议,实行了一系列的爱民、富民、顺民之策。经过"十年生聚,十年教训",越国呈现出"劳力多,耕种多,五谷多,百姓富"的景象,"修之十年,国富,厚赂战士,士赴矢石,如渴得饮,遂报强吴,观兵中国,称号'五霸'"。百年党史表明,对党忠诚、不负人民是伟大建党精神的"血脉之根"。为人民而生、由人民而立、因人民而兴,始终坚持以人民为中心,始终把人民放在心中最高位置,是中国共产党的根本宗旨。中国共产党之所以经历无数艰险、磨难与挑战而立于不败之地,就在于千千万万党员的忠诚与亿万人民的拥护,贯穿始终的一条红线,就是:不忘初心、为人民服务、以人民为中心。

从俞秀松、邵力子、沈玄庐等早期绍兴籍马克思主义者的建党实践看,他们之所以积极投身于创建中国共产党,成为我党早期的建党骨干,就是要"为劳苦大众翻身得解放"。俞秀松在《给父亲的信》中写道:"20世纪是平民的世纪,是劳力劳心逐算是人,是各尽所能各取所需才能生活。"在《给父母亲和诸弟妹的信》中又写道:"我来(北京)的目的是:实验我底思想生活,想传播到全人类使他们共同来享受这甘美、快乐、博爱、互助、自由……的新生活才算完事。"在《浙江新潮》发刊词中提出,要"建设自由互助劳动的社会,以谋人类生活的幸福和进步"。沈玄庐设想,在未来的社会主义,"这个国家的人民,应该只有幸福,没有灾难",人民生活的图景是"劳动、享乐、休息各八个小时"。就这样,他们以恒心守初心、以生命赴使命,切实做到了以担当彰显初心、以作为践行使命。

三、胆剑精神与伟大建党精神的同质性

奋斗是民族进步之基,创新是社会发展之魂。敢于斗争、勇于创新,是胆剑精神与伟大建党精神的两大共同特质。

中国共产党人是永远的革命者。增强斗争本领,永葆斗争精神,以"踏平坎坷成大道,斗罢艰险又出发"的顽强意志直面矛盾和挑战,是中国共产党人的革命本色。胆剑精神所蕴含的"敢作敢为",彰显的是善谋敢闯、刚正不阿、不畏权贵的斗争精神。这种大无畏的斗争精神,在早期绍兴籍马克思主义者身上,表现得淋漓尽致。建党前夕,邵力子提出,"工人要于奋斗中求生路",就必须摆脱旧式帮会和政客操纵工人的羁绊,建立工人自己真正的工会。沈玄庐提出"所有无产者,大家要团结起来",工人阶级要担负起"改造社会"的责任。1920 年 2 至 3 月间,在浙江"一师风潮"中,在开明校长经亨颐的引导下,俞秀松、宣中华、梁柏台等都站在了反帝爱国运动的前列,成为浙江五四运动的骨干。作为杭州学生联合会理事长,宣中华以极大的热情,从校园到街头,四处登台演说,散发传单,张贴标语,组织各种集会游行和抵制日货活动。梁柏台不仅参加集会游行,上街宣讲,还写信告知家乡母校的老师和友人,陈述时势之危急、救国之责任,号召他们抵制日货。四一二反革命政变前夕,为了减少帮会对工

人运动的破坏,时任上海总工会委员长的汪寿华接到青帮大亨杜月笙请帖后,明知很可能是一场鸿门宴,但他认为"和青红帮流氓打交道,不去叫人耻笑。为了革命利益,我宁愿牺牲一切"。当晚,汪寿华临危不惧,慷慨赴宴,不幸惨遭杀害。张秋人、叶天底等被捕后,大义凛然,宁死不屈。在法庭上,张秋人随手抓起法官桌上的朱砂砚台,用力向法官头部砸去,然后甩开刑警的手,昂首阔步走向刑场。在狱中,身患重病的叶天底,写信给他的亲友说:"我既然被抓,就不免一死,我早就预备好。天为棺材盖,地为棺材底,为共产主义而死是光荣的。"展现了共产党人坚贞不屈、视死如归的崇高品质和英雄气概。由此也表明,不怕牺牲、英勇斗争是伟大建党精神的"动力之源"。中国共产党在斗争中锤炼了不畏强敌、不惧风险、敢于斗争、勇于胜利的基因、风骨和品质。中国共产党的百年奋斗史雄辩地证明:"精神是一个民族赖以长久生存的灵魂,唯有精神上达到一定的高度,这个民族才能在历史的洪流中屹立不倒、奋勇向前。"

中国共产党从建党的开天辟地到新中国成立的改天换地,到改革开放的翻天覆地,再到党的十八大以来党和国家事业取得历史性成就,靠的就是始终遵循守正创新之道。胆剑精神所蕴含的"创新创业",彰显的是革故鼎新、敢想敢干、锐意进取的开创精神。马克思曾评论说:"如果他想用唯一的一个剧本为自己铺设一条通向舞台的道路……他应当把自己的剧本建筑在创新的基础上。"在创建中国共产党的各个阶段,绍兴籍的早期马克思主义者敢为天下先,在摸索中实践,在实践中创新,以坚定的信念、无畏的勇气、敏锐的眼光,创造了多个建党历程上的"第一":作为俄共派驻中国代表维经斯基的助手,俞秀松一边利用上海《星期评论》编辑身份,积极宣传马克思主义,一边又协助陈独秀等人发起成立我国第一个以马克思主义为指导的产业工会即"上海机器工会",是先进知识分子中走与工人运动相结合道路的先行者。建党前,作为卓越的青运领导人,他与施存统等创建了上海社会主义青年团,并担任首任书记,张秋人、宣中华、叶天底、梁柏台等绍兴籍青年等都是在俞秀松的引领下成为早期团员的。叶天底还是最早把马克思主义火种播撒到绍兴的革命者之一。党诞生不久,沈玄庐回到家乡萧山衙前村,出资并邀请宣中华、刘大白、徐白民等绍兴籍先进知识分子创办农村小学,组织妇女协会,组建农民自卫军,并以衙前农民协会为平台,组织农民开展减租斗争,波及萧绍地区 80 余村。这是党领导的中国现代第一个农民运动,比彭湃领导的广东海陆丰农民运动还早 1 年多。所有这些,都蕴涵着他们守正创新、忠诚创业、求索进取的精神向度。同时,也表明伟大建党精神是中国共产党人精神谱系的伟大开篇,是中国共产党在奋斗征程上形成的一系列精神的源头。

总之,伟大建党精神是在斗争实践中形成塑造出来的,具有历久弥新、穿越时空的价值意蕴。从俞秀松、邵力子、沈玄庐、宣中华等早期绍兴籍马克思主义者的建党实践看,包括胆剑精神在内的中华优秀传统文化是铸就中国共产党人碧血丹心的"能量场"。中国共产党在如此艰难的实践中不仅建立了党的组织,而且在精神上孕育并构筑了伟大建党精神等中国共产党人的精神谱系。而伟大建党精神贯穿始终,集中体现了这一精神谱系的核心要义。在"两个一百年"奋斗目标的历史交汇期,在奋进新时代的征程中,绍兴必须牢记习近平总书记关于"要大力弘扬'胆剑精神',……使之成为加快发展的不竭动力"的谆谆教导,赓续红色血脉,汲取信仰力量,以大力弘扬胆剑精神为载体,把伟大建党精神注入灵魂、化为行动,切实做到"四个一",即一以贯之坚定理想信念,一如既往担当初心使命,一鼓作气进行英勇斗争,一腔忠诚向着党和人民。

新时期胆剑精神的内在属性与实践启示

陈理平　彭新华

　　一个民族需要一种精神，这种精神是民族的脊梁。胆剑精神源于2500 年前的古越文化，经过长期的历史洗礼与升华，早已超出地域性人文属性，赋予更丰富、更有时代性的内涵与特点，成为振兴中华民族精神的重要组成部分，是全社会共同的精神财富。什么是胆剑精神，如何理解与把握胆剑精神的内在属性，如何把胆剑精神化为推动社会进步的物质力量，是学习与弘扬胆剑精神的必然要求和时代使命。2004 年 8 月 24日，时任浙江省委书记习近平同志要求绍兴"大力弘扬卧薪尝胆、奋发图强、敢作敢为、创新创业的'胆剑精神'"。这是对胆剑精神完整的、科学的、精要的概括和界定，为我们把握和实践胆剑精神提供科学的理论基础和行动指南。我们要透过胆剑精神的本质内涵，弘扬胆剑精神的内在属性，为中华民族伟大复兴贡献自己的力量。

　　树立理想信仰，弘扬胆剑精神的坚定性。哲学意义上的信仰，指人们生活所持有的某种长期和必须捍卫的根本信念。信仰是心理主观的产物，表现为一种灵魂式的执着关爱。信仰本身是中性词，但是革命的理想信念高于天，一切为人类进步事业的美好追求都是崇高的。毛泽东曾经指出："人是要有一点精神，无产阶级革命精神就是由这里头出来的。"胆剑精神的核心内涵就是"永不言败，在逆境中奋发图强"。这种坚强毅力与意志的背后彰显的是信仰的力量，信仰永远是革命力量的不竭之源。胆剑精神与中国革命和建设中锻炼而成的五四精神、井冈山精神、长征精神、延安精神、西柏坡精神、大庆精神、雷锋精神、"两弹一星"精神、深圳特区精神等各种精神代表都有一个共同特性，都是以崇高的理想信念为内在动力，理想信念是贯穿所有革命精神的灵魂。根深才叶茂，有魂才有力量。坚定理想信念才会有卧薪尝胆、奋发图强、敢于奉献、勇于牺牲的胆识与勇气。在党史学习教育中，观看历史文献纪录片《信仰》很受启发。百年的革命、建设、改革历程，涌现出无数优秀共产党员光辉事迹，其根本在于始终保持坚定的理想信念。夏明翰用"砍头不要紧，只要主义真"壮丽诗句来回答自己的信仰；朱光亚、钱学森等一批科学家用"两弹一星"实现自己的信仰；王进喜用滚滚的黑色石油谱写自己的信仰；雷锋用小小的"螺丝钉"来雕琢自己的信仰；杨善洲用22年的时间，驻守荒山，直至把它变成一座青山……信仰的力量是无穷的，胆剑精神的灵魂在于坚定信仰。

体现家国情怀，弘扬胆剑精神的人民性。"人民就是江山，江山就是人民"，习近平总书记提出的这一科学论断，与胆剑精神所体现的家国情怀是一脉相承的。如果说革命性体现胆剑精神之魂，人民性就是胆剑精神之本。家是国之基础，国是家之延伸，民是国之根本，爱国爱民是人世间最深层、最持久的情感。纵观我国5000年的文明发展史，爱国爱民思想已经成为中华民族精神之魂。从"齐家治国平天下"到"天下兴亡、匹夫有责"，从大禹治水"三过家门而不入"到范仲淹"先天下之忧而忧，后天下之乐而后乐"，从越王勾践"十年生聚，十年教训"到陆游"王师北定中原日，家祭无忘告乃翁"，从苏武牧羊到林则徐虎门销烟等，这些无不体现各个历史时期优秀中华儿女的家国情怀。同时，不同历史时代有不同的历史背景与使命，历史上的家国情怀，不可避免地打上不同时期的历史烙印，存在一定历史局限性。今日中国适逢新时代、新机遇，胆剑精神得到发扬光大，并产生质的升华。中国共产党以全心全意为人民服务为宗旨，以为人民谋幸福、为民族谋复兴作为初心和使命，团结带领中国人民为创造自己的美好生活进行了长期艰苦奋斗，才真正迈入强国富民的新征途。毛泽东主席把"解决人民吃饭问题"放在首要位置，邓小平同志提出"贫穷不是社会主义"的改革开放口号，习近平总书记向全世界宣誓"全面建成小康社会"。这些关乎国之大计、党之根本的战略决定，充分揭示我们党"一切依靠人民"的执政底气、"一切为了人民"的鲜明立场。因此，发扬胆剑精神，焦聚家国情怀，将个体价值实现与国家民族命运联结在一起，投身于实现民族复兴的历史洪流,为家国情怀写下最生动的注脚。

勇于责任担当,弘扬胆剑精神的实践性。"路漫漫其修远兮,吾将上下而求索。"精神的东西是抽象的、意识的,又是具体的、物质的,其能量转变的关键在于社会实践。胆剑精神不是口号,而是在实践中改造世界的物质力量,实践是维系胆剑精神的支柱,也是检验胆剑精神的标尺。实践意味着责任担当,责任是对担当的要求,担当是对责任的诠释,两者是密不可分的。自古以来无数民族英雄、爱国志士都以实际行动,谱写了一曲曲以天下为己任的壮丽诗篇。前面提到的大禹治水、屈原投江、勾践卧薪尝胆、林则徐虎门销烟等,无不是历史上为民族大义责任担当的生动写照。再如,唐代诗人李贺"男儿何不带吴钩,收取关山五十州",宋代诗人辛弃疾"了却君王天下事,赢得生前身后名",陆游"位卑未敢忘忧国,事定犹须待阖棺","戊戌六君子"谭嗣同"我自横刀向天笑,去留肝胆两昆仑","辛亥三杰"秋瑾"拼将十万头颅血,须把乾坤力挽回",民族脊梁鲁迅"横眉冷对千夫指,俯首甘为孺子牛"等,都是敢于为国为民责任担当的杰出代表。在和平建设时代,责任担当的实现方式有所不同,但是为民族大义无私奉献的精神实质是相同的。人的一生必须承担着各种各样的责任,有国家的、集体的、社会的、家庭的,每个人承担的责任有大有小,关键在于态度,在于人人从自我做起的态度。大家同心,其利断金,少数英雄人物也许对国家社会承担较大责任,但是整个社会进步更需要绝大多数平凡大众的共同参与,人民群众才是历史的创造者。责任与担当本身有一个付出与回报的过程,付出与回报是相互的。有一个关于天堂与地狱的故事:地狱里的人在喝汤时每个人都拿着一支柄很长的勺子,每个人都争相把汤往自己嘴里送却又够不着,饥饿难耐,痛苦不堪。而天堂里的每个人同样拿着这样的勺子,但他们都互相把汤喂给别人,每个人都很开心。这个故事告诉我们,奉献是一种快乐,无私奉献是人生最高的境界,践行胆剑精神就是需要这种"舍小家、为大家"的无私奉献精神。

坚持守正创新,弘扬胆剑精神的时代性。"为有牺牲多壮志,敢教日月换新天。"胆剑精神的最鲜明特点在于其创新性、时代性,与时俱进,敢为人先。这里的"胆"意味着干事的胆量、气魄,"剑"意味着前进的力量、趋势，胆剑合璧，勇往直前，不断开创新局面，取得新成就。创新是民族进步的必然要求，创新的关键在于一个"变"字，但是这个"变"并非盲动的，而是辩证之"变"，体现"守正与创新"关系。习近平总书记指出："中华民族是守正创新的民族，有着守正创新的传统，无论时代如何发展，我们都要激发守正创新、奋勇向前的民族智慧。"一方面，要做好"变"的文章，敢于创新。如果只沉醉于成功辉煌，必将束缚前进的步伐；如果沦陷于失败的阴影，必将错失成功的机遇。因此，对创新者来说，无论是成功与失败，都是前进道路上的一种实践考验，因循守旧将一事无成。"危机中育先机，变局中开新局。"以浙江为例，根据习近平总书记"干在实处、走在前列、勇立潮头"的指示精神，在创新道路上取得一个又一个可喜成就。从"最多跑一次"改革到打造"一带一路"枢纽，从全面实施乡村振兴战略到数字化改革，从建设平安浙江法治浙江到全面打造新时代全面展示中国特色社会主义制度优越性的"重要窗口"、浙江高质量发展建设共同富裕示范区等，无不彰显创新的魅力和成效。另一方面，还要做好"不变"的文章，坚持守正。守正与创新是辩证统一的，创新的过程实质上是一个继往开来的守正过程，守正是创新的前提与基础，创新是守正的路径与发展。无论变什么、怎么变、变到哪一步，其基本的东西永远不动摇。譬如，坚持党的集中统一领导不变，坚持完善和发展中国特色社会主义制度，推进国家治理体系和治理能力现代化的总目标不变，坚持以人民为中心的价值取向不变等。总之，当今世界，改革创新的潮流滚滚向前，坚持守正是永恒之本。

阳明心学与枫桥经验

——发挥以阳明心学为代表的优秀传统文化在基层社会治理中的作用研究

金华锋　屠斯宇　沈露斌

绪　言

进入新时代,面对着国内外更加复杂的新问题,我们该从哪里寻找基层社会治理的经验和智慧呢? 放眼全球,并无比我国更好的基层治理经验和智慧,特别是近年来欧美发达国家的社会动荡,更加坚定了我们从优秀传统文化中汲取文化精髓的信念和决心。在中华文明的历史长河中,王阳明主承孔孟思想,融通儒、释、道三家之精华,成为我国哲学史上陆王心学的集大成者,独创阳明心学,主要思想是"心即理""致良知""知行合一",王阳明是中国历史上罕见公认的"立德、立功、立言"三不朽的全能大儒。阳明心学体现了中华优秀传统文化的核心理念,体现了崇高人生境界的实践智慧,具有极高的时代价值和现实意义。阳明心学是一种积极主动的处世哲学。这是圣人对"修身齐家治国平天下"的哲学反思。

阳明心学的核心要义"心即理、知行合一、致良知"自成生态,它是一个为追求真理而不断求证、求真、求正的完整体系,是一个不断完善和锤炼自身价值观、人生观、世界观的体系,是一个不断提高认识、把握客观事物规律的过程。阳明心学认为万物一体、心外无物、心即理,每个人都应该在"知行合一"上下功夫,早日到达"致良知"的人生目标。王阳明认为,内心的认知发展极其重要,并起决定性作用,事要有所成,必先修其心。这与马克思主义哲学的"内因起决定性作用"有很多相通之处。王阳明之所以能成为"真不朽"圣人，关键是有"无我境界"和"此心光明，亦复何言"的信念。

治国必先治吏，治官重在治心，这离不开"致良知"。"阳明心学"和"枫桥经验"不约而同地找到了基层治理的"心"。"阳明心学"的"心"是"良知"，而且是建立在"心即理"基础上的"良知"，"枫桥经验"的"心"是共产党人的初心暨"全心全意为人民服务"的宗旨。"枫桥经验"从"发动和依靠群众，坚持矛盾不上交，就地解决。实现捕人少，治安好"发展到如今"党政动手，依靠群众，预防纠纷，化解矛盾，维护稳定，促进发展"的枫桥新经验，是在基层社会治理的"致良知"实践中不断检验的结果，体现了马克思主义与中华优秀传统文化的深度融合，也体现了共产党人自觉地为实现新时代党的历史使命不懈奋斗和不忘初心党性教育理论的发展。阳明心学与枫桥经验之间的关系具体而言可以从 3 个方面来说明。

一、基层治理需用心"致良知"

王阳明"致良知"哲学思想的具体实践是基层社会治理的思想，更是政治思想重要因素的组成部分。"良知"是挽救世道人心的一剂良方。实现自己个人"致良知"在推进中国基层社会治理过程中是最为重要的前提。王阳明一生经历跌宕坎坷，绝大部分仕宦生涯都是在各级地方政府任职，历任龙场驿丞、庐陵县知县、南赣巡抚、江西巡抚、两广总督等地方行政职务，积累了极其丰富的基层社会治理经验，形成了一整套基层社会治理的思想。

在任南赣巡抚期间，他不仅用高超的行政能力和军事指挥能力平定了困扰地方政府多年、蔓延到赣闽粤桂四省的匪患，还把行之有效的基层社会治理措施落到了实处。他既留意到大战后社会秩序动荡的现实紧迫问题，更能着眼长远，通过增置县治（巡检司）来加强中国基层社会治理控制，推行"十家牌法"和"南赣乡约"以整合基层社会，建立社学而移风易俗，为四省交界的南赣地区实现社会长治久安，打下了坚实的基础。

浙江诸暨"枫桥经验"的要旨就是妥善处理基层社会治安综合治理的问题。其主要内容是：小事不出村，大事不出镇，矛盾不上交，就地化解，实现捕人少、治安好的目标。其核心含义是：为群众着想，相信群众，发动群众,依靠群众。其核心价值追求是:以人民为中心,发展为了人民,发展依靠人民,发展成果由人民共享。这与王阳明"致良知""知行合一""亲近民众"的思想,以教化、德治及唤醒良知和"破心中的贼"为目的的"南赣乡约"治理社会基层自治的方式如出一辙。甚至可以说"枫桥经验"就是新形势下的"南赣乡约"。

57年来,"枫桥经验"由促进我国乡村社会治理结构体系建设向促进城镇、社区治理体系建设延伸,不断被赋予了新内涵,也拓展了功能。枫桥不仅在辖区各居委会、村,甚至在一些重点企业都建立了相应的调解组织。近年来,枫桥共成功调处社会民间经济纠纷1000多起,成功率达97.2%,其中八成的纠纷在居委会(村)一级就得到了妥善解决。

"枫桥经验"之所以能够历久弥新,最重要的原因在于其在新形势下与"以民为本""亲民"的传统思想相契合:以人民为中心的发展思想,意味着发展为了人民,发展依靠人民,发展成果由人民共享,这正是"枫桥经验"的核心要义和价值追求;以人民为中心发展要求我们坚持为人民服务主体地位,而发动和依靠群众,坚持矛盾不上交,就地解决这些问题,这正是"枫桥经验"最突出的特点;以人民为中心要求把党的群众路线贯彻到治国理政的全部活动中,并运用党的群众路线来正确处理人民内部矛盾,这正是"枫桥经验"的实质和主线;以人民为中心发展要求把人民对美好生活的向往作为奋斗目标,而运用法治思维和法治方式解决涉及群众切身利益的矛盾和问题,努力让人民群众在每一个案件中感受到公平正义,不断满足人民日益增长的美好生活的需要,这正是"枫桥经验"的根本出发点和落脚点。(周望《新时代如何坚持和发展"枫桥经验"》)

"以人民为中心"是共产党人的初心,更是共产党人最大的"致良知"。共产党人的初心,不是孤立的、神秘的、先验的抽象物,而是现实的、具体的党员社会政治实践关系的总和,是党性原则的集中概括和总结,也是每一位党员的行为本能和逻辑直觉,即中国共产党人的良知。坚守这样的初心与良知,本身就是彰显坚持科学理论的信心、坚定理想信念的决心、踏实为民服务的决心、秉持高尚道德的良心、恪守组织纪律的敬畏心、传扬优良作风的恒心和追求卓越才智的匠心,就是彰显和修养党性,就是致

共产党人的良知。(薛伟江《在党性洗礼中坚守初心》)

"枫桥经验"之所以能够有持续的生命力,还在于其与现代治理理念相契合。传统治理理念强调的是自上而下的强制、命令,但现代治理理念强调多元主体的共同参与和管理,强调政府与社会之间的互动。"枫桥经验"蕴含着丰富的现代基层社会治理因素,"发动和依靠人民群众"就是其核心内涵之一,即强调社会各方面力量的参与及共治。这方面"阳明心学"与"枫桥经验"之间有许多相似之处:比如说王阳明的"南赣乡约",同枫桥现在的乡规民约、三治融合发展相似;比如王阳明在赣南施行的"十家牌法",和枫桥现在的网格化管理工作有很大的相似之处,目的都是为人民服务的"良知"。

从"依靠人民群众进行说理斗争制服四类分子,做到不捕人"到"小事不出村,大事不出镇,矛盾不上交",不同时期的"枫桥经验"最根本的一点就是用心做好群众工作,且一定要做到人民群众的"心坎"上,使相关群众从"偏知"回归到"正知(良知)"。不同的时期,不同的对象,不同的矛盾需要采取不同的有效方法,使其渐渐地回归良知,这正是"枫桥经验"能不断推陈出新的根本原因。

新时代"枫桥经验"创新发展的精神根脉是用心"致良知"。它必须首先把"致良知"摆在重要位置。缺失"良知"的基层治理不管拥有如何周密完备的综合治理体系,无论物防技防多么的智慧、先进,也不可能从源头上减少矛盾纠纷和社会问题的发生。只有人人"致良知",才能唤醒人的道德自觉,从而知善知恶、存善去恶,才可能发展高度认同的社会规范、巩固和谐稳定的社会秩序。阳明心学"致良知"的精髓是中华优秀传统文化的典型代表。如果每个人都"致良知",潜移默化、久久为功,它可以使人们达到良知自知、认同、自律的状态,最终形成良好的道德品质。将"致良知"列入国家教育教化的工作推手,要发挥文化礼堂、道德讲堂、文明讲习所等载体作用,对精神文化的内容上不断丰富,使其更具吸引力、感染力、亲和力和生命力。

二、基层治理需践行"知行合一"

"良知"人人皆有,但"致良知"并不是人人、时时都能做到的。王阳明悟到了实现"致良知"最好的方法——"知行合一",并且终生践行和宣讲,从而实现了自己少年时期立下的"立德、立功、立言"的圣人理想。"知行合一"思想的提出,是我国古代哲学知行观发展的巅峰阶段,登顶有其内在的理论渊源,然而更重要的是他在针对两种不同社会发展现实时才提出了"知行合一":一方面基于学界缺乏一个务实的学风,他尖锐指出"世之学者,如入百戏之场,欢谑跳踉,骋奇斗巧,献笑争妍者,四面而竞出,前瞻后盼,应接不遑,而耳目眩瞀,精神恍惑,日夜遨游淹息其间,如病狂丧心之人,莫自知其家业之所归"(王守仁《答顾东桥书》)。另一方面针对当时所处的政治现状有感而发。他在巡抚南赣和平叛宁王之乱的过程中,感受到了一些宦官、藩王贵戚、官僚地主等统治阶级满口仁义道德,但背地里却不忠、不孝、不仁、不义,打着"天下为公"的旗号,却为了满足个人私欲而做不法勾当。"知行合一"不仅适用于统治阶级,也同样适用于被统治的老百姓。明朝中后期农民起义事件明显增加,王阳明提出的"一念发动即是行",要求人们应有彻底除去不善的想法,从而起到维护社会稳定的作用。道德修养的两个重要方面是"为善"和"去恶","一念发动即是行"的立言宗旨,主要是针对"去恶"而言,即所谓的"去心中贼",从这个角度来分析,对于矫治"一念发动虽是不善,然却未曾行,便不去禁止"有正面的积极意义。关于"为善",如果不能把"善"付诸"行"中,则又是他非常批判的"知而不行,只是未知"。

王阳明是"知行合一"的倡导者,更是"知行合一"的力行者。王阳明推行的基层社会治理实践和"南赣乡约"的主要内容,是他"知行合一"思想的体现,是修养和践履、道义与事功的统一。对于自己理想社会的"知"付诸"行"中,他希望在推行乡约的基础上来实现自己心目中的理想社会。王阳明在巡抚南赣的过程中主张建县治,推行十家牌法,举乡约,兴社学,在实践中力图将自己的政治理想变为制度现实。

在"枫桥经验"的实践与提炼中,其实"知行合一"思想早就已经在潜移默化地践行着。"枫桥经验"正是从群众中来到群众中去,尊重群众,依靠群众,走群众路线,依靠社会力量和群众智慧促进矛盾纠纷解决的实践论的传承和延续。像枫桥镇枫源村的"三上三下三开"等诸多做法,都是从基层而来又为基层服务的。基层社会治理工作应以人民诉求为出发点,把汇聚民智民力、赢得民心民意作为重要着力点,通过打造共建共治共享的基层社会治理结构,使人民群众的获得感、幸福感、安全感更加充实、更有保障、更可持续。

当下诸暨涌现出了许多公益社会组织、专业调解委员会。这些社会主体的参与,有效弥补了政府在基层社会治理中的不足。为官之道、为政之要就是为民谋利、为民办事、为民解忧。"枫桥经验"进行基层社会治理的具体举措,既满足人民群众对安全、公平、正义等的更高发展需求,又把"服务"理念牢牢根植于基层社会治理之中。

在新时代,中国共产党人进行党性修养,达到知行合一,最简洁易行的办法,就是做到不忘初心。初心与党性,互为印证,密不可分。不忘初心,难在"不忘"两个字上。"不忘"意味着每时每刻的提醒,一分一秒也不容丧失。这种警示,意味时刻保持警觉和敬畏,做到慎独、慎初、慎微,培养和树立起信仰意识、公仆意识、自省意识、敬畏意识、法治意识和民主意识,守底线,知进退,才能完成好共产党人的历史使命。(薛伟江《在党性洗礼中坚守初心》)"致"共产党人的良知必须依靠"知行合一",就是在具体的现实工作和生活中贯彻以人为本的实践,坚持"一切为民"的原则,在自己细微的一举一动、一言一行中彰显党性,把党的各项工作安排和措施贯彻落实到基层和群众中,使之成为广大党员的自觉行为。

三、基层治理需立足"心即理"

王阳明少年立志成为圣人,历经"五溺"后入仕为官,坎坷一生,直到生命之旅即将走完三分之二时才在"蛮荒之地"贵州龙场悟到"心即理"。清华大学国学院院长陈来教授在他的著作里这样定义:可以毫不夸张地说,"心即是理"或"心外无物"是阳明伦理学的第一原理,集中体现了心学自孟子以来的伦理哲学。阳明心学 500 年来,一直被误读、抨击和打压的主要原因就在对"心"的误解。就算在举国上下大力弘扬阳明文化的当下,很多学者和官员还是会开口闭口给阳明心学贴上"领导让我们学"的标签,而不是静下心去学习和领悟阳明心学的精髓。

阳明心学的"心"是什么呢？按陈来教授的观点："心即理"的命题在阳明哲学以及心学中真正的意义要远超出它在形式方面的不严谨性，就是说，这个问题在心学传统中集中体现了对道德主体（及主体自律）的肯定。通俗点说，阳明心学的"心"就应该是事物的核心（精神），或者叫道德主体。"知行合一"和"致良知"都应该是为这个"心"服务的。因此，基层治理需要清楚自己工作的"心"是什么。

阳明心学是圣人寻找"心"的结果，他提出了"心即理""心外无理""心外无物""万物一体""人者天地之心，心者万物之主"的观点。人人皆可为圣贤，关键在于"无我为本"。结合王阳明的人生经历就不难理解他可以悟得这样的观点。王阳明早年出入佛老，释道文化对他的影响极深，故其深谙儒、释、道文化之精髓。明正德五年（1510），王阳明贬谪期满，从贵州龙场赴任庐陵知县，任上"为政不事威刑，惟以开导人心为本"。王阳明"卧治"六月，为百姓办了 3 件实事：一是免去了多年以来增加的摊派，严惩横征暴敛；二是修筑防火工程，庐陵县城的火灾锐减；三是利用公务之余讲学以教化民众，修复"申明亭"和"善亭"以扬善惩恶。庐陵任上历时近半年，没有大兴土木，没有抢政绩，而是从民众的切身利益出发切实解决民生问题和教导民众。半年后，当王阳明离任时，庐陵百姓含泪送别。此外，王阳明在巡抚南赣汀漳时，减免赋税、赈济灾民、宽抚流贼等皆是其"无我为本"基层社会治理思想的集中体现。

"天下智谋之士所见略同耳"，何况是古今圣人，对于"理"和"心"的理解，谱写出了"异曲同工之妙"。1963 年 11 月 20 日，毛泽东同志亲笔批示"要各地仿效，经过试点，推广去做"，这就有了"枫桥经验"。2003 年 11 月 25 日，时任浙江省委书记的习近平同志在纪念毛泽东同志批示"枫桥经验"40 周年大会指出，要把学习推广新时期"枫桥经验"作为加强社会治安综合治理的总抓手，以基层安全文明创建系列活动为载体，使"枫桥经验"在全省城乡基层单位全面推开，并贯穿到社会治安综合治理的各项工作之中，有效维护全省社会稳定。2013 年，习近平同志再次做出重要指示，要求各级党委和政府要充分认识"枫桥经验"的重大意义，发扬优良作风，适应时代要求，创新群众工作方法，善于运用法治思维和法治方式解决涉及群众切身利益的矛盾和问题,把"枫桥经验"坚持好、发展好,把党的群众路线坚持好、贯彻好。

"枫桥经验"经历两代领袖的多次批示,半个多世纪来成了预防、化解矛盾和基层社会治理的常胜法宝,更是共产党人实践执政为民的重要窗口。面对不同时期的社会问题,"枫桥经验"的工作方法和工作重点可以调整,但是"枫桥经验"的"心"不能变。这个不能变的"心"就是"全心全意为人民服务",这是我们党的立党之本。每一位执政的共产党人从本质上来说是人民的一分子,全心全意为人民服务,最终受益的是每一个人,这就是"理",亘古不变的真理。

进入新时代,"枫桥经验"正在从预防、化解矛盾向基层社会治理转变,从群防群治向构建自治、法治、德治相融合的社会治理机制转变,这个转变过程中如果不解决"拦路虎"将无法迸发出更强大的生命力。这只"拦路虎"就是"主体自律"和"法治"之间的冲突。依法治国的大趋势下,部分基层治理的主体不够自律,或以低处的法律为参照物而不是以高处的道德为标准,或将矛盾和问题推给法律,本来可以妥善解决的小矛盾、小问题推给法院和上级部门而激化矛盾和问题。长此以往,有损于党和国家的根本利益。

结　论

"阳明心学"与"枫桥经验"在基层治理上都有成功的经验,笔者不认同"枫桥经验"来自"阳明心学"的观点,但是笔者认为两者之间都有 3 个共同点:都是在中华优秀传统文化的基础上发展起来的管理智慧,都是找到了基层治理中"一切为民"的核心思想,都是到达了坦坦荡荡、无私无我的心灵境界。阳明先生离开人间留下的最后一句话是"此心光明,亦复何言"。共产党人在基层治理时同样需要这份通透,而不是唯上级、唯法律,因为我们的党、我们的法律都是为了人民,这是写进党章和宪法的。"枫桥经验"只有把党的群众路线坚持好、贯彻好,才能走得更远更强,我们的复兴计划才能早日实现,我们的人民才会更加幸福。

"无绍不成衙"现象的成因及背景

徐智麟

"无绍不成衙"是清代一个独特的政治和社会治理现象,衙门是旧时政府称谓。绍兴师爷是明清社会风云际会和绍兴历史文化交融的独特产物,这个具有鲜明地域特征且专业性很强的职业群体,曾是明清尤其是清代管治体系中各层级正常运转的重要补充成分。由于在这一群体中的绝对地位和地域分布的广泛性,以及在官府治理结构和运作中所起到的独特作用,于是乎绍兴师爷遍布全国各衙门,造成了"无绍不成衙"现象,即衙门若没有绍兴师爷,就难以正常运转的局面。

一、"无绍不成衙"现象特点

(一)绍兴师爷数量多

绍兴人入幕由来已久,明代就有不少人作幕并闻名于世。当时京中胥吏,"自九卿至闲曹细局,无非越人"(王士性《广志绎》),顾炎武也引说"户部十三司胥算皆绍兴人"。有一位关键人物是万历年间的山阴人朱赓(1535—1608),年方十七"取冠诸生",隆庆二年(1568)进士,官至礼部尚书、内阁首辅。他引进了许多绍兴籍书吏,他们又互相牵引,形成了"绍兴帮",可谓是清代绍兴师爷兴盛的前奏。

绍兴师爷在顺治、康熙之时,逐渐成为一个地域性、专业性极强的幕僚群体,绍兴籍的师爷是指绍兴府辖下山阴、会稽、萧山、诸暨、余姚、上虞、嵊县、新昌八县的师爷。据《绍兴县志资料》第一辑"人物列传",山阴、会稽两县做过师爷并有传有名的,就达150人左右。光《会稽陶氏族谱》

载有作幕经历且有成者就有 39 人,可斑见绍兴业幕人数之多。龚萼在《雪鸿轩尺牍》中说:"吾乡之业于斯者不啻万家。"

(二)绍兴师爷就幕广

绍兴师爷游幕区域非常广泛,足迹遍布,并且从督抚两司至府州县大小衙门皆有其人。《钦定大清会典》记载,清代有府、州、县各级衙门 1700 余个。每一州县的师爷多则十数人,少则二三人,如果再加上总督、巡抚、两司衙门中的师爷,数量十分惊人。虽因政务繁简、才干良优、财力大小而有师爷人数之差异,但席位均需即供求关系是明摆的。由于在人员素质,职业影响力和传承上具有无法比拟的行业优势,绍兴师爷在有清一代一直被视为师爷行业的"正宗",而广布于正印官之幕府。

山阴、会稽两县部分师爷游幕区域分布表

区域	游幕者姓名	资料来源(《绍兴县志资料》第一辑)
山东	全洙、王汝成、王汝庚、朱炳荣、王慎、朱锦堂、石庚、沈潜	27 册 22 页 28 册 47 页、28 册 87 页、29 册 99 页、29 册 109 页、29 册 131 页 30 册 210 页 30 册 172
陕西	茹珍、邵如椿、俞树畴、顾寿祯	25 册 93 页、26 册 140 页、27 册 27 页、29 册 126 页
山西	王庆恩	28 册 57 页
河南	娄杰	30 册 186 页
河北	骆照、章宝谷、沈家晋	29 册 149 页、30 册 215 页、29 册 155 页
吉林	辽宁黄慕宪	29 册 152 页
四川	章寿康、章庆、万方煦	29 册 122 页、30 册 187 页
安徽	张渭、潘治山	27 册 21 页、29 册 135 页
福建	濮绳武、陶庆章、鲁墉	27 册 11 页 28 册 64 页
江西	孙晖、俞大锦、诸宗元	27 册 7 页、29 册 153 页、30 册 210 页
浙江	陈士奇、孙风飞、陶庆木	25 册 94 页、26 册 135 页、28 册 66 页
湖南	沈梅、汪炘、沈昌世、章锡光	26 册 143 页、27 册 4 页、28 册 88 页、30 册 198 页
湖北	范寿楠	28 册 77 页

续表

区域	游幕者姓名	资料来源(《绍兴县志资料》第一辑)
广东	史善长、汪泉、汪叔、俞思穆	27 册 6 页 28 册 81 页、28 册 87 页、30 册 167 页
广西	汪鼎	27 册 49 页
云南	全淇	28 册 75 页
贵州	陈墉	26 册 143 页
海南	朱兆奎	28 册 47 页

从表中可看出绍兴师爷游幕的区域非常广泛,足迹遍布京师、直隶、山东、山西、河南、陕西、江苏、安徽、浙江、江西、福建、湖北、湖南、四川、贵州、云南、广东等省,甚至与绍兴相距甚远的吉林、海南都有绍兴师爷的踪迹,充分印证了"无绍不成衙"。

绍兴师爷的游动性较大,则集中体现了"游幕"的特征。鲁迅的叔祖父周藕琴,24 岁那年由鲁迅祖父周介孚(时任江西金溪县令)推荐,到南昌府当刑名师爷,后又到陕西作幕友,晓律平冤,先后在长安及渭南地区一带当师爷长达 25 年。而汪炘一族则奥中为幕,累至孙辈,如子汪禹九足智多谋,屡平冤案,孙汪璟则善于救灾济贫。

(三)绍兴师爷素质高

绍兴"海岳精液,善生俊异"。在数次汇纳中原主流文化后,历来多有好学笃志者,尊师重教者,耕读传家者。"弦诵之声比屋相闻",文化传统熏陶下的绍兴人,处事精明,治事审慎,工于心机,善于言辞,士林中多有妙手文章,兼具出谋划策的本领,具有作为智囊的多方面能力者,自然会受器重。绍兴人语言幽默,思维敏捷,想象丰富,善于巧辩,也为他们从事师爷事业大有帮助,从而易于滋生特殊职业群体并流布全国。这充分反映了从事师爷职业的绍兴人士之整体优秀素质。

试举几例:如秉直守正的绍兴师爷周嵩尧,25 岁中举后靠漕运总督府任总文案的郑仁寿举荐而任文案,后升总文案。民国时,其曾先后担任江西、江苏督军专署秘书长,在任上平息了江、浙两省的一场军阀战争,使人民免遭涂炭。袁世凯称帝时，周嵩尧作为府幕，直言上书劝袁氏不要逆流而动。抗战时，日伪想其出山，拒而避居乡间，可见其爱国、贤能、正直。新中国建立后，周嵩尧受聘中央文史研究馆首批馆员，是周恩来担任一国总理时唯一直接荐聘的亲属（系周恩来二伯祖父三子，在同辈中排第六，叫六伯父）。忠勇双全的绍兴师爷何大庚，原来也想走读书应试做官的路，乡试屡落，愤而习幕，后受聘于广州知府、澳门道台。清政府鸦片战争后签了丧权辱国的《南京条约》，出于反帝爱国的义愤，何大庚以极大的勇气奋笔疾书《全粤义士义民公檄》，张贴于府学宫，吁请"共行团结"，反对"开门揖盗"，极大地鼓舞了广州人民的抗英斗争。足智多谋则是师爷的本质要求，如曾国藩多次与太平军打仗，起先总是吃败仗，特别是鄱阳湖口一役，险些丧命。他上疏皇上表示自责之意，有一句是"臣屡战屡败……"其幕下绍兴师爷将此词改为"屡败屡战"。皇上看了奏折，觉得曾国藩虽败多胜少，但不气馁，继续作战，忠勇可嘉，反而予以表扬。胸具家国情怀的绍兴马山人骆照师爷，出身贫寒。清时因战乱，直隶总督衙门积案500余起。总督聘骆照入幕清理积案，他夜以继日，仅用 5 个月时间审结，并总结亲拟《清理积案规条十则》。后被朝廷采纳，颁令各省施行。他心里想的是负案者的艰难处境，思虑的是国家的司法规范。一腔情怀为家国。多才多艺的师爷则比比皆是，如吴楚材是清代名臣吴兴祚族侄，受吴兴祚器重，聘为师爷，除任公案书记之外，为诸子伴读，后与侄吴调侯共同编成《古文观止》十二卷，与《唐诗三百首》并为双璧，至今畅行不衰。吴楚材另编有《纲鉴易知录》。这是毛泽东在他的私塾老师毛麓钟的指导下，所读的第一本中国通史著作。毛泽东终生热爱此书，多次指示党的高级干部学习历史知识和阅读此书。

越地望族柯桥州山吴氏，明、清两朝共出过文、武进士 42 人。其中明代吴兑与徐渭同学，曾邀出狱后的徐渭入幕府，使之心情大好，创作颇丰。而吴兴祚则以"誉望超群彦，风流煽四邻"而成就影响清初文坛的文学幕府。

二、"无绍不成衙"成因探究

(一)异族治理,亟需专才

绍兴师爷作为一个地域性、专业性极强的幕僚群体能够风行天下,既是中国幕僚制度及治理方式演变的结果,更是独特的地域环境、独特的人文基因和独特的社会背景综合作用的结果。

首先,满族于马上得天下,不悉政务,不谙民情,不懂汉俗,难以有效管理;科举唯八股取士,所选官员往往迂泥于书本;当时还有"回避制度",导致主官不熟地情,所以需要聘请文化高,懂刑钱的师爷来帮助处理政务。其次,清初统治者从巩固政权平定叛乱以及发展生产安定社会的大局出发,采取了利用汉族知识分子的措施,绍兴师爷也乘当政者急需大量人才之际,凭借自己聪明才智,投身官府并得到各级行政主官器重而地位日隆。再者,清代实行正印官负责制,《大清会典》卷五二载:"官非正印者,不得受民词。"为了达到个人集权负责的目的,需要有自己绝对信任的私人智囊助手,师爷就是这样的工具。同时,地方衙门,公务相当繁剧,主官既不专业又忙不转,还得避"清官难逃滑吏手"之弊,所以需请师爷来佐治。后期西方文化东渐,洋务日增,更需请专业擅长的师爷来佐治。

(二)崇尚耕读,文风炽盛

绍兴自古以来就是文风炽盛的地方,文人辈出,读书人甚多,从事举业的人比其他地方为多,这从绍兴举人进士的人数可知一斑。明清时期,绍兴文化教育事业发达,府学县学书院兴盛,几乎村村设学塾,"下至蓬户,耻不以《诗》《书》训其子;自商贾,鲜不通章句"。明、清两代绍兴的科举业一直名列浙江前茅,绍兴府(不含余姚、萧山)共出状元9个,榜眼5个,探花5个,会元4个,进士744人,举人2755人,尤其是以山阴、会稽两县为多。绍兴崇尚通过读书求功名的社会风尚,影响了一代又一代的绍兴人,使绍兴人纷纷争相通过读书涌向仕途,到了清代,这股洪流更加蓬勃汹涌,前赴后继。如此众多的人获得功名,至少产生了两个后果:一方面由于官职有限,进士举人不得不候官补缺,苦待做官的机遇,在此期间他们大量充当幕僚,不断壮大幕僚队伍;另一方面,诱使千军万马不断挤向科举"独木桥","一将功成万骨枯",桥上举人面对桥下的又有多少读书人呢?龚萼在《雪鸿轩尺牍》言"读书不成,去而读律"。对比 2021 年绍兴高考生 35000 多名,进北大、清华的也就不到 50 名,古今同理!

明清绍兴巍科人物一览表

序号	科 年	科名	姓名	籍贯	摘 要	备 注
01	明洪武三十年(1397)丁丑科	探花	刘仕谔	山阴	鸿胪寺寺仪署丞	据《水澄刘氏家谱》载,与明代名臣刘宗周是同族
02	弘治十八年(1505)乙丑科	会元榜眼	董玘	会稽	吏部左侍郎兼翰林院学士。谥文简。著有《中峰文集》6卷	正德二年(1507)建有两座科举牌坊,一曰"会元",一曰"榜眼",今存。父董复,成化十一年(1475)进士。董复兄董豫,成化十四年(1478)进士。董玘曾孙董懋中,万历四十一年(1613)进士
03	嘉靖三十五年(1556)丙辰科	状元	诸大绶	山阴	翰林院修撰。吏部左侍郎。谥文懿。著有《诸文懿公集》	
04	嘉靖三十五年(1556)丙辰科	榜眼	陶大临	会稽	翰林院编修。吏部右侍郎兼翰林院侍读学士。谥文僖	嘉靖三十五年(1556)建有科举牌坊"榜眼坊"。祖陶谐,弘治九年(1496)进士。兄陶大顺,嘉靖四十四年(1565)进士。子陶允宜,万历二年(1574)进士
05	隆庆二年(1568)戊辰科	状元	罗万化	会稽	翰林院修撰。礼部尚书。谥文懿。著有《世泽编》16卷	孙罗元宾,天启二年(1622)进士
06	隆庆五年(1571)辛未科	状元	张元忭	山阴	翰林院修撰。左谕德兼侍读,经筵讲官。主纂《万历会稽县志》《万历绍兴府志》。谥文恭。《明史》卷二八三有传	父张天复,嘉靖二十六年(1547)进士。子张汝霖,万历二十三年(1595)进士;张汝懋,万历四十一年(1613)进士

续表

序号	科　年	科名	姓名	籍贯	摘　要	备　注
07	万历十七年（1589）己丑科	会元探花	陶望龄	会稽	翰林院编修。国子监祭酒。谥文简。著有《歇庵集》16卷等。《明史》卷二一六有传	万历十七年（1589）建有科举牌坊"己丑进士坊"。父陶承学，嘉靖二十六年(1547)进士。叔陶幼学，嘉靖三十八年(1559)进士
08	天启五年（1625）乙丑科	状元	余　煌	会稽	翰林院修撰。兵部尚书。《明史》卷二七六有传。清赐谥忠节	弟余增远，崇祯十六年(1643)进士，《清史稿》卷五〇一有传
09	清康熙五十四年(1715)乙未科	探花	傅王露	会稽	翰林院编修。主纂《雍正浙江通志》。著有《玉笥山房集》《西湖志》	
10	康熙五十七年(1718)戊戌科	传胪	金以成	山阴	翰林院编修。山东兖州府知府。著有《补山诗存》	
11	乾隆十三年（1748）戊辰科	状元	梁国治	会稽	翰林院修撰。户部尚书。谥文定。著有《敬思堂集》。《清史稿》卷三二〇、《清史列传》卷二十一有传	
12	乾隆三十六年(1771)辛卯恩科	榜眼	王　增	会稽	翰林院编修。纂修《新蔡县志》《汝宁府志》。著有《迟云书屋诗集》	
13	乾隆三十七年(1772)壬辰科	探花	俞大猷	山阴	翰林院编修。湖北荆州府知府	寄籍顺天府大兴县
14	乾隆三十七年(1772)壬辰科	传胪	平　恕	山阴	翰林院编修。户部左侍郎。主纂《乾隆绍兴府志》。著有《留春书屋诗集》	
15	乾隆四十九年（1784）甲辰科	状元	茹　棻	会稽	翰林院修撰。兵部尚书。著有《茹古香大司马诗集》	父茹敦和，乾隆十九年(1754)进士。《清史列传》卷七十五有传
16	乾隆五十二年(1787)丁未科	状元	史致光	山阴	翰林院修撰。云贵总督。著有《渔村诗存》	
17	乾隆五十八年(1793)癸丑科	传胪	陈秋水	会稽	内阁中书	

序号	科　年	科名	姓名	籍贯	摘　要	备　注
18	乾隆六十年（1795）乙卯恩科	榜眼	莫 晋	会稽	翰林院编修。内阁学士。著有《来雨轩存稿》。曾刻《明儒学案》。《清史列传》卷35有传	
19	咸丰二年（1852）壬子科	会元	孙庆咸	山阴	翰林院庶吉士。户部员外郎	
20	咸丰九年（1859）己未科	会元	马传煦	会稽	翰林院编修。著有《思补过斋试帖》	祖马光澜,嘉庆二十二年（1817）进士
21	咸丰九年（1859）己未科	榜眼	孙念祖	会稽	翰林院编修、湖北学政	
22	光绪九年（1883）癸未科	状元	陈 冕	山阴	翰林院修撰,掌修国史	寄籍顺天府宛平县
23	光绪二十九年（1903）癸卯科	会元	周蕴良	会稽	翰林院庶吉士。著有《惕斋遗集》	

（三）求生善鹜,师爷辈出

绍兴出师爷与人多地少的就业生存环境和不恋乡土的乡风有很大关系。绍兴"地窄民稠",在经历了六朝东渡、宋室南迁之后,已是"生齿甚繁,地更苦狭,非复昔之地广人稀矣"。据祁彪佳统计,山阴一县田仅62万余亩,人口则超过124万,即使丰登之年,亦止半年之食。王思任故言:"民稠则欲不足,欲不足则争,争之不得则鹜,鹜之思,必起于贤智者。"绍兴既是"贤智之乡",且又"喜鹜又善鹜者也",所以"鹜必极于四方"。明王士性《广志绎》说:"绍兴、金华二郡,人多壮游在外,如山阴、会稽、余姚,生齿繁多,本处室庐田土,半不足供。其儇巧敏捷者,入都为胥办,自九卿至闲曹细局,无非越人。"

绍兴水乡,民风勤奋,不安于现状,敢于冒险,乐土重迁的观念比较淡薄,且有作吏之传统,这些都与当师爷需要奔走各地的职业特点相契合,有伸延至做师爷的内在逻辑。同时,从绍兴望族的谱牒查看,绍兴确实是个出师爷的地方,很多人家都是世代习幕,常常是一个家族中出好多师爷,比如鲁迅所在的周氏家族及会稽陶堰陶氏家族,以秋瑾父亲为代表的秋氏家族,以及斗门俞氏、安昌娄氏等都是师爷辈出的家族。加上授受幕业大都在亲友故旧乡缘中进行,亦是出于对素质品行的放心,所以绍兴籍师爷尤多,同时由于游幕友情举荐,声气圈子的需要,最终形成了官府治理所需求的这个群体。

以"百岁堂"为例,周恩来高祖周元棠、曾祖周樵水、祖父周起魁、大伯父周炳豫、二伯父周稣鼎、四伯父周贻赓、六伯父周嵩尧、父亲周贻能、族伯周慰农都当过师爷,其中周稣鼎还当过江苏巡抚陈夔龙(后升四川总督)的总文案(即首席师爷),周嵩尧还为平息两省战乱立了功。鲁小和是周恩来祖母的堂兄,做过周贻赓、周恩来生父周贻能等学师爷的老师,鲁家不少人也以师爷为业。

(四)地域性格,智慧族群

子曰:"仁者乐山,智者乐水。"绍兴出师爷与一方水土滋养智慧族群相关,又与精明越人一向具有精细谨严善于谋划的特点有关,这其实是当师爷所应具备的职业素质。从绍兴师爷主体来看,都具有一种自强不息、自我开拓的奋斗精神,以及不断调整自己步伐、不断适应外界环境的进取精神。清代曾有一首竹枝词写道:"部办班分未入流,绍兴善为一身谋。"说的是中央六部书吏皆绍兴人,虽然未入流,但却很善于谋划。师爷就更驾而上之了。民谚云:"天下文章出幕府,幕府文章出绍兴。"

三、绍兴师爷影响深广

(一)传播了越地文化

"无绍不成衙"的师爷游幕,客观上在全国范围内传播了绍兴文化。清梁章钜在《浪迹续谈》中说:时人每笑绍兴有"三通行",即绍兴师爷、绍兴话、绍兴酒。实际上后两者的通行与绍兴师爷密切相关。随着师爷的大量外出,绍兴话、绍兴酒随之流传到全国,绍兴商人当然是从事贩酒业的主角,然后官场从来都是消费者的最大的场所,遍布全国各地的绍兴师爷以及他们的主人们构成了绍兴酒的巨大市场,绍兴师爷的通行把绍兴酒引向了全国。另外绍兴的茶叶、糟品、酱品(腐乳、腊肠)等特产誉播全国也与绍兴师爷有着密切的关系。

有学问有才气的师爷,业余时间也创作诗文著书立说。如邬思道长年游幕河南,故其《游梁草》《抚豫宣化录》讲述了河南开封等地游幕事况。如俞蛟在南北各地作幕,故其所做的笔记《梦厂杂著》记载了桂林、扬州、杭州、南昌等许多地方的人情世况。他们游历山水,读万卷书,行万里路。如杨宾《柳边纪略》被梁启超誉为开边疆地理研究风气之名著,首次提出"档案"这一概念。齐贤韩迪周由游幕而官,热心公益,先后创办本乡多所小学,重修《羊山韩氏宗谱》。民国 20 年(1931),他还主持重修石佛寺。这些都显示了师爷出身的文化人的思考与情怀,绍兴文化的弘扬和广大。延至现今,足智多谋的文化人往往被夸为"绍兴师爷"。师爷著述有孙家晋《敦素斋幼吟草》,娄杰《听虚馆文传》,陈士奇《环山集》《西行随笔》,黄慕宪《归鹤集》《长白前后集》,史善长《轮台杂记》,俞树畴《俄土记略》,沈风飞《砚香词》,许思湄《托仇笔山卖酒》,俞蛟《梦厂杂著》,施山《通雅堂诗钞》《姜露庵诗集》。

(二)增添了绍兴名士光彩

毛泽东赏誉绍兴"鉴湖越台名士乡",明代袁宏道曾说绍兴"士比鲫鱼多"。绍兴的名士,或为一代宗师,或为群伦表率,当然影响和滋养着绍兴的读书人,师爷群体概莫例外,他们中间涌现了很多贤良名士,为绍兴增光添彩。爱国爱乡抗倭且诗文书画俱为大家的徐渭;业幕修志的章学诚著有《文史通义》等,提"六经皆史",作史"贵知其意"。其他如山阴名幕娄春蕃在八国联军围攻津埠的险恶环境中,带练兵千余名与敌军对峙,英雄抗击外侵。师爷出身的辽阳知州徐庆璋,为抗击日本侵略兵,坚守辽阳长达 5 个月。有清一代几乎所有封疆大吏身边,都有绍兴师爷作为高级助手,如章士杰(曾国荃师爷)、马家鼎、俞廉三(张之洞师爷)、程荫棠(左宗棠师爷)、高馨圃(芩春煊师爷)、陶庆仍(先后为曾国藩、李鸿章师爷)、娄春蕃(先后为李鸿章、王文韶、荣禄、袁世凯师爷)、金宝书(杨昌浚师爷)、王汝成（陈庆偕师爷）、汪玉泉（刘坤一师爷）、马心田（丁宝桢师爷）、周守赤做刑名长达40余年，深得两广总督曾国荃、两江总督张树声、安徽巡抚陈彝等人赏识等。他们当中既有才学超人，办事公正，惩治歹徒，为民请命之人（如清代雍正年间善修水利的童华、道光年间善断奇案的骆照、同治年间为民除害的马心田），亦有坚持国格，捍卫民族正气之杰（如道光十二年起草《全粤义民公檄》怒斥英国侵略者的何大庚），还有孙中山的幕僚邵元冲、蒋介石的幕僚邵力子、阎锡山的幕僚俞家骥、傅作义的幕僚曾又馨、张作霖的幕僚任毓麟。这些人或忠于职守，或青史留名，或为百姓所传颂。

（三）打造了传统"幕学"标杆

在清代就如何做好幕友即师爷，成为了专门学问——幕学。究其本，不外乎指导宗旨和实用技艺。著名师爷汪辉祖说，作幕者"不可不立品"，幕业与其他各行各业一样，也有自己的职业道德规范，师爷有自己的立身律己的准则，幕德乃幕道之本。

其一，尽心尽言。尽心就是全心为主人着想，全意为主人办事，努力排难解困。尽言就是"尽心之欲言"，要做到知无不言，言无不尽，决不随便迁就。为了尽心尽言，不应怕主人感到逆耳，不因怕失掉幕馆，只有这样才算是人品高洁，才能获得声誉。

其二，正心洁守。正心就是"立心要正"，主要指处理公务时分清公私。洁守就是要有廉洁的操守，即处理公务时要廉洁不贪，"不想昧心钱"。如果没有操守，没有敬畏，办公务时就会心偏徇私。

其三，俭用勤事。俭用指生活俭朴，不尚奢华，不近声色。越地名师爷汪辉祖说："古也有志，俭以养廉。"勤事就是勤于职守，办理幕务要勤而不惰，全力去办。

其四，慎交虚心。能否正心洁守，与是否慎交朋友很有关系，因为交友不慎，不仅应酬易滥难俭，而且"致有不能自立之势"。所以慎交是律己的重要准则。虚心，是对幕主的意见要虚心听取，不能自以为是。龚萼在《雪鸿轩尺牍》写道："然贫者士之常，阿堵物适足为身心之累。苟得箪食瓢饮，息影潜踪，啸傲于稽山鉴水之间，于愿足矣。"

幕德之标杆如此,幕艺亦然。且不论诗文笔墨琴棋书画,仅幕业实务到研究应用,从归纳总结到思考广大,都有经验之谈,精要之言,汇总经典。自有幕府以来,无论是实务还是理论,清代都发展到了顶峰,如汪辉祖《佐治药言》《学治臆说》,张光月《例案全集》,祝庆祺《刑案汇览》,娄春蕃《生平事实册》,王又槐《办案要略》《刑钱必览》,澹泊居士《官幕秘传》,张鉴瀛《宦乡要则》,饶甸宣《奏折谱》,骆照《清理积案规条十则》,张廷骧《入幕须知五种》,施山《姜露庵杂记》,周守赤《刑案汇编》等。

中国传统文化视野中的绍兴"三缸文化"

何信恩

　　一般人只知道"三缸文化"是绍兴地方传统经济的形象描述,与别处的文化没什么关联,却不知它和中国的传统文化之间有着千丝万缕的联系。

　　什么是中国的传统文化?什么是传?什么是统?所谓传,即世代相传,是指从历史沿传下来的思想、文化、道德、风俗、艺术、制度以及行为方式等。所谓统,是指对人们的行为方式具有无形的影响和控制作用。至于什么是文化,迄今为止,见仁见智,多达200多种解释,包括广义与狭义的文化,并有大、中、小文化之分。在笔者看来,从本义上说,文就是记录、表达和评述,所谓文以载道,以文会友;化就是分析、理解、影响和包容,所谓以文化人,教化功能。文化的特点是有历史,有内容,有故事。就大文化而论,相对于政治、经济而言的人类全部精神活动及其产品都属于文化的范畴。

　　中国的传统文化具有鲜明的民族性、独特性、丰富性、延续性、地域性、辐射性与多元性,这在绍兴的"三缸文化"上体现得十分明显。

　　在绍兴历史上,作为绍兴传统工业的三大支柱产业,一直被称为"绍兴三缸",即酒缸、酱缸与染缸,它们为绍兴的经济发展立下了汗马功劳,是越地文明的主要表征,也是越文化的重要组成部分。

　　绍兴以产黄酒闻名于世,是有名的"酒都"与"醉乡"。绍兴酒有着非常悠久的生产历史,从发掘出土的文物可以证明:早在四五千年以前,这一带就具备了酿酒的客观物质条件和实际生产能力。

　　有关绍兴酒最早的文字记载,可追溯到2400多年前的春秋时期,越王勾践出师伐吴，为激励士气"投醪劳师"的故事，在绍兴城乡广为流传，至今尚有"投醪河"的遗址存在。传统的绍兴工业素以"三缸"扛大头，其中以酒缸为最，酿酒业曾经是绍兴经济中的龙头老大。

若以时间而论，在绍兴"三缸文化"中，酱醋酿造技术是历史最悠久的，比黄酒还早了200多年，有文字记载的最早的绍兴酱园称俞合兴，开业于明崇祯十七年(1644)。

绍兴是古老的越文化的发祥地，早在新石器时代，于越先民就开始用葛、麻等野生作物的韧皮纤维纺纱织布。春秋战国时期，"越布"开始流行，到汉代，山阴越布被列为贡品，至宋代，随着棉花的植入，绍兴开始有了棉纱、棉布的土纺、土织业，至清乾隆五年(1740)，绍兴就形成了印染业，并出现了"练色比生邻，凌晨展素缟"的盛况。那时的绍兴人普遍采用"一只陶锅两根棒，一乘土灶两只缸"的手工生产方式，使用植物颜料染色，除了给"越布"染色，还出现给丝绸染色。至民国初期，国外化工染料输入，遍布城乡的各家染坊逐渐改用进口染料，由于这些染坊均以七石缸作为主要生产工具，"染缸"一词便成了染色业的代表，历久不衰。

传统文化具有民族性。中华传统文化是由中华文明演化汇集而成的一种反映民族特质和风貌的民族文化，是民族历史上各种思想文化、观念形态的总体表征，是指居住在中国地域内的中华民族及其祖先所创造的，为中华民族世世代代所继承发展的，具有鲜明民族特色的，历史悠久，内涵博大精深，传统优良的文化，是我们中华民族智慧创造的结晶。

中国的酿酒历史源远流长，稻米是酿酒的原料，从河姆渡稻谷堆的发掘中，可以推知于越先民生产的粮食已有剩余。这种大量稻谷的遗存以及发掘出来的炊具陶甑、陶釜，说明越族先民集中居住在宁绍平原，已经具备了人工酿酒的物质条件，形成了原始的酿酒生产力。我国的粮酒中，最具代表性的莫过于黄酒，相传黄酒之名来自炎黄子孙，黄酒酒曲的发明是中华民族对全世界的伟大贡献，绍兴黄酒既是中国的，也是世界的。

中国的酿酱史可以追溯到周朝，最早起源于狩猎时代。据《周礼·天官》记载，周天子的日常饮食竟"酱用百二十瓮"。绍兴人制造的"酱货"在美食世界里占据着极为重要的一部分。"天下酱业无人不说绍"，绍兴的酱制品与酱文化早已走出国门，走向世界。可以说酒缸与酱缸是绍兴最早的外贸行业。

传统文化具有独特性。文化是人类社会特有的现象，包括物质生活与精神生活在内，都是由人所创造，为人所特有的。酿造技艺与印染技艺都归属于中国的传统技艺，其中包含着大量丰富的文化基因，包括生产原料、制作流程、生产工具和生产技术。与此相关的酒文化、酱文化与印染文化是智慧族群的精神纽带，是族群精神传承发展的总和，形成了具有强大生命力与凝聚力的越中人文精神。

黄酒是世界三大古酒之一，也是唯一原产于中国的酒种。在长达数千年的历史演变中，黄酒融入了人们生活的方方面面，从晚清开始，绍兴酒、绍兴师爷与绍兴话通行天下，扮演了举足轻重的角色，绍兴黄酒成为朝廷贡品与国宴酒，这种独一无二的地位也是其他物产所难以取代的。而绍兴的酱制品千百年来独树一帜，别有风味，弥久留香，成为一道独特的饮食文化的风景线。

传统文化具有丰富性。内涵博大精深，外延十分广泛。包括文言文、诗词歌赋、民族音乐、民族戏剧、曲艺（例如绍兴的平湖调与莲花落）、国画、书法、对联、传统节日（四时八节）、饮食（包括越菜在内的八大菜系等）、建筑、中医、服饰、剪纸、武术、灯谜、灯彩、杂技、酒令、棋类（围棋）、历法、风水等等，当然还应该包括精神层面的思想理念与传统道德在内。

以绍兴的"三缸文化"为例，不论是酒缸、酱缸还是染缸，都是文化的载体，都可以从中挖掘与衍生出许许多多生动有趣的故事。

例如酒与风俗，酒与艺术（书法、绘画），酒与文学，酒与戏曲（尤其是地方戏曲），酒与名人，酒与典故之类的关系，乃至一直延伸到与饮酒有关的酒菜、酒具、酒店、酒业、酒令、酒艺、酒会、酒诗、酒节等等。仅与绍兴地名、名人、传说与历史有关的典故就可以整理出一大箩筐来，而这正是绍兴的非物质文化遗产，具有巨大的含金量，是开发旅游与饮食产业的最好资源，也是文艺创作取之不尽的素材。

传统文化具有地域性。"三缸文化"的发源地与流传区域主要集中在今绍兴市越城区与柯桥区。

绍兴最早的酿酒地相传在陶堰的泾口、白塔一带,以后转至东浦、阮社、湖塘等地,这些地方都处于历史上所称鉴湖的范围之内,水源从会稽山脉而来,水质很好,含有多种丰富的矿物质,宜于制酒。前人诗有"汲取门前鉴湖水,酿得绍酒万里香"之句。鉴湖有三曲:第一曲在湖塘、古城口;第二曲在蔡山桥、型塘口的阮社、双梅;第三曲在行牌桥、漓渚港口向钟堰庙转入青甸湖直至东浦、大树江。这三曲地带都是水乡,又多竹林,气候温和湿润,是良好的酿酒区域。

100 多年来,酿酒最多的地方是东浦,以前该村有 3000 多住户,其中三分之一是酿酒的。东浦有许多"溇",就是酒坊为装卸原料和运产品而开挖形成的。在湖塘、阮社、双梅等地方,酒坊也不少,历史上有名的酿酒坊很多,东浦有孝贞、越明、汤元元、云集等,湖塘有叶万海、田德顺、章万顺等。"孝贞"为明正德皇帝题匾,孝贞酒又称竹叶青,名气很响。阮社则有章东明、高长兴、元泰等。

此外,双梅有肖忠义、潘大信。双渎有谦豫萃,亦都名传遐迩。

公元 1743 年 4 月 13 日,绍兴东浦一位叫周佳木的酿酒高手在当地的东周溇口创建了一家酒坊,取名"云集",云集酒坊地处鉴湖水上游,传承千年历史,延续近 3 个世纪的技艺与经验,以鉴湖源头活水、精白糯米与优质小麦为主要原料,百年如一日,用心酿制,成就中国黄酒之领军品牌,并化为越文化的图腾和符号。如果说绍兴黄酒是中国传统文化的一个代表,那"云集"的前身今世则是深深烙印着中华千年酒文化的见证。

"会稽山"既是一座山,又是"一缸酒",这缸流淌了近 3 个世纪的老酒源于绍兴东浦一个名不见经传的溇口。随着岁月的流逝和时代的变迁,今位于柯桥的会稽山牌黄酒正以崭新的面貌呈现在世人面前,获得了很好的口碑。

传统文化具有传承性和延续性。文化既包括世界观、人生观、价值观等具有意识形态性质的部分,又包括自然科学和技艺、语言、文字等非意识形态部分。在封建社会,帝位可以世袭,学说可以传授,文风可以继承,技艺可以演示,风俗可以流传。例如年终举行守岁与祝福仪式就是一种世代相传的风俗。

看似一坛酒,实为一部史。

绍兴酿酒历史非常悠远,《吕氏春秋·顺民篇》记载了越王勾践"箪醪劳师"的故事。东汉会稽太守马臻,发动民众围堤筑成"鉴湖",为越州的酿酒业提供了优质、丰沛的水源,魏晋时期名士云集,酿酒、饮酒之风流行。"曲水流觞"的文人活动与"兰亭集序"的书法名作成为千古绝唱的传世佳话。南北朝时,"山阴甜酒"已列为宫内用品,并有诸多酿酒学论传世。宋应星的《天工开物》是后世研究绍兴酒的重要著作。唐、宋时期,越酒酿造技艺不断完善,越州成为天下闻名之酒乡,绍酒成为宋室皇家的御用酒。以贺知章、陆游为代表的诗人都和绍兴酒结下不解之缘,为越中唐诗之路谱写了传世篇章。元明时期,绍兴酿酒业获得持续发展,尤其在清初,酒业兴旺。以至于清《康熙会稽县志》中出现了"越酒行天下"之说。民国时期,云集酒坊选送的"周清酒"和沈永和选送的善酿酒先后在 1915年美国巴拿马太平洋万国博览会和 1929 年杭州西湖博览会上获得金奖。新中国成立后,国家非常重视对绍兴酒这一传统产业的保护和发展。1952 年,周恩来总理亲自批示拨款兴建"绍兴酒中央仓库"。1958 年,浙江省轻工业厅组织编写了《绍兴酒酿造》一书,为提高绍兴酿酒技艺提供了科学依据。

绍兴黄酒世代相传,由于酿坊所处地理位置与操作工艺的不同,历史上自然形成为"东路酒"和"西路酒"。地处绍兴城西的青甸湖、阮社、湖塘等地所产之酒称为"西路酒",制作时由 2 人操作,一人手执一大划脚,另一人执一小木钩,钩住大划脚,来回反复搅拌,地处绍城东面的斗门、马山、孙端、皋埠、陶堰、东关等地所产之酒称为"东路酒",制作时由 3 人操作,各人手执一木耙,不断进行翻拌。由于西路酒和东路酒在开耙、放水等具体操作技术方面稍有不同,产品风味也有所差异。"西路酒"以酒味醇厚见长,"东路酒"以色泽鲜明著称。

绍兴酒一般在农历七月份制酒药,九月份制麦曲,十月份制淋饭(酒娘),大雪前后正式开始酿酒,到次年立春结束,发酵期长达 80 多天,其主要酿造工艺为:原料糯米经过筛选、浸米、蒸饭、摊冷、落作(加麦曲、淋饭、鉴湖水)、主发酵、开耙、灌坛后发酵、榨酒、澄清、勾兑、煎酒、灌坛陈酿(3

年以上），即为成品酒。绍兴酒的传统品种有元红酒、加饭酒、善酿酒、香雪酒四大类型。酿造绍兴酒的工具大部分为木、竹及陶瓷制品，少量为锡制品。主要有瓦缸、酒坛、草缸盖、米筛、蒸桶、底桶、竹簟、木耙、大划脚、小划脚、木钩、木铲、挽斗、漏斗、木榨、煎壶、汰壶等。

源于春秋、成于北宋、兴于明清的绍兴黄酒酿制技艺是越地先民基于丰富实践经验转化而成的一种酿酒技巧和技能，经过千年演变和发展，不断改进和提高，终成传世绝技。2006 年 5 月，"绍兴黄酒酿制技艺"入选第一批国家级非物质文化遗产名录。以酒缸、酱缸、染缸为主要支柱的三只缸撑起了传统产业的半边天，而遍布各行各业的老字号更是灿若繁星。

绍兴酒缸的老字号有：王宝和、善元泰、章东明、王三和、章豫泰复记、马上侯、孝贞、宝源祥、德兴昌、永茂丰、叶万源、沈永和等。

绍兴酱缸的老字号有：鲍顺泰、俞合兴、老顺泰、咸亨新、咸亨泰、谦益新号、老通美、新通美、刘合兴、大兴、同兴等。其中位于绍兴县区的有：柯桥江头、红木桥、大桥下、华舍永和酱园，安昌西市头仁昌酱园，柯桥万兴酱园，钱清童义昌酱园，松盛酱园，皋埠通美联号酱园，富盛玉源盛酱酒坊，斗门协和裕记酱园，漓渚和福昌酱园，孙瑞的泰康酱园等。

清宣统三年（1911），会稽县有民间染坊 35 家。1926 年，张茂德染厂在城区西郭门外创立。次年，绍兴县成立染司工会，有会员 90 名，1932 年，震旦恒记染炼布厂在昌安开业。1936 年，下方桥有染坊 14 家、染缸120 余只，次年成立绍兴县漂染业同业工会，有会员单位 26 家，抗战期间至解放前夕，印染业萧条，城乡唯有挑担收染和前店后坊之手工印染30—40 户，从事"一只陶锅两根棒，一乘土灶两只缸"的土法生产。1949年以后，随着社会主义改造的完成，染坊纷纷并入针织厂、布厂、绸厂，成立染坊车间，并对外接受加工业务。

乡镇办印染厂，初始沿袭土法，设备陈旧，操作手段落后，以后日益更新，现已"脱胎换骨"，普遍实现机械化生产，印染行业与纺织行业一起成为全县支柱产业，但水质污染较为严重，虽经多方治理，对印染行业几经整顿，控制发展，但环境保护的任务仍很繁重。

绍兴老字号作为一种企业品牌，蕴涵着质量、技术、信誉、服务等综合因素,靠长期苦心经营才得到顾客的赞誉、信赖和敬重。

每一家老字号都有着一套行之有效的生意经,如和气生财,生意会来;人要长交,账要短结;亏本勿来,生意要兜;不怕不识货,只怕货比货;若要富,走险路;要创新,靠认真;丁是丁,卯是卯,切勿假冒等等都是长期积累起来的经验之谈。如位于安昌古镇的仁昌酱园,创始于清光绪十八年(1892),置酱缸近百只;民国2年(1913),领换牌照,登记有正缸130只,辅缸、备缸各260只,企业由初具规模进入发展盛期;民国15年(1926),酱品销售量达23.5万斤。在经营管理上,仁昌酱园很早就聘请专职经理,其经营特色是重视水质,酿酒、酿酱油一定要到湖中央取水。重视季节,越是高温季节,越要晒酱,保持酱品的醇香与鲜清。如今,仁昌酱园成为安昌古镇的"招牌菜",在央视《舌尖上的中国》作专题介绍。旅游收入占酱园总收入的四分之一。

又如位于钱清的松盛酱园,成立于民国17年(1928),创始人为戚松溪先生。早年靠做流动生意,前店后坊。酱油以散装为主。由于诚实、守信、品质保证,生意越做越红火,不断扩大再生产。抗战期间,企业遭战火破坏,成品洗劫一空。胜利后重振旧业,1950年由孙子戚福宝任松盛酱园总经理。1953年后,私有制改造,由民营企业转为集体企业,成为供销社食品厂。2003年,为挖掘传统的产品和技艺,重塑"松盛"的良好形象,在华通集团的支持下,异地重建,在平水高新技术区成立绍兴至味食品有限公司,2005年10月正式投产,年产达3万吨以上,企业保留了2000只传统晒缸,成为全国最大的母子酱油和玫瑰醋手工酿造基地。公司以挖掘传统酱缸文化,打造现代健康食品为宗旨,在致力于现代食品酿造加工的同时,特别创建了具有民族特色的中国首家酱文化博物馆,通过博物馆的推介,大力提升"松盛园"的知名度,同时承担起传承百年酱文化的社会责任。

传统文化具有辐射性,即所谓延伸功能。绍兴的"三缸文化"不但在绍属各县广为流传,而且走向"三江六码头",全国各省市,乃至海外与外国。绍兴是水乡,最好的方式是水上运输,浙东运河就成为绍兴酒外运外销的主要渠道。千百年来,通过京杭大运河,绍兴黄酒通行天下,酿酒业成为绍兴最大支柱产业,如著名教育家、巴拿马金牌金奖得主周清(1876—1940)就曾经寓京8年,一面读书,一面从事绍兴酒的营销生意。前文提到的仁昌酱园("章记仁昌局")其主要产品酱油、腐乳及各色酱菜,不仅畅销本地及周边省市,其腐乳还远销海外。民国初至抗日战争前夕,仁昌的腐乳(太方)由宁波出口香港,转口马来西亚、新加坡,每年出口约2000—3000坛,最多时达21号(500坛为1号)。

据不完全统计,绍兴人在全国20多个城市先后开办了四五百家酱园,多数为兰亭紫红山人、平水同康人、南池坡塘人所开。

另有资料显示,湖塘人叶万源的加饭酒曾专销南洋、田德润(湖塘)的加饭酒远销俄罗斯。马山谦豫萃的产品远销东南亚各国。与此同时,与酒缸、酱缸、染缸有关的生活生产与风俗习惯,如满月酒、开业酒、利市酒、端午酒、散福酒、春牛酒、庆丰酒、进屋酒等也沿袭至今,流行到江浙一带。

传统文化还具有多元性与复杂性。"三缸文化"也不例外。习近平总书记指出:中华优秀传统文化已经成为中华民族的基因,植根在中国人内心,潜移默化影响着中国人的思想方式与行为方式。

生活是传统文化的载体。"三缸文化"与绍兴老百姓的衣食住行息息相关,只是大家用而不觉,乃至熟视无睹罢了。在生活中传承传统文化,最核心的是传承优秀的传统价值观,这是根基性的精神传承。例如与"三缸文化"有关的诗歌民谣。要辩证看待"三缸文化"的优长与局限,取其精华,去其糟粕。传统产业也不能固守陈规,要在创造性转化与创新性发展上下功夫。有关企业更要适应时代的需要,照顾到年轻一代的实际需求,推陈出新,与时俱进,转营升级,不断推出新的品牌与品种,酒香不怕巷子深的时代早已过去,为什么现在的年轻人多数不爱喝黄酒?为什么不少染厂办不下去?为什么有的绍兴腐乳不如广东出产的好吃?诸如此类的问题都是值得相关企业的经营人要认真思考的问题。中国传统文化有"补偏救弊"的说法,即以解决社会、人生的实际问题作为出发点与归宿,反对不切实际的空谈,这就是所谓经世致用。有人说,传统文化不是学出来的,而是熏出来的,这话特别适用于绍兴。绍兴历代多名士,归根结底,这块风水宝地的人一生下来就受到臭豆腐、霉干菜、状元红酒的混合气味无休无止的熏陶。一座城市文化太短没有历史沧桑感，一个民族不够老，不会懂得"三缸文化"，一个在绍兴生活了一辈子的人，他的感受与走马观花，浮光掠影式的"背包客"是不一样的。当然，身在宝山不识宝的也大有人在。

传统文化与现代文化既具有共同的特质，又具有不同的特点。两者既有差异和碰撞，又可以实现对接与融合，例如绍兴黄酒小镇的开发，就属于一种有益的尝试。如今，集产业、文化、旅游三位一体的黄酒特色小镇湖塘片早已开门迎客，其"遇见绍兴"的功能区真实还原了老绍兴酒家的原始风貌，成为集作坊、体验、生产、消费、旅游于一体的新业态，将旅游新资源、工业新概念、产品新形式充分融合在一起。

柯桥区乃绍兴"三缸文化"的集中展示地。其中酒文化集中对应湖塘镇，酱文化集中对应安昌镇，染文化集中对应柯桥镇（街道）。柯桥又是绍兴酒乡、桥乡、水乡的浓缩版和"浙东唐诗之路"的精华地段。30年前，在由笔者参与审稿的《浙江名镇志》（上海书店出版）中，全绍兴市入选11个镇，柯桥是其中写得最有特色的。

长江后浪推前浪，老树必能开新枝。笔者深信：在新的历史条件下，绍兴"三缸文化"这棵充满积淀性、恒久性的千年老树必能重放异彩。

反身而诚

——浅谈经元善学术思想

马志坚

  经元善一生有四大惊天动地的伟业："丁戊奇荒"义赈救民，规模之大，时间之长，效果之好，前无古人；创办民族实业，首开以资本逻辑取代官僚机制先河；创办首所中国女子学校，为倡导女性解放第一人；领衔反对"己亥建储"，朝野震惊。然这看似各不相同的"外王"之事，却由他的一心所开，亦即由他的"内圣"发射而来。这位企业家与众不同。

  经元善（1841—1903），原名高泉，字莲珊（亦作莲山），号居易子、居易居士，晚号剡溪聋叟，笔名沪滨呆子、汨罗江后学等。上虞驿亭坝头人。其先世居河北范阳，南宋从高宗南渡金陵（今江苏省南京市），继迁上虞，迄至经元善，历18世。

  坝头经氏崛起始于经元善的父亲经纬。经纬，字庆桂，号芳洲，1818年（时年15岁）贸迁上海。其先是从事小本经营，继而涉足钱庄、茶栈、沙船行等行业，同时，热心慈善，开办同仁辅堂、公济堂、养老堂、育婴堂、清节堂等，以"经善人"闻名沪上。

  经元善幼居乡里，稍长至沪来到父亲身边。也许是经纬忙于事务，一时顾不上孩子读书，致经元善髫年失学，后"小刀会"陷沪，又有耽搁，至14岁方入塾，读"四子书"。1855年，经纬返虞主修敬修堂家塾，命经元善为之监工，历三载告竣。经元善17岁时再度随父至沪，习计然之术。

  同治四年（1865），经元善继承父业经营钱庄，并接收慈善业。经元善崭露头角始于"丁戊奇荒"义赈。1877年（干支丁丑）、1878年（干支戊寅）山西、直隶、陕西、河南、山东等地遭受严重灾害，饿殍遍地，人相食。经元善挺身而出，首创协赈公所，发动救灾劝赈。截至 1879 年 11 月，由上海赈公所解往直隶、河南、陕西、山西灾区的赈款，计银 470763 两。此后，持续义赈 10 余年，募善款数百万，朝廷传旨嘉奖 11 次。由此声誉鹊起，并结交了不少商界名流，政界公卿。光绪六年（1880），受李鸿章委托，入上海机器织布局，任驻局专办商董会办，开始涉足洋务企业。此间，他采用资本主义公开招股集资方法，收到奇效，但不为织布局官府代表所容，不得已退居家中。次年，经元善又被李鸿章委为上海电报局会办。光绪八年（1882）任电报局总办，直至光绪二十六年（1900），主政电报局时间长达 18 年。光绪二十四年（1898），在上海创办中国第一所女子学堂——经正女学堂。二十六年，因联合蔡元培、黄炎培等 1231 名维新人士和绅商，领衔通电反对"己亥建储"，遭清廷通缉，被迫出走澳门避难，后获释。二十九年，在上海病故，享年 63 岁。

经元善貌似商人，实则是个学者，至少是个有深厚儒家情结的商家。他的学术思想，主要表现在以儒为本的人生哲学，开启民智的教化理念，救国图强政治主张 3 个方面。

一、以儒为本的人生哲学

经元善读书虽晚，但入门便是《论语》《大学》《中庸》《孟子》，及长私淑王阳明，泛及熊襄愍、张杨园、曾文正学说，很有领悟，毕生以儒家道德情怀为人生哲学。他说："自天子以至于庶人，壹是皆以修身为本。身修而后齐家，家齐而后国治，国治而后天下平。"这是《大学》"三纲""八目"的精神。他学儒家经典，自有顺序方法，说："行远必自迩，登高必自卑。若但看时务书籍，而不从《学》《庸》《论》《孟》入手，无异方寸之木，高于岑楼。"自言勤学励志："乃以《王文成全书》回环三复。"又说："壮岁以还，稍知自励，喜阅先哲格言，尤信乡贤阳明之学，益奋勉求自立。"他认为，参透王阳明心学的关键是万物一体，要害是看破生死，说："文成全集，扼要在万物一体，泯人我之见。""灼知乡贤（王阳明）一生得力，在勘破生死一关，惟以物我胞与为志。"经元善十分看重儒家仁、诚理念，认为得仁得诚是人生快事："古之所求仁得仁者，其愉快有非功名富贵所可比拟也。故造物亦必

郑重界之,非艰辛备历,积累甚深者,不足语此。诚以仁之为道大也。"他
的仁义思想,还表现在化"中间人"为君子,争取大多数上。他说:"当窥其
稍有不善,我以十分君子之心待之,掩其恶,扬其善,彼必耻居小人,勉为
君子。由勉而安,化成其为君子,则世间多一君子,少一小人矣。"这是圣
人万物一体思想的映现。经元善认为,诚以仁为大道,做人做事最需诚
心。他说:"学问之道,入手是一个诚字,欲寻诚字门径,当从不妄语始。
诚求诚应,诚之至,金石开。不应不开,诚未笃也。诚者,其实无妄之谓
也。"又说:"大凡看一卷书,必须反身而诚。有为者亦如是,无则加勉焉,
庶不致书自书,而我自我。"经元善为人宽厚,清廉自守。他认为嫉妒和贪
欲,是人所常患的毛病,因而十分推崇曾国藩《不忮》《不求》两诗。他说:
"曾文正公家书中《不忮》《不求》两诗,苟能熟读悟彻,则非道不进矣。"经
元善晚年专辟"五誓斋",以"不背儒宗非他教""不徇世俗乖直道""不掠众
美邀虚誉""不戴珊顶晋监司""不遗儿孙金满籯"表达人生终愿。并以"生
平抗心希古,于王文成、熊襄愍、张杨园、曾文正诸公最所倾服。意其生平
为学,发大誓愿,必有出于寻常者"的话用示儿辈。儒家以修身齐家,积极
入世,天下关怀为己任,宗儒是经元善毕生追求的人格理想,终成晚清最
后一位收拾精神、自作主宰的大英雄。

二、开启民智的教化理念

经元善认为,中国积贫积弱的症结在于民智不开,信息不畅,主张仿
效泰西(指欧美等西方各国)办学以为教化手段:"凡事非智不立,故泰西
最重开民智。"而开启民智,要在办学办报。他说:"有出于学问者,则以学
堂为大宗;有出于见闻者,则以报馆为大宗。"因此,经元善办学不遗余力。
他先在上海创办经正书院,继而兴办女学,且苦心孤诣,尤加重视。他认
为中国有重男轻女陋习,女学与女性在家庭教育中的地位极不相称,提倡
男女平等地享有读书权利:"两仪之大,乾坤对峙,五伦之中,夫妇同体。"
又说:"必以男子读书为有用,女子读书为无用,不亦异哉!"经元善进一步
认为,女学关乎母教,在培养人才方面举足轻重:"可见孩提之童,一段诱
掖工夫,全赖母教之先入为主。但欲得母教,势不能不先讲女学。""故夫

有淑女而后有贤母,有贤母而后有贤子,揆诸历史,昭昭不爽。"又说:"国之强弱,系乎人才,欲求人才辈出,女学实为开天羲画。"呼吁"欲广中国之人才,必自蒙养始;蒙养之本,必自母教始;母教之本,必自女学校始。推女学校之源,国家之兴衰存亡实系焉"。经元善认为,同样作为开启民智的手段,兴学与办报相较就轻重言,前者重于后者;就缓急论,后者急于前者。因此,在办学之余不忘办报,并在余姚、上虞两地创设读报会。他说:"我余上两邑,居者安耕凿,行者习戀迁,大都恂恂自守,无甚远志,于当世之务,鲜所究心。今者强邻环逼,海宇震惊,栋折榱崩,将遭覆压。若犹封其耳目,局其步趋,自安孤陋,虽欲保田园、长子孙,恐不可得矣。"他认为读报好处甚多,"一展卷而恍如身列津沪之地,与通人名士游,名曰选报,以之开智,非所谓一夕话胜读十年书哉。智既开,则人各有自立之术,世乱而吾心自治,人蹙而吾身自舒。向之所谓安耕凿而守衡泌者,皆将有新机之可启,而不至坐困毕其生矣",并说:"此举专为开风气、正人心起见。"显然,在经元善眼中,启智、教化、淳风气、正人心,环环相扣,一脉相承。

三、救国图强的政治主张

经元善作为中国第一代资产阶级先驱,对晚清以来的国家积贫积弱痛心疾首,救国图强之心异常强烈。为此,他受康有为之邀,入强学会,任董事,后虽因见解稍异,加之身体欠佳,旋即屏退。但其初心始终不变。

经元善的改良思想自有主张。其观点既不同于洋务派,也不同于变法派。洋务派主"中体西用",侧重科技,心心念念想引进的是坚船利炮;变法派主"君主立宪",一心一意要引进的是西方政治制度,尤其看好明治维新后的日本政体。经元善观点与他们和而不同,更重世道人心。他提出:

1. 正人心。这是经元善眼中的本源论,是国本,是一切强国主张的逻辑起点。他认为,正人心首先要从上做起,上梁正,则下梁无不正。说:"为治之道,莫急于正本清源。"他说的"本""源"即指人心。而正人心先要从上层做起,并且借曾子的话说:"一正君而国定。"又引喻说:"《鲁论》季康子问政,孔子对曰:子帅以正,孰敢不正?"正所谓"君子之德风,小人之德草。草上之风,必偃"。

2.明大道。这是经元善的认识论。还是从心着眼,心术高于治术。他认为,洋务派"其名称已不正。办理外交政策不根底心术,专以敷衍为因应秘钥,愈巧愈拙"。他说"吾中国治平之道,自有真传,其宗旨不能越得,天下有道,得其民也,民之所好好之,民之所恶恶之,保民而王,不辱君命,言忠、信行、笃敬、足食、足兵、民信数语,舍本逐末,以图富强,何异缘木求鱼哉!"又说:"治术必根于心术。专事治术,霸且不可,何论于王?小康且不可,何论大同?"他主张以"人心惟危,道心惟微,惟精惟一,允执厥中"虞舜十六字"圣圣相传"之心法统摄。"苟能致力于帝德王谟之正轨,士大夫皆肯致功心学,以危微为界限,一正君而国定矣。何洋务之足言?"他认为,朝廷和士大夫都行杨朱之学,私心过重,缺乏诚意,不肯拔一毛而利天下。"吾中国内政外交,种种败坏,皆此虚矫之气充塞,逆忆不诚所由来。"又说:"吾华中杨氏学毒已久,舍生取义,风气未开。""此不能敌西商之病根也。"经元善对朝廷杀戊戌六君子的行为表示愤怒,斥责朝廷中的误国罪臣"妄分新旧,盈廷水火,致有戊戌八月之事"。

3.徐缓进。这是一个方法论。经元善认为,中国就像一个外患痈疽、内蕴热毒、七窍闭塞的久病垂危之人,需要徐进慢调才行。他说:"医国恰似医病,有外科手术之法,以收速效,有内科汤药之疗,而无近功。"经元善虽然不排斥变法派大刀阔斧的"外科手术"方法,但更倾向温和之疗。他说:"维新之士,舍生取义,大声疾呼,确是刀针妙手。"但也说:"仆仅读《灵枢》《素问》,略识本原。""开调理清补之方……宁用王道,不近事功。"他认为,康有为等维新派过分好名,急切冒进,不够稳妥,批评康有为"尚少阅历,且于谦、恕、慎三字未能真切体验躬行,又不免偏重好名"。当然,经元善讲缓进,并不一概排斥借鉴西学,在一定范围内让人参与公议国是。他在《募义饷兴义兵公启》中提出,朝廷应"宽假文网,允许各局董绅,参议和战大局","或从此仿泰西立议院,君民之气脉贯通","若果此法一行,民心国脉必固结于不解"。综观经元善改良主张,我们姑且可以把他称之为

"正心派"。洋务派讲科技,认为只要有了坚船利炮,就能达到"师夷制夷"之目的;变法派搬制度,认为中国只要照搬日本明治维新制度就能成功。与他们相较,经元善的正心派似乎更为根本。

四、余论

一般认为,经元善是慈善家、洋务实业家和教育家。这自然没有错。但他却不是一般意义上的"某某家"。比如,同样是捐钱捐物做慈善,经元善与胡雪岩并不完全相同。前者劝赈,天道人心自有说头,还连带着创设一套去弊趋利、行之有效的慈善机制,全心投入,真正将之当作一种事业来做;后者仅是单纯的一时同情,出钱捐物,恰似街头路遇乞丐,随心给点钱打发了事相仿。再如,同样是办洋务,经元善与盛宣怀也不尽相同。经元善强调推诚布公,义利之辨;讲究官商分开,在商言商。而盛宣怀则不意官商边界,在挟官凌商、挟商蒙官中左右逢源,执行的是唯利是图的双重标准。显然,与经元善相较,盛宣怀缺少情怀,从而也不是一个真正的实业家。又如,同样是挽世强国建学说,经元善的同道郑观应多从制度上发力。其《盛世危言》一书,虽然从道器哲学,到女教、吏治、商战等事功,方方面面都有论述,也不乏真知灼见。像其《道器》一篇,也预见到西方列强,数百年后"其分歧之教必寝衰"的归宿。但问题是没有真正将道器之论与心性之明两者关系打通,不免归于虚表。因此,他的"商战"理论、泰西代议制,甚至于办现代教育,皆停留在照搬西方外在形式之上。忽视性理,不究中华道统神魂,中国人安心立命的问题就没处着落,不消数十年,国将不国,这是中国之所以不能全盘西化的终极原因。正因为郑观应不懂知行合一,所以心志不坚,一遇风浪便转舵掉头,其倡办女学半途而废就是一个很好的例子。之前,郑氏在《女教》篇中,把办女学的好处说得头头是道,呼吁"广立女塾,使女子皆入塾读书"。但到头来第一个"放鸽子"的人也是他。经元善则不同,他虽也讲资本逻辑、倡议会制度、办女子学校,但都侧重于内心精神,所谓悉本一诚,一切以正心性为前提,一条道走到黑。所以经元善是"沪滨呆子",是"汨罗江后学",而胡雪岩、郑观应、盛宣怀都是识时务的"俊杰",是"聪明人"。这是经元善与同时代许多绅商的不同之处。

　　《孟子》说:"万物皆备于我矣,反身而诚,乐莫大焉。"经元善反身而诚,心地光明,后世名流王庆长、康有为、蔡元培等皆有诸多褒奖,有清一朝,如此风凛独标者,曾文正而外,唯经元善是举。

鲁迅五四时期倡导民主的两个特点

鲁兰洲

民主和科学,这是五四思想解放运动的两面大旗。鲁迅是高举这两面旗帜站在时代最前列的伟大战士。

在倡导民主的斗争中,鲁迅不仅异常勇敢、坚定,而且把这种斗争与对当时社会现实的批判结合起来。他不是停留在名词与概念的解释上,不是从一般的原则和定义出发,抽象地谈论"民主"的问题,也并没有给人们设计种种民主共和的体制和方案,而是从中国当时的社会现状出发,大声疾呼中国人民首先应当挣脱封建专制制度的枷锁与镣铐,才能争取民主的实现。

一、鲁迅用他的洋溢着战斗热情的杂文和小说,把争取民主同反对封建专制制度最紧密地结合起来。他以反对封建制度"吃人"的等级和特权,以及它全部的意识形态作为争取民主的前提,而把争得做"人"的资格,作为实现民主的起码的要求。这正是鲁迅在五四时期为民主而斗争的基本特点。

五四时期的鲁迅是站在彻底的民主主义立场上反对封建专制制度的,他始终是把反对封建专制主义作为争取民主的前提的。鲁迅对于中国思想史的一个重大贡献,就是他指出了在封建主义"仁义道德"假面具的掩盖下,几千年来的中国社会不过是一个"吃人"的场所,这是对于封建专制主义最深刻的总结。他在五四运动中发出来的第一声划破长夜的呐喊——《狂人日记》,就道破了这个重大的发现。他在谈及《狂人日记》时曾这样说:"后以偶阅《通鉴》,乃悟中国人尚是食人民族,因成此篇,此种发现,关系也甚大,而知者尚寥寥也。"(1918 年 8 月 20 日致许寿裳信)鲁迅的发现确实是异常杰出的。在铁屋似的旧中国，这个发现就像远古时代的人们发现火似的，一下子把浓重的黑暗照透了。鲁迅后来又多次阐述了这一发现，最著名的是在《灯下漫笔》中所提出的精辟论断："所谓中国的文明者，其实不过是安排给阔人享用的人肉的筵宴。所谓中国者，其实不过是安排这人肉筵宴的厨房。"

鲁迅的这个发现，是对旧中国最清醒和最深刻的认识。针对着这个"吃人"的中国社会，他提出了最独特、最尖锐而又最切合实际的"民主"的要求，这就是，必须首先争取到不被"吃掉"的做"人"的资格。在人肉筵宴似的旧中国，政治制度残酷和腐败到了极点，社会黑暗和堕落到了极点，人民痛苦和悲惨到了极点。鲁迅把饱受一切苦难的中国人民的悲惨境遇，概括成这样一句话："中国人向来就没有争到过'人'的价格。"(《灯下漫笔》)在残暴的封建专制制度底下，中国人民"至多不过是奴隶"，甚至还"下于奴隶"，用中国人民的血汗养肥自己的封建专制暴君们，"'将人不当人'，不但不当人，还不及牛马，不算什么东西"(《灯下漫笔》)。鲁迅沉痛地告诉人们，在我国历史上，人民常常只是充当"一个一定的主子"的"牛马"，至多是由"牛马"升为"奴隶"。因此在动乱之际，就成了"想做奴隶而不得的时代"。而所谓"太平盛世"亦只是暂时做稳了奴隶而已。中国人民的这种悲惨状况和无权地位，在世界历史上也是罕见的。很多人正是在封建专制制度长期的压榨和毒害下，变得十分麻木和愚昧，甚至不能感觉到自己被奴役的地位，以充当"牛马"和"奴隶"为满足。几千年来的封建专制制度把中国人民折磨和蹂躏到了这样的地步，使他们连做人的权利也不敢奢望，根本就不可能想到自己要做社会的主人，要有民主的权利。这种十分悲惨的情况如果不加以改变，中国能有什么希望？人民能有什么前途？因此在鲁迅看来，应该把变得麻木和愚昧的人们从睡梦中惊醒，让他们认识自己"被奴役和被吃"的悲惨境遇，启发他们争取做一个"人"的觉悟，这就是争取民主的第一步。鲁迅这些深刻见解所产生的伟大启蒙作用，就在于告诉人们知道：在灾难深重的地狱般的旧中国，要争取民主，首先就要争得做"人"的权利。如果连做"人"的资格都没有，民主不过是空谈而已。而要争得做"人"的权利，就应该以全部的力量来反对封建专制主义的"吃人"的特权。

鲁迅进一步解剖了整个封建社会的基本结构。他深刻地指出,这个社会产生"吃人"现象的重要原因,是由于存在着等级和特权的制度,每一层等级里掌握着特权的人,就是在封建君王底下的大大小小的专制统治者。鲁迅怀着深切的同情,用浸透着沉痛和愤怒的笔墨,控诉了中国的妇女和儿童分外悲惨和苦难的命运。他不仅希望那些"奴隶"和"牛马"从地狱中挣脱出来,而且希望他们的妻子和儿女从更深的地狱中挣脱出来。

鲁迅在这里揭露的封建等级特权制度,是一种极端黑暗的"吃人"的制度,而被称为"中国固有的精神文明"的封建道德,却在美化和赞颂着这种"吃人"的封建等级特权制度,这就不能不使人民群众在肉体和精神上都受尽折磨和蹂躏,一点儿也"动弹"不得,他们的生命就这样枯萎和干涸下去,直到通向各自的坟墓。列宁说:"在奴隶社会和封建社会中,阶级的差别也是用居民的等级划分而固定下来的,同时还为每个阶级确定了在国家中的特殊法律地位。"(《俄国社会民主党的土地纲领》)鲁迅对封建等级特权制度的无情的抨击,跟列宁这个经典性的定义,在精神上是完全一致的,这充分显示了他的民主主义的思想。

鲁迅所作的《阿Q正传》《祝福》等著名小说,其深刻之处就在于真实地揭露了这种现实的生活:中国的劳动人民不被反动统治阶级当作"人",他们辛劳、挣扎、奔走、苦斗,却始终争不到做"人"的权利。鲁迅带着难以抑制的悲痛和伟大的同情心,描写了人民群众的苦难。无论是阿Q,或者是祥林嫂,他们都没有得到最起码的"'人'的价格"。特别是在《祝福》中,鲁迅用深沉的笔触,将人生的有价值的东西毁灭给人看,写出像祥林嫂这样勤劳、健壮和善良的劳动妇女,尽管在生活中根本就没有什么更多的企求,但是残暴而又伪善的封建社会,仍剥夺了她最起码的生存权利,冷酷地吞噬了她的生命。而且当她离开这个阴禁禁、血淋淋的人间囚牢时,还有一个据说是将要给她报应的充满恐怖的未知的地狱正在那里等着她!她哪里有过"'人'的价格",她哪里有过真正的人的生活!

正是由于把反封建专制主义作为争取民主的前提和把争得做"人"的资格作为实现民主的起码的要求这一基本特点,鲁迅在为争取民主而进行思想启蒙的时候,就表现出十分强烈的战斗性。他这样呼吁:"我们目下的当务之急,是:一要生存,二要温饱,三要发展。苟有阻碍这前途者,无论是古是今,是人是鬼,是《三坟》《五典》,百宋千元,天球河图,金人玉佛,祖传丸散,秘制膏丹,全都踏倒他。"(《忽然想到(六)》)他还这样大声疾呼:"扫荡这些食人者,掀掉这筵席,毁坏这厨房,则是现在的青年的使命!"(《灯下漫笔》)在新与旧、光明与黑暗,民主与专制的剧烈搏斗的时代中,鲁迅这种反封建的战斗的呐喊,为中国共产党所领导的新民主主义革命运动作出了卓越的贡献。

二、鲁迅把争取民主的斗争明显地与人道主义的要求联系在一起,即与争取"真正的人道"联系在一起。这就构成了鲁迅在五四时期倡导"民主"的又一个特点。

鲁迅在当时争取民主的斗争中,把人道主义作为正面的要求,是十分容易理解的。上面已经说过,五四时期的中国,还是处于严酷和暴虐到极点的封建专制统治之下。封建主义的意识形态与人道主义是背道而驰的,反动统治者的所作所为完全是专横野蛮的"兽道",甚至是"极人间之奇观,达兽道之极致"(1918 年 8 月 20 日致许寿裳信)。在这样乌烟瘴气的封建专制制度下,用人道主义来加以抗争,无疑是一种巨大的进步。它对中国人民认识封建专制统治的血腥本质,认识自己"没有争到过'人'的价格"的奴隶地位,是有很大的启蒙作用的。所以,当时鲁迅热烈追求"人道的光明",满腔热情地鼓吹用人道主义来取代封建专制的兽道主义。他说:"东方发白,人类向各民族所要的是'人'。"(《随感录四十》)人们要走向光明,就要冲突封建的枷锁,求得"人"的解放。而当时的中国,"简直是将几十世纪缩在一时","自'食肉寝皮'的吃人思想以至人道主义""都摩肩挨背的存在",鲁迅认为这样的"二重思想"是不行的,应该"连根的拔去",否则在这个世界上"是终竟寻不出位置的"。(《随感录五十四》)要想跟上世界的潮流,鲁迅在当时认为应该走人道主义的路。他这样说,"人类尚未长成,人道自然也尚未长成,但总在那里发荣滋长。我们如果问问良心,觉得一样滋长,便什么都不必忧愁,将来总要走同一的路","能够载着不自满的人类向人道前进。"(《随感录六十一·不满》)他坚信随着社会的前进,人道主义一定会实现。他说:"无论什么黑暗来防范思潮,什么悲惨来袭击社会,什么罪恶来亵渎人道,人类的渴仰完全的潜力,总是踏了这些铁蒺藜向前进。"(《随感录六十六·生命的路》)

鲁迅认为"人道是要各人竭力挣来,培植,保养的,不是别人布施,捐助的",说这才是"真正的人道"(《随感录六十一·不满》)。鲁迅当时的这一思想特点是十分宝贵的。他反对恩赐,主张自己去争取,因此他的这种人道主义思想,既包含着极深沉的对人民群众的热爱,又包含着对剥削和压迫人民的封建势力极深沉的憎恨。1925 年,鲁迅在《论"费厄泼赖"应当缓行》一文中,对"勿报复""仁恕""勿以恶抗恶"这些思想的批判,正是他"真正的人道"思想的合理的发展。因此说鲁迅一开始讲人道主义时,就与他主张战斗的思想联系在一起,这是符合实际情况的。如果说鲁迅从来不讲人道主义,与人道主义一贯无缘,甚至说鲁迅在五四时期就批判了人道主义,显然是不符合历史事实的。

鲁迅主张的这种"真正的人道",归根结底是为了争取实现"'人'的价格",因此它与资产阶级人道主义的概念基本上是一致的,无疑还是属于资产阶级思想的范畴,这种思想在五四时期的反封建斗争中是能够起到重大的进步作用的。同时,鲁迅所主张的这种"真正的人道",又与被压迫被剥削的人民群众的斗争紧密联系在一起,所以它又在一定程度上超越了资产阶级的人道主义,而带有革命人道主义的性质。1935 年,鲁迅在《〈草鞋脚〉小引》一文中,回顾五四以来文化新军所经历的思想道路时,作了精辟的论述:"最初,文学革命者的要求是人性的解放,他们以为只要扫荡了旧的成法,剩下来的便是后来的人,好的社会了,于是就遇到保守家们的压迫和陷害。大约十年之后,阶级意识觉醒了起来,前进的作家,就都成了革命文学者。"这里,鲁迅所概括的我国现代文学作家所走过的道路,其中自然也包括了他自己的思想历程。这就是说,鲁迅在五四时期对于改造社会的认识是:通过"人性的解放"达到社会的解放,变成"好的社会"。等到他接受了马克思主义,才知道这是一条行不通的路。在他的后期思想阶段,他已经充分了解经济基础决定上层建筑这个历史唯物主义的基本原理,他对改造社会的看法也倒转了过来,了解到只有从根本上改变旧的生产关系,达到被压迫阶级的解放,最后才能达到社会的解放,达到消灭阶级,真正实现"人性的解放"。鲁迅所走过的这条道路,就是从启蒙思想家发展成为马克思列宁主义者的艰巨的思想历程。

　　总之,主张斗争是鲁迅一贯的思想,但是在前期,他这种斗争的要求是与启蒙主义的思想结合在一起的。他要求"人性的解放",要求争取实现"'人'的价格",要求"真正的人道"。这些口号无疑是彻底的反封建的,是他民主主义的思想的表现。这些主张尽管还是属于资产阶级的思想范畴,然而由于它充分体现了历史的要求,因而所起到的作用是巨大的。在当时的历史条件下,一个彻底的反帝反封建的资产阶级民主革命,是时代的需要,是包括工农劳动人民在内的广大人民群众的需要,它符合遭受压迫最深重的工农群众翻身解放的切身利益。这正如列宁所说,"在某种意义上说来,资产阶级革命对无产阶级要比对资产阶级更加有利","资产阶级革命的民主改革愈彻底,这个革命就愈少局限在仅仅有利于资产阶级的范围","资产阶级革命进行得愈充分,愈坚决,愈彻底,无产阶级反对资产阶级争取社会主义的斗争就愈有保证"(《社会民主党在民主革命中的两个策略》)。按照毛泽东同志的说法,在整个民主革命时期的中国,"是多了一个外国的帝国主义和一个本国的封建主义,而不是多了一个本国的资本主义",就思想领域而言,正是"民族压迫和封建压迫残酷的束缚着中国人民的个性发展"(《论联合政府》)。帝国主义的侵略和封建专制主义的思想束缚对于中国社会的破坏和障碍,是极其严重的。鲁迅在五四时期为争取民主而提出的战斗要求,以及他那反封建专制制度的坚定性和从当时实际出发进行斗争的精神,不仅在当时起过巨大的历史作用,为我国新民主主义革命作出了重大的贡献,就是在我们今天继续肃清封建残余,为建设一个富强、文明、民主、和谐、美丽的社会主义强国而斗争的时候,也能够产生鼓舞我们前进的作用。

互辉的星座

——巴金与胡愈之的交往与友谊

陈荣力

在巴老已走过的人生历程中,许多文化巨人都与其结下了不解之缘,他们的交往和友谊,就像星座的互辉一样,给中国的文化星空留下了诸多绚丽璀璨的风景。其中他与近代中国另一位文化巨人——全国人大常委会原副委员长、进步出版事业先驱、著名政治活动家胡愈之的交往和友谊,便是此中的典范。

一、世界语促他们相识相知

1887年,波兰眼科医生柴门霍夫博士创立了世界语。世界语作为国际社会最省力的一种交际工具,它所具备的简单、明白、富丽的三大优点和实际使用中所体现出来的价值,使得其问世十多年,即为国际社会认可。1912年,蔡元培任中华民国临时政府教育总长时,曾提出把世界语列为中小学课程,以此为代表,世界语运动在中国呈现方兴未艾之势。出生于浙江上虞丰惠镇敕伍堂的胡愈之,一生热爱世界语,是20世纪中国世界语运动最有名的人物和重要先驱。在胡愈之看来,世界语作为"现代生活所必须的一种工具","节省时间和提高效率的一种新发明的机器",不但可以供给各国人民以一种中立补助语,不至侵害国语和民族语,更有利于促进社会革命和文化交流。因此早在1913年,胡愈之还在杭州英语高等专科学校学习时,就通过上海世界语函授班的学习学会了世界语,成为世界语运动的热心分子。1914年夏天,胡愈之进入上海商务印书馆编译所担任《东方杂志》编辑后,有了更多的机会和条件接触世界语。他积极撰写介绍推广世界语的文章,从世界语中翻译俄国和一些弱小国家的文学作品,发起成立"上海世界语学会",开办世界语讲习班、函授班,成为当时中国世界语运动的骨干领军人物。像吸引胡愈之、蔡元培一样,世界语同样引得了当时中国许多进步知识分子的青睐,鲁迅、周作人、楼适夷、叶君健、胡绳、鲁彦、萧红等,都是世界语的热衷者,这当中也包括一位 16 岁的学生——巴金。

1920 年冬天,还在成都外国语专门学校读书的巴金,怀着求知的热忱,大胆地给《东方杂志》编辑、上海世界语学会负责人的胡愈之写信讨教有关世界语的问题。尽管胡愈之与这位比自己小 8 岁、当时还只有 16 岁的学生素昧平生,但一向待人热情诚恳的胡愈之,很快就给远在西南的巴金回了信。胡愈之在信中除了就巴金提出的问题作了认真解答、坦率提出自己的意见外,还勉励巴金勤奋苦学世界语,为社会进步做出贡献。胡愈之的回信,如一把火,点燃了 16 岁的少年巴金学习世界语的热情。他一边学习,一边奋笔疾书,为世界语的传播鼓吹呐喊。半年后,1921 年 5 月 15 日,巴金便在成都《半月》杂志第 20 号上发表了《世界语之特点》的文章。可以说,正是胡愈之的这封回信,奠定了文学巨匠以外的巴金成为中国世界语运动又一先驱者的最初基石。而双方的这一次素昧平生的通信,也揭开了两位文化巨人,为中国的进步文化事业、为中国的世界语运动并肩战斗、并驾齐驱几十年的序幕。

1927 年 1 月,23 岁的巴金离开上海前往法国留学。在法国 2 年留学期间,巴金旅居巴黎、沙多—吉里等地。1928 年春天,因从事进步活动而遭国民党反动派追捕的胡愈之流亡欧洲。这年初秋,胡愈之也来到了巴黎。距第一次通信整整 8 年之后,巴金和胡愈之终于在巴黎第一次见面,双方的激动溢于言表。胡愈之紧紧握着巴金的手,说:"在法国见到你,我很高兴。我早已拜读了你的文章。"而同样激动的巴金,更为见到这位自己少年时代就敬慕的知识渊博的学者而一时语噎。胡愈之的谦和平易和巴金的虚心坦率,使两人一见如故。在巴黎拉丁区胡愈之的住所,两人多次倾心交谈,从国内问题、国际问题到世界语和文学历史,从政治理想、人生抱负到爱国和拯救民众,这样的交谈撞击出的火花,彼此都深感得益。

而仿如长兄的胡愈之,其学识和见地更使巴金为之折服。巴黎的会面和交谈可以说影响了巴金的一生,也是他此后终生热爱文学和世界语的缘由之一。1928年,正是列夫·托尔斯泰诞生100周年。为纪念托翁,也为了帮助巴金以稿费应付留学的拮据,胡愈之便让巴金翻译当时刊登在巴黎世界语杂志上的文章《托尔斯泰论》,由他推荐到商务的《东方杂志》托尔斯泰纪念专辑上发表,同辑还刊登了胡愈之同样从世界语中译出的《托尔斯泰与东方》一文。

1928年12月,因家庭再也无力供给在巴黎留学的费用,和禁不住对祖国和亲人的思念,巴金由巴黎回到上海。因与胡愈之的关系及时任"上海世界语学会"秘书、在开明书店工作的朋友周索非的介绍,到上海后,巴金很快参加了由胡愈之任会长的"上海世界语学会",不久又被选为常务理事,负责会刊《绿光》的编辑并参与世界语函授学校的教学工作。受胡愈之的鼓励和影响,这期间巴金根据世界语翻译了好几本书,如意大利爱·亚米契斯的独幕剧《过客之花》、苏联阿·托尔斯泰的剧本《丹东之死》、日本秋田雨雀的独幕剧《骷髅的跳舞》、匈牙利尤利·巴基的中篇小说《秋天里的春天》等,共达30多万字。巴金也由此成为当时"上海世界语学会"乃至中国世界语运动中一位十分重要的战将和骨干。

此后的20多年,因战乱频繁和倾心于小说创作,巴金一度疏远了世界语。1951年3月11日,中华全国世界语协会宣告成立,时任新中国第一任出版署署长的胡愈之被推选为理事长,蜚声海内外的著名作家巴金则被选为理事会理事,这对分别了10多年的战友,又一次并肩站在了世界语的旗下。1980年,在胡愈之等的关心和努力下,国际世界语协会正式接纳中国世界语协会为会员。同年8月,第65届国际世界语大会在瑞典举行,时任全国人大常委会副委员长和中华全国世界语协会理事长的胡愈之,点名委派巴金率第一次参会的中国世界语代表团赴瑞典。当时不少人劝说巴金年事已高,不要再为此事奔波了,然而已76岁的巴金没有辜负老友的厚望和重托,率团圆满完成了任务。临出国前巴金曾给著名语言学家和世界语者陈原写信说:"去瑞典参加国际大会,只是报答愈之的好意。"在斯德哥尔摩的讲坛上,巴金庄严宣告:"中国人民通过世界语加强与各国人民的友好合作,坚定不移地维护世界和平。"中国世界语学者的风采,因巴金而备受瞩目。也就是在这次大会上,巴金当选为国际世协荣誉监事(此乃国际世协为表彰各国对文化社会活动有特殊贡献的世界语学者,而设立的最高荣誉,全世界仅 10 余人)。而一生热爱世界语并为此建立了卓越功勋的胡愈之,亦于 1984 年的温哥华大会上被选为国际荣誉监事,成为继巴金之后第二个获此殊荣的中国人。

如果说中国的世界语运动如一面呼唤和平的旗帜的话,那么巴金和胡愈之作为高擎旗帜的两个旗手,彼此之间的交往和友谊,也如明媚的春风一样,让旗帜招展得更加美妙动人。

二、文学让他们佳话频传

巴金的写作生涯起步于 1921 年他 17 岁时,在成都的《半月》杂志上刊发第一篇文章《怎样建立真正自由平等的社会》,而他的小说创作则始于 1927 年留学法国期间。1927 年,旅居巴黎及沙多—吉利的巴金为宣泄自己苦闷寂寞的心情,求得情感上的丰富和满足,开始了生平第一部小说《灭亡》的创作。创作《灭亡》的同时,他也开始翻译克鲁泡特金的著作《人生哲学、其起源及其发展》。在《灭亡》创作期间,一位在沙多—吉利城拉封丹中学朝夕相处过的中国同学巴恩波的投水自杀,一直让巴金不能释怀。因此 1928 年 8 月《灭亡》写成后,为纪念这位同学,巴金便在作者的署名中取了一个"巴"字,而"金"则受刚译完克鲁泡特金著作的影响。从《灭亡》开始,"巴金"这个名字便一直沿用了下来。《灭亡》写成后不久,流亡欧洲的胡愈之来到巴黎,得知巴金刚写了《灭亡》后,在五四新文化运动中翻译、创作了近百万字文学作品,并与茅盾、郑振铎、叶圣陶等发起成立了文学研究会的胡愈之十分高兴,他热心介绍巴金与时为上海开明书店门市部经理的周索非建立了联系。巴金将《灭亡》寄给周索非,原打算用自己翻译高德曼《近代戏剧论》的稿费自费印刷,没想周索非将小说稿送给了当时正主持商务印书馆《小说月报》的叶圣陶。得悉小说稿到了好友叶圣陶那里,胡愈之又写信给叶圣陶,向他介绍推荐巴金。叶圣陶本来对《灭亡》就十分欣赏,读了胡愈之的信更为重视,1929 年 1 至 4 月,《小说月报》分 4 期连载刊登巴金的中篇小说《灭亡》。作为当时历史最久、影响最大、发行超过 1 万份的大型文学杂志,《小说月报》的刊登《灭亡》,使巴金名声大振,并促使他从此走上小说创作的道路。

1931 年至 1933 年,旅居上海的巴金开始集中精力从事小说创作,并迎来了他小说创作空前的丰收期,他的代表作《家》、爱情三部曲《雾》《雨》《电》及《春天里的秋天》《萌芽》等都是在这段时间创作、发表的。像所有新星都会遇到的辉煌一样,巴金的名字很快成了当时中国文坛,特别是上海文化圈中一个炙手可热的品牌,向巴金索稿的报刊更是络绎不绝。然而成名后的巴金依然与以前一样,每天看书写作。他不大喜欢交际,也不善于同陌生人打交道,但是他没有忘记老朋友。因此当 1931 年,胡愈之从欧洲流亡回国、并于 1932 年出任在"一·二八"事变中遭日军炮火损毁而恢复重建的商务印书馆《东方杂志》主编时,对胡愈之的约稿,巴金除了积极从命,从未有半点怠慢。从 1932 年开始,巴金的《杨嫂》《煤坑》等许多短篇小说和连载的中篇小说《新生》(《灭亡》续篇)等,成为《东方杂志》最引人注目的视点之一。而作为兄长和知友的胡愈之,对巴金的这种真诚支持,更是以尽可能多的帮助作为回报。1933 年,巴金的长篇小说《家》第一次出单行本和《巴金短篇小说选》,都是通过胡愈之,由同为上虞人的胡愈之好友章锡琛创办的开明书店出版的。1933 年 7 月,由胡愈之替生活书店筹划的《文学》杂志创刊,茅盾、郑振铎、胡愈之、叶圣陶等任编委,巴金则成为《文学》杂志主要撰稿人。也因为胡愈之和《文学》杂志,在一次杂志社的聚会上,很少参加上海文学界活动的巴金第一次与鲁迅和茅盾等人相识。

而 1933 年 1 月发生的《东方杂志》"新年的梦想"事件,是胡愈之和巴金在文学上彼此真诚帮助、互相支持的又一个佳话。1932 年胡愈之任《东方杂志》主编时,正是蒋介石在加紧"剿共"的同时加剧对文化界的围剿、镇压屠杀进步知识分子之际,文化界毫无言论自由可言。为避免国民党的查禁,胡愈之在 1933 年 1 月 1 日的《东方杂志》第 30 卷第 1 号上策划了一个"新年的梦想"的专栏,其用意正如鲁迅所说:"想必以为言论不自由,不如来说梦,而且与其说真之假,不如来谈谈梦中之真。"新年梦想的征稿,得到了柳亚子、徐悲鸿、郑振铎、郁达夫、老舍、叶圣陶、邹韬奋、俞平伯、茅盾、周作人、林语堂、夏丏尊等许多文化名人的响应。而此时的巴金因为写作数量的众多和不同的政治、艺术观念,正陷入一些激进文人和文艺批评家将他列为"第三种人"、甚至诬其写作是为了"贪图巨额稿费"的流言和攻击中。虽然激愤曾致使巴金3个月都不曾动笔,但一见好友胡愈之策划的征稿,他毫不犹豫地给予热情支持,是最早几个写稿的作者之一。在"新年的梦想"中,巴金坦荡地剖明自己的心迹:"我的希望是什么? 自由地说我想说的话,写我愿意写的文章,做我觉得应该做的事,不受人的干涉,不做人的奴隶,不受人的利用。靠着自己的两只手生活,在众人的幸福中求得自己的幸福,不掠夺人,也不被人掠夺。"接着,巴金又在《我的梦》一文中,驳斥了种种谣言:那些诬蔑或误解他的人"也许不会知道为了友情没有稿费也会写文章的事情"。为了友情,没有稿费也写文章,巴金承受了误解和攻击;而同样也是友情,胡愈之则为巴金及时提供了剖明心迹的机会和条件。

1977年5月25日,巴金在上海《文汇报》上发表了他"文化大革命"后的第一篇文章《一封信》。远在北京、已81岁高龄的胡愈之读后欣喜若狂,他亲笔给巴金写了一封信:"今天,从《文汇报》读到你的一封信,喜悦欲狂。尽管受到'四人帮'十多年的迫害,从你的文字来看,你还是那样的清新刚健。你的老友感到无比快慰,先写这封信表示衷诚的祝贺。中国人民重新得到一次大解放,你也解放了! 这不该祝贺吗?"73岁的巴金接到胡愈之的来信更是热泪盈眶,当晚他在日记中写道:"愈之是我认识五十余年的老友,看到他的手迹,我很高兴。"

从少年、青年到老年,经历了半个多世纪风雨考验的真挚情谊所催生、所滋养的佳话,对任何一个稍具情感的人而言,都是为之动容的。对巴金和胡愈之来说,文学或许只是承载这种真挚情谊的道具或动人佳话的载体。

三、共同的追求使他们肝胆相照

如果说世界语让他们相识相知,文学让他们佳话频传,那么在近半个多世纪的岁月激荡和时代风云的洗礼中,投身进步事业、为了正义和真理献身的共同志向和追求,更使巴金和胡愈之成为肝胆相照的诤友。

1925 年 5 月 30 日,上海发生了英租界巡捕枪杀游行、示威工人、学生的五卅惨案。以五卅惨案为导火索,中国人民反抗帝国主义压迫、争取民族独立的五卅运动迅速由上海向全国蔓延。在五卅运动中,时为上海商务印书馆《东方杂志》编辑的胡愈之,不但直接投身斗争第一线,参加抗议、示威游行,与郑振铎、叶圣陶等共同创办为五卅运动助阵呐喊的《公理日报》;更以一个中国进步知识分子的正义和良知,撰写了详细报道运动真相的 3 万多字的长篇通讯《五卅事件纪实》。五卅运动,同样震撼了时在南京东南大学附中读书的热血青年巴金的心,他勇敢地走上街头,积极参加南京学生的抗议声援活动。1927 年 4 月 12 日,蒋介石以"护党"为名发动了叛变革命的"四一二"大屠杀,闸北宝山路血流成河。目睹蒋介石反动派血腥暴行的胡愈之,怀着极度的愤慨,不顾血雨腥风下的自身安危,起草并联合郑振铎、冯次行、章锡琛、周予同、吴觉农、李石岑六人,向当时为国民党中央委员的"三大知识分子"蔡元培、李石曾、吴稚晖发出著名的"四一二"抗议信。胡愈之等人的此举,被周恩来誉为"中国正直知识分子的大无畏的壮举"。"四一二"事变发生后,远在巴黎留学的巴金同样以一个战士的姿态站了出来,他连续写了《理想是杀得死的吗?》《无政府主义并不同情国民党的护党》《李大钊确是一个殉道者》等文章,发表在美国旧金山的华人报刊上,尖锐地抨击国民党和蒋介石,表达对共产党人的敬意。在 1928 年巴黎会面以前,胡愈之和巴金尽管还没有直接联系,但他们无畏地追求正义和真理的实践和行动,却无疑为他们成为肝胆相照的诤友,奠定了信念和志向上的基石。

毋庸讳言,巴金早年曾比较执着地追求过无政府主义,自称为"安那其主义者",而胡愈之早年亦受过无政府主义的影响。1931 年,胡愈之流亡欧洲回国前,曾在苏联参观考察了一星期。亲身感受世界上第一个社会主义国家的种种新生和巨变,使胡愈之的思想有了明显的变化,由倾向无政府主义转而向往社会主义,并因此写了曾影响、引导过几代人的著名报告文学《莫斯科印象记》。1931 年仲夏的一个早晨,烟雨朦胧的黄浦江边,当巴金与刚从莫斯科风尘仆仆归来的胡愈之第二次相逢,听着胡愈之激动地讲述世界上第一个社会主义国家的所见所闻时,年轻的巴金亦从此植下了社会主义的基因。1936 年 10 月 19 日,鲁迅在上海逝世,曾在绍兴府中学堂直接受教于鲁迅的胡愈之与冯雪峰等,实际负责并领导了声势浩大的群众性悼念活动;而一踏上文坛便为鲁迅赞赏并深受鲁迅关心爱护的巴金,则与黄源、胡风、欧阳山等人一起直接为鲁迅扶柩。如果鲁迅是胡愈之和巴金共同敬仰的师长的话,那么鲁迅的思想和风骨,更是引导他们勇敢地追求正义和真理的共同精神元素之一。

1937 年 7 月 7 日,卢沟桥事变的爆发拉开了中国人民全面抗战的序幕,国共两党实现第二次合作。上海成立了抗日救亡协会,胡愈之被推为协会常务理事兼宣传部副部长。在胡愈之等的支持下,郭沫若和夏衍创办了《救亡日报》,邹韬奋创办了《抗战》三日刊,茅盾和巴金创办了《呐喊》周刊。《呐喊》出版到第三期,发生了禁止发售上述三种报刊和报童被打事件,茅盾、邹韬奋、胡愈之、郑振铎联名向时任国民党中宣部长的邵力子交涉,才给予重新办理登记手续。《呐喊》就在此时改名为《烽火》,并在刊头标明"编辑人茅盾,发行人巴金",事实上茅盾此时已离开了上海,因此《烽火》的编辑和发行实际上都是由巴金一个人负责的。在巴金的努力下,《烽火》成为抗战初期在上海、广州、重庆以及内地有广泛影响的抗战文学刊物,而胡愈之对《烽火》的关心、支持,也始终没有中断过。1938 年3 月,巴金离开上海经香港到广州。5 月,胡愈之离开上海经香港赴武汉途中亦来到广州。在广州,胡愈之、巴金、茅盾等以鲁迅先生纪念委员会的名义,召集在粤文化界人士共同商谈由胡愈之负责首编的《鲁迅全集》在广东的发行工作。广州沦陷后,巴金等众多文化人士被迫西撤到桂林,胡愈之从武汉撤退后也辗转来到了桂林。在桂林,胡愈之领导建立了国际新闻社和文化供应社,巴金则与夏衍一起组织成立了中华全国文艺界抗敌协会桂林分会,他们共同支持甚至并肩战斗,成为战时文化名城桂林文化救亡的重要核心人物。1939 年 2 月,巴金离开桂林赴孤岛上海闭门创作;1940 年夏,在完成"激流三部曲"最后一部《秋》后才返回大后方重庆、成都。而此时,胡愈之则受周恩来的委派赴新加坡从事文救亡工作。

从此,这对肝胆相照的战友,天各一方,近乎 10 年未通音讯,直到 1949 年全国新政治协商会议召开才在北京重逢。

新中国成立以后,巴金和胡愈之忙于各自的工作较少联系,只有巴金到北京开会或胡愈之去上海出差时才有机会晤面,但随后而来的"文化大革命"运动很快又让他们天各一方。"文化大革命"中,受周总理保护处境稍好的胡愈之,得悉巴金在上海受残酷折磨后心情十分悲愤,他特别担心巴金的生命安危。1973 年,胡愈之率全国政协参观团到上海时,曾冒着风险提出要见一见巴金,但未获批准。1978 年,当胡愈之又一次率全国政协参观团到上海时,终于圆了重见巴金的梦,此时胡愈之已 82 岁,巴金也已 74 岁了。回京后,胡愈之对家人说:"这次去上海,见到了经'文革'劫难后的巴金身体还健康,我心里特别高兴。"1986 年 1 月 16 日,胡愈之在京逝世,正患病并摔伤卧床的巴金,得知消息后怀着极其悲痛的心情和深深的眷念,挥泪写下这样一段文字:"作为一位 90 岁高龄的老人,他离开这个世界,不会有什么遗憾。我虽然失去一位长期关心我的老师和净友,但是他的形象和他的声音永远在我的眼前,在我的耳边:不要名利,多做事件;不讲空话,要干实事。这是他给我照亮的路,也是我的生活道路。"

星座因互辉而愈加璀璨。从 1920 年第一次彼此通信相识,到 1986 年生死永隔,整整 66 年的赤诚相向、肝胆相照,这样的精神财富,不但属于巴金和胡愈之两位文化巨人,同样更属于全人类,璀璨于人类文明的星空。

图书在版编目(CIP)数据

走进越文化. 第三辑 / 绍兴文理学院越文化研究院
编. —杭州：浙江古籍出版社，2022.10
ISBN 978-7-5540-2364-8

Ⅰ.①走… Ⅱ.①绍… Ⅲ.①地方文化－华东地区－
文集 Ⅳ.①K295-53

中国版本图书馆 CIP 数据核字(2022)第 161185 号

走进越文化

第三辑

绍兴文理学院越文化研究院 编

出版发行	浙江古籍出版社	
	（杭州市体育场路 347 号　邮编：310006）	
网　　址	https://zjgj.zjcbcm.com	
责任编辑	孙科镂	
封面设计	刘　欣	
责任校对	吴颖胤	
责任印务	楼浩凯	
照　　排	浙江时代出版服务有限公司	
印　　刷	浙江全能工艺美术印刷有限公司	
开　　本	710mm×1000mm　1/16	
印　　张	22.75	
字　　数	323 千	
版　　次	2022 年 10 月第 1 版	
印　　次	2022 年 10 月第 1 次印刷	
书　　号	ISBN　978-7-5540-2364-8	
定　　价	88.00 元	

如发现印装质量问题，影响阅读，请与市场营销部联系调换。